David Grann est né à New York en 1967. Collaborateur de plusieurs journaux et magazines comme le *New York Times Magazine*, le *Washington Post*, le *Boston Globe* ou le *Wall Street Journal* et ancien rédacteur en chef de *The New Republic* puis de *The Hill*, il est depuis 2003 journaliste au *New Yorker*. Salué par ses pairs, il a notamment été finaliste du prestigieux National Magazine Awards en 2010. Il est l'auteur de plusieurs reportages parus aux éditions Allia : *Un crime parfait* (2009), *Le Caméléon* (2009), *Trial by Fire* (2010), *Chronique d'un meurtre annoncé* (2013) *et The Yankee Comandante* (2015). Les éditions Globe ont publié en 2018 son enquête au long cours intitulée *La Note américaine*. Son récit *La Cité perdue de Z*, adapté l'écran, est disponible chez Points.

DU MÊME AUTEUR

Un crime parfait
Allia, 2009

Le Caméléon
Allia, 2009

Trial by Fire
L'État du Texas a-t-il assassiné un innocent ?
Allia, 2010

La Cité perdue de Z
Robert Laffont, 2010
et « Points », n° 4504

Chronique d'un meurtre annoncé
Allia, 2013

The Yankee Comandante
Une histoire d'amour, de révolution & de trahison
Allia, 2015

La Note américaine
Globe, 2018
et « Pocket », n° 17373

David Grann

LE DIABLE ET SHERLOCK HOLMES

& autres contes de meurtre, de folie et d'obsession

Traduit de l'anglais (États-Unis)
par Johan-Frédérik Hel Guedj, ainsi que
Marianne Reiner (pour « Trial by Fire »),
Claire Debru (pour « Le Caméléon »),
et Violaine Huisman (pour « Un crime parfait »)

Éditions du sous-sol

TEXTE INTÉGRAL

TITRE ORIGINAL
The Devil and Sherlock Holmes
Tales of Murder, Madness and Obsession
ÉDITEUR ORIGINAL
Vintage Book, 2011

ISBN 978-2-7578-8026-5
(ISBN 978-2-36468-386-0, 1re publication)

Pour Zachary et Ella

« La vie est infiniment plus étrange que tout ce que l'esprit humain pourrait inventer. »

Une introduction

Comme le travail de l'enquêteur, le journalisme d'investigation procède par élimination. Il impose de recueillir et de vérifier d'innombrables versions d'une histoire jusqu'à parvenir à cette conclusion, qui emprunte à une formule chère à Sherlock Holmes : « Celle qui reste est nécessairement la vérité. »

Holmes n'est le sujet que d'un seul des récits de ce recueil, qui traite de la mort étrange de l'expert holmesien le plus éminent de la planète, et pourtant, chacun de ces douze textes contient des éléments d'intrigue. Nombre des protagonistes sont de fins limiers : un inspecteur de police polonais tente de déterminer si un auteur, dans son roman postmoderne, n'a pas semé de faux indices d'un meurtre bien réel ; des scientifiques traquent un monstre marin ; un arnaqueur se demande subitement s'il n'est pas celui qu'on arnaque. Et les récits qui semblent d'une autre étoffe recèlent eux-mêmes une forme de mystère : le monde secret des *sandhogs*, les « chiens de sable » en français, ces mineurs chargés de creuser des conduites d'eau dans le sous-sol de New York, ou l'énigme d'une star vieillissante du base-ball, qui semble à la fois très âgée et sans âge.

Contrairement aux aventures de Sherlock Holmes, ces histoires sont toutes véridiques. Leurs protagonistes sont de simples mortels : à l'instar du docteur Watson, ils sont capables de voir, mais pas nécessairement d'observer. Les éléments de l'énigme demeurent souvent insaisissables. Leurs affaires ne connaissent pas toujours une fin heureuse. Certains de ces personnages sont animés par la tromperie et le meurtre. D'autres deviennent fous.

Holmes nous séduit notamment parce qu'il restaure l'ordre d'un univers déroutant. Mais c'est le désordre de l'existence et le combat de l'homme pour y puiser une logique qui m'ont attiré vers les sujets de ce recueil. Ainsi que Sherlock Holmes le confiait un jour au docteur Watson : « Si, ouvrant la fenêtre, nous pouvions nous envoler main dans la main, planer sur cette grande cité, en soulever secrètement les toitures pour risquer un œil sur les choses étranges qui s'y déroulent, les coïncidences les plus singulières, les sombres projets, les malentendus, en un mot, le merveilleux enchaînement des événements qui se sont succédé, au fil des âges, pour aboutir aux résultats les plus extrêmes, tous les romans, avec leurs conventions et leurs conclusions prévues d'avance, nous paraîtraient fades et surannés. »

Quand j'ai entamé mes recherches sur ces récits, c'étaient autant de sujets dont je ne savais presque rien. La plupart avaient pour origine quelques indices aussi maigres qu'intrigants : un tuyau transmis par un ami, une référence enfouie dans un fait divers. M'efforçant d'exhumer la réalité et d'en révéler la trame cachée, j'étais parfois décontenancé par un indice ou un élément de preuve qui me manquait. Pourtant, au bout du compte, ces récits me semblaient au moins offrir quelques aperçus de la condition humaine, en nous permettant d'entrevoir pourquoi certains individus se consacrent au bien, et d'autres au mal. Ce que notre Sherlock Holmes formule en ces termes : « La vie est infiniment plus étrange que tout ce que l'esprit humain pourrait inventer. »

PREMIÈRE PARTIE

« Toute vérité vaut mieux
que le doute indéfini. »

Sherlock Holmes,
dans *La Figure jaune*

De mystérieuses circonstances

La mort étrange d'un fanatique de Sherlock Holmes

Richard Lancelyn Green, l'expert holmesien le plus éminent de la planète, croyait avoir enfin résolu l'affaire des documents disparus. Au long des deux décennies précédentes, il avait en effet recherché un trésor, composé de lettres, d'entrées de journal et de manuscrits, un ensemble d'écrits rédigés de la main de Sir Arthur Conan Doyle, le créateur de Sherlock Holmes. Ces archives étaient estimées à près de quatre millions de dollars, et d'aucuns affirmaient qu'elles étaient porteuses d'une malédiction mortelle, comme celle qui hanterait la lande dans la plus célèbre nouvelle de la série des Sherlock Holmes, *Le Chien des Baskerville*.

Ces documents avaient disparu après le décès de Sir Arthur, en 1930, et sans ces sources personne n'avait jamais été en mesure d'écrire une biographie qui fasse autorité – une tâche que Richard Lancelyn Green était bien décidé à mener à son terme. Nombre d'historiens craignaient que ces pièces d'archive n'aient été jetées ou détruites ; ainsi que le soulignait le *Times* de Londres, les localiser était devenu « un mystère aussi obsédant que tous ceux qui avaient eu pour épicentre le 221B Baker Street », le repaire fictif de Sherlock Holmes et de son alter ego et limier en second, le docteur Watson.

Peu après s'être lancé dans ses investigations, Green découvrit que l'un des cinq enfants de Conan Doyle, Adrian, avait remisé ces documents, avec l'assentiment des autres héritiers, dans une pièce fermée à clef d'un château qu'il possédait en Suisse. Green apprit ensuite qu'à l'insu de ses frères et sœurs Adrian Doyle avait escamoté certains des papiers enfermés dans ce château en espérant les vendre à des collectionneurs. Une crise cardiaque l'empêcha d'aller au bout de cette combine, et sa mort donna naissance à cette légende d'une malédiction. Après le décès d'Adrian, les documents auraient disparu. Et chaque fois que Green tentait de sonder plus avant, il se trouvait aux prises avec un réseau impénétrable d'héritiers – parmi lesquels une soi-disant princesse russe – qui se dupaient et se doublaient tous les uns les autres pour tenter de mettre la main sur ces archives.

Il continua plusieurs années de décortiquer des indices et d'interroger des membres de la famille, jusqu'à ce qu'un jour cet écheveau de pistes le conduise à Londres – et devant la porte de Jean Conan Doyle, la cadette des enfants de l'écrivain. Grande et élégante, le cheveu argenté, la fin de la soixantaine, c'était une femme imposante. (« On croyait percevoir derrière ce corps menu un être très fort et très vigoureux, avait écrit son père à propos de la petite Jean quand elle avait cinq ans. Elle possède une volonté considérable. ») Alors que son frère Adrian avait été chassé de la Navy pour insubordination, et que l'aîné, Denis, menait une vie de play-boy en Amérique, où il était parti pour se soustraire à la mobilisation et à la Seconde Guerre mondiale, Jean était devenue officier dans la Royal Air Force, et fut honorée, en 1963, du titre de dame commandeur de l'ordre de l'Empire britannique.

Elle ouvrit donc sa porte à Green et l'invita à entrer dans son appartement, où un portrait de son père, avec sa moustache de morse, trônait au-dessus de la cheminée. Voyant que son visiteur s'intéressait presque autant à son père qu'elle-même, Jean lui fit part de ses souvenirs et découvrir des photos de famille. Elle le convia même à revenir et, un jour, raconta-t-il plus tard à des amis, elle lui montra quelques boîtes longtemps restées en dépôt dans le cabinet d'un avocat londonien. Jetant un œil à l'intérieur, il y avait entrevu une partie des fameuses archives. Dame Jean l'informa qu'en raison d'une interminable querelle familiale elle ne pouvait, pour l'heure, l'autoriser à lire ces papiers, mais ajouta qu'elle avait l'intention de faire donation de la quasi-totalité à la British Library, afin de permettre enfin aux chercheurs de les examiner. Après la mort de Dame Jean, en 1997, Green attendit impatiemment leur transfert – mais rien ne se produisit.

Ensuite, en mars 2004, il ouvrit le *Sunday Times* de Londres et fut stupéfait de lire que les archives perdues avaient « réapparu » chez Christie's, la maison de vente, et que la mise aux enchères par trois parents éloignés de Conan Doyle était prévue en mai, pour un montant de plusieurs millions de dollars ; au lieu d'être remis à la British Library, le contenu de ces boîtes serait dispersé chez des collectionneurs privés aux quatre coins du monde, qui risquaient de les rendre tout aussi inaccessibles aux chercheurs. Convaincu qu'une erreur avait été commise, il s'empressa d'aller chez Christie's inspecter ces pièces. À son retour, il expliqua à des amis sa certitude d'avoir revu là quantité de documents identiques à ceux qu'il avait jadis découverts. Qui plus est, affirmait-il, ils avaient été volés, et il en détenait la preuve.

Les jours suivants, il approcha des membres de la Sherlock Holmes Society de Londres, l'un de ces clubs d'admirateurs fervents du détective qui se comptent par centaines. (Green en avait été autrefois président.) Il alerta d'autres Sherlockiens, tels qu'on les appelait, notamment plusieurs membres américains des Baker Street Irregulars (les Francs-tireurs de Baker Street), un groupe fondé en 1934 (adhésion sur invitation uniquement), et baptisé du nom des enfants des rues auxquels Holmes recourait régulièrement pour se procurer des informations. Il contacta aussi les érudits les plus orthodoxes de Conan Doyle, ou Doyliens, au sujet de cette vente. (À l'inverse de Green, qui évoluait entre les deux camps, beaucoup de Doyliens s'étaient distanciés des Sherlockiens, qui traitaient souvent Holmes comme s'il s'agissait d'un détective bien réel, et refusaient de mentionner le nom de Conan Doyle.)

Green informa ces chercheurs de la provenance de ces archives, en révélant ce qu'il considérait comme la pièce à conviction la plus accablante : une copie du testament de Dame Jean qui stipulait : « Je lègue à la British Library tous […] les documents originaux, manuscrits personnels, journaux, agendas et écrits […] de feu mon père. » Déterminé à faire barrage à la vente, ce groupe improvisé de limiers amateurs soumit son dossier à des élus du Parlement. Vers la fin du mois, alors que la campagne du groupe s'intensifiait et que ses objections paraissaient dans la presse, Green laissa entendre à sa sœur, Priscilla West, que quelqu'un le menaçait. Plus tard, il lui envoya un mot sibyllin contenant trois numéros de téléphone et ce message : « CONSERVE SOIGNEUSEMENT CES NUMÉROS JE TE PRIE. » Il contacta aussi un journaliste du *Times* de Londres, en l'avertissant qu'il pourrait lui arriver « quelque chose ».

Dans la soirée du vendredi 26 mars, il dîna avec un ami de longue date, Lawrence Keen, et ce dernier écrivit plus tard que Green lui avait confié qu'« un Américain » essayait de l'abattre. Après être sortis du restaurant, Green souffla à Keen qu'ils étaient suivis, et lui désigna une voiture derrière eux.

Le même soir, Priscilla West téléphona à son frère et tomba sur son répondeur. Le lendemain matin, elle essaya à plusieurs reprises, mais il ne décrochait toujours pas. Après quelques appels, elle se rendit à son domicile et frappa à la porte : il n'y eut aucune réaction. Au bout de plusieurs autres tentatives, elle appela la police, et une patrouille vint forcer l'entrée. Au rez-de-chaussée, les policiers découvrirent le corps de Richard Lancelyn Green sur son lit, entouré de livres et d'affiches de Sherlock Holmes, une corde autour du cou. Il avait été étranglé.

« Je vais vous exposer toute l'affaire », m'a promis John Gibson, l'un des plus proches amis de Green, quand je lui ai téléphoné peu après avoir appris la mort de ce dernier. Gibson avait écrit plusieurs livres avec lui, notamment *My Evening with Sherlock Holmes* [ma soirée avec Sherlock Holmes], un recueil de parodies et pastiches paru en 1981. « C'est un complet et entier mystère », me dit-il de la mort de son ami, avec un léger bégaiement.

Peu de temps après, je me suis rendu à Great Bookham, un village situé à une petite cinquantaine de kilomètres au sud de Londres, où vit John Gibson. Il m'attendait à ma descente du train. Il était grand, aussi mince qu'un crayon, et tout en lui – ses épaules étroites, son visage tout en longueur, ses cheveux gris indisciplinés – semblait voûté. Le corps penché vers l'avant, on l'aurait cru soutenu par une canne invisible. « J'ai un dossier pour vous, m'a-t-il annoncé, en démarrant au volant de sa voiture. Comme vous le verrez, il y a quantité d'indices et peu de réponses. »

Il a traversé le bourg sans ralentir, en passant devant une église en pierre du XIIe siècle et une rangée de cottages, avant de s'arrêter à hauteur d'une maison en briques rouges entourée de haies. « Vous n'avez rien contre les chiens, j'espère, m'a-t-il fait. J'ai deux cockers. Je n'en voulais qu'un mais la personne qui me les a procurés m'a expliqué qu'ils étaient inséparables, je les ai donc pris tous les deux et depuis ils n'arrêtent pas de se chamailler. »

Quand il m'a ouvert sa porte, les deux chiens ont bondi vers nous, avant de se sauter dessus. Ils nous ont suivis à la trace au salon, qui était rempli de piles de livres anciens, certaines montant jusqu'au plafond. Il y avait parmi ces entassements d'ouvrages une collection quasi complète de *The Strand Magazine*, dans lesquels les histoires de Holmes parurent en feuilleton au tournant du XXe siècle ; un seul de ces exemplaires, qui se vendaient à l'époque un demi-shilling, vaut à présent jusqu'à cinq cents dollars pièce. « Au total, il doit y avoir à peu près soixante mille livres », m'a précisé mon hôte.

Nous avons pris place dans le canapé, il a ouvert son dossier, en étalant soigneusement les pages autour de lui. « Bien, les chiens. Ne nous dérangez pas », a-t-il ordonné. Il a levé les yeux vers moi. « Maintenant, je vais vous raconter toute l'histoire. »

Il m'a dit qu'il avait assisté à l'enquête du coroner et pris des notes détaillées, et tout en parlant il a attrapé une loupe posée à côté de lui et scruté sous la lentille plusieurs feuillets fripés. « J'écris tout sur des bouts de papier », m'a-t-il confié.

La police avait trouvé sur la scène de crime quelques indices insolites. Il y avait donc cette cordelette autour du cou de Green, un lacet de chaussure noir. Il y avait là une cuiller en bois, posée à côté de sa main, et plusieurs animaux empaillés sur le lit. Et, enfin, une bouteille de gin presque vide.

N'ayant trouvé aucun signe d'effraction, la police en avait conclu que Green s'était suicidé. Pourtant, il n'y avait pas de lettre, et Sir Colin Berry, le président de la British Academy of Forensic Sciences, avait certifié au coroner qu'en trente-six ans de carrière il n'avait vu qu'un seul suicide par étranglement. « Un seul », m'a répété Gibson. Une autostrangulation est extrêmement difficile à réussir, a-t-il insisté ; en règle générale, les gens qui s'y essaient perdent connaissance avant d'avoir pu provoquer l'asphyxie. Qui plus est, en l'espèce, la victime n'était pas morte étranglée avec de la grosse corde, mais avec un lacet, ce qui rendait le geste encore plus invraisemblable.

Il s'est replongé dans son dossier et m'a tendu une feuille de papier où des chiffres étaient inscrits. « Jetez un œil, m'a-t-il suggéré. Ce sont mes relevés téléphoniques. »

Ces relevés montraient que Green et lui s'étaient parlé à plusieurs reprises au cours de la semaine précédant sa mort ; si la police s'était donné la peine de se procurer les relevés du défunt, a-t-il poursuivi, ceux-ci auraient sans nul doute attesté que Green l'avait appelé quelques heures avant de mourir. « J'ai été probablement la dernière personne à lui parler », a-t-il ajouté.

Or, la police ne l'avait jamais interrogé.

Lors d'une de leurs dernières conversations concernant la vente aux enchères, se rappelait-il, son ami lui avait avoué craindre quelque chose.

« Tu n'as aucune raison de t'inquiéter, lui avait assuré Gibson.

– Non, vraiment, je suis inquiet, avait-il insisté.

– Quoi ? Tu crains pour ta vie ?

– En effet. »

Gibson m'a avoué que, sur le moment, il n'avait pas pris la menace au sérieux, mais conseillé à son ami de ne pas ouvrir sa porte, à moins qu'il ne soit sûr de savoir qui sonnait.

Gibson a jeté un bref coup d'œil à ses notes. Il y avait autre chose, m'a-t-il dit, d'essentiel. La veille de sa mort, m'a-t-il rappelé, Green avait parlé à son ami Keen d'un « Américain » qui essayait de le ruiner. Le lendemain, a poursuivi Gibson, il avait appelé chez Green et entendu un étrange message sur son répondeur. « Au lieu de tomber sur la voix de Richard avec son espèce d'accent oxfordien, qui était celui de son répondeur depuis dix ans, se rappelait-il, j'ai entendu une voix à l'accent américain disant : "Désolé, pas disponible." Je me suis dit : "Qu'est-ce que c'est que ce bazar ?" J'ai cru avoir composé un mauvais numéro. Alors j'ai recommencé, très lentement. J'ai de nouveau eu cette voix à l'accent américain. Et là j'ai murmuré : "Dieu tout-puissant." »

Il m'a ensuite révélé que la sœur de Green avait entendu le même message, et c'était l'une des raisons pour lesquelles elle s'était précipitée à son domicile. Gibson a encore sorti plusieurs autres documents de son dossier, qu'il m'a tendus. « Faites en sorte de les laisser dans leur ordre chronologique », m'a-t-il prié.

Il y avait là une copie du testament de Jean Conan Doyle, plusieurs coupures de journaux relatives à la vente aux enchères, une notice nécrologique et un catalogue Christie's.

C'était à peu près tout ce dont il disposait. La police n'avait ni procédé à des examens médico-légaux ni relevé d'empreintes digitales. Et le coroner, qui avait un jour participé à une réunion de la Sherlock Holmes Society où il s'était livré à une parodie d'enquête pour meurtre inspirée d'une aventure de Conan Doyle où l'on découvrait un cadavre dans une pièce fermée à clef, reconnaissait être dans l'impasse. Gibson m'a expliqué que ce légiste avait considéré ne pas disposer de suffisamment de preuves pour établir ce qui s'était passé, et, en conséquence, le verdict officiel sur la cause du décès, suicide ou assassinat, était demeuré en suspens.

Quelques heures après son décès, les Sherlockiens s'étaient emparés du mystère, comme s'il s'agissait d'une affaire de plus à ajouter au corpus de l'œuvre. Sur un forum Internet, un participant, qui se présentait comme inspecteur, écrivait : « Pour ce qui est de l'auto-strangulation, c'est comme essayer de se donner la mort en s'étouffant avec les mains. » D'autres invoquaient la « malédiction », comme si seul le surnaturel pouvait expliquer la tragédie. Gibson m'a tendu un article d'un tabloïd anglais qui titrait : « LA MALÉDICTION DE CONAN DOYLE FRAPPE UN SPÉCIALISTE DE HOLMES ».

« Alors ? Qu'en pensez-vous ? m'a demandé Gibson.

– Je ne sais pas trop », ai-je admis.

Plus tard, nous sommes revenus sur les pièces à conviction. Je lui ai demandé s'il savait à qui correspondaient ces numéros de téléphone mentionnés sur la note que Green avait remise à sa sœur.

Il a fait non de la tête.

« Lors de l'enquête, cela n'a pas été abordé, m'a-t-il appris.

– Et cette voix américaine sur le répondeur ? Nous savons qui c'est ?

– Malheureusement, pas la moindre idée. Pour moi, c'est l'élément le plus étrange et le plus révélateur. Est-ce

Richard qui a enregistré ce message ? Et en ce cas, pourquoi aurait-il fait ça ? »

J'ai voulu savoir si Green avait déjà fait montre de comportements irrationnels.

« Non, jamais. C'était l'homme le plus équilibré que j'aie jamais rencontré. »

Il m'a précisé que, lors de l'enquête, Priscilla West avait témoigné que son frère n'avait aucun antécédent de dépression. D'ailleurs, le médecin du défunt avait écrit au tribunal qu'en le suivant depuis dix ans il ne l'avait jamais traité pour aucune maladie.

« Une dernière question. Quelque chose a-t-il disparu de l'appartement ?

– Pas que je sache. Richard possédait une collection de livres de Sherlock Holmes et d'autres écrits de Conan Doyle d'une grande valeur, et apparemment rien n'a disparu. »

En me raccompagnant à la gare, il s'est fait pressant : « S'il vous plaît, il ne faut pas que vous lâchiez l'affaire. La police m'a tout l'air d'avoir laissé tomber le pauvre Richard. » Ensuite, il m'a rappelé ceci : « Comme dit Sherlock Holmes : "Lorsque vous avez éliminé l'impossible, ce qui reste, si improbable soit-il, est nécessairement la vérité." »

Certains faits concernant Richard Green sont faciles à établir – ceux qui éclairent les réalités de sa vie, à défaut des circonstances de sa mort. Il était né le 10 juillet 1953 : c'était le plus jeune d'une fratrie de trois ; son père, Roger Lancelyn Green, auteur de best-sellers pour enfants, qui avait popularisé les mythes d'Homère et la légende du roi Arthur, était un intime de C. S. Lewis et J. R. R. Tolkien ; enfin, il avait grandi près de Liverpool, sur une terre qui avait été donnée à ses ancêtres en 1093, où sa famille avait habité depuis lors.

Nathaniel Hawthorne, consul des États-Unis à Liverpool dans les années 1850, s'était rendu en visite dans la demeure un été, et l'avait plus tard décrite dans ses *Cahiers anglais* :

> Nous avons emprunté un chemin privatif extrêmement long, et finalement débouché sur une pelouse ombragée d'arbres, tondue à ras, avant d'arriver à la porte de Poulton Hall. Une partie de la demeure est vieille de trois ou quatre cents ans. [...] Il y a [un] curieux et vieil escalier majestueux, à la balustrade torsadée, assez semblable à celui de la vieille Province House de Boston. Le salon évoque une pièce moderne très élégante, superbement peinte, ornée de dorures et habillée de papier peint, avec une cheminée en marbre blanc, et un mobilier cossu ; de sorte qu'on en retire une impression de neuf, et non d'ancien.

Toutefois, à la naissance de Richard, la famille Green était, ainsi que me l'a rapporté un parent, « typiquement anglaise – une grande maison et pas d'argent ». Les tentures étaient légères, les tapis élimés, et on sentait souvent un courant d'air froid s'engouffrer dans les corridors.

Green, le visage pâle et rondouillard, était aveugle d'un œil suite à un accident survenu dans l'enfance, et portait des lunettes fumées. (Un de ses amis m'a dit que, même adulte, il ressemblait « au dieu Pan », avec « des traits de chérubin, une bouche plissée sur un sourire à la fois bienveillant et ironique, et qui lui donnait l'air de toujours garder un dernier petit secret pour lui ».) Pétri de timidité, doté d'un esprit d'une logique féroce et d'une mémoire précise, il s'attardait des heures dans l'immense bibliothèque de son père, où il lisait des éditions originales poussiéreuses de livres pour enfants. Et puis, à onze ans, il était tombé sous le charme de Sherlock Holmes.

Holmes n'était pas le premier grand détective de la littérature – cet honneur revient à l'inspecteur Auguste Dupin, création d'Edgar Allan Poe –, mais le héros de Conan Doyle était l'exemple le plus saisissant de ce genre naissant, que Poe qualifiait de « récits de ratiocination ». Holmes est une mécanique mentale froide, calculatrice, un homme qui, selon la formule d'un critique, était « un traqueur, un pourchasseur, un chien d'arrêt et un bouledogue ». Silhouette à la figure anguleuse, Holmes n'a ni femme ni enfants. Ainsi qu'il l'explique : « Je suis un cerveau, Watson. Le reste de ma personne n'est guère qu'un appendice de mon cerveau. » D'une raideur toute scientifique, il s'abstient de réconforter ses clients endeuillés avec des platitudes empreintes de spiritualité. Conan Doyle ne révèle pratiquement rien de la vie intérieure de son personnage, qui se définit uniquement par sa méthode. En bref, c'est le détective parfait, le superhéros de l'époque victorienne, d'où il surgissait, coiffé de son *deerstalker* en tweed et vêtu de son macfarlane.

Richard avait dévoré toutes ces histoires d'une traite, puis il les avait relues. Son esprit rigoureux avait trouvé son égal en Holmes et sa « science de la déduction », capable d'arracher une solution étonnante à partir d'un seul indice apparemment anodin. « Ainsi, toute la vie est une longue chaîne dont chaque anneau donne le sens », explique le célèbre détective dans sa première aventure, *Une étude en rouge*, qui instaure un modèle narratif auquel toutes les histoires suivantes se conformeront presque invariablement. Un nouveau client se présente à son cabinet de consultation, dans Baker Street. Le détective stupéfie le visiteur en déduisant un élément de sa vie grâce à la simple observation de son comportement ou de sa tenue. (Dans « Une affaire d'identité », il devine que son client est une dactylo myope rien qu'en observant « la peluche sur ses manches » qui en sont marquées, et « la trace d'un pince-nez » de part et d'autre des ailes du nez.) Après que la cliente eut présenté les faits inexplicables de son affaire, « la partie reprend », comme aime à dire Holmes. Accumulant les indices qui laissent invariablement pantois le docteur Watson, narrateur des nouvelles et individu plus terre à terre, Holmes aboutit en fin de compte à une conclusion sidérante – de celles qui, à lui et à lui seul, paraissent « élémentaires ». Dans *La Ligue des rouquins*, il révèle à son alter ego comment il a pu déduire que le commis d'un prêteur sur gage tentait de cambrioler une banque en creusant un tunnel sous terre. « Je me souvins alors du goût de l'employé pour la photographie et de la manie qu'il avait de disparaître dans la cave », explique Sherlock Holmes, qui est ensuite allé voir le commis. « Je regardai à peine son visage : c'étaient ses genoux qui m'intéressaient. Je jetai un coup d'œil sur ses genoux, qui étaient tels que je m'attendais à les voir. Vous avez dû remarquer vous-même combien son pantalon usé, froissé et taché à la place des genoux révélait des heures de travail dans un trou de lapin ! Dans quel but creusait cet homme ? Voilà ce qu'il me restait à savoir. Je tournai le coin de la rue et je m'aperçus que la Banque suburbaine de la Cité s'étendait jusqu'au local de notre ami, et, par cette découverte, mon problème était résolu. »

Suivant le conseil que Sherlock Holmes répétait souvent au docteur Watson, Green s'est exercé à « voir » ce que les autres se contentaient de « remarquer ». Il a mémorisé les règles holmesiennes, comme s'il s'agissait d'un catéchisme : « Chercher une explication avant de connaître tous les faits est une erreur capitale » ; « Ne vous fiez jamais à une impression générale, cher ami, mais concentrez-vous sur les détails » ; « Il n'y a rien de plus trompeur qu'un fait évident ».

Green venait d'avoir treize ans quand il rapporta tout un assortiment d'objets divers d'une brocante de la région dans le grenier faiblement éclairé de Poulton Hall. Une partie de ce grenier, baptisée la Chambre de Mary, avait la réputation d'être hantée : elle avait été « occupée jadis par une dame, qui avait été emprisonnée là et persécutée à mort en raison de sa religion », selon Hawthorne. Néanmoins, ce fut là-haut, dans ce grenier, que Green rassembla ses trouvailles pour y créer un étrange tableau. Il y avait un râtelier à pipes et une pantoufle persane fourrée de tabac. Il y avait une liasse de factures impayées, qu'il maintint en place sur le manteau de la cheminée en y plantant un couteau. Il y avait une boîte de pilules étiquetée « Poison », des cartouches de fusil vides et des impacts de projectiles peints en trompe-l'œil sur les murs (« Je ne pensais pas que le grenier résisterait à de vraies balles », remarqua-t-il plus tard), un serpent taxidermisé, un microscope en laiton et une invitation au bal des Gaziers. Enfin, il accrocha un écriteau à la porte de sa chambre : « Baker Street ».

Se fondant sur des informations éparses disséminées dans les nouvelles de Conan Doyle, il avait recomposé une réplique de l'appartement où Holmes et Watson recevaient leurs clients, reproduction si fidèle qu'elle attirait de temps à autre des aficionados de Holmes venus d'autres régions d'Angleterre. Un journaliste local décrivit l'impression troublante que lui fit la montée de ces dix-sept marches – le nombre exact spécifié dans les nouvelles – tandis qu'un enregistrement sur bande magnétique diffusait en toile de fond sonore les bruits du Londres victorien : le fracas des roues de fiacres, le claquement des sabots sur les pavés. À ce stade, Green était devenu le plus jeune membre jamais accueilli au sein de la Sherlock Holmes Society de Londres, dont certains adhérents s'habillaient quelquefois en costume d'époque, pantalon à taille haute et haut-de-forme.

Bien que Sherlock Holmes ait fait son apparition sur le papier imprimé un siècle plus tôt, il avait engendré un culte littéraire que n'égalait aucun autre personnage de fiction. Dès son entrée en scène ou presque, les lecteurs s'étaient emparés de lui avec une ferveur qui confinait au « mysticisme », ainsi que le remarquait un biographe de Conan Doyle. À ses débuts dans le *Beeton's Christmas Annual* de 1887, un magazine de fictions un peu scabreuses, Holmes ne fut pas seulement considéré comme un personnage, mais comme le modèle de la foi victorienne en tout ce qui touchait à la science. Il fit irruption dans la conscience collective de son temps à une période à peu près contemporaine du développement de la police moderne, au moment où la médecine était sur le point d'éradiquer enfin des maladies courantes et où l'industrialisation se proposait de réduire la pauvreté des masses. En somme, il était la preuve que les forces de la raison pouvaient triompher des forces de la folie.

À la naissance de Green, en revanche, la vénération de la pensée scientifique s'était brisée sur d'autres dogmes, le nazisme, le communisme et le fascisme, qui avaient souvent exploité le pouvoir de la technologie à des fins démoniaques. Pourtant, paradoxalement, plus le monde semblait illogique, plus le culte entourant Holmes gagnait en intensité. Ce symbole d'un nouveau credo s'était mué en figure de la nostalgie – un être de « conte de fées », ainsi que Green le définit un jour. Sa popularité surpassait l'ampleur de la renommée qu'il avait atteinte du vivant de Conan Doyle : ses aventures connurent une seconde existence dans quelque deux cent soixante films, vingt-cinq téléfilms, une comédie musicale, un ballet, une parodie burlesque et six cents pièces radiophoniques. Holmes inspira la création de revues, l'organisation de parcours touristiques, l'édition de timbres-poste, l'ouverture de boutiques de souvenirs, d'hôtels, de croisières transatlantiques à thèmes.

Edgar W. Smith, ancien vice-président de General Motors et premier éditeur du *Baker Street Journal*, qui publie des études sur les nouvelles de Conan Doyle, écrivit en 1946 un article de fond : « Qu'est-ce que nous aimons en Sherlock Holmes ? »

> Nous voyons en lui l'expression raffinée de notre soif d'écraser le mal et de redresser les torts qui tourmentent le monde. Il est à la fois Galahad et Socrate, il introduit la grande aventure dans nos ternes existences trop paisibles, la logique judiciaire dans nos esprits pétris de préjugés. Il est le succès de tous nos échecs, l'audacieuse évasion qui nous permet d'échapper à notre emprisonnement.

Toutefois, ce qui a rendu cette évasion littéraire à nulle autre pareille, c'est le fait que quantité de gens conçoivent Holmes comme un être bien réel. T. S. Eliot fit observer un jour ceci : « Le plus grand des mystères de Sherlock Holmes est peut-être celui-ci : lorsque nous parlons de lui, nous succombons invariablement à l'imaginaire de son existence. » Quant à Green, il écrivit : « Sherlock Holmes est un personnage réel [...] qui continue de vivre au-delà de son vivant et qui rajeunit constamment. »

À la Sherlock Holmes Society de Londres, Green eut accès au « grand jeu » auquel se livraient les Sherlockiens depuis des décennies. Il se fondait sur l'idée que le véritable auteur des nouvelles n'était pas Conan Doyle mais Watson, qui avait fidèlement tenu la chronique des exploits de Holmes. Un jour, lors d'une réunion de l'élite des Baker Street Irregulars (club auquel Green adhéra aussi), un membre évoqua Conan Doyle en créateur de Holmes, s'attirant cette remontrance scandalisée d'un autre membre : « Holmes est un homme ! Holmes est un grand homme ! » Si Green était amené à invoquer le nom de Conan Doyle, lui expliqua-t-on, il devait le qualifier de simple « agent littéraire » de Watson. Tout le défi de ce jeu tenait au fait que Conan Doyle avait souvent écrit les quatre romans de Holmes et les cinquante-six nouvelles – « les Écrits sacrés », ainsi que les appellent les Sherlockiens – à la hâte, et ces textes étaient si parsemés d'incohérences qu'il devenait difficile de les présenter comme de la non-fiction. Ainsi, comment se pouvait-il que dans une nouvelle il soit mentionné que Watson avait été blessé en Afghanistan à l'épaule par une balle d'un fusil djezaïl, alors que dans une autre il se plaint de cette même blessure… mais à la jambe ? Le but consistait par conséquent à résoudre ces paradoxes, en usant de la même logique à toute épreuve que celle dont le détective fait montre. Des recherches textuelles similaires avaient déjà donné naissance à un champ connexe, ce que l'on appelle la Sherlockiana – une forme d'érudition factice où les fans multipliaient les déductions, tant sur le nombre d'épouses qu'avait eues Watson (d'une à cinq) que sur l'université qu'avait fréquentée Holmes (certainement Cambridge ou Oxford). « Jamais tant d'auteurs n'ont autant écrit pour si peu de lecteurs », admettait Green, citant le fondateur des Baker Street Irregulars et paraphrasant la célèbre formule de Churchill.

En 1975, diplômé d'Oxford, Green se livra à des recherches plus sérieuses. De toutes les énigmes entourant ces Écrits sacrés, la plus profonde, comprit-il, était centrée sur l'homme que ces histoires avaient si longtemps éclipsé depuis lors – Conan Doyle soi-même. Il entreprit d'établir la première bibliographie exhaustive, en traquant jusqu'à la dernière parcelle des écrits de Conan Doyle : pamphlets, pièces de théâtre, poèmes, notices nécrologiques, chansons, manuscrits inédits, lettres à l'éditeur. En permanence chargé d'un sac plastique en guise de serviette, il exhuma des documents longtemps restés dissimulés par le voile de l'histoire.

Au milieu de cette recherche, il découvrit que John Gibson travaillait à un projet similaire, et ils s'accordèrent sur une collaboration. Le volume qui en résulta, publié par Oxford University Press en 1983, précédé d'un avant-propos de Graham Greene, compte sept cent douze pages et contient des notations sur quasiment le moindre fragment d'écrit jamais produit par Conan Doyle, jusqu'au type de papier composant les cahiers du manuscrit (« chiffon », « grainé de losanges bleu clair »). La bibliographie achevée, Gibson poursuivit sa carrière d'expert du patrimoine immobilier de la Couronne. En revanche, Green avait hérité une somme d'argent conséquente de sa famille, qui avait revendu une partie de son domaine, et il usa de la bibliographie comme d'une base pour se lancer dans une biographie de son auteur favori.

Rédiger une biographie est assez comparable au processus même de l'enquête, et il s'attacha à retracer chaque étape de la vie de Conan Doyle comme s'il s'agissait d'une scène de crime, avec toute sa complexité. Dans les années 1980, il décida de reconstituer tous les faits et gestes de Conan Doyle, depuis sa naissance, le 22 mai 1859, dans un quartier sordide d'Édimbourg. Il visita les rues où il avait grandi, élevé par une mère chrétienne fervente et un père rêveur. (Ce dernier dessina l'une des premières illustrations de Sherlock Holmes – un dessin représentant le détective au moment où il découvrait un cadavre, qui accompagnait une édition de poche d'*Une étude en rouge*.) Il constitua aussi une documentation très complète attestant de l'évolution intellectuelle de son sujet. Il découvrit par exemple qu'après des études de médecine à l'université d'Édimbourg, ayant subi l'influence de penseurs rationalistes comme Oliver

Wendell Holmes – qui lui inspira sans nul doute le nom du détective –, il renonça au catholicisme, en se jurant de « ne jamais accepter une chose qu'on ne pourra [lui] prouver ».

Au début des années 1980, Green publia la première d'une série d'introductions aux éditions Penguin Classic des œuvres de Conan Doyle, qui n'avaient encore jamais été réunies en recueil – il avait lui-même contribué à faire découvrir nombre d'entre elles. Les essais, rédigés dans un style clinique, lui valurent peu à peu d'attirer l'attention en dehors des cercles étroits de la sous-culture des Sherlockiens. L'un de ces textes, long de plus de cent pages, constituait en soi une petite biographie de Conan Doyle ; dans un autre, il apportait un éclairage neuf sur la nouvelle intitulée *L'Affaire de l'homme qui était recherché*, retrouvée dans un coffre plus de dix ans après la mort de Conan Doyle et revendiquée par sa veuve et ses fils comme étant la dernière aventure inédite de Holmes. Certains spécialistes s'étaient demandé si ce récit n'était pas un faux et même si les deux fils de l'écrivain, toujours avides d'argent pour financer leur train de vie dispendieux, ne l'avaient pas forgée de toutes pièces. Pourtant, Green démontra de façon concluante que cette nouvelle n'était ni de Conan Doyle ni un faux ; en réalité, elle avait été écrite par un architecte du nom d'Arthur Whitaker, qui l'avait envoyée à l'auteur dans l'espoir de l'inciter à une collaboration. Les spécialistes du sujet ont jugé les essais de Green tour à tour « éblouissants », « inégalés » et, compliment suprême, « holmesiens ».

Pourtant, il était fermement déterminé à creuser plus en profondeur, et à écrire sa biographie, désormais très attendue. Ainsi qu'a pu l'observer Iain Pears, auteur de romans policiers historiques, le héros de Conan Doyle agit presque sur le mode d'un analyste freudien, en reconstituant les récits cachés de ses clients, qu'il est le seul à déceler. Dans une critique de l'autobiographie d'Arthur Conan Doyle, *Ma vie aventureuse*, publiée en 1924, Green notait : « Tout se passe comme si Conan Doyle – dont le personnage évoquait la bonté et la confiance – craignait l'intimité. Quand il décrit sa vie, il passe l'homme intérieur sous silence. »

Pour révéler cet « homme intérieur », Green examinait des faits dont Conan Doyle parlait rarement, voire jamais – surtout concernant son père, épileptique et alcoolique invétéré, qui finit enfermé dans un asile d'aliénés. Pourtant, plus Green s'efforçait de creuser son sujet, plus il prenait conscience de ses failles dans la connaissance qu'il avait de Conan Doyle. Il n'entendait pas simplement esquisser l'histoire de ce dernier au moyen d'une série d'anecdotes ; il avait envie de tout savoir sur son sujet. Dans son ébauche d'une de ses premières nouvelles policières, *Le Médecin du Gaster Fell*, l'auteur écrit l'histoire d'un fils qui a enfermé son père dans une cage, où il divague – mais cet incident fut supprimé de la version publiée. Conan Doyle avait-il lui-même fait interner son père à l'asile ? L'obsession de la logique, chez Sherlock Holmes, était-elle une réaction à l'authentique folie obsessionnelle de son père ? Et que voulait-il dire quand il admettait, dans un poème profondément personnel, « La Chambre intérieure », avoir « des pensées qu'il n'ose révéler » ?

Green voulait aboutir à une biographie parfaite, dans laquelle les faits s'enchaîneraient inexorablement. Pour Conan Doyle, il voulait être à la fois Watson et Holmes, son narrateur et son détective. Pourtant, il n'ignorait pas l'exhortation de Holmes : « Des faits ! des faits ! des faits ! On ne peut fabriquer des briques sans argile. » Et le seul moyen de réussir, il s'en rendait compte, consistait à suivre la piste des archives perdues.

« Un meurtre, m'a affirmé Owen Dudley Edwards, un spécialiste réputé de Conan Doyle. Je crains que la majorité des preuves ne pointent en ce sens. »

Je l'avais appelé en Écosse, car Gibson m'avait informé qu'Edwards menait une enquête officieuse sur la mort de Green. Il avait œuvré avec Green pour stopper la vente aux enchères, qui avait néanmoins eu lieu, malgré le tollé, presque deux mois après la découverte de son ami. Edwards m'a encore dit ceci : « Je pense qu'il en savait trop sur les archives. »

Quelques jours après, je me suis envolé pour Édimbourg, où il avait promis de me faire part de ses découvertes. Nous avions convenu de nous retrouver dans un hôtel à l'entrée de la vieille ville, perché sur une colline sertie de châteaux médiévaux et nimbée d'une légère brume, non loin de l'endroit où Conan Doyle avait étudié la médecine sous la direction du docteur Joseph Bell, l'un des modèles de Sherlock Holmes. (Un jour, pendant un cours, Bell avait levé en l'air une éprouvette. « Ceci, messieurs, contient une drogue puissante, annonça-t-il. Elle est extrêmement amère au goût. » À la stupéfaction de la classe, il toucha le liquide ambré, porta un doigt à sa bouche et lécha. Ensuite, il déclara : « Je constate que pas un de vous n'a encore su développer ses dons d'observation… si j'ai en effet plongé l'*index* dans cette mixture épouvantable, c'est mon majeur – eh oui – que j'ai porté à ma bouche. »)

Edwards m'a accueilli au salon de l'hôtel. C'est un homme petit, une silhouette en forme de poire, des côtelettes broussailleuses et grisonnantes et une barbe grise encore plus en bataille. Professeur d'histoire à l'université d'Édimbourg, il portait un veston en tweed tout fripé, un pull à col en V, un sac à dos sur l'épaule.

Nous avons pris place au restaurant, j'ai attendu, le temps qu'il fouille parmi les livres que contenait son sac. Il avait écrit de nombreux ouvrages, notamment *The Quest for Sherlock Holmes* [à la recherche de Sherlock Holmes], où il dressait le tableau de la jeunesse de Conan Doyle, qui avait reçu un accueil unanime, et m'a sorti des exemplaires de recueils édités par Green. Ce dernier, m'affirmait-il, était « le plus grand spécialiste de Conan Doyle » et d'ajouter : « J'ai toute légitimité pour l'affirmer. Richard a fini par devenir le plus grand d'entre nous. C'est une affirmation ferme et définitive, de la part de quelqu'un d'informé. »

Tout en me parlant, il avait tendance à rentrer le menton, de sorte que sa barbe lui dessinait dessous comme un éventail. Il m'a dit avoir rencontré Green en 1981, en effectuant des recherches pour son livre sur Conan Doyle. À l'époque, il travaillait encore sur sa bibliographie avec Gibson, mais cela ne l'avait pas empêché de partager toutes ses données avec Edwards. « Il était ce style de chercheur. »

Pour Edwards, la mort de Green était encore plus déconcertante que les crimes perpétrés dans les aventures de Holmes. Il a ouvert l'un des recueils de Conan Doyle et m'a lu à haute voix ce passage d'*Une affaire d'identité*.

> La vie est infiniment plus étrange que tout ce que l'esprit humain pourrait inventer. Il est des choses que nous n'oserions concevoir et qui sont monnaie courante dans nos existences. Si, ouvrant la fenêtre, nous pouvions nous envoler main dans la main, planer sur cette grande cité, en soulever secrètement les toitures pour risquer un œil sur les choses étranges qui s'y déroulent, les coïncidences les plus singulières, les sombres projets, les malentendus, en un mot, le merveilleux enchaînement des événements qui se sont succédé, au fil des âges, pour aboutir aux résultats les plus extrêmes, tous les romans, avec leurs conventions et leurs conclusions prévues d'avance, nous paraîtraient fades et surannés.

Après avoir refermé le volume, il m'a expliqué qu'il avait fréquemment parlé avec Green de cette vente chez Christie's. « Nos existences ont été dominées par le fait que Conan Doyle avait cinq enfants, dont trois sont devenus ses ayants droit littéraires, m'a-t-il précisé. Les deux garçons étaient des play-boys. L'aîné, Denis, était d'un complet égoïsme, ai-je cru comprendre. Le cadet, Adrian, était un escroc répugnant. Et ensuite, il y avait une fille, absolument merveilleuse. »

Green, a-t-il ajouté, s'était tellement rapproché d'elle, Dame Jean, qu'il avait fini par être considéré comme le fils qu'elle n'avait jamais eu, et ce malgré le fait que par le passé les enfants de Conan Doyle avaient généralement eu des relations conflictuelles avec les biographes de leur père. Ainsi, au début des années 1940, Adrian et Denis avaient coopéré avec Hesketh Pearson sur *Conan Doyle: His Life and Art* [Conan Doyle : sa vie et son art], mais le livre finalement publié avait dressé le portrait d'un Conan Doyle en « homme de la rue », une formule que Conan Doyle lui-même avait employée. En conséquence, Adrian s'était précipité pour faire imprimer sa propre biographie, *The True Conan Doyle* [le vrai Conan Doyle], et Denis aurait même provoqué Pearson en duel. Dame Jean s'était ensuite chargée de protéger l'héritage de son père contre des universitaires et autres spécialistes susceptibles de le présenter sous un jour trop sévère. Or, elle s'était confiée à Green, qui avait essayé de trouver le juste équilibre entre sa vénération pour son sujet et son engagement au nom de la vérité.

Edwards m'a informé que Dame Jean n'avait pas seulement fourni à Green un aperçu de ces archives tant convoitées, elle lui avait aussi demandé son aide afin de transférer divers documents au cabinet de son avocat. « Richard m'a expliqué qu'il les avait lui-même transportés. Si bien que les connaissances qu'il détenait devenaient vraiment dangereuses. »

Il avançait que son ami était « la figure la plus importante susceptible de se dresser sur la voie » de la vente Christie's, car il avait vu certains de ces documents et pouvait témoigner de l'intention de Dame Jean d'en faire donation à la British Library. Peu après l'annonce de la vente, précisait-il, ils avaient tous deux appris que Charles Foley, le petit-neveu de Sir Arthur, et deux des cousins de ce dernier étaient derrière cette vente. Mais ni Green ni lui ne comprenaient comment ces lointains héritiers avaient pu obtenir la tutelle juridique sur ces archives. « Tout ce qui paraissait clair à nos yeux, c'était qu'il y avait eu escroquerie et que, manifestement, quelqu'un dérobait des pièces qui devraient revenir à la British Library. » Et de conclure : « Ce n'était pas une hypothèse : dans notre esprit, c'était une certitude. »

Edwards ne doutait guère non plus que quelqu'un avait tué son ami. Il relevait plusieurs éléments de contexte – Green mentionnant des menaces de mort, faisant allusion à l'Américain qui « essayait de l'abattre ». Certains observateurs, disait-il, avaient avancé l'idée que sa mort aurait pu être le résultat d'une séance d'asphyxie autoérotique, mais selon lui il n'y avait aucun signe que Green se soit engagé dans une quelconque activité sexuelle ce jour-là. Il insistait sur le fait que ce type de strangulation était un mode d'exécution brutale – « une méthode de mise à mort qu'emploierait un professionnel chevronné ». En outre, Green n'avait aucun antécédent dépressif connu. Edwards remarquait que, le jour de sa mort, son ami avait fait avec un autre de leurs amis des projets de vacances en Italie pour la semaine suivante. Qui plus est, si Green s'était donné la mort, répétait-il, il aurait sûrement laissé une lettre de suicide ; il était inconcevable qu'un homme qui tenait note de tout n'en ait laissé aucune.

« Il y a d'autres aspects, continuait-il. Il a été étranglé avec un lacet de bottine, or il portait toujours des mocassins. »

Certains détails apparemment insignifiants, du genre de ceux que Holmes aurait relevés, lui semblaient chargés de sens – en particulier, la bouteille de gin presque vide près de son lit. Pour Edwards, c'était clairement le signe de la présence d'un étranger, car Green, œnophile, avait bu du vin au dîner ce soir-là, et n'aurait jamais fait suivre un verre de vin d'un verre de gin.

« Celui qui a commis cet acte court toujours », en concluait-il. Il m'a posé une main sur l'épaule. « Soyez prudent, je vous en prie. Je n'ai pas envie de vous voir étranglé, comme le pauvre Richard. »

Avant mon départ, il m'a révélé encore une chose – il savait qui était l'Américain.

L'Américain, qui a exigé que je ne mentionne pas son nom, vit à Washington. J'avais remonté sa trace, il avait accepté de me rencontrer dans un pub, le Timberlake's, près de Dupont Circle. Je l'ai trouvé assis au bar, buvant tranquillement du vin rouge. Il avait beau être voûté sur son verre, il semblait étonnamment grand, un nez en bec d'aigle et une tonsure de cheveux gris clairsemés. Il paraissait la cinquantaine et portait un jean avec une chemise à col boutonné, un stylo-plume pointant de la poche-poitrine, à la manière d'un professeur.

Après une pause, le temps de comprendre qui j'étais, il s'est levé et m'a conduit à une table dans le fond de la salle, remplie de fumée et des sonorités d'un juke-box. Nous avons commandé à dîner, puis il a entrepris de m'expliquer ce que m'avait vaguement résumé Edwards : il était membre de longue date des Baker Street Irregulars et il avait contribué de nombreuses années à défendre le fonds littéraire Conan Doyle aux États-Unis. Toutefois, c'est son métier principal qui lui prêtait un air légèrement menaçant – du moins dans l'esprit des amis de Green. Il travaille pour le Pentagone, à un poste élevé de la hiérarchie, où il traite d'opérations clandestines. (« Un copain de Donald Rumsfeld », selon ce que m'en a dit Edwards.)

L'Américain m'a expliqué qu'après avoir obtenu un doctorat en relations internationales, en 1970, devenu un expert de la guerre froide et de la doctrine nucléaire, il avait été attiré par les jeux sherlockiens et leur quête d'une logique impeccable. « J'ai toujours maintenu la séparation entre ces deux mondes, m'a-t-il glissé à un moment. Je ne crois pas que beaucoup de gens, au Pentagone, comprendraient ma fascination pour un personnage littéraire. » Il avait rencontré Green par l'intermédiaire de la communauté sherlockienne. En tant que membres des Baker Street Irregulars, on leur avait tous deux attribué des titres officiels tirés des nouvelles de Holmes. L'Américain était « Rodger Prescott de sinistre mémoire », nom inspiré du faussaire américain dans *Les Trois Garrideb*. Green était connu sous le nom de « Trois pignons », d'après le nom de la villa dans *Les Trois-Pignons*, mise à sac par des cambrioleurs à la recherche d'un manuscrit biographique scandaleux.

Au milieu des années 1980, m'a confié encore l'Américain, Green et lui avaient collaboré à plusieurs projets. Éditeur d'un recueil d'essais sur Conan Doyle, il avait prié Green, qu'il considérait comme « l'individu le plus savant qui soit sur Conan Doyle », de rédiger le chapitre essentiel sur les mémoires de l'auteur, écrits en 1924. « Ma relation avec Richard a toujours été productive », rappelait-il. Ensuite, au début des années 1990, ils s'étaient fâchés – conséquence, précisait-il, d'une rupture fracassante de la relation de Green avec Dame Jean.

« Richard était devenu très proche de Dame Jean et, s'étant présenté en grand admirateur de Conan Doyle, il avait pu obtenir quantité de photographies de famille. Par la suite, ayant découvert un texte qu'il avait publié, l'ayant vu imprimé noir sur blanc, elle s'était subitement rendu compte qu'il avait présenté ses conceptions de façon tout à fait différentes, et du coup, entre eux, c'était plus ou moins fini. »

L'Américain reconnaissait être incapable de se souvenir de ce que Green avait écrit qui l'avait tant contrariée. Mais Edwards, et d'autres dans les cercles holmesiens, estimait que si personne n'était capable de citer précisément ce qu'ils avaient d'offensant, c'était parce que les textes de Green n'avaient jamais été particulièrement incendiaires. Selon R. Dixon Smith, un ami de Green qui vendait des livres de Conan Doyle depuis toujours, l'Américain jouait sur les susceptibilités de Dame Jean concernant la réputation de son père et s'était emparé de certains propos un peu directs de Green, qui ne l'avaient jamais dérangée auparavant, avant de les « retourner », comme on fait tourner « une vis ». Edwards disait de l'Américain : « Je crois qu'il a fait tout son possible pour blesser Richard. Il a semé la discorde entre Richard et Dame Jean Conan Doyle. » Après que cette dernière eut banni Green, Edwards et d'autres avaient remarqué que l'Américain s'était rapproché d'elle. Edwards m'avait dit que Green ne s'était jamais remis de sa dispute avec Dame Jean. « Je sentais son regard sur moi, j'avais l'impression que cela lui brisait le cœur. »

J'ai insisté auprès de l'Américain pour en savoir plus sur cet incident, et il m'a simplement répondu : « Parce que je représentais Jean, j'ai été pris entre deux feux. » Peu après, selon lui, « la bienveillance de

Green à [son] égard et sa volonté de coopérer, tout cela, c'était terminé ». Lors des événements organisés par les Sherlockiens, admettait-il, ils continuaient de se croiser, mais le plus souvent Green, toujours réservé, l'évitait.

Smith m'avait confié qu'au cours des derniers mois de sa vie Green semblait souvent « préoccupé » au sujet de l'Américain. « Il ne cessait de se demander : "Que va-t-il faire ensuite ?" » Au cours de la dernière semaine de son existence, Green soutint devant plusieurs amis que l'Américain s'employait à faire échouer sa campagne contre la vente aux enchères, et il exprimait sa crainte que son rival pût tenter de porter préjudice à sa réputation universitaire. Le 24 mars, deux jours avant son décès, il apprit que l'Américain était à Londres et prévoyait d'assister ce soir-là une réunion de la Sherlock Holmes Society. Un ami racontait que Green l'avait appelé et s'était exclamé : « Je n'ai pas envie de le voir ! Je ne veux pas y aller. » À la dernière minute, il s'était exclu de la réunion. À propos de l'Américain, l'ami a eu ce commentaire : « Je pense qu'il effrayait Richard. »

Alors que j'évoquais certaines des allégations des amis de Green, l'Américain a déplié sa serviette et s'en est effleuré les coins de la bouche. Il m'a expliqué que lors de sa visite à Londres il avait prodigué ses conseils à Charles Foley – dont il défendait désormais les droits littéraires, comme il l'avait fait avec Dame Jean – et discuté de la vente des archives chez Christie's. Mais l'Américain mettait l'accent sur un point : il n'avait pas vu Green, et ne lui avait pas parlé, depuis plus d'un an. Le soir de sa mort, m'a-t-il révélé non sans un certain embarras, il marchait dans Londres avec son épouse, dans le cadre d'une visite de groupe sur les scènes de crime de Jack l'Éventreur. Il disait n'avoir appris qu'à une date récente que Green était obsédé par lui, avant sa mort, et il a relevé que certains Sherlockiens brouillaient la ligne de partage entre fan-club et fanatisme. « C'était à cause de ce que son personnage inspirait aux gens. » Holmes était une sorte de « créature-vampire » : il dévorait certains.

Le garçon nous a servi nos plats, et l'Américain s'est tu, le temps de mâcher un morceau de sa viande et quelques rondelles d'oignons frits. Il m'a ensuite expliqué que Conan Doyle s'était lui-même senti oppressé par sa propre création. Ses nouvelles eurent beau faire de lui l'auteur le mieux payé de son temps, il s'était lassé de constamment « inventer des problèmes et élaborer des raisonnements fondés sur la déduction », ainsi qu'il s'en plaignit un jour amèrement. Dans ces aventures, Holmes lui-même semble écrasé par cette mission : s'étant plusieurs jours privé de sommeil, après avoir résolu une affaire, il s'injectait souvent de la cocaïne (« une solution à 7 % ») afin de dissiper l'épuisement et l'ennui qui s'ensuivaient. Mais pour Conan Doyle, il ne semblait pas exister pareil exutoire, et il confiait à un ami : « Holmes devient pour moi un tel fardeau qu'il me rend la vie intolérable. »

Les qualités mêmes qui avaient rendu Holmes invincible – « son personnage n'admet ni lumière ni ombre », ainsi que l'écrit Conan Doyle – finissaient par le lui rendre insupportable. Qui plus est, Conan Doyle craignait que ses histoires de détective n'éclipsent ce qu'il appelait « son œuvre littéraire plus sérieuse ». Il avait consacré des années à mener des recherches sur de nombreux romans historiques qui, il en était convaincu, lui vaudraient une place au panthéon des écrivains. En 1891, après avoir terminé *La Compagnie blanche*, qui se déroule au Moyen Âge et se fonde sur des récits de « preux et pieux chevaliers », il proclamait : « Bon, je ne pourrai jamais faire mieux. » Le livre eut du succès à l'époque de sa sortie, mais l'apparition de Holmes lui fit vite de l'ombre, comme à ses autres romans, alourdis par une prose guindée et sans vie. Quand il eut achevé son roman conjugal, *Un duo*, en 1899, Andrew Lang, un critique réputé qui avait contribué à la publication d'un de ses livres précédents, résuma le sentiment de la majorité des lecteurs : « Nous avons peut-être des goûts vulgaires, mais nous préférons décidément les aventures du docteur Watson avec Sherlock Holmes. »

Conan Doyle était de plus en plus déconcerté par le grand paradoxe de sa réussite : plus le véritable Holmes s'imposait dans l'esprit des lecteurs, moins l'auteur semblait exister. En fin de compte, ce dernier estimait ne pas avoir le choix. Ainsi que le formulait l'Américain : « Il fallait qu'il tue Sherlock Holmes. » Conan Doyle savait que la mort devait être spectaculaire. « Un homme comme lui ne doit pas périr d'une piqûre d'épingle ou de la grippe, confia-t-il à un ami proche. Sa fin doit être violente et d'une belle intensité dramatique. » Pendant des mois, il tenta d'imaginer le meurtre parfait. Ensuite, en décembre 1893, six ans après avoir donné naissance à Holmes, Conan Doyle publia *Le Dernier Problème*. Cette histoire rompt avec la formule établie : il n'y a pas d'énigme à résoudre, aucun étalage éblouissant d'un génie de la déduction. Et cette fois Holmes est celui qu'on poursuit. Il est pris en chasse par le professeur Moriarty, « le Napoléon du crime », qui est « l'ordonnateur de la moitié des méfaits, connus ou inconnus, qui se commettent dans cette grande cité de Londres ». Moriarty est le premier véritable égal de Holmes, un mathématicien qui, ainsi que celui-ci en informe Watson, « est un génie, un philosophe et un penseur ». Grand, d'allure ascétique, il ressemble même physiquement à Holmes.

Ce que cette nouvelle a de plus frappant, toutefois, c'est que ces deux grands logiciens sombrent dans l'illogisme – ils sont paranoïaques, et obsédés l'un par l'autre. À un certain stade, Moriarty dit à Holmes : « Il ne s'agit pas de danger […] il s'agit d'une destruction inévitable. »

Enfin, les deux se font face à flanc de montagne, une paroi verticale qui surplombe les chutes de Reichenbach, en Suisse. Ainsi que le déduira Watson plus tard à partir d'éléments retrouvés sur les lieux, Holmes et Moriarty se battent au bord du précipice avant de plonger tous les deux vers la mort. Après avoir achevé sa nouvelle, Conan Doyle nota dans son journal, apparemment ravi : « Tué Holmes. »

En me rapportant ces informations, l'Américain paraissait s'étonner que Conan Doyle ait commis un acte aussi extraordinaire. Pourtant, relevait-il, l'écrivain ne pouvait se soustraire à sa création. En Angleterre, des hommes auraient enfilé un brassard noir au bras, en signe de deuil. En Amérique, des clubs se formèrent, dévoués à la cause : « Maintenons Holmes en vie. » L'auteur eut beau affirmer que la mort de Holmes était un « homicide justifié », les lecteurs dénoncèrent sa brutalité et exigèrent qu'il ressuscite leur héros ; après tout personne ne l'avait véritablement vu basculer dans ce précipice. Ainsi que Green l'écrivait dans un essai en 1983 : « S'il y eut jamais un meurtrier hanté par l'homme qu'il avait tué et contraint d'expier son geste, ce fut bien le créateur de Sherlock Holmes, devenu son destructeur. » En 1901, soumis à des pressions croissantes, Conan Doyle publia *Le Chien des Baskerville*, histoire d'une vieille malédiction familiale, mais dont les événements étaient antérieurs à la mort de Holmes. Ensuite, deux ans plus tard, il céda sur toute la ligne, et se remit à écrire de nouvelles histoires holmesiennes, en expliquant, de manière très peu convaincante, dans *La Maison vide*, que Sherlock Holmes n'avait jamais plongé vers la mort mais s'était simplement arrangé pour que cela en ait l'air, afin d'échapper au gang de Moriarty.

L'Américain m'a expliqué que même après la mort de son créateur, Holmes avait continué de hanter la descendance de l'écrivain. D'après lui, « Dame Jean considérait

Sherlock Holmes comme la malédiction de la famille ». Comme son père, elle avait essayé d'attirer l'attention sur ses autres œuvres, mais elle avait été constamment contrainte de s'occuper des milliers de fans du détective – dont un bon nombre envoyait des lettres adressées à Holmes, réclamant son aide pour résoudre des crimes bien réels. Dans un essai de 1935 intitulé *Sherlock Holmes the God* [le dieu Sherlock Holmes], G. K. Chesterton formulait cette observation sur les Sherlockiens : « Cela va au-delà de la plaisanterie. Cet aimable passe-temps est guetté par la sclérose de l'illusion. »

Plusieurs acteurs qui ont joué le rôle de Holmes à l'écran étaient aussi hantés par son personnage, soutenait l'Américain. Dans une autobiographie de 1956, *In and Out of Character* [la peau de mon personnage : l'envers et l'endroit], Basil Rathbone, qui incarna le détective dans plus d'une dizaine de films, se plaignait qu'en raison de son interprétation de Holmes d'autres rôles, y compris ceux ayant fait l'objet d'une nomination aux Oscars, qui lui avaient valu sa renommée, « sombraient dans l'oubli ». Le public le confondait avec son très fameux personnage, le studio et les spectateurs exigeant qu'il le reprenne sans relâche, jusqu'à ce qu'à la fin, se lamentait-il lui aussi, il se sente « capable de tuer Sherlock Holmes ». Un autre acteur, Jeremy Brett, fit une dépression nerveuse en jouant le rôle du détective, et fut admis dans un service psychiatrique où il vociférait, disait-on : « Va au diable, Holmes ! »

À un certain moment, l'Américain m'a montré un épais volume, qu'il avait apporté au pub. L'ouvrage faisait partie d'une histoire en plusieurs tomes qu'il écrivait sur les Baker Street Irregulars et l'érudition sherlockienne. Il avait entamé ce projet en 1988. « Je me suis fait la réflexion que si je menais des recherches suffisamment approfondies je trouverais la matière d'un simple livre de cent cinquante pages, et je ne suis remonté que jusqu'à 1950. » Et d'ajouter : « Tout cela n'a été qu'une pente glissante vers la folie et l'obsession. »

En parlant de sa fascination pour Holmes, il se remémorait l'une des dernières fois qu'il avait vu Green, trois ans plus tôt, lors d'un colloque à l'université du Minnesota. Ce dernier venait de donner une conférence sur *Le Chien des Baskerville*. « Il avait proposé une présentation multimédia sur les origines du roman, et c'était tout simplement éblouissant. » L'Américain m'a répété le mot « éblouissant » à plusieurs reprises (« C'est le seul terme susceptible de rendre compte de la chose »), et en le voyant se redresser dans son siège, l'œil scintillant, je me suis rendu compte qu'en réalité, je ne parlais pas au Moriarty de Green mais à son âme sœur. Ensuite, se reprenant, il m'a rappelé qu'il avait un métier à temps plein et une famille. « Le danger, c'est si vous n'avez rien dans votre vie, en dehors de Sherlock Holmes », m'a-t-il assuré.

En 1988, Richard Green accomplissait un pèlerinage aux chutes de Reichenbach, où le héros de son enfance avait failli connaître sa perte. Conan Doyle lui-même s'était rendu sur le site en 1893, et Green voulait rééditer le voyage de l'auteur. Au bord du précipice, il contempla le gouffre sous ses pieds où, ainsi que le remarquait Watson après avoir lancé un appel dans le vide, il n'entendit « aucune réponse, sinon l'écho de [sa] propre voix, renvoyée par les rochers d'alentour ».

Au milieu des années 1990, Green avait compris qu'il n'aurait pas accès aux archives de Conan Doyle tant que Dame Jean ne serait pas décédée – et à supposer qu'elle lègue les documents à la British Library. Dans l'intervalle, il continua de mener des recherches sur sa biographie qui, en conclut-il, requerrait pas moins de trois volumes : le premier couvrait l'enfance de Conan Doyle ; le deuxième, l'ensemble de sa carrière littéraire ; la troisième, sa descente dans une forme de folie.

S'appuyant sur des documents publics, Green mettait en évidence cette dernière facette de son existence, qui s'esquissa après que Conan Doyle eut employé son sens aigu de l'observation à résoudre des mystères du monde réel. En 1906, il s'empara de l'affaire de George Edalji, un Indien à moitié parsi qui vivait près de Birmingham, menacé d'une condamnation à sept années de travaux forcés pour avoir prétendument mutilé le bétail de ses voisins dans la nuit. Conan Doyle suspectait qu'Edalji avait été catalogué comme criminel uniquement en raison de ses origines, et il endossa le rôle du détective. En rencontrant son client, il constata que le jeune homme tenait un journal à quelques centimètres de son visage.

« N'êtes-vous pas astigmate ? lui demanda-t-il.

– Si », admit Edalji.

Conan Doyle contacta un ophtalmologue, qui confirma que l'infirmité d'Edalji était si grave qu'il était incapable d'y voir correctement même avec des lunettes. Conan Doyle se rendit ensuite jusqu'à la scène de crime, en traversant un dédale de voies ferrées et de haies. « Moi, un homme fort et actif, en plein jour, j'ai eu le plus grand mal à passer », écrivit-il plus tard. En réalité, affirmait-il, il eût été impossible pour un individu presque aveugle d'effectuer ce trajet et d'abattre ensuite un animal dans la nuit noire. Un tribunal ne tarda pas à se rallier à cet avis, et le *New York Times* titra : « CONAN DOYLE RÉSOUT UNE NOUVELLE AFFAIRE DREYFUS ».

Il aida même à résoudre l'affaire d'un tueur en série, après avoir remarqué des articles de journaux rapportant la mort de deux femmes de la même manière bizarre : les victimes étaient de jeunes mariées, qui s'étaient « accidentellement » noyées dans leur baignoire. Il informa

Scotland Yard de sa théorie, signalant à l'inspecteur, en citant Holmes : « Il n'y a pas de temps à perdre » ; le meurtrier, surnommé « le Barbe-Bleue des baignoires », fut ensuite appréhendé et condamné au terme d'un procès retentissant.

Vers 1914, il tenta d'appliquer son pouvoir de raisonnement à l'affaire la plus importante de son époque – l'enchaînement logique qui entraîna le déclenchement de la Première Guerre mondiale. Il était convaincu que la guerre n'était pas due qu'à un enchevêtrement d'alliances et à la mort d'un archiduc ; c'était en fait une manière rationnelle de restaurer les codes de l'honneur et de l'exigence morale qu'il avait tant célébrés dans ses romans historiques. Cette année-là, il se lança dans une opération de propagande, en déclarant : « N'ayez crainte, car notre épée ne rompra pas, et elle ne tombera jamais non plus de nos mains. » Dans la nouvelle de Holmes, *Son dernier coup d'archet*, le détective déclare à Watson que, « quand la tempête aura passé », une « nation plus pure, meilleure, plus forte surgira à la lumière du soleil ».

Bien que Conan Doyle fût trop vieux pour se battre, nombre de membres de sa famille entendirent son appel aux armes, parmi lesquels son propre fils, Kingsley. Pourtant, la glorieuse bataille qu'il annonçait se transforma en cataclysme. Les produits de la raison scientifique – machines, ingénierie, électronique – se muèrent en agents de destruction. Il se rendit sur le champ de bataille non loin de la Somme, où des dizaines de milliers de soldats britanniques périrent, et où il déclara plus tard avoir vu un soldat « inondé d'écarlate de la tête aux pieds, deux yeux vitreux fixant les cieux sous un masque de sang ». En 1918, un Conan Doyle assagi se rendit compte que ce conflit était « à l'évidence évitable ». À cette date, dix millions d'individus avaient péri, notamment Kingsley, mort des blessures reçues au combat et de la grippe.

Après le conflit, il écrivit une poignée d'autres nouvelles de Holmes, et pourtant le domaine de la fiction policière se transformait. Le détective omniscient cédait peu à peu la place au privé dur à cuire, qui agissait plus d'instinct (et imbibé de gin) que mené par la raison. Dans *L'Art simple d'assassiner*, tout en admirant Conan Doyle, Raymond Chandler rejetait la tradition du « sinistre logicien » et son « enchaînement épuisant d'indices insignifiants », qui semblaient désormais relever d'un principe absurde.

Simultanément, dans sa vie personnelle, l'auteur paraissait abandonner toute raison. Ainsi que l'un des congénères de Green au sein des Baker Street Irregulars, Daniel Stashower, en fait état dans un livre paru en 1999, *Teller of Tales: The Life of Arthur Conan Doyle* [Le raconteur d'histoires : la vie d'Arthur Conan Doyle], le créateur de Holmes commençait à croire aux fantômes. Il prenait part à des séances de spiritisme et recevait des messages des défunts grâce à « la puissance de l'écriture automatique », une méthode comparable à celle de la planche Ouija. Lors d'une séance, lui qui avait jadis considéré la foi en une vie après la mort comme une « illusion », il affirmait que son frère cadet aurait déclaré : « C'est si merveilleux d'être en contact de la sorte. »

Un jour, dans la pièce où se tenait la séance, il entendit une voix. Il décrivit plus tard la scène dans une lettre à un ami :

> J'ai demandé : « Est-ce toi, mon garçon ? »
> Il m'a répondu en chuchotant avec une intensité extrême et sur un ton qui n'appartenait qu'à lui : « Père ! », et ensuite, après un silence : « Pardonne-moi ! »

Je lui ai fait : « Il n'y avait rien à pardonner. Tu as été le meilleur fils qu'un homme ait jamais eu. » Une main puissante s'est abattue sur ma tête, que j'ai sentie lentement basculer vers l'avant, et un baiser m'a effleuré, juste au-dessus de mon front.
« Es-tu heureux ? » me suis-je écrié.
Il y eut un silence, puis une voix très douce : « Je suis si heureux. »

Le créateur de Sherlock Holmes était devenu le saint Paul des médiums. Conan Doyle affirmait voir non seulement des membres défunts de sa famille, mais aussi des fées. Il prit fait et cause pour deux jeunes filles qui prétendaient avoir pris en 1917 des photos montrant des créatures fantomatiques, alors même, admit plus tard l'une des jeunes filles, qu'elle pouvait « voir les épingles qui maintenaient leurs silhouettes » : « Je me suis toujours étonnée que des gens aient pu prendre cela au sérieux. » Pourtant, Conan Doyle en était convaincu, et il avait même publié un livre intitulé *Les fées sont parmi nous*. Il ouvrit la librairie Psychic Bookshop, à Londres, et confia à des amis avoir reçu des messages annonçant la fin du monde. « Si quelqu'un peut prétendre être Sherlock Holmes, c'est bien moi, et j'affirme que le spiritisme est une réalité absolument démontrée », déclarait-il. En 1918, le *Sunday Express* titrait : « CONAN DOYLE EST-IL FOU ? »

Pour la première fois, Green avait du mal à rationaliser ce qui animait la vie de son sujet. Dans un essai, il écrivait : « Il est difficile de comprendre comment un homme qui avait défendu le simple bon sens et des conceptions saines pouvait s'asseoir à une table plongée dans l'obscurité afin d'y guetter l'apparition de l'ectoplasme. » Il réagissait parfois comme si son héros l'avait trahi. Dans un passage, il écrivait, furieux : « Conan Doyle se créait des illusions. »

« Une chose que Richard ne pouvait tolérer, c'était que Conan Doyle s'engage dans le spiritisme, expliquait Edwards. Il trouvait ça fou. » Son ami Dixon Smith m'a dit : « Il n'y en avait que pour Conan Doyle. Il le poursuivait de tout son esprit et de tout son corps. » La maison de Green se remplissait de plus en plus d'objets issus de la vie de l'auteur : des tracts de propagande oubliés de longue date, des discours sur le spiritisme ; une étude ésotérique sur la guerre des Boers ; des articles précédemment inconnus sur la photographie. « Je me souviens d'avoir découvert un jour un exemplaire d'*Un duo*, expliquait Gibson. Le livre était habillé d'une grande jaquette rouge. Je l'ai montré à Richard et il était surexcité. Il m'a dit : "Mon Dieu, cela devait être l'exemplaire du commercial de la maison d'édition." » Quand Green découvrit l'un des rares exemplaires encore préservés du *Beeton's Christmas Annual* de 1887, contenant *Une étude en rouge*, qui valait au moins cent trente mille dollars, il envoya une carte à un ami portant ce mot : « Enfin ! »

Green voulait aussi tenir entre ses mains des objets que Conan Doyle lui-même avait tenus dans les siennes : des coupe-papier, des stylos et des bésicles. « Il collectionnait jour et nuit, et quand je parle de nuit, je veux parler de nuits blanches », m'a rapporté son frère, Scirard. Green avait ainsi recouvert plusieurs murs de son domicile de photos de famille de Conan Doyle. Il avait même récupéré un bout de papier peint d'une des maisons de l'auteur. Selon son ami Nicholas Utechin, l'éditeur de *The Sherlock Holmes Journal* : « Parler d'obsession serait encore trop faible pour décrire ce qui habitait Richard. »

« Cela se perpétue de soi-même et je ne sais comment m'en empêcher », avouait Green à un magazine de collectionneurs d'antiquités, en 1999.

En 2000, sa maison ressemblait au grenier de Poulton Hall, à ceci près qu'il vivait désormais dans un musée dédié à Conan Doyle plutôt qu'à Holmes. « J'ai environ quarante mille livres, confiait-il au magazine. Ensuite, naturellement, il y a les photos, les tableaux, les papiers et tous les autres objets éphémères. Je sais que cela peut paraître beaucoup, mais, voyez-vous, plus vous en avez, plus vous éprouvez le besoin d'en accumuler. »

Et pourtant, ce qu'il convoitait le plus demeurait hors de portée : les archives. Après la mort de Dame Jean, en 1997, et aucun document ne faisant son apparition à la British Library, il était de plus en plus exaspéré. Lui qui avait jadis élaboré de judicieuses conjectures sur la vie de Conan Doyle, il semblait désormais bien déraisonnable. En 2002, choquant les Doyliens du monde entier, il rédigea un article dans lequel il affirmait détenir la preuve que Conan Doyle avait eu un rendez-vous galant avec Jean Leckie, sa seconde épouse, une beauté si délicate, avant même le décès de sa première femme, Louisa, de la tuberculose, en 1906. Même s'il était bien connu que l'écrivain avait noué une relation avec Leckie durant la longue maladie de son épouse, il avait toujours insisté sur un point : « Je lutte contre le diable, et je le vaincs. » Et, préservant des apparences de rectitude victorienne, quand Leckie et lui se trouvaient ensemble, il se faisait accompagner d'une tierce personne tenant le rôle du chaperon. Green fondait son affirmation sur le recensement de 1901, qui signalait que le jour où passa l'enquêteur Conan Doyle résidait à l'Ashdown Forest Hotel, dans l'East Sussex. Or, c'était aussi le cas de Leckie. « Conan Doyle n'aurait pu choisir pire week-end pour un rendez-vous intime », écrivait Green. Pourtant, il omettait de remarquer un élément essentiel que contenait également la fiche de recensement – la mère de Conan Doyle séjournait dans cet hôtel avec lui, justement dans ce rôle de chaperon, semblerait-il. Plus tard, Green fut obligé de se rétracter, dans une lettre à *The Sherlock*

Holmes Journal, où il admettait : « Je me suis rendu coupable d'une erreur capitale, celle de théoriser sans me fonder sur les faits. »

Pourtant, il continua de s'en prendre à Conan Doyle, tout comme ce dernier s'en était pris jadis à Sherlock Holmes. Edwards se rappelait une conversation au cours de laquelle Green avait dénigré l'écrivain, le jugeant « dénué d'originalité » et le taxant de « plagiat ». Il avouait à un autre ami : « J'ai perdu mon existence entière avec un écrivain de second ordre. »

« Je crois qu'il était frustré que la famille n'ait abouti à aucun accord, considérait Smith. Les archives n'étaient toujours pas accessibles, et il était en colère non contre les héritiers mais contre Conan Doyle. »

En mars 2004, alors qu'il se précipitait chez Christie's après l'annonce de la vente aux enchères dans les journaux, il découvrit que les archives étaient aussi riches et abondantes qu'il les avait imaginées, si ce n'était davantage. Parmi les milliers de pièces proposées, il y avait des fragments du premier récit jamais écrit par l'auteur, à l'âge de six ans ; un journal illustré datant de l'époque où Conan Doyle était médecin sur un navire baleinier écossais, dans les années 1880 ; des lettres de son père (dont les dessins, à l'asile, évoquaient les fées que le fils jugerait réelles) ; une enveloppe brune avec une croix et le nom de son fils mort inscrits dessus ; le manuscrit de son premier roman, qui ne fut jamais publié ; une missive à son frère, qui semblait confirmer l'intuition de Green : Conan Doyle avait bel et bien entamé une liaison avec Leckie. Jane Flower, qui avait participé à l'organisation des documents pour la vente Christie's, avait déclaré aux journalistes : « Nous ignorions où se trouvaient ces pièces auparavant, et c'est aussi pour cette raison qu'il n'existe aucune biographie moderne de l'auteur. »

Entre-temps, chez lui, Green tentait de reconstituer les raisons pour lesquelles ces archives étaient sur le point de passer une fois de plus en des mains privées. D'après sa famille, il tapait des notes sur son ordinateur, réexaminant le faisceau de preuves qui, selon lui, démontrait que ces documents appartenaient à la British Library. Il travaillait tard le soir, en se privant fréquemment de sommeil. Pourtant, rien de tout cela ne semblait porter ses fruits. À un certain moment, il tapa en lettres capitales : « S'EN TENIR AUX FAITS ». Un matin, après une nouvelle nuit sans sommeil, il confia à sa sœur que le monde lui semblait « kafkaïen ».

Quelques heures avant sa mort, il téléphona à son ami Utechin, chez lui. Il l'avait prié de retrouver une bande d'un ancien entretien radiophonique de la BBC, qui, se rappelait-il, citait l'un des héritiers de l'écrivain déclarant que les archives devraient faire l'objet d'un don à la British Library. Utechin lui annonça qu'il avait retrouvé la bande, mais qu'aucune déclaration de cet ordre ne figurait sur l'enregistrement. Green en avait fait un coup de sang, en accusant son ami de conspirer contre lui, comme s'il était un second Moriarty. Finalement, Utechin lui avait lancé : « Richard, tu as perdu la boule ! »

Un après-midi, alors que j'étais à mon hôtel londonien, le téléphone a sonné. « J'ai besoin de vous revoir, m'a fait John Gibson. Je vais prendre le prochain train pour Londres. » Avant de raccrocher, il a ajouté ces mots : « J'ai une théorie. »

Je l'ai reçu dans ma chambre. Il avait sur lui plusieurs bouts de papier, sur lesquels il avait pris des notes. Il s'est assis près de la fenêtre, sa mince silhouette se découpant dans la lumière déclinante, et il m'a annoncé : « Je pense que c'était un suicide. »

Il avait passé les éléments au crible, notamment des informations dont je lui avais fait part, résultat de mes propres investigations. Il y avait de plus en plus de preuves, disait-il, de ce qu'au cours de la dernière semaine de sa vie son ami pourtant si rationaliste trahissait des signes d'irrationalité. Il y avait le fait de l'absence de signes d'effraction à son domicile. Et cet autre élément, peut-être le plus crucial de tous, la présence de la cuiller en bois près de la main du mort.

« Il a dû s'en servir pour serrer la corde, comme un garrot en médecine, soulignait-il. Si quelqu'un l'avait étranglé, pourquoi ce quelqu'un aurait-il eu besoin d'une cuiller ? Le meurtrier pouvait simplement se servir de ses mains. » Et il a continué : « Je pense que sa vie n'a pas tourné comme il le voulait. Cette vente chez Christie's a simplement exacerbé les choses, à un degré critique. »

Il a jeté un bref coup d'œil nerveux à ses notes, qu'il avait du mal à lire sans une loupe.

« Ce n'est pas tout, a-t-il repris. Je pense qu'il voulait que cela ait l'air d'un meurtre. »

Il a attendu, le temps de mesurer ma réaction, avant de poursuivre :

« C'est pour cela qu'il n'a pas laissé de lettre. C'est pour ça qu'il a effacé sa propre voix du message sur son répondeur. C'est pour ça qu'il a envoyé ce message à sa sœur avec trois numéros de téléphone écrits dessus. C'est pour ça qu'il a parlé de l'Américain qui le traquait. Il avait dû planifier la chose depuis plusieurs jours, poser les fondements, nous livrer de faux indices. »

Je savais qu'en matière de fiction policière, d'ordinaire, c'est le scénario inverse qui se vérifie – un suicide s'avère être un meurtre. Ainsi que Holmes le déclare dans *Le Pensionnaire en traitement* : « Ce n'est pas un suicide [...]. C'est un assassinat, très habilement arrangé, et commis de sang-froid... » Il existe toutefois une exception notable. Elle se situe, et c'est assez glaçant, dans l'une des dernières énigmes holmesiennes, *Le Problème du pont de Thor*, une histoire que Green avait citée jadis dans un article. Une épouse est retrouvée morte, gisant sur un pont, abattue d'une balle dans la tête tirée à bout portant. Toutes les preuves convergent vers un suspect : la gouvernante, avec laquelle le mari avait flirté. Pourtant, Holmes démontre que personne n'avait tué l'épouse ; au contraire, prise d'une rage inspirée par la jalousie suite aux avances de son mari à la gouvernante, elle s'était donné la mort en tâchant de piéger la femme à qui elle attribuait son malheur. De toutes les nouvelles de Conan Doyle, c'est celle qui creuse le plus dans les profondeurs du psychisme humain et ses motivations criminelles. Ainsi que la gouvernante le raconte à Holmes : « Quand je suis arrivée au pont, elle m'attendait. Jamais je n'avais mesuré jusque-là le degré de haine que me vouait cette pauvre femme. Elle était comme folle… En vérité, je crois qu'elle était folle, folle avec cette puissance d'hypocrisie que peuvent avoir les déséquilibrés. »

Je me demandais si Green n'aurait pas été dans une rage telle, à cause de la perte de ces archives, qu'il aurait pu commettre un acte similaire, et même tenter de piéger l'Américain, qu'il accusait d'avoir réduit à néant sa relation avec Dame Jean et d'avoir favorisé la vente des archives. Je me suis demandé s'il n'avait pas tenté, dans un dernier sursaut désespéré, de créer de l'ordre à partir du chaos autour de lui. Je me suis demandé si cette théorie, si improbable soit-elle, n'était pas en fait la moins « impossible ».

J'ai partagé avec Gibson quelques autres indices que j'avais découverts : le coup de téléphone que Green avait passé au journaliste quelques jours avant sa mort, signalant qu'il pourrait lui arriver « quelque chose » ; une allusion dans une nouvelle de Holmes à l'un des principaux hommes de main de Moriarty, qualifié d'« étrangleur de métier » ; et une déclaration de la sœur de Green au coroner, lui signalant que le bout de papier portant ces trois numéros de téléphone lui avait évoqué « le début d'un thriller ».

Au bout d'un moment, Gibson a levé les yeux vers moi, le visage d'une pâleur mortelle. « Vous ne voyez pas ? s'est-il exclamé. Il a mis toute l'affaire en scène. Il a créé le mystère parfait. »

Avant de repartir pour l'Amérique, je suis allé voir la sœur de Green, Priscilla West. Elle vit près d'Oxford, dans une maison en brique de trois étages datant du XVIIIe siècle, au jardin enceint de murs. Elle avait de longs cheveux ondulés et bruns, un visage rond et séduisant, de petites lunettes ovales. Elle m'a invité à l'intérieur sur un ton réticent, me disant : « Êtes-vous plutôt salon, ou plutôt cuisine ? »

Dans l'incertitude, j'ai haussé les épaules, et elle m'a conduit au salon, au mobilier ancien, les livres pour enfants écrits par son père rangés dans la bibliothèque. Alors que nous prenions place, je lui ai expliqué que j'avais eu du mal à écrire l'histoire de son frère. L'Américain m'avait prévenu : « La biographie définitive, cela n'existe pas », et Green semblait particulièrement résistant à l'explication.

« Richard compartimentait sa vie, m'a répondu la sœur. Il y a quantité de choses que nous n'avons découvertes qu'après sa mort. » Lors de l'enquête criminelle, sa famille et la plupart de ses amis avaient été stupéfaits d'entendre Lawrence Keen, qui était à peu près moitié moins âgé que Green, annoncer qu'il avait été son amant des années auparavant. Dans sa famille, personne ne savait que Green était gay, expliqua sa sœur. « C'est un sujet que nous n'avions jamais abordé. »

Tandis que West se remémorait d'autres bribes surprenantes de la biographie de Green (des voyages au Tibet, une tentative éphémère d'écrire un roman), je m'efforçais de me le représenter le mieux possible, avec ses lunettes, le sac plastique qu'il tenait toujours en main et son sourire plein d'ironie. Priscilla West avait vu le corps de son frère gisant sur le lit, et elle m'a plusieurs fois répété : « J'aimerais juste… », avant de retomber dans le silence. Elle m'a tendu des exemplaires des éloges funèbres que les amis de Green ont prononcés au service religieux en sa mémoire, qui s'est tenu le 22 mai, jour de la naissance de Conan Doyle. Au dos du programme de l'office religieux étaient reprises plusieurs citations d'aventures de Sherlock Holmes :

« Pour la première fois de ma vie, je sentis battre le grand cœur digne du grand cerveau. »
« Voilà sa marotte : une science exacte, précise. »
« Il a eu une carrière extraordinaire. »

Au bout d'un moment, elle s'est levée pour aller se servir une tasse de thé. Après être venue se rasseoir, elle m'a confié que son frère avait légué sa collection à une bibliothèque de Portsmouth, non loin de l'endroit où Conan Doyle avait rédigé ses deux premières aventures de Sherlock Holmes, pour que d'autres chercheurs puissent y avoir accès. Cette collection était si vaste qu'il avait fallu deux semaines, et charger douze camions, pour la transporter. Elle était estimée plusieurs millions de dollars – un chiffre très supérieur, selon toute vraisemblance, à celui des archives tant convoitées. « L'idée que la recherche soit reléguée au second rang, derrière la cupidité, lui déplaisait souverainement. C'était pour lui une question de vie et de mort. »

Elle m'a ensuite évoqué un aspect des archives récemment dévoilé, et que son frère n'avait jamais su : se mourant d'un cancer, Dame Jean Conan Doyle avait fait établir un ultime acte de répartition, scindant les archives entre elle-même et les trois héritiers de son ancienne belle-sœur, Anna Conan Doyle. Ce qui était présenté à la vente aux enchères appartenait donc aux trois héritiers, et non à Dame Jean, et, bien que certains aient encore remis en doute la moralité de cette vente, la British Library était parvenue à la conclusion que celle-ci était licite.

Green ne pouvait non plus savoir qu'après la vente, le 19 mai, les documents les plus importants aboutiraient à la British Library. En effet, Dame Jean n'avait pas réservé ces pièces aux autres héritiers, et en avait légué un bon nombre à la bibliothèque ; en même temps, cette dernière avait acquis la quasi-totalité des pièces restantes lors de la vente. Ainsi que Gibson me l'a expliqué par la suite : « La tragédie, c'est que Richard aurait encore pu écrire la biographie de Conan Doyle. Il aurait disposé de tous les éléments nécessaires. »

Deux questions demeuraient toutefois obscures. Comment la voix d'un Américain avait-elle pu s'enregistrer sur le répondeur de son frère ?

« Je regrette, mais cela n'a rien de compliqué », m'a-t-elle répondu. L'appareil était fabriqué aux États-Unis et comportait un message préenregistré ; quand son frère avait supprimé son propre message personnalisé, c'était une voix américaine préenregistrée qui l'avait remplacé.

Je l'ai ensuite questionnée au sujet de ces numéros de téléphone sur le mot manuscrit. Elle a eu un mouvement de tête, en signe de désarroi. Ils ne menaient à rien, m'a-t-elle fait. C'étaient simplement ceux de deux journalistes auxquels son frère avait parlé, et celui d'un employé de Christie's.

Enfin, je lui ai demandé ce qu'elle pensait de ce qui était arrivé à son frère. À un certain moment, Scirard Lancelyn Green avait déclaré à l'*Observer* de Londres que, selon lui, le meurtre était « tout à fait de l'ordre du possible » ; et, en dépit de tous mes efforts pour aboutir à une conclusion qui lève définitivement le doute, des questions subsistaient. La police n'avait-elle pas indiqué au coroner qu'un intrus aurait pu fermer à clef la porte de l'appartement de la victime tout en se glissant au-dehors, créant ainsi l'illusion que sa victime était morte seule ? N'était-il pas possible que Green ait connu son meurtrier et l'ait tout simplement laissé entrer ? Et comment quelqu'un pouvait-il, même dans un accès de folie, réussir à s'étrangler avec un simple lacet, en s'aidant d'une cuiller ?

Sa sœur a brièvement détourné le regard, comme si elle tentait une dernière fois de faire coïncider toutes les pièces du puzzle. Ensuite, elle m'a répondu : « Je pense que nous ne saurons jamais de façon certaine ce qui s'est produit. À l'inverse de ce qui se passe dans les histoires policières, nous devrons continuer de vivre sans réponses. »

Trial by Fire

Le Texas a-t-il exécuté un innocent ?

Le feu se propagea rapidement à travers la maison, une maison de plain-pied, en bois, située dans un quartier populaire de Corsicana, dans le nord-est du Texas. Les flammes coururent le long des murs, faisant éclater l'embrasure des portes et cloquer la peinture, le carrelage et les meubles. La fumée se tassa contre le plafond, puis se mit à ramper, s'infiltrant dans toutes les pièces et par les fissures des fenêtres, entachant le ciel du petit matin.

Buffie Barbee, qui avait onze ans à l'époque et vivait deux maisons plus bas, jouait dans son jardin lorsqu'elle sentit la fumée. Elle se rua chez elle pour prévenir sa mère, Diane, et toutes deux se précipitèrent vers le haut de la rue. C'est là qu'elles aperçurent la maison qui partait en fumée et Cameron Todd Willingham, debout devant l'entrée, vêtu de son seul jean, la poitrine noircie par la suie, les cheveux et les paupières roussis. Il hurlait : « Mes bébés sont en train de brûler ! » Ses enfants, Karmon et Kameron, des jumelles d'un an, et Amber, deux ans, étaient piégées à l'intérieur.

Il demanda aux Barbee d'appeler les pompiers, et, pendant que Diane était partie en courant chercher de l'aide, il trouva un bâton avec lequel il brisa la vitre de la chambre des enfants. Le feu s'engouffra dans le trou. Il brisa alors une autre vitre ; les flammes s'y engouffrèrent également. Il battit en retraite vers le carré de jardin donnant sur la rue, et s'agenouilla devant la maison. Plus tard, un voisin indiqua à la police que Willingham pleurait par intermittence en disant : « Mes bébés ! », puis retombait dans le silence, comme s'il avait fait « barrage au feu dans son esprit ».

Diane Barbee, revenue sur le lieu de l'incendie, ressentit la chaleur intense qui se dégageait de la maison. Quelques instants plus tard, les cinq vitres de la chambre des enfants explosèrent et des flammes « jaillirent », ainsi que Barbee le décrivit. Les premiers pompiers arrivèrent au bout de quelques minutes, et Willingham s'approcha d'eux en hurlant que ses enfants se trouvaient dans la chambre où les flammes étaient les plus violentes. Un des pompiers envoya un message radio aux équipes de secours pour qu'elles « se grouillent ».

D'autres pompiers arrivèrent en renfort et s'attaquèrent au feu avec leurs lances à incendie. Un pompier, bouteille d'oxygène sur le dos et masque sur le visage, s'introduisit par une fenêtre, mais il fut touché par l'eau provenant d'un tuyau et dut reculer. Il enfonça alors la porte d'entrée, dans un tourbillon de fumée et de feu. S'avançant dans le couloir principal, il atteignit la cuisine, où il aperçut un réfrigérateur qui bloquait la porte arrière.

Todd Willingham, qui observait la scène, était gagné par l'hystérie. Un aumônier de la police, George Monaghan, le conduisit à l'arrière d'un camion de pompiers et tenta de le calmer. Willingham lui expliqua que sa femme, Stacy, était sortie plus tôt ce matin-là et qu'il avait été tiré de son sommeil par les hurlements d'Amber criant « Papa, papa ! ».

« Ma petite fille a essayé de me réveiller et de me prévenir de l'incendie, déclara-t-il, ajoutant : Je n'ai pas réussi à sauver mes bébés. »

Pendant qu'il parlait, un pompier ressortit de la maison, tenant précautionneusement Amber dans ses bras. Pendant qu'on tentait de la réanimer, Willingham, qui avait vingt-trois ans et était bien bâti, se précipita vers elle, puis, soudain, se dirigea vers la chambre des bébés. Monaghan et un autre homme le maîtrisèrent. « Il a fallu lutter avec lui et, au final, lui passer les menottes, pour sa propre sécurité, et pour la nôtre, indiqua plus tard Monaghan à la police. J'ai fait les frais d'un coquard. » Un des premiers pompiers arrivés sur place déclara aux enquêteurs que lui aussi, un peu plus tôt, avait dû retenir Willingham.

« De ce que j'ai pu voir de l'incendie, il aurait été irresponsable d'essayer de pénétrer dans la maison », déclara-t-il.

Willingham fut transporté à l'hôpital, où on lui apprit qu'Amber, qui avait en fait été retrouvée dans la chambre de ses parents, était décédée des suites d'une intoxication à la fumée. Kameron et Karmon, sérieusement brûlées, étaient allongées par terre dans la chambre des enfants. D'après le médecin légiste, elles étaient également décédées des suites d'une intoxication à la fumée.

La nouvelle du drame, qui eut lieu le 23 décembre 1991, se propagea dans Corsicana. Cette petite ville à quatre-vingt-huit kilomètres au nord-est de Waco fut un temps le centre du premier boom pétrolier au Texas. Mais, depuis, de nombreux puits se sont asséchés et plus d'un quart des vingt mille habitants de la ville ont sombré dans la pauvreté. Le long de la rue principale, plusieurs magasins ont fermé, donnant à la ville l'apparence d'un avant-poste abandonné.

Willingham et sa femme, âgée de vingt-deux ans, n'avaient pas un sou. Stacy travaillait dans le bar de son frère, le Some Other Place, et Willingham, mécanicien au chômage, s'occupait des enfants. Les membres de la communauté se cotisèrent pour aider les Willingham à payer les obsèques.

Dans le même temps, les enquêteurs essayèrent de comprendre l'origine de l'incendie. (Willingham avait donné aux autorités la permission de fouiller la maison : « Je sais que nous n'aurons peut-être jamais toutes les réponses, mais j'aimerais bien pouvoir comprendre pourquoi mes bébés m'ont été enlevés. ») Douglas Fogg, alors chef adjoint des pompiers à Corsicana, mena l'enquête préliminaire. Il était grand, avait les cheveux ras et la voix rauque après de nombreuses années passées à inhaler la fumée d'incendies et de cigarettes. Il était de Corsicana et y avait grandi. Après le lycée, il avait rejoint la marine en 1963, et était parti en tant qu'aide-soignant au Vietnam, où il fut blessé à quatre reprises : à chaque fois, il reçut une décoration. À son retour du Vietnam, il devint pompier, et, au moment de l'incendie chez les Willingham, il combattait le feu, ou ce qu'il appelait « la bête », depuis plus de vingt ans. Il était devenu un expert en incendie criminel. « Vous apprenez que le feu vous parle », m'a-t-il déclaré.

Il fut rapidement rejoint sur cette affaire par l'un des plus fins limiers de l'État en matière d'incendie criminel, un commissaire des incendies[1] adjoint du nom de Manuel

1. Aux États-Unis et au Canada, le *Fire Marshal* (littéralement « commissaire des incendies »), généralement rattaché aux

Vasquez, qui est décédé depuis. Petit, bedonnant, Vasquez avait enquêté sur plus de douze cents feux. Les experts en incendie criminel ont toujours été considérés comme une espèce particulière d'enquêteurs. En 1991, dans le film *Backdraft*, un héroïque expert en incendie dit du feu : « Il respire, il se nourrit et il hait. Le seul moyen de le combattre est de penser comme lui. D'anticiper que cette flamme-là traversera la porte et le plafond de cette manière. » Vasquez, qui avait auparavant travaillé pour les renseignements dans l'armée, avait créé des expressions bien à lui, telles que : « Le feu ne détruit pas les preuves, il en crée », ou encore : « Le feu raconte une histoire. Je n'en suis que l'interprète. » Il entretenait une aura d'invincibilité à la Sherlock Holmes. Une fois, lors d'un interrogatoire sous serment, il lui fut demandé s'il n'avait jamais commis d'erreur lors d'une affaire. « Si c'est le cas, monsieur, je ne le sais pas, répondit-il. On ne me l'a jamais fait remarquer. »

Vasquez et Fogg se rendirent chez les Willingham quatre jours après l'incendie. Comme le veut le protocole, ils examinèrent la maison des endroits les moins touchés aux endroits les plus endommagés. « Il s'agit d'une méthode habituelle, déclara Vasquez lors de son témoignage, ajoutant : Je réunis juste des informations… Je ne suis encore parvenu à aucune conclusion. Je n'ai pas d'idée préconçue. »

Les deux hommes firent lentement le tour du périmètre de la maison, prenant des notes et des photos, comme des archéologues dessinant la carte d'une ruine. En ouvrant la porte de derrière, Vasquez remarqua qu'il y avait à peine assez d'espace pour se glisser devant le réfrigérateur,

---

pompiers, est chargé de faire respecter les dispositions du code du feu et mène les enquêtes relatives aux incendies, notamment criminels.

qui bloquait la sortie. Une odeur de caoutchouc brûlé et de câbles fondus flottait dans l'air ; une couche de cendres mouillées recouvrait le sol, se collant à leurs bottes. Dans la cuisine, Vasquez et Fogg ne purent déceler que des dommages dus à la fumée et à la chaleur, signe que le feu n'y avait pas démarré. Ils s'enfoncèrent donc davantage dans les quatre-vingt-dix-huit mètres carrés de la maison. Un couloir central distribuait la buanderie et la chambre des parents, puis un petit salon sur la gauche, et la chambre des enfants sur la droite ; pour finir, il menait à la porte d'entrée donnant sur le perron. Vasquez essayait de s'imprégner de tout, comme, dit-il, on le fait lorsqu'on entre pour la première fois chez sa belle-mère : « Je fais preuve de la même curiosité. »

Dans la buanderie, il remarqua au mur des photos de crânes, et ce qu'il décrivit ensuite comme une image de « la Grande Faucheuse ». Puis il se rendit dans la chambre principale, où le corps d'Amber avait été retrouvé. La fumée et la chaleur avaient là aussi provoqué la plupart des dégâts : le feu avait donc démarré plus loin dans le couloir, et Vasquez continua dans cette direction, passant au-dessus des décombres, puis plongeant sous l'isolation et l'installation électrique, dont les fils pendaient du plafond.

Alors que lui et Fogg déplaçaient quelques débris, ils remarquèrent que les plinthes étaient carbonisées. Puisque les gaz deviennent flottants lorsqu'on les chauffe, les flammes brûlent en général vers le haut. Mais Vasquez et Fogg observèrent que le feu avait brûlé à un niveau extrêmement bas et que des traces de combustion bizarres, en forme de flaques, jonchaient le sol.

L'humeur de Vasquez s'assombrit. Il suivit la « traînée de feu » : la trajectoire gravée par le feu, qui allait du couloir à la chambre des enfants. La lumière du jour qui filtrait à travers les vitres brisées illuminait davantage les traces de carbonisation à formes irrégulières. Le fait qu'un liquide inflammable ou combustible ait été répandu au sol amènera le feu à se concentrer sur ce genre de poches : c'est pourquoi les enquêteurs les appellent « motifs de coulures » ou « configurations de flaques ».

Le feu avait brûlé à travers des couches de moquette, de carrelage et de contreplaqué. De surcroît, les ressorts métalliques qui se trouvaient sous les lits des enfants avaient blanchi : c'était le signe qu'une chaleur intense s'était dégagée d'en dessous. Voyant que le sol était marqué par certaines des plus profondes brûlures, Vasquez en déduisit qu'il avait été chauffé davantage que le plafond, ce qui, étant donné que la chaleur monte, n'était « pas normal ».

Fogg examina un morceau de verre provenant d'une des vitres brisées. Il était orné d'un motif, que les experts en incendie appellent « verre craquelé », en forme de toile d'araignée. Les manuels de science médico-légale ont décrit depuis longtemps cet effet comme un indice que le feu avait brûlé « rapidement et intensément », donc qu'il avait été alimenté par un liquide combustible, et que cette combustion rapide et intense avait entraîné une fracture du verre.

Les hommes examinèrent à nouveau ce qui semblait être une traînée bien nette de combustion à travers la maison : elle partait de la chambre des enfants jusqu'au couloir, puis bifurquait vers la droite avant de sortir par la porte d'entrée. À la grande surprise des enquêteurs, même le bois qui se trouvait sous le seuil en aluminium de la porte était réduit en cendres. Sur le sol en béton du perron, juste devant la porte d'entrée, Vasquez et Fogg remarquèrent un autre élément inhabituel : des taches marron qui, selon eux, correspondaient à la présence d'une substance inflammable.

Les hommes passèrent les murs au crible à la recherche de traces de suie en forme de « V », qui se créent lorsqu'un objet s'enflamme et que de la chaleur et de la fumée s'en dégagent : le bas de la lettre indique alors l'endroit où le feu a démarré. Chez les Willingham, un « V » se distinguait clairement dans le couloir principal. En examinant celui-ci, ainsi que d'autres traces de combustion, Vasquez repéra trois foyers : dans le couloir, dans la chambre des enfants et au niveau de la porte d'entrée. Vasquez indiqua plus tard, lors de son témoignage, qu'un feu à multiples foyers ne pouvait avoir été que « démarré intentionnellement par la main de l'homme ».

À partir de là, les deux enquêteurs eurent une idée précise de ce qui s'était passé. Quelqu'un avait versé une substance inflammable dans la chambre des enfants, y compris sous leurs lits, puis le long du couloir adjacent et au niveau de la porte d'entrée, créant une « barrière de feu » empêchant qui que ce soit de s'échapper ; de la même manière, ainsi qu'un procureur le suggéra plus tard, le réfrigérateur qui se trouvait dans la cuisine avait été déplacé pour bloquer la porte de derrière. La maison avait été en quelque sorte transformée en un piège mortel.

Les enquêteurs prélevèrent des échantillons de matériaux brûlés trouvés dans la maison et les envoyèrent à un laboratoire en mesure de détecter la présence d'une substance inflammable. Un laborantin indiqua qu'un des échantillons portait des traces d'« essence minérale », une substance qui se trouve souvent dans le liquide allume-feu. L'échantillon avait été prélevé sur le seuil de la porte d'entrée.

L'incendie fut à partir de ce moment-là considéré comme un triple meurtre. Todd Willingham, la seule personne, en dehors des victimes, à avoir été reconnue présente dans la maison au moment de l'incendie, devint le suspect principal.

La police et les enquêteurs experts en incendies ratissèrent le voisinage et interrogèrent des témoins. Plusieurs d'entre eux, comme le père Monaghan, dressèrent tout d'abord le portrait d'un Willingham anéanti par le feu ; mais, avec le temps, un nombre croissant de témoins firent des déclarations accablantes. Diane Barbee affirma qu'elle n'avait vu Willingham tenter d'entrer dans la maison qu'une fois les équipes de secours arrivées, comme s'il jouait un rôle. Puis elle ajouta que, lorsque la chambre des enfants avait explosé, il avait l'air davantage préoccupé par sa voiture, qu'il avait déplacée plus bas dans l'allée. Un autre voisin fit remarquer que, quand Willingham pleurait ses bébés, il « n'avait l'air ni hystérique ni inquiet ». Même le père Monaghan déclara par écrit qu'après réflexion il ne fallait pas se fier aux apparences. « J'avais l'impression que [Willingham] maîtrisait parfaitement la situation. »

Le portrait de Willingham que la police commençait à reconstituer était dérangeant. Né à Ardmore, dans l'Oklahoma, en 1968, il avait été abandonné par sa mère alors qu'il n'était encore qu'un bébé. Son père, Gene, qui avait divorcé de sa mère, l'avait ensuite élevé avec sa belle-mère Eugenia. Ancien Marine, il travaillait dans une casse, et la famille vivait dans une petite maison encombrée ; la nuit, le passage des trains de marchandise sur une voie ferrée à proximité faisait vibrer toute la maison. Willingham, qui avait, d'après sa famille, « l'allure type des Willingham », à savoir un beau visage, d'épais cheveux noirs et des yeux foncés, peinait à l'école, et commença à sniffer de la colle à l'adolescence. Les services sociaux de l'État de l'Oklahoma firent une évaluation de sa personnalité quand il avait dix-sept ans : « Il aime les filles, la musique, les voitures de course, les camions qui brillent, nager et chasser, dans cet ordre-là. »

Willingham abandonna le lycée, et fut, au fil du temps, arrêté à plusieurs reprises, pour, entre autres, conduite en état d'ivresse, vol de vélo et vol à l'étalage.

En 1988, il rencontra Stacy, élève de terminale, issue également d'une famille à problèmes : quand elle avait quatre ans, son beau-père tua sa mère par strangulation lors d'une dispute. Stacy et Willingham avaient une relation tumultueuse. Willingham, qui était infidèle, buvait trop de Jack Daniel's, et frappait parfois Stacy, même quand elle était enceinte. Un voisin indiqua qu'il avait une fois entendu Willingham lui hurler : « Lève-toi, salope, que je te frappe encore ! »

Le 31 décembre, les autorités interrogèrent Willingham. Fogg et Vasquez étaient présents au moment de l'interrogatoire, ainsi que Jimmie Hensley, un officier de police en charge de sa première affaire d'incendie criminel. Willingham déclara que Stacy avait quitté la maison aux alentours de 9 heures pour aller chercher un cadeau de Noël pour les enfants à l'Armée du Salut. « Dès qu'elle a quitté l'allée, j'ai entendu pleurer les jumelles, donc je me suis levé et je leur ai donné un biberon », déclara-t-il. Il y avait une petite barrière de sécurité en travers de la porte de la chambre des enfants. Amber parvenait à l'enjamber mais pas les jumelles, et lui et Stacy les laissaient souvent faire une sieste par terre après avoir bu le biberon. Amber était encore au lit, dit Willingham, donc il était retourné se coucher dans sa chambre. « Ensuite, je me souviens d'avoir entendu : "Papa, papa !" La maison était déjà envahie par la fumée. » Il déclara s'être levé, avoir tâtonné pour trouver un pantalon et l'avoir enfilé. Il n'entendait plus la voix de sa fille (« J'ai entendu pour la dernière fois ce "Papa, papa", puis je ne l'ai plus jamais entendu »), et il avait hurlé : « Oh, mon Dieu, Amber, sors de la maison ! Sors de la maison ! »

Il déclara n'avoir jamais eu la sensation qu'Amber se trouvait dans sa chambre à lui. Peut-être s'était-elle déjà évanouie au moment où il s'était levé, ou peut-être était-elle entrée après qu'il fut sorti par une deuxième porte donnant sur le salon. Il indiqua avoir pris le couloir et essayé de rejoindre la chambre des enfants. Dans le couloir, « on ne voyait rien du tout », déclara-t-il. Il y avait la même odeur que lorsque leur micro-ondes avait explosé, trois semaines auparavant, comme « des fils électriques brûlés ou quelque chose comme ça ». Il entendait éclater des prises de courant et des interrupteurs et s'était accroupi, rampant presque. Quand il était parvenu à la chambre des enfants, il s'était levé et ses cheveux avaient pris feu. « Oh mon Dieu, je n'ai jamais rien ressenti d'aussi chaud », dit-il à propos de la chaleur qui sortait de la chambre.

Après avoir éteint le feu sur ses cheveux en tapotant dessus, il s'était baissé et avait cherché à tâtons dans le noir. « J'ai cru un moment avoir trouvé un des enfants, déclara-t-il, mais c'était une poupée. » Il ne pouvait plus supporter la chaleur. « J'ai cru m'évanouir. » Il avait atteint enfin le bout du couloir en trébuchant et était sorti par la porte de devant, essayant de reprendre son souffle. Il avait vu Diane Barbee et lui avait hurlé d'appeler les pompiers. Il insista sur le fait qu'il avait essayé, sans succès, de pénétrer de nouveau à l'intérieur après le départ de celle-ci.

Les enquêteurs lui demandèrent s'il avait une idée de la manière dont le feu avait pu démarrer. Il indiqua qu'il n'en était pas sûr, mais que l'incendie avait dû démarrer dans la chambre des enfants puisque c'est là qu'il avait d'abord vu des flammes, qui brillaient comme « des lumières vives ». Lui et Stacy utilisaient trois radiateurs d'appoint pour chauffer la maison et l'un d'entre eux se trouvait dans la chambre des enfants. « J'avais appris à

Amber à ne pas jouer avec », déclara-t-il, ajoutant qu'elle « se faisait réprimander de temps à autre pour l'avoir fait ». Il déclara qu'il ne savait pas si le radiateur, dans lequel il y avait une flamme, était allumé. (Vasquez, lors de son témoignage, indiqua que, lorsqu'il avait vérifié le radiateur, quatre jours plus tard, celui-ci était en position « éteint ».) Willingham supposait que le feu devait avoir une origine électrique : il avait entendu tous ces bruits d'éclatements et de craquements.

Quand on lui demanda avec insistance si quelqu'un pouvait en vouloir à sa famille, il déclara qu'il ne voyait pas qui pourrait être si « insensible ». Il dit à propos de ses enfants : « Je ne comprends pas pourquoi on pourrait vouloir me les enlever, vous comprenez ? On avait les trois plus beaux bébés dont on puisse rêver. » Il ajouta : « Moi et Stacy, on est ensemble depuis quatre ans, mais, de temps en temps, on se dispute et on se sépare temporairement. Je crois que ce sont ces bébés qui nous ont tellement rapprochés… Aucun de nous… ne pourrait vivre sans eux. » Pensant à Amber, il déclara : « Pour vous dire toute la vérité, j'aurais préféré qu'elle ne me réveille pas. »

Pendant l'interrogatoire, Vasquez laissa Fogg mener la danse. Mais à la fin, il se tourna vers Willingham et lui posa une question apparemment anodine : avait-il enfilé des chaussures avant de s'enfuir de la maison ?

« Non, monsieur », répondit Willingham.

Un plan de la maison se trouvait sur la table entre les deux hommes, et Vasquez le montra du doigt. « Vous êtes sorti par là ? » demanda-t-il.

Willingham répondit que oui.

Vasquez était désormais convaincu que Willingham avait tué ses enfants. Si le sol avait été imbibé de liquide d'allumage, et que le feu avait brûlé à une faible hauteur, comme les preuves semblaient l'indiquer, Willingham n'aurait pas pu s'enfuir de la maison par le chemin qu'il désignait sans se brûler gravement les pieds. Or, un rapport médical indiqua que ses pieds étaient indemnes.

Willingham insista sur le fait que, au moment où il était sorti de la maison, le feu brûlait encore en hauteur et non au sol. « À aucun moment je n'ai eu à sauter à travers les flammes », déclara-t-il. Vasquez croyait que cela était impossible. Selon lui, Willingham avait allumé le feu en partant, en incendiant d'abord la chambre des enfants, puis le couloir, puis, enfin, la porte d'entrée depuis le perron. Vasquez dira plus tard à propos de Willingham : « Il m'a servi une histoire purement inventée… il n'arrêtait pas de parler, et tout ce qu'il disait était mensonger. »

Mais il n'y avait toujours pas de mobile apparent. Les enfants avaient des polices d'assurance vie, mais leur montant n'était que de quinze mille dollars, et le grand-père de Stacy, qui les avait souscrites, en était le principal bénéficiaire. Stacy dit aux enquêteurs que, même si Willingham la frappait, il ne s'en était jamais pris aux enfants. « Nos enfants étaient pourris gâtés », reconnut-elle, et elle ne croyait pas Willingham capable de les avoir tués.

Au bout du compte, les autorités conclurent que Willingham était un homme dépourvu de conscience, que ses délits à répétition avaient presque inexorablement mené au meurtre. John Jackson, qui était à l'époque assistant du procureur à Corsicana, fut chargé des poursuites dans l'affaire Willingham. Il déclara plus tard au *Dallas Morning News* qu'il considérait Willingham comme « un individu complètement inadapté », pour lequel ses enfants n'étaient qu'un « obstacle à son mode de vie ». Ou, selon les mots du procureur local, Pat Batchelor : « Les enfants le gênaient dans sa tendance à boire de la bière et à jouer aux fléchettes. »

Le 8 janvier 1992 au soir, deux semaines après l'incendie, Willingham roulait en voiture avec Stacy lorsque des officiers du SWAT[1] les encerclèrent, les forçant à se ranger sur le bas-côté. « Ils ont dégainé leurs armes à feu comme si on venait de cambrioler dix banques, raconta par la suite Stacy. Tout ce qu'on entendait, c'était "clic, clic'… Et puis ils l'ont arrêté. »

Willingham fut poursuivi pour meurtre. Comme il y avait plusieurs victimes, il encourait la peine de mort, ainsi que le prévoit la loi au Texas. Contrairement à de nombreux procureurs dans cet État, Jackson, qui avait pour ambition de devenir juge, était opposé à la peine capitale. « Je ne pense pas que cela soit efficace pour dissuader les criminels, m'a-t-il déclaré. Je ne pense pas que cela fonctionne. » De plus, il considérait que c'était du gâchis : en raison des frais de justice initiaux et de ceux liés aux procédures d'appel, une exécution coûte en moyenne 2,3 millions de dollars, soit trois fois le coût d'une incarcération pendant quarante ans. Puis Jackson ajouta : « Quel recours y a-t-il si vous faites une erreur ? » Mais son supérieur, Batchelor, pensait que « certaines personnes commettant des crimes assez odieux renonçaient au droit de vivre ». Jackson en vint donc à penser que la nature haineuse du crime dans l'affaire Willingham, « une des pires en terme de nombre de victimes » qu'il ait jusqu'alors plaidées, l'obligeait à réclamer la peine de mort.

Willingham n'avait pas les moyens d'engager des avocats. Deux lui furent commis d'office : David Martin, un ancien policier, et Robert Dunn, un avocat local qui représentait tout le monde, des personnes accusées de meurtre aux couples en instance de divorce. Ce dernier se définissait lui-même comme un « touche-à-tout ». (« Dans

1. Special Weapons and Tactics, l'équivalent des CRS en France.

une petite ville, vous ne pouvez pas dire que vous êtes un avocat spécialisé en ceci ou cela, sinon vous mourez de faim », m'avait-il fait.)

Peu de temps après l'arrestation de Willingham, les autorités reçurent un message de la part d'un détenu, Johnny Webb, se trouvant dans la même prison que lui. Webb prétendit que Willingham lui avait confié avoir pris « un liquide d'allumage quelconque, en avoir arrosé les murs et le sol et y avoir mis le feu ». Le dossier à charge contre Willingham était considéré comme bouclé.

Malgré cela, certains membres de la famille de Stacy, qui, contrairement à elle, croyaient à la culpabilité de Willingham, dirent à Jackson qu'ils préféraient éviter le stress d'un éventuel procès. Ainsi donc, peu avant que ne commence la sélection du jury, Jackson fit une offre extraordinaire aux avocats de Willingham : si leur client plaidait coupable, l'État ne le condamnerait qu'à la prison à vie. « J'étais vraiment content en pensant que nous pourrions parvenir à un accord pour éviter la peine de mort », se remémore Jackson.

Les avocats de Willingham étaient tout aussi satisfaits. Ils avaient peu de doutes sur la culpabilité de leur client et sur le fait que, si l'affaire était soumise à un jury, il serait reconnu coupable et, par conséquent, exécuté. « Tout le monde pense que les avocats de la défense doivent croire à l'innocence de leurs clients, mais c'est rarement le cas, me déclara Martin. La plupart du temps, ils sont coupables jusqu'à l'os. » Il ajouta à propos de Willingham : « Toutes les preuves indiquaient qu'il était coupable à 100 %. Il avait aspergé la maison d'une substance inflammable et avait versé du liquide d'allumage sous les lits des enfants. » C'était, dit-il, « une affaire classique d'incendie criminel ». Il y avait « des traces de flaques partout, personne ne conteste cela ».

Martin et Dunn conseillèrent à Willingham d'accepter l'offre, mais il refusa. Les avocats demandèrent à son père et à sa belle-mère de lui parler. Selon Eugenia, Martin leur montra des photos des corps calcinés des enfants et dit : « Regardez ce que votre fils a fait. Vous devez le convaincre de plaider coupable, sinon il sera exécuté. »

Ses parents lui rendirent visite en prison. Bien que son père ne pensât pas qu'il devait plaider coupable s'il était innocent, sa belle-mère le supplia d'accepter l'offre. « Tout ce que je voulais, c'était que mon garçon reste en vie », me dit-elle.

Willingham demeura implacable. « Je ne vais pas plaider coupable pour quelque chose que je n'ai pas fait, *a fortiori* pour le meurtre de mes propres enfants », assena-t-il. Ce fut une décision irrévocable. Martin dit : « Je pensais à l'époque que c'était débile, et je continue à le penser. »

Le refus de Willingham d'accepter l'offre renforça le ministère public, et même les avocats de la défense, dans leur opinion que c'était un meurtrier impénitent.

Le procès débuta en août 1992 dans le vieux tribunal en pierre du centre-ville de Corsicana. Jackson et une équipe de procureurs assignèrent une litanie de témoins, dont Johnny Webb et les Barbee. Mais l'essentiel du dossier du ministère public reposait sur les preuves scientifiques rassemblées par Vasquez et Fogg. Vasquez décrivit à la barre ce qu'il considérait comme plus de « vingt indices » permettant de conclure à un incendie criminel.

« Avez-vous une idée de la personne qui a allumé ce feu ? demanda un des procureurs.

— Oui, monsieur, répondit Vasquez. M. Willingham. »

Le procureur demanda à Vasquez ce qu'il pensait être le mobile de celui-ci. « Tuer les petites filles », dit-il.

La défense avait essayé de trouver un expert en incendies pour contredire le témoignage de Vasquez et Fogg, mais celui qu'ils contactèrent alla dans le sens du ministère public. Au final, la défense ne présenta au jury qu'un seul témoin : la baby-sitter des Willingham, qui déclara qu'elle ne pouvait pas croire que Willingham ait pu tuer ses enfants. (Dunn me précisa que Willingham avait voulu témoigner, mais que Martin et lui avaient pensé qu'il aurait risqué de se porter préjudice.) Le procès ne dura que deux jours.

Au cours de sa plaidoirie, Jackson dit que les flaques et les coulures étaient la « confession » accidentelle de Willingham gravée dans le sol. Brandissant une bible qui avait été sauvée du feu, Jackson paraphrasa les mots employés par Jésus dans l'Évangile de Matthieu : « Mais si quelqu'un scandalisait un de ces petits qui croient en moi, il vaudrait mieux pour lui qu'on suspendît à son cou une meule de moulin, et qu'on le jetât au fond de la mer. »

Le jury se retira pendant à peine une heure et revint avec un verdict unanime de culpabilité. Ainsi que Vasquez le déclara : « Le feu ne ment pas. »

Lorsque Elizabeth Gilbert s'approcha du gardien de prison, au printemps 1999, et donna le nom de Cameron Todd Willingham, elle n'était pas trop sûre de ce qu'elle était en train de faire. Professeur de français et auteur de pièces de théâtre, âgée de quarante-sept ans, habitant à Houston, Gilbert était divorcée et avait deux enfants. Elle ne s'était jamais rendue dans une prison. Quelques semaines plus tôt, un ami travaillant dans une association pour l'abolition de la peine de mort l'avait encouragée à écrire à un prisonnier se trouvant dans le couloir de la mort, et Gilbert avait donné ses nom et adresse. Peu de temps après, une courte lettre, d'une écriture bancale, lui était parvenue de la part de Willingham. « Si vous souhaitez me répondre, je serais honoré de correspondre avec vous », écrivait-il. Il demandait également si elle pouvait lui rendre visite. Peut-être poussée par une curiosité d'écrivain, ou peut-être parce qu'elle n'était pas au mieux de sa forme (elle était troublée par une récente nouvelle : son ex-mari était en train de mourir d'un cancer), elle avait accepté. Elle se tenait donc devant la prison décrépite de Huntsville au Texas, un endroit que les prisonniers appelaient « la fosse mortuaire ».

En entrant, elle défila devant une clôture en fil barbelé, une série de projecteurs et un poste de contrôle, où elle fut fouillée. Elle pénétra ensuite dans une petite pièce. À seulement quelques mètres d'elle se trouvait un homme condamné pour plusieurs infanticides. Il portait une combinaison blanche avec les lettres « DR » (Death Row, couloir de la mort) en majuscules noires imprimées dans le dos. Il arborait un tatouage avec un serpent et un crâne sur son biceps gauche. Il mesurait près d'1,83m et était musclé, même si ses jambes s'étaient atrophiées après des années de détention.

Une fenêtre en Plexiglas la séparait de Willingham ; et pourtant, Gilbert, cheveux bruns courts et air sévère, le fixa avec inquiétude. Willingham s'était une fois battu avec un autre prisonnier qui l'avait traité de « tueur de bébés » et, depuis le début de son incarcération, sept ans auparavant, il avait commis une série d'infractions disciplinaires qui lui avaient valu de se retrouver régulièrement dans le quartier isolé connu sous le nom de « Cachot ».

Willingham l'accueillit poliment. Il lui était reconnaissant d'être venue. Après sa condamnation, Stacy s'était battue pour sa libération. Elle avait écrit à Ann Richards, alors gouverneur du Texas : « S'agissant de nos enfants, je le connais mieux que personne. Par conséquent, je pense qu'il est impossible qu'il ait commis ce crime. » Mais au bout d'un an Stacy avait demandé le divorce, et Willingham recevait peu de visites, sauf de ses parents, qui venaient en voiture de l'Oklahoma une fois par mois. « Je n'ai vraiment personne en dehors de mes parents pour me rappeler que je suis un être humain et pas l'animal que l'État prétend », dit-il une fois à Gilbert.

Il ne voulait pas parler du couloir de la mort. « L'enfer, j'y vis, lui écrivit-il plus tard. Lorsque je reçois une visite, je veux m'échapper d'ici. » Il lui posa des questions sur son enseignement et sur son art. Il s'inquiéta qu'en tant qu'auteur de pièces de théâtre elle puisse le considérer comme « un personnage sans profondeur » et s'excusa de ne pas avoir de manières : il avait désormais du mal à séparer les mœurs de la prison de celles de l'extérieur.

Lorsque Gilbert lui demanda s'il voulait qu'elle aille lui chercher quelque chose à manger ou à boire au distributeur, il refusa. « J'espère ne pas vous avoir offensée en refusant de grignoter, lui écrivit-il plus tard. Je ne voulais pas que vous pensiez que je vous avais fait venir pour ce genre de choses. »

On l'avait prévenue que les prisonniers essayaient souvent d'arnaquer les visiteurs. Apparemment, il s'en rendit compte, et lui dit : « Je ne suis qu'un homme comme les autres, c'est tout. Et pour la plupart des gens, je suis un criminel cherchant quelqu'un à manipuler. »

La visite dura deux heures, puis ils reprirent leur correspondance. Elle était frappée par ses lettres, dans lesquelles il faisait preuve d'une grande capacité d'introspection, et qui ne correspondaient pas du tout à ce à quoi elle s'attendait. « Mes sentiments sont sincères, lui écrivit-il. Je ne vous raconterai pas de conneries sur ce que je ressens ou sur ce que je pense. » Il se décrivit comme un ancien stoïque, comme son père. Mais il ajouta : « D'avoir perdu mes trois filles… ma maison, ma femme et ma vie, cela m'a un peu secoué. J'ai appris à m'ouvrir. »

Elle accepta de lui rendre à nouveau visite. Il fut manifestement touché quand elle revint, quelques semaines plus tard. « Me voici, moi, celui que personne ne considérera plus jamais comme un être humain, qui a tant perdu, mais essaye encore de tenir, lui écrivit-il ensuite. Mais vous êtes revenue ! Vous ne saurez jamais à quel point cette visite a compté dans ma vie. »

Ils continuèrent à s'écrire et elle commença à lui poser des questions sur l'incendie. Il insistait sur son innocence : selon lui, si quelqu'un avait aspergé la maison de liquide inflammable et allumé le feu, le meurtrier était toujours en liberté. Gilbert n'était pas naïve : elle partait du principe qu'il était coupable. Cela ne la dérangeait pas de lui apporter du réconfort, mais elle n'était pas là pour l'absoudre.

Sa curiosité concernant l'affaire avait malgré tout grandi. Un jour, cet automne-là, elle se rendit au tribunal de Corsicana pour examiner les archives du procès. Beaucoup de gens au sein de la communauté se souvenaient de la tragédie, et un employé s'étonna que l'on puisse s'intéresser à un homme qui avait brûlé vifs ses enfants.

Gilbert prit le dossier et s'installa à une petite table. Alors qu'elle examinait les déclarations des témoins oculaires, elle remarqua plusieurs contradictions. Diane Barbee avait indiqué que Willingham n'avait à aucun moment essayé de pénétrer à nouveau dans la maison, avant que les secours n'arrivent sur place. Or, elle s'était absentée pour appeler les pompiers. Dans le même temps, sa fille, Buffie, avait indiqué avoir vu Willingham sur la terrasse devant la maison en train de briser une fenêtre, certainement pour tenter de rejoindre ses enfants. Et les pompiers ainsi que les agents de police présents sur place avaient décrit Willingham essayant désespérément de pénétrer dans la maison.

En outre, les déclarations des témoins se firent de plus en plus accablantes après que les autorités eurent conclu, au début du mois de janvier 1992, que Willingham était probablement coupable de meurtre. Dans ses premières déclarations, Diane Barbee avait dépeint un Willingham « hystérique », et décrit l'explosion de la façade de la maison. Mais le 4 janvier, une fois que les enquêteurs eurent commencé à suspecter Willingham de meurtre, Barbee suggéra qu'il aurait pu retourner dans la maison pour sauver ses enfants : en effet, elle n'avait au départ vu que « de la fumée sortant de l'avant de la maison », fumée qui, d'ailleurs, n'était « pas vraiment épaisse ».

Le témoignage du père Monaghan marquait un revirement encore plus net. Dans sa première déclaration, il avait décrit Willingham comme un père effondré, qu'il avait fallu retenir à plusieurs reprises de risquer sa vie. Puis, alors que les enquêteurs se préparaient à arrêter Willingham, il conclut que Willingham avait été *trop* émotif (« il semblait faire preuve du même désarroi qu'une femme qui, ayant accouché, verrait mourir ses enfants ») et exprima son « intime conviction » que Willingham « avait quelque chose à voir avec l'incendie ».

Des douzaines d'études ont montré que la mémoire des événements perçus par des témoins se modifie souvent quand on leur donne de nouvelles informations contextuelles. Itiel Dror, un psychologue cognitiviste, qui a mené des études très approfondies sur les témoignages oculaires et d'experts lors d'enquêtes criminelles, me déclara : « L'esprit n'est pas une machine passive. Une fois que vous croyez en quelque chose, une fois que vous vous attendez à quelque chose, cela change la manière dont vous percevez les informations et la façon dont votre mémoire s'en souvient. »

Après s'être rendue au tribunal, Gilbert continua à s'interroger sur le mobile de Willingham et le questionna à ce sujet. En réponse, il lui écrivit, à propos de la mort de ses enfants : « Je n'en parle plus beaucoup et je ressens encore une peine immense. » Il admit avoir été « un mari nul à chier », qui avait frappé Stacy, ce qu'il regrettait profondément. Mais il aimait ses enfants et ne leur aurait jamais fait de mal. Il dit que la paternité l'avait transformé : il avait cessé d'être un vaurien, « s'était rangé » et « était devenu un homme ». Presque trois mois avant l'incendie, lui et Stacy, qui ne s'étaient jamais mariés, le firent lors d'une petite cérémonie dans sa ville natale d'Ardmore. Selon lui, le ministère public s'était rué sur des incidents survenus dans son passé et le jour de l'incendie pour dresser le portrait d'un « démon », comme le désignait Jackson, le procureur. Par exemple, Willingham expliqua qu'il avait déplacé la voiture pendant l'incendie tout simplement pour éviter qu'elle n'explose près de la maison, ce qui aurait fait courir à ses enfants un danger encore plus grand.

Gilbert ne savait pas quoi penser de son histoire, et elle commença à questionner des gens impliqués dans l'affaire. « Mes amis me prenaient pour une folle, se rappelle Gilbert. Je n'avais jamais rien fait de tel de toute ma vie. »

Un matin, alors que les parents de Willingham venaient lui rendre visite, elle s'arrangea pour les voir avant dans un café proche de la prison. Gene, soixante-dix ans environ, avait l'apparence type des Willingham, malgré les mèches grises qui parsemaient ses cheveux noirs et ses yeux foncés agrandis par des lunettes. Eugenia, la cinquantaine, cheveux grisonnants, était aussi douce et bavarde que son mari était strict et réservé. Venir en voiture de l'Oklahoma au Texas prenait six heures, et ils s'étaient levés à 3 heures du matin ; ne pouvant s'offrir une chambre d'hôtel, ils rentreraient chez eux le jour même. « Je suis un vrai fardeau pour eux », avait écrit Willingham à Gilbert.

En sirotant un café, Gene et Eugenia dirent à Gilbert à quel point ils étaient ravis que quelqu'un s'intéresse enfin à l'affaire de Todd, et qu'ils lui en étaient reconnaissants. Gene soutenait que son fils, malgré ses défauts, n'était pas un assassin.

Eugenia avait parlé au téléphone avec Todd le soir précédant l'incendie. Elle et Gene prévoyaient de leur rendre visite deux jours plus tard pour le réveillon de Noël, et Todd lui avait dit que lui, Stacy et les enfants venaient juste d'aller chercher des photos de famille. « Il m'a dit : "Nous avons vos photos pour Noël", se souvenait-elle. Il avait passé le téléphone à Amber, qui jasait à propos d'une des jumelles. Todd n'avait pas l'air contrarié. Si quelque chose le préoccupait, je l'aurais su. »

Gene et Eugenia se levèrent pour prendre congé : ils ne voulaient rien manquer des quatre heures de visite qui leur étaient imparties. Avant de partir, Gene dit : « Vous nous ferez savoir si vous trouvez quoi que ce soit, n'est-ce pas ? »

Dans les semaines qui suivirent, Elizabeth Gilbert continua à chercher des sources liées à l'affaire. Beaucoup d'entre elles, dont les Barbee, continuaient à croire en la culpabilité de Willingham ; toutefois, certains de ses amis, des membres de sa famille et quelques agents de l'administration judiciaire commencèrent à émettre des doutes. L'ancien contrôleur judiciaire de Willingham dans l'Oklahoma, Polly Goodin, m'a récemment dit que Willingham n'avait jamais eu de comportement bizarre ou inadapté. « C'était sans doute un de mes gamins préférés », dit-elle. Même une ancienne juge, Bebe Bridges, qui, comme elle l'expliqua, s'était souvent trouvée dans le « camp opposé » à Willingham au sein du système judiciaire, et l'avait même envoyé en prison pour vol, me dit qu'elle ne pouvait pas l'imaginer en train de tuer ses enfants. « Il était poli, et il semblait concerné par ce qui lui arrivait. Il avait été condamné pour des gamineries. Même les vols étaient insignifiants. » Quelques mois avant l'incendie, Willingham avait retrouvé Polly Goodin à son bureau et lui avait montré fièrement des photos de Stacy et des enfants. « Il voulait que Bebe et moi sachions qu'il allait bien », se rappela Goodin.

Gilbert revint ensuite à Corsicana pour interroger Stacy, qui avait accepté de la rencontrer dans la chambre d'hôtes où elle était descendue. Stacy était un peu potelée, avec des joues pâles et rondes, et des cheveux châtain clair coiffés en brushing ; sa frange était gominée et son visage lourdement maquillé. D'après l'enregistrement de la conversation, Stacy indiqua qu'il ne s'était rien passé d'inhabituel dans les jours qui avaient précédé l'incendie. Elle et Willingham ne s'étaient pas disputés et se préparaient à passer les fêtes. Même si Vasquez, l'expert en incendie, avait déclaré avoir trouvé le radiateur éteint, Stacy était sûre que, au moins le jour de l'accident, un froid matin d'hiver, il était allumé. « Je me souviens de l'avoir baissé, se remémora-t-elle. Je me suis toujours demandé : “Fichtre, est-ce que Amber aurait pu faire tomber quelque chose dedans ?” » Stacy ajouta qu'elle avait, plus d'une fois, vu Amber « en train d'approcher des choses trop près » du radiateur.

Willingham l'avait souvent maltraitée, se rappelait-elle, et, après qu'il eut été incarcéré, elle l'avait quitté pour un homme qui s'occupait mieux d'elle. Mais elle ne pensait pas que son ex-mari méritât le couloir de la mort. « Je ne crois pas qu'il ait fait ce dont on l'accuse », dit-elle en pleurant.

Même si la baby-sitter avait été le seul témoin présenté par la défense pendant le procès, plusieurs membres de la famille, dont Stacy, avaient témoigné pendant la phase précédant le délibéré de la sanction pénale : ils avaient alors demandé au jury d'épargner la vie de Willingham. Alors que Stacy se trouvait à la barre des témoins, Jackson l'avait questionnée avec insistance sur la « signification du très grand tatouage en forme de crâne, encerclé par une sorte de serpent », que Willingham arborait.

« Ce n'est qu'un tatouage », répondit Stacy.

– Il aime simplement les crânes et les serpents. C'est bien cela que vous êtes en train de dire ?

– Non. Il avait juste… il porte ce tatouage. »

Le ministère public se basa sur ce type de preuves pour affirmer que Willingham avait un profil de sociopathe, et présenta deux experts médicaux pour confirmer sa théorie. Aucun des deux n'avait rencontré Willingham. L'un d'entre eux, Tim Gregory, était psychologue, et avait obtenu un Master sur les questions conjugales et familiales. Il avait, par le passé, chassé l'oie sauvage avec Jackson, et n'avait jamais publié de travaux de recherche sur les comportements sociopathes. Il était conseiller familial.

À un moment donné, Jackson montra à Gregory la preuve numéro 60 : une photo d'une affiche d'Iron Maiden qui était accrochée dans la maison de Willingham. Il demanda au psychologue de l'interpréter. « C'est une photo d'un crâne et d'un poing passant à travers », répondit Gregory ; l'image évoquait « la violence » et « la mort ». Gregory regarda d'autres photos d'affiches de groupes de rock que possédait Willingham. « Il y a un crâne recouvert d'une capuche, avec des ailes et une hache, continua Gregory. Et tout ceci est en feu. Cette symbolique me fait penser à l'enfer. Et puis il y a une photo : une affiche de Led Zeppelin, qui représente un ange en train de tomber… J'y vois une association à des activités sectaires. Une focalisation sur la mort, le fait de mourir. Souvent les gens qui possèdent de nombreux objets de ce même genre artistique montrent un intérêt pour le satanisme. »

L'autre expert médical était James P. Grigson, un psychiatre. Il avait si souvent témoigné en faveur du ministère public dans des affaires où la peine de mort était requise qu'il était désormais connu sous le nom de « docteur Mort ». (Un juge d'appel au Texas écrivit que quand Grigson arrivait à la barre le prévenu n'avait plus qu'à « écrire ses dernières volontés et son testament ».) Grigson suggéra que Willingham était « un sociopathe extrêmement dangereux » et qu'« aucun médicament » ou traitement ne pourrait le soigner. Grigson avait déjà utilisé quasiment les mêmes termes pour obtenir la peine de mort contre Randall Dale Adams, reconnu coupable du meurtre d'un policier en 1977. Adams, qui n'avait pas de casier judiciaire, passa douze ans dans le couloir de la mort : à soixante-douze heures de son exécution, de nouvelles preuves qui le disculpaient furent découvertes, et il fut relâché. En 1995, trois ans après le procès Willingham, Grigson fut renvoyé de l'Association américaine de psychiatrie pour violations de l'éthique. Selon l'association, Grigson en arrivait systématiquement à « un diagnostic psychiatrique sans examen préalable des individus en question, et [qu'il] prétendait, lors de témoignages sous serment en tant qu'expert, pouvoir prédire avec 100 % de certitude que les individus en question commettraient d'autres actes violents ».

Après avoir parlé à Stacy, Gilbert souhaitait encore s'entretenir avec une personne : Johnny Webb, l'informateur, qui était emprisonné à Iowa Park, au Texas. Elle écrivit à Webb, qui répondit qu'elle pouvait venir le voir. Ils se rencontrèrent au parloir. C'était un homme qui approchait de la trentaine, au teint blafard et au crâne rasé ; ses yeux étaient nerveux et son corps tout entier semblait saisi de tremblements. Un journaliste qui l'avait rencontré écrivit de lui qu'il était « excité comme une puce ». Webb avait commencé à se droguer à neuf ans et fut condamné, entre autres choses, pour vol de voiture, trafic de marijuana, contrefaçon et vol.

En bavardant avec lui, Gilbert le trouva paranoïaque. Au cours du procès de Willingham, Webb indiqua qu'il fut diagnostiqué « en état de stress post-traumatique » après une agression sexuelle en prison en 1988, et qu'il souffrait de « déficience mentale ». Pendant le contre-interrogatoire, Webb témoigna qu'il ne se souvenait pas d'un vol pour lequel il avait plaidé coupable à peine quelques mois auparavant.

Webb lui répéta ce qu'il avait dit devant le tribunal : il était passé devant la cellule de Willingham et, alors qu'ils parlaient à travers l'ouverture laissée pour la nourriture, Willingham avait craqué et lui avait avoué qu'il avait mis le feu à la maison. Gilbert restait dubitative. Il était difficile de croire que Willingham, qui avait toujours insisté sur son innocence, se soit tout à coup confessé à un prisonnier qu'il connaissait à peine. Cette conversation avait prétendument eu lieu près d'un haut-parleur permettant à n'importe quel gardien d'écouter : bref, c'était un endroit peu propice à la révélation d'un secret par un prisonnier. Willingham aurait également dit à Webb que Stacy avait blessé un des enfants, et que le feu avait été déclenché pour le masquer. Les autopsies n'avaient cependant révélé ni hématome ni traumatisme sur les corps des enfants.

En prison, les informateurs sont connus pour être peu fiables : en effet, nombre d'entre eux cherchent à voir leur sentence réduite ou à accéder à certains privilèges. D'après une étude menée en 2004 par le

Center on Wrongful Convictions[1] de la faculté de droit de l'université Northwestern, les fausses dépositions des informateurs de la police et des prisons sont les premières causes de condamnations iniques dans les cas de peine de mort aux États-Unis. Au moment où Webb déposa contre Willingham, il encourait des poursuites pour vol et contrefaçon. Pendant le procès de Willingham, un autre prisonnier devait témoigner et déclarer qu'il avait entendu Webb dire à un autre prisonnier qu'il espérait voir « sa sentence réduite » ; ce témoignage fut toutefois rejeté car considéré comme un ouï-dire. Webb, qui plaida coupable des chefs d'accusation de vol et de contrefaçon, se vit condamner à quinze ans de prison. Jackson, le procureur, me dit qu'il aurait plutôt eu tendance à considérer Webb comme « un gars peu fiable », mais il ajouta : « Je ne voyais pas ce que cela pouvait lui apporter de faire une déclaration pareille si ce n'était pas vrai. On ne lui a pas fait de cadeau. » En 1997, cinq ans après le procès Willingham, Jackson exhorta le Texas Board of Pardons and Paroles [Bureau des grâces et des libertés conditionnelles du Texas] d'accorder à Webb une liberté conditionnelle. « Je leur ai demandé de le laisser sortir plus tôt », m'indiqua Jackson : en effet, selon lui, Webb était devenu la cible de la Fraternité aryenne. Le Bureau accorda la liberté conditionnelle à Webb, mais, dans les mois qui suivirent, celui-ci fut interpellé avec de la cocaïne et renvoyé en prison.

1. Cette association regroupe étudiants et professeurs de la Medill School of Journalism et de la faculté de droit de l'université Northwestern, et vise à traquer et contribuer à résoudre les affaires dans lesquelles des condamnations ont été prononcées à tort, à l'issue de procès bâclés ou n'offrant pas toutes les garanties juridiques requises.

En mars 2000, quelques mois après la visite de Gilbert, Webb, contre toute attente, fit parvenir à Jackson une demande de rétractation de témoignage, dans laquelle il affirmait : « M. Willingham est innocent de toutes les accusations portées contre lui. » Mais l'avocat de Willingham ne fut pas informé de ce développement et, peu de temps après, Webb, sans autre explication, désavoua sa propre rétractation. Alors que je demandais récemment à Webb, qui fut libéré de prison il y a deux ans, ce qu'il en était de ce revirement et pourquoi Willingham aurait choisi d'avouer son crime à un quasi-inconnu, il me répondit que tout ce qu'il savait, c'était ce que « le mec [lui] a[vait] dit ». Suite à mon insistance, il déclara : « Il est tout à fait possible que j'aie mal compris ce qu'il m'a dit. » Depuis le procès, on a également diagnostiqué à Webb un trouble bipolaire. « Être enfermé dans cette petite cellule vous rend un peu fou, dit-il. Ma mémoire est en pièces détachées. Je prenais beaucoup de médicaments à cette époque. Tout le monde le savait. » Il s'interrompit, puis ajouta : « Les délais de prescription pour faux témoignages ont été dépassés, n'est-ce pas ? »

À part les preuves scientifiques permettant de conclure à un incendie criminel, le dossier contre Willingham ne tenait pas la route. Jackson, le procureur, indiqua au sujet du témoignage de Webb : « C'est à prendre ou à laisser. » Même l'endroit où se trouvait le réfrigérateur près de la porte arrière s'est avéré anodin : il y avait deux réfrigérateurs dans la cuisine exiguë, et l'un des deux se trouvait près de la porte arrière. Jimmie Hensley, l'inspecteur de police, et Douglas Fogg, le chef adjoint des pompiers, qui avaient tous deux enquêté sur l'incendie, me dirent récemment qu'ils n'avaient jamais cru que le réfrigérateur ait fait partie de la machination incendiaire. « Cela n'avait rien à voir avec l'incendie », déclara Fogg.

Après plusieurs mois d'enquête sur l'affaire, la confiance que Gilbert portait au ministère public fut ébranlée. Elle me dit : « Et si Todd était vraiment innocent ? »

Au cours de l'été 1660, un Anglais du nom de William Harrison disparut lors d'une promenade, près du village de Charingworth, dans le Gloucestershire. Son chapeau ensanglanté fut rapidement découvert sur le bord d'une route des environs. La police interrogea le serviteur de Harrison, John Perry, qui finit par déclarer que sa mère et son frère avaient tué Harrison pour de l'argent. Perry, sa mère et son frère furent pendus.

Deux ans plus tard, Harrison réapparut. Faisant preuve de beaucoup d'imagination, il soutint qu'il avait été enlevé par une bande de criminels et vendu comme esclave. Peu importe ce qui s'était passé, une chose était sûre : il n'avait pas été tué par les Perry.

La crainte qu'un innocent soit exécuté a depuis toujours hanté les jurés, les avocats et les juges. Pendant la période coloniale américaine, des douzaines de crimes, tels que le vol de chevaux, le blasphème, l'enlèvement et les attaques de grand chemin, étaient passibles de la peine de mort. Après l'Indépendance, le nombre de crimes passibles de la peine de mort fut progressivement réduit, mais des doutes demeurèrent : les procédures judiciaires en place étaient-elles suffisantes pour éviter qu'un innocent soit exécuté ? En 1868, John Stuart Mill prononça un des plaidoyers les plus éloquents jamais écrits en faveur de la peine capitale. Il y arguait qu'exécuter un meurtrier ne dénotait pas de mépris délibéré pour la vie, mais indiquait sa valeur : « Nous montrons, au contraire, avec le plus d'empathie possible, notre respect pour la vie en adoptant une règle selon laquelle toute personne qui viole le droit à la vie d'un autre individu le perd alors pour lui-même ». Pour Mill, il existait toutefois un contre-argument de poids : « Si, à la suite d'une erreur judiciaire, un innocent est exécuté, cette erreur ne pourra jamais être corrigée. »

Le système judiciaire moderne, avec ses interminables procédures d'appel et ses commissions de grâces, était supposé éviter le type d'« erreur judiciaire » que Mill craignait. En 2000, alors que George W. Bush était gouverneur du Texas, il déclara : « Je sais qu'il existe des gens ici qui ne tiennent pas à la peine capitale, mais… nous avons résolu la question de l'innocence ou de la culpabilité de manière satisfaisante. » Son principal conseiller politique en charge des questions de justice pénale souligna qu'il existait « une procédure formidablement équitable pour s'assurer qu'aucun innocent ne soit exécuté ».

Mais, ces dernières années, des questions sur l'infaillibilité du système ont émergé. Depuis 1976, plus de cent trente personnes qui se trouvaient dans le couloir de la mort ont été disculpées. Les tests ADN, développés au cours des années 1980, ont sauvé dix-sept d'entre elles, mais cette technique ne peut être utilisée qu'en de rares occasions. Barry Scheck, un des cofondateurs de l'Innocence Project [projet Innocence], qui utilise les tests ADN pour innocenter des prisonniers, estime qu'environ 80 % des crimes ne comportent pas de preuves biologiques.

En 2000, après que treize personnes qui étaient dans les couloirs de la mort en Illinois eurent été innocentées, George Ryan, alors gouverneur de l'État, suspendit temporairement l'application de la peine capitale. Pourtant partisan de longue date de la peine de mort, il déclara ne pas pouvoir continuer à soutenir un système qui avait « touché de si près l'ultime cauchemar : que l'État prenne la vie d'un innocent ». Une ancienne juge de la Cour suprême des États-Unis, Sandra Day O'Connor, avait affirmé que « l'exécution d'une personne innocente au regard de la loi et dans les faits représenterait un événement intolérable d'un point de vue constitutionnel ».

Ce cas de figure est devenu une sorte de Saint Graal macabre pour les opposants à la peine capitale. En 2002, dans son ouvrage *The Death Penalty* [la peine de mort], Stuart Banner remarque que « la seule chose qui pouvait remettre en cause le soutien à la peine de mort d'un de ses partisans, c'était, semble-t-il, la perspective de tuer un innocent. Certaines personnes, qui n'étaient pas troublées par les arguments statistiques en défaveur de la peine de mort – comme celui de la dissuasion ou des inégalités raciales –, étaient en effet fortement choquées à l'idée qu'une telle injustice puisse avoir lieu dans une affaire individuelle ». Les opposants à la peine de mort ont pointé du doigt plusieurs affaires problématiques. En 1993, Ruben Cantu fut exécuté au Texas pour avoir tué un homme par balle lors d'un cambriolage. Des années plus tard, une deuxième victime, qui avait survécu aux tirs, révéla au *Houston Chronicle* que la police avait exercé des pressions sur elle pour qu'elle identifie Cantu comme le tireur, même si elle pensait que ce dernier était innocent. Sam Millsap, le procureur en charge de ce dossier, qui avait soutenu un temps la peine capitale (« Je ne suis pas un gauchiste fanatique et borné »), déclara être préoccupé à l'idée qu'il ait pu commettre une erreur.

En 1995, Larry Griffin fut exécuté dans le Missouri pour avoir abattu un trafiquant de drogue par coups de feu tirés depuis son véhicule. Le dossier reposait essentiellement sur le témoignage oculaire d'un délinquant professionnel, Robert Fitzgerald, auparavant informateur pour le ministère public et qui relevait du programme de protection des témoins. Fitzgerald maintint qu'il se trouvait sur les lieux du crime, sa voiture étant tombée en panne à cet endroit-là. Après l'exécution de Griffin, une enquête financée par le fonds d'éducation et de défense des droits de la NAACP[1] révéla qu'un homme, blessé au cours de l'incident, avait insisté sur le fait que Griffin n'était pas le tireur. De plus, le premier officier de police arrivé sur place contestait la version suivant laquelle Fitzgerald avait assisté au crime.

Ces affaires n'apportaient cependant pas de preuve totalement irréfutable qu'une « personne innocente au regard de la loi et dans les faits » avait été exécutée. En 2005, un procureur de Saint Louis, Jennifer Joyce, lança une enquête sur l'affaire Griffin, après avoir reçu des preuves qu'elle qualifia de « concluantes » de l'innocence potentielle de Griffin. Après deux années passées à étudier les preuves et à interroger un nouveau témoin oculaire, Joyce et son équipe étaient convaincus que la bonne personne avait été condamnée.

En 2006, un juge de la Cour suprême des États-Unis, Antonin Scalia, vota, de même qu'une majorité, pour confirmer une sentence de mort dans une affaire au Kansas. Dans un écrit, Scalia déclara que, dans le système judiciaire moderne, il n'y avait pas eu « une seule affaire, pas une seule, dans laquelle il s'était avéré qu'une personne avait été exécutée pour un crime qu'elle n'avait pas commis. Si un tel événement s'était produit ces dernières années, nous n'aurions pas eu à aller le débusquer : le nom de l'innocent aurait été proclamé sur tous les toits ».

« Ma situation est simple, écrivit Willingham à Gilbert en septembre 1999. Essayez par tous les moyens de les empêcher de me tuer. C'est tout. »

1. National Association for the Advancement of Colored People, organisation américaine de défense des droits civiques, dont faisait notamment partie Martin Luther King.

Pendant ses premières années dans le couloir de la mort, Willingham avait supplié son avocat, David Martin, de le sauver. « Vous ne pouvez pas imaginer ce que c'est que d'être ici, entouré de gens avec qui je n'ai rien à voir », écrivit-il.

Pendant un temps, Willingham partagea une cellule avec Ricky Lee Green, un tueur en série qui avait castré et poignardé à mort ses victimes, dont un garçon de seize ans. (Green fut exécuté en 1997.) Un autre compagnon de cellule de Willingham, qui avait un QI inférieur à soixante-dix et le développement émotionnel d'un enfant de huit ans, fut violé par un autre prisonnier. « Vous vous souvenez que je vous ai dit que j'avais un nouveau compagnon de cellule ? écrivit Willingham à ses parents. Le garçon un peu attardé… Il y avait ce gars ici, qui est un connard de lâche (le même avec qui je me suis pris la tête il y a un peu plus d'un mois). Bon, il a violé [mon compagnon de cellule] dans les douches communes, il y a deux semaines. » Willingham écrivit qu'il n'arrivait pas à croire que quelqu'un « puisse violer un garçon qui ne peut même pas se défendre. C'est vraiment bas ».

Willingham, connu comme un « tueur de bébés », était la cible d'attaques. « La prison est un lieu violent, et avec un dossier comme le mien, ils ne vous accordent jamais le bénéfice du doute », écrivit-il à ses parents. Après avoir essayé de se battre contre un prisonnier qui le menaçait, Willingham dit à un ami que s'il ne s'était pas défendu plusieurs prisonniers l'auraient « battu ou violé, ou… », il n'alla pas plus loin.

D'année en année, les lettres que Willingham envoyait chez lui témoignaient d'un désespoir croissant. « C'est un endroit dur, qui rend dur à l'intérieur. Une chose que je m'étais dite, c'est que je ne laisserais pas cet endroit me rendre amer, mais c'est difficile. » Il continua : « Ils ont [exécuté] au moins une personne chaque mois depuis que je suis ici. C'est insensé et violent... Vous voyez, ici, nous ne vivons pas, nous ne faisons qu'exister. » En 1996, il écrivit : « J'essaye simplement de comprendre pourquoi, après avoir eu une femme et trois enfants que j'aimais, ma vie doit se terminer comme ça. Et parfois, j'ai l'impression que cela n'en vaut même pas la peine... Au cours des trois ans et demi que je viens de passer ici, je n'ai jamais eu autant l'impression que ma vie était inutile et désespérée. » Il consigna dans une lettre que, depuis l'incendie, il avait l'impression qu'on effaçait progressivement sa vie. Il regardait de manière obsessionnelle les photos de Stacy et des enfants qu'il gardait dans sa cellule. « Il y a si longtemps, c'est si loin, écrivit-il dans un poème. Tout cela a-t-il vraiment existé ? »

Les détenus du couloir de la mort se trouvent dans une prison où il n'existe aucun programme de réinsertion, d'éducation ou de formation. En 1999, alors que sept détenus avaient tenté de s'enfuir de Huntsville, Willingham et quatre cent cinquante-neuf autres détenus des couloirs de la mort furent transférés vers un autre établissement plus sécurisé, à Livingston, au Texas. Willingham se retrouva à l'isolement, durant vingt-trois heures par jour, dans une cellule de six mètres carrés. Il essaya de se distraire en dessinant des « trucs d'amateur », comme il disait, et en écrivant des poèmes. Dans un poème sur ses enfants, il écrivit : « Il n'y a rien de plus beau que vous sur cette terre. » Lorsque Gilbert suggéra de possibles corrections à ses poèmes, il expliqua qu'ils exprimaient de manière brute ses sentiments. « Donc, pour moi, essayer de les couper et de les modifier dans un but littéraire reviendrait à détruire ce que j'avais l'intention de faire », dit-il.

Malgré ses tentatives pour se distraire, il nota dans son journal que son esprit « se détériorait de jour en jour ». Il cessa de faire du sport et prit du poids. Il remit en question sa foi : « Aucun Dieu soucieux de ce qu'Il a créé n'abandonnerait un innocent. » Les agressions d'autres détenus semblaient lui être devenues indifférentes. « Quand on est déjà mort à l'intérieur, on ne craint plus la mort », écrivit-il.

Les personnes qu'il connaissait en prison furent conduites à la chambre d'exécution les unes après les autres. Il y avait Clifton Russel Junior, qui, à l'âge de dix-huit ans, avait poignardé et battu un homme à mort. Dans sa dernière déclaration, il dit : « Je remercie notre Père, qui est aux cieux, de la grâce qu'il m'a accordée. Je suis prêt. » Il y avait Jeffery Dean Motley, qui kidnappa et tua une femme par balle. Ses derniers mots furent : « Je t'aime, maman. Au revoir. » Et il y avait John Fearance, qui avait tué son voisin. Juste avant de mourir, il se tourna vers Dieu, et dit : « J'espère qu'Il me pardonnera pour ce que j'ai fait. »

Willingham s'était rapproché de certains de ses codétenus, même s'il les savait coupables de crimes violents. En mars 2000, un ami de Willingham, Ponchai Wilkerson, un homme de vingt-huit ans qui avait tué par balle un employé d'une bijouterie lors d'un cambriolage, fut exécuté. Willingham écrivit ensuite dans son journal qu'il avait éprouvé « un vide qu'il n'avait pas ressenti depuis que ses enfants lui avaient été enlevés ». Un an plus tard, un autre ami en passe d'être exécuté, « une des rares personnes authentiques que j'ai rencontrées ici, qui ne s'est pas laissé emporter par l'esprit provocateur propre à la prison », pria Willingham de lui faire un dernier dessin. « Mon Dieu, je n'aurais jamais pensé que dessiner une simple rose puisse être si difficile émotionnellement, écrivit Willingham. Le plus dur, c'est de savoir que c'est la dernière chose que je peux faire pour lui. »

Le cas d'Ernest Ray Willis, un autre détenu, ressemblait bizarrement à celui de Willingham. En 1987, Willis fut reconnu coupable d'un incendie criminel, dans l'ouest du Texas, qui avait causé la mort de deux femmes. Willis indiqua aux enquêteurs qu'il avait dormi sur le canapé chez un ami et s'était réveillé dans une maison remplie de fumée. Il raconta qu'il avait tenté de réveiller une des femmes, qui dormait dans une autre pièce, mais que les flammes et la fumée l'avaient fait reculer, de sorte qu'il était sorti en courant par la porte d'entrée avant que la maison n'explose. Des témoins maintinrent que Willis avait agi de manière suspecte : il avait déplacé sa voiture du jardin et n'avait montré « aucune émotion », remarqua un des pompiers volontaires. Les autorités se demandèrent aussi comment Willis avait pu s'enfuir de la maison sans brûler ses pieds nus. Les enquêteurs trouvèrent des coulures, des flaques et d'autres preuves indiquant qu'il s'agissait d'un incendie criminel. Les autorités ne décelèrent aucun mobile mais conclurent que Willis, qui n'avait pas de casier judiciaire, était un sociopathe et un « démon », comme le décrivit le procureur. Willis, poursuivi pour meurtre, fut condamné à mort.

Willis avait fini par obtenir ce que Willingham appelait avec envie un « avocat grande gueule ». James Blank, avocat new-yorkais renommé, spécialisé dans les brevets, reçut le dossier de Willis dans le cadre du travail bénévole que proposait son cabinet. Convaincu de l'innocence de Willis, Blank consacra plus de douze ans à l'affaire et son cabinet dépensa des millions en consultants en incendie, détectives privés, experts scientifiques et autres. Dans le même temps, Willingham comptait sur David Martin, son avocat commis d'office, et sur l'un de ses collègues, pour s'occuper de ses appels. Willingham disait souvent à ses parents : « Vous ne pouvez pas vous imaginer ce que c'est que d'avoir des avocats qui ne croient même pas en votre innocence. » Comme de nombreux détenus des couloirs de la mort, Willingham finit par déposer une plainte pour représentation juridique inadaptée. (Lorsque, récemment, j'interrogeai Martin sur la manière dont il s'était occupé de Willingham, il déclara : « Il n'y avait pas de motif de cassation et le verdict était le bon. » De l'affaire, il dit : « Merde, c'est incroyable que quelqu'un puisse encore y penser. »)

Willingham essaya d'étudier le droit, en lisant des livres comme *Tact in Court, or How Lawyers Win: Containing Sketches of Cases Won by Skill, Wit, Art, Tact, Courage and Eloquence* [la subtilité au tribunal, ou comment les avocats font pour gagner : contenant des résumés d'affaires gagnées avec compétence, esprit, art, subtilité, courage et éloquence]. Mais il confia à un ami : « Le droit, c'est si compliqué ; c'est difficile à comprendre pour moi. » En 1996, il obtint un nouvel avocat commis d'office, Walter Reaves, qui me dit qu'il était consterné par la défense de Willingham au procès et en appel. Reaves prépara une requête d'habeas corpus au niveau de l'État, appelée *Great Writ* (« grande requête »). Dans les affaires dans lesquelles la peine capitale a été requise, la byzantine procédure d'appels prend en général plus de dix ans. Le *Writ* (« requête ») en est l'étape la plus importante : un prisonnier peut alors présenter de nouvelles preuves portant sur des faux témoignages, des expertises médicales non fiables et des fausses preuves scientifiques. Mais la plupart des détenus pauvres, comme Willingham, qui constituent l'essentiel du contingent des couloirs de la mort, n'ont pas les moyens de localiser de nouveaux témoins ou de déterrer de nouvelles preuves. Ils doivent compter sur des avocats commis d'office qui, pour la plupart, sont « non qualifiés, irresponsables ou surchargés », comme le montre une étude du Texas Defender Service, une organisation non gouvernementale. En 2000, une enquête du *Dallas Morning News* révéla qu'environ un quart des condamnés à mort au Texas avaient été représentés par des avocats commis d'office, qui, à un moment ou à un autre de leur carrière, « avaient reçu un blâme, été placés en période probatoire, suspendus ou interdits d'exercer par le Barreau de l'État ». Même si Reaves était plus qualifié, il manquait aussi de moyens pour rouvrir le dossier et sa requête ne présentait pas de nouvelles preuves de nature à disculper Willingham : rien de plus sur Webb, ni sur la fiabilité des témoins oculaires, ni encore sur la crédibilité des experts médicaux. La requête se concentrait essentiellement sur des questions de procédure, comme, par exemple, sur une erreur de droit que le tribunal aurait pu commettre en transmettant ses instructions au jury.

La cour d'appel du Texas était célèbre pour confirmer des condamnations, même lorsque des preuves irréfutables que l'accusé était innocent étaient mises en évidence. En 1997, des tests ADN prouvèrent que l'échantillon de sperme recueilli sur une victime de viol ne correspondait pas à celui de Roy Criner, qui avait été condamné à quatre-vingt-dix-neuf ans de prison pour ce crime. Deux tribunaux avaient recommandé que le verdict soit infirmé, mais la cour d'appel le confirma, arguant que Criner pouvait avoir mis un préservatif ou n'avoir pas éjaculé. Sharon Keller, l'actuelle présidente de la cour, écrivit l'opinion qui prévalait : « La nouvelle preuve n'établit pas l'innocence. » En 2000, George W. Bush accorda une grâce à Criner. (Keller fut récemment poursuivie pour entrave à la justice : elle avait refusé que le bureau du greffe restât ouvert après 17 heures pour qu'un homme, exécuté plus tard dans la soirée, dépose une requête de dernière minute.)

Le 31 octobre 1997, la cour d'appel rejeta la requête de Willingham. Willingham déposa alors une autre requête d'habeas corpus, cette fois-ci auprès de la cour fédérale. Il obtint un report d'exécution. Dans un poème, Willingham écrivit : « Encore une chance, encore un coup / Une autre balle esquivée, une autre date reportée. »

Willingham entamait la dernière phase de la procédure d'appels. Plus il était angoissé, plus il se reposait sur Gilbert pour qu'elle enquête sur son affaire et lui apporte un soutien affectif. « Elle n'imaginera sans doute jamais le changement qu'elle a apporté dans ma vie, nota-t-il dans son journal. Pour la première fois depuis des années, elle m'a donné un but, de l'espoir. »

Alors que leur amitié se renforçait, il lui demanda de lui promettre qu'elle ne disparaîtrait jamais sans explication. « Ça, je l'ai déjà eu dans ma vie », lui dit-il.

Ensemble, ils se plongèrent dans les indices et témoignages. Gilbert indiqua qu'elle envoyait à Reaves des pistes à suivre, mais, bien qu'il soit compatissant, rien ne bougeait. En 2002, une cour d'appel fédérale rejeta la requête de Willingham sans même lui accorder une audience. « C'est maintenant que commence la dernière étape de mon voyage, écrivit Willingham à Gilbert. Je dois tout mettre en ordre. »

Il déposa un appel devant la Cour suprême des États-Unis, mais, en décembre 2003, on lui notifia que la Cour avait refusé de tenir une audience sur son affaire. Il reçut alors une ordonnance judiciaire lui annonçant : « Le directeur du service de justice pénale de Huntsville, au Texas, agissant par et au nom du bourreau choisi par le directeur ici nommé […] ordonne par la présente que Cameron Todd Willingham soit exécuté après 18 heures, le 17 février 2004, au siège du service de la justice pénale à Huntsville au Texas, par injection intraveineuse d'un ou plusieurs produits létaux en quantité suffisante pour causer la mort. »

Willingham écrivit une lettre à ses parents. « Êtes-vous assis ? demanda-t-il avant de leur annoncer la nouvelle. Je vous aime tellement tous les deux. »

Le seul recours dont il disposait encore était de demander grâce au gouverneur du Texas, Rick Perry, un républicain. Cette procédure, sorte de dernier rempart avant le bourreau, fut qualifiée par la Cour suprême des États-Unis d'« échec sécurisé [du] système de justice pénale ».

Un jour de janvier 2004, le docteur Gerald Hurst, scientifique reconnu et expert en incendie, reçut un dossier décrivant toutes les preuves permettant de conclure à un incendie criminel qui avaient été réunies dans le dossier Willingham. Gilbert avait découvert le nom de Hurst et, avec un membre de la famille de Willingham, l'avait contacté pour lui demander de l'aide. Devant leurs supplications, Hurst avait accepté de consulter le dossier bénévolement. Reaves, l'avocat de Willingham, lui avait envoyé les documents nécessaires dans l'espoir qu'ils constituent des motifs de grâce.

Hurst ouvrit le dossier dans la cave de sa maison à Austin, qui lui servait de laboratoire et de bureau, et était encombrée de microscopes et de schémas d'expériences à demi terminés. Hurst mesurait presque deux mètres, mais ses épaules voûtées donnaient l'impression qu'il était bien plus petit, tandis que son visage émacié était partiellement caché par de longs cheveux gris. Il portait sa tenue habituelle : des chaussures noires, des chaussettes noires, un T-shirt noir et un large pantalon noir soutenu par des bretelles noires. Il chiquait du tabac.

Enfant prodige, élevé par un métayer pendant la Crise de 29, Hurst traînait dans les casses pour récupérer des aimants et des fils en cuivre afin de construire des radios et autres engins. Au début des années 1960, il obtint son doctorat en chimie à l'université de Cambridge, où il commença à mener des expériences avec du fluor et d'autres produits explosifs. Il fit une fois exploser son labo. Il fut ensuite directeur scientifique de différents programmes secrets d'armement auprès de plusieurs entreprises américaines, pour lesquelles il concevait des fusées et des bombes mortelles, ou ce qu'il appelait « des trucs horribles ». Il contribua au brevet de ce qui a été décrit, en exagérant à peine, comme « l'explosif non nucléaire le plus puissant du monde » : l'Astrolite. Il mena des expériences avec des toxines extrêmement dangereuses dont une fraction de goutte aurait suffi à décomposer la chair humaine, et il devait souvent porter une tenue de cosmonaute pressurisée dans son laboratoire. Malgré ces précautions, son exposition aux produits chimiques lui causa certainement une insuffisance hépatique et, en 1994, il subit une greffe du foie. Travaillant sur ce qu'il appelait « le côté sombre de l'incendie intentionnel », il améliora des bombes au napalm avec de l'Astrolite, et développa un moyen pour que les agents secrets au Vietnam puissent construire des bombes avec des matériaux trouvés sur place, tels que le fumier de poulet ou le sucre. Il mit également au point une méthode pour faire exploser un T-shirt en recouvrant ses fibres de nitrate.

Sa conscience finit par le rattraper. « Un jour, vous vous demandez : "Mais que diable suis-je en train de faire ?" » Il quitta le domaine de la défense et inventa le ballon Mylar, une version améliorée du Liquid Paper, et le Kinepak, un type d'explosif qui réduit les risques de détonation accidentelle. Grâce à ses connaissances incroyables en matière de feu et d'explosifs, il fut sollicité par des entreprises en cours de contentieux civil pour déterminer l'origine d'une explosion. Au début des années 1990, Hurst avait déjà consacré beaucoup de temps aux affaires d'incendies criminels : il fut très choqué en observant les méthodes employées par les enquêteurs locaux et nationaux en matière d'incendie.

En fait, de nombreux enquêteurs en matière d'incendie criminel avaient arrêté leurs études après le lycée. Dans la plupart des États, il suffisait que les enquêteurs suivent quarante heures de cours sur les enquêtes en matière d'incendie et réussissent un examen écrit pour obtenir leur certification. Le plus souvent, l'essentiel de la formation d'un enquêteur se faisait sur le tas, en apprenant des « anciens » qui transmettaient leur savoir sur les indices révélateurs d'un incendie criminel. Pourtant, une étude datant de 1977 alertait les experts sur le fait que rien, « dans la littérature scientifique, ne permettait de justifier [la] validité » de ces indices.

En 1992, la National Fire Protection Association (Association nationale de protection contre l'incendie), qui travaille à la prévention et à la sécurité incendie, publia ses premières directives scientifiques à l'usage des enquêteurs sur les incendies criminels. Malgré cela, de nombreux enquêteurs continuaient à considérer leur travail davantage comme un art que comme une science – un mélange d'expérience et d'intuition. En 1997, l'International Association of Arson Investigators (Association internationale des experts en incendie criminel) déposa des conclusions selon lesquelles les enquêteurs spécialisés en matière d'incendie criminel ne devraient pas être tenus par une décision de la Cour suprême de 1993 obligeant les experts amenés à témoigner à la barre à souscrire à la méthode scientifique. Selon ces conclusions, le travail des experts en incendie était considéré comme « moins scientifique ». En 2000, après que les tribunaux eurent rejeté ces arguments, les enquêteurs spécialisés en matière d'incendie criminel souscrivirent de plus en plus à la méthode scientifique. Toutefois, d'importantes différences demeuraient sur le terrain, de nombreux enquêteurs s'appuyant encore sur des techniques non éprouvées, utilisées depuis des générations. « Les gens enquêtaient sur des incendies avec une approche du genre “la Terre est plate”, me dit Hurst. Cela ressemble à un incendie criminel, donc c’est un incendie criminel. D’après moi, continua-t-il, il faut se fonder sur des bases scientifiques. Sinon, ce n’est rien d’autre qu’une chasse aux sorcières. »

En 1998, Hurst enquêta sur l’affaire Terri Hinson. Cette femme de Caroline du Nord poursuivie pour avoir déclenché un incendie qui avait tué son fils de dix-sept mois encourait la peine de mort. Hurst mena une série d’expériences recréant les conditions de l’incendie : elles lui permirent de conclure qu’il ne s’agissait pas d’un incendie criminel, comme les enquêteurs l’avaient avancé, mais d’un incendie accidentel provoqué par un fil électrique défectueux situé dans le grenier. Grâce à ses recherches, Mme Hinson fut libérée. John Lentini, expert en incendie et auteur d’un manuel scientifique reconnu sur les incendies criminels, qualifie Hurst de « brillant ». Un procureur du Texas déclara un jour au *Chicago Tribune* au sujet de Hurst : « S’il dit qu’il s’agit d’un incendie criminel, c’en est un. S’il dit que ce n’en est pas un, ce n’en est pas un. »

Les brevets de Hurst lui rapportèrent suffisamment d’argent pour qu’il puisse se permettre d’enquêter bénévolement sur un incendie criminel pendant des mois, voire des années. Mais il ne reçut le dossier de Willingham que quelques semaines avant la date prévue de son exécution. En l’examinant, Hurst fut frappé par une déclaration de Manuel Vasquez, le commissaire des incendies adjoint. Dans son témoignage, ce dernier avait précisé que, sur les quelque mille deux cents à mille cinq cents incendies sur lesquels il avait enquêté, « presque tous » étaient criminels. Il s’agissait là d’une estimation étrangement élevée : le Texas State Fire Marshals Office (Bureau des commissaires des incendies de l’État du Texas) concluait généralement à un incendie criminel dans seulement 50 % de ses affaires.

Hurst fut aussi frappé par l'affirmation de Vasquez selon laquelle le feu, chez Willingham, avait « brûlé rapidement et intensément » à cause d'une substance inflammable. L'idée selon laquelle les flammes atteignent des températures plus élevées sous l'action d'un liquide inflammable ou combustible avait été répétée devant les tribunaux pendant des décennies par les enquêteurs travaillant sur des incendies criminels. Cette théorie n'avait pourtant aucun sens : des expériences ont prouvé que des incendies alimentés par du bois ou de l'essence brûlent approximativement à la même température.

Vasquez et Fogg avaient cité comme preuve que l'incendie était intentionnel le fait que le seuil de la porte en aluminium ait fondu : « la seule chose qui puisse provoquer cela est une substance inflammable », avait indiqué Vasquez. Hurst était sceptique. Un feu de bois naturel peut atteindre des températures très élevées, allant jusqu'à mille degrés Celsius, ce qui est bien plus intense que la température à laquelle fond un alliage en aluminium, qui varie entre cinq cents degrés Celsius et six cent cinquante degrés Celsius. Et, comme de nombreux autres enquêteurs, Vasquez et Fogg pensèrent à tort que le bois se trouvant sous le seuil en aluminium s'était consumé parce que, comme l'indiqua Vasquez, « une substance inflammable avait coulé en dessous et brûlé ». Hurst avait mené maintes expériences montrant que ce type de combustion est tout simplement causée par la présence de l'aluminium, qui conduit une telle chaleur. D'ailleurs, quand un liquide inflammable est répandu sous un seuil, le feu s'éteint à cause du manque d'oxygène. (D'autres scientifiques étaient parvenus à la même conclusion.) « Les liquides inflammables ne continuent pas davantage à brûler sous un seuil en aluminium que de la graisse dans une poêle, même recouverte d'un couvercle mal fermé », écrivit Hurst dans son rapport sur l'affaire Willingham.

Hurst examina ensuite l'affirmation de Vasquez et Fogg selon laquelle les « taches marron » relevées sur la terrasse devant la maison de Willingham indiquaient la présence d'une « substance inflammable » n'ayant pas eu le temps de s'imprégner dans le béton. Hurst avait, dans le passé, mené un test dans son garage, au cours duquel il avait répandu de l'allume-feu sur le sol en béton et y avait mis le feu. Lorsque le feu s'était éteint, il n'y avait pas de taches marron mais des traces de suie. Hurst avait mené cette expérience à plusieurs reprises, avec différents types de liquides inflammables, et le résultat avait toujours été identique. Il est classique de voir des taches marron après des incendies : elles sont en général composées de rouille ou d'une espèce de magma de cendres mélangé à l'eau des lances à incendie.

Le morceau de « verre craquelé », que Vasquez avait associé à l'intensité et la rapidité de combustion d'un incendie alimenté par une substance inflammable, constituait également une preuve majeure contre Willingham. Pourtant, en novembre 1991, une équipe d'experts en incendie avait examiné cinquante maisons détruites par un feu de broussailles sur les collines d'Oakland en Californie : bien qu'aucune substance inflammable n'ait été utilisée pour démarrer l'incendie, les enquêteurs trouvèrent du verre craquelé dans une douzaine de ces maisons. La plupart d'entre elles étaient à la périphérie de l'incendie, là où les pompiers avaient déversé des torrents d'eau. Comme ils l'indiquèrent dans une étude publiée par la suite, les enquêteurs formulèrent l'hypothèse selon laquelle le craquèlement avait été davantage provoqué par un refroidissement rapide que par un réchauffement brutal : le choc thermique avait entraîné une rétractation si rapide du verre qu'il s'était craquelé. Les enquêteurs testèrent alors cette hypothèse en laboratoire. Lorsqu'ils chauffaient du verre, rien ne se passait. Mais, à chaque fois qu'ils versaient de l'eau sur le verre chauffé, des espèces de labyrinthes se formaient. Hurst avait observé le même phénomène en chauffant du verre au chalumeau, puis en le refroidissant, lors de ses recherches à Cambridge. Dans son rapport, Hurst écrivit que les théories de Vasquez et Fogg sur le verre craquelé n'étaient rien d'autre que « des contes de bonnes femmes ».

Puis Hurst s'attaqua à certaines des preuves les plus accablantes contre Willingham : la traînée de combustion, les coulures et flaques, la forme en V et les autres traces de combustion indiquant que le feu avait eu plusieurs points de départ, et la combustion sous les lits des enfants. Il y avait aussi le test selon lequel de l'essence minérale avait été détectée au niveau de la porte d'entrée, et l'histoire apparemment improbable de Willingham sortant en courant de la maison sans brûler ses pieds nus.

En se plongeant dans le dossier, Hurst remarqua que Willingham et ses voisins avaient décrit la chose suivante : les vitres de la façade de la maison avaient soudainement explosé, et des flammes en étaient sorties en vrombissant. C'est à ce moment-là que Hurst se souvint du fameux incendie de la rue Lime, un des incendies marquants dans l'histoire des enquêtes en matière d'incendie criminel.

Le soir du 15 octobre 1990, un homme de trente-cinq ans, Gerald Wayne Lewis, fut retrouvé devant sa maison dans la rue Lime à Jacksonville en Floride, son fils de trois ans dans les bras. Sa maison en bois d'un étage était envahie par les flammes. Une fois l'incendie éteint, six personnes furent retrouvées mortes, dont la femme de Lewis. Il déclara avoir sauvé son fils mais ne pas avoir été en mesure de sauver les autres, qui étaient à l'étage.

Lorsque les enquêteurs examinèrent les lieux, ils y décelèrent les signes classiques de l'incendie criminel : le sol et le bas des murs carbonisés, des coulées et des flaques, et une traînée de combustion du salon au couloir. Lewis déclara que le feu avait démarré accidentellement sur le canapé du salon alors que son fils y jouait avec des allumettes. Mais une forme en V au niveau d'une porte suggérait que le feu avait commencé ailleurs. Certains témoins dirent aux autorités que Lewis semblait trop calme pendant l'incendie et qu'il n'avait pas essayé d'aller chercher de l'aide. D'après le *Los Angeles Times*, Lewis avait déjà été arrêté pour violences conjugales et sa femme avait obtenu une injonction d'éloignement contre lui. Après qu'un chimiste eut indiqué avoir trouvé de l'essence sur les vêtements et les chaussures de Lewis, un rapport du shérif conclut : « L'incendie a démarré parce que le pas de la porte, l'entrée, le salon, la cage d'escalier et la chambre du premier étage ont été aspergés d'essence. » Lewis fut arrêté et poursuivi pour six meurtres. La peine de mort fut requise.

Mais des tests menés par la suite révélèrent que le laboratoire ayant trouvé de l'essence s'était trompé. De plus, une équipe de télévision locale avait filmé Lewis, complètement hystérique, sur le lieu de l'incendie : à un moment, comme les enquêteurs le découvrirent, il avait bondi devant une voiture en marche, et demandé au conducteur d'appeler les pompiers.

Cherchant à soutenir leur théorie du crime, les procureurs se tournèrent vers John Lentini, expert en incendie, et John DeHaan, enquêteur de renom et auteur de manuels. Malgré les quelques faiblesses du dossier, Lentini me dit qu'avec les traces de combustion et les flaques dans la maison il était certain que Lewis avait mis le feu : « J'étais prêt à témoigner et à envoyer ce mec sur la chaise électrique. »

Afin de découvrir la vérité, les enquêteurs, avec le soutien du ministère public, décidèrent de mener une expérience minutieuse et de recréer les conditions de l'incendie. Les autorités locales donnèrent aux enquêteurs l'autorisation d'utiliser la maison voisine de celle de Lewis, qui était condamnée et allait être détruite. Les deux maisons étaient pratiquement identiques, et les enquêteurs meublèrent la maison voisine comme celle de Lewis, avec la même moquette, les mêmes rideaux et les mêmes meubles. Les scientifiques équipèrent la maison de détecteurs de chaleur et de gaz pouvant résister au feu. Le coût de l'expérience s'éleva à vingt mille dollars. Lentini et DeHaan mirent le feu au canapé du salon sans utiliser de substance inflammable, s'attendant à ce que l'expérience montre que la version des faits de Lewis n'était pas plausible.

Les enquêteurs observèrent le feu qui ravagea rapidement le canapé, envoyant en l'air une volute de fumée qui monta jusqu'au plafond, puis se propagea alentour comme un épais rideau de gaz chauds ascendants – un convecteur très efficace de chaleur. En trois minutes, ce nuage, absorbant encore davantage de gaz se dégageant du feu, était redescendu le long des murs et avait envahi le salon. Lorsque le nuage approcha du sol, sa température s'élevait par endroits à plus de six cents degrés Celsius. Soudain, toute la pièce s'embrasa, la chaleur qui se propageait enflammant chaque meuble, chaque rideau, et tout ce qui pouvait alimenter le feu, y compris le tapis. Les vitres volèrent en éclats.

L'incendie avait atteint ce qu'on appelle « un embrasement généralisé éclair » (*flashover*), à savoir le moment où la chaleur irradiante transforme le feu dans une pièce en une pièce en feu. Les experts en incendie connaissaient ce concept, mais la plupart d'entre eux pensaient que l'embrasement généralisé éclair prenait bien plus de temps, en particulier lorsque aucune substance inflammable n'était utilisée. Avec une seule source d'alimentation, un canapé, la pièce s'était totalement embrasée en quatre minutes et demie.

Puisque tous les meubles du salon s'étaient enflammés, on passa alors d'un feu contrôlé par le combustible à un feu contrôlé par la ventilation, ou au *post-flashover*, comme le désignent les scientifiques. Lors du *post-flashover*, la trajectoire du feu dépend des nouvelles sources d'oxygène, d'une porte ou d'une fenêtre ouvertes par exemple. Un des experts en incendie, qui se tenait près d'une porte ouverte dans le salon, s'échappa quelques instants avant que le feu, en manque d'oxygène, ne vrombisse de la pièce vers le couloir : une boule de feu, qui provoqua également un embrasement généralisé éclair dans le couloir, et propulsa le feu vers la porte d'entrée et la terrasse devant la maison.

Une fois l'incendie éteint, les enquêteurs examinèrent le couloir et le salon. Au sol ils remarquèrent des traces irrégulières de combustion qui ressemblaient parfaitement à des coulures et des flaques. Il en fut déduit que ces indices classiques d'incendie intentionnel pouvaient aussi apparaître spontanément après un *flashover*. À l'œil nu, il est impossible de différencier des coulures et flaques provoquées par la présence d'une substance inflammable de celles qu'on retrouve après un *flashover*. Le seul moyen de les distinguer serait de prélever des échantillons des traces de combustion et de faire un test en laboratoire pour y détecter d'éventuelles substances inflammables ou combustibles.

Au cours de l'expérience de la rue Lime, d'autres choses qui n'étaient censées arriver que lors d'un incendie alimenté par un liquide inflammable se produisirent, comme la combustion des plinthes, des portes et sous les meubles. Une trace en forme de V se distinguait également près de la porte du salon, loin du canapé, où l'incendie avait démarré. Lors d'un petit incendie, une trace de combustion en forme de V peut indiquer l'endroit où a commencé le feu ; toutefois, pendant un *post-flashover*, ce genre de marques peut apparaître à de nombreuses reprises, lorsque des objets s'embrasent.

Un des enquêteurs marmonna qu'ils venaient juste d'aider à prouver la théorie de la défense. Étant donné le doute raisonnable soulevé par l'expérience, les poursuites contre Lewis furent rapidement abandonnées. L'expérience de la rue Lime avait détruit les notions en vigueur sur la manière dont un incendie évoluait. Des tests scientifiques ultérieurs démontrèrent que, lors d'un *post-flashover*, il était courant que le feu brûle sous les lits et les meubles, que des portes entières se consument et des seuils en aluminium fondent.

John Lentini dit au sujet de l'incendie de la rue Lime : « Ce fut mon Épiphanie. J'ai presque envoyé un homme à la mort sous couvert de théories fondées sur des foutaises. »

Hurst examina ensuite le plan de la maison de Willingham dessiné par Vasquez, qui délimitait toutes les coulures et flaques supposées. Comme les vitres de la chambre des enfants avaient explosé, Hurst savait que l'incendie avait atteint l'embrasement généralisé éclair. Hurst suivit du doigt la trajectoire du feu sur le schéma dessiné par Vasquez : elle partait de la chambre des enfants, tournait à droite dans le couloir et sortait par la porte de devant. John Jackson, le procureur, m'avait déclaré que la trajectoire était si « bizarre » qu'elle avait dû être causée par une substance inflammable. Mais Hurst conclut qu'elle n'était que le produit de la dynamique des feux lors du *post-flashover*. Willingham s'était enfui par la porte de devant, et le feu avait tout simplement remonté la trajectoire du courant d'air, vers l'extérieur. De la même manière, lorsque Willingham avait brisé les fenêtres de la chambre des enfants, les flammes s'étaient élancées vers l'extérieur.

Hurst se souvint que Vasquez et Fogg avaient considéré qu'il était impossible que Willingham ait pu courir à travers le couloir en feu sans se brûler les pieds. Mais si les coulures et les flaques étaient le résultat d'un embrasement généralisé éclair, se dit Hurst, la description qu'avait faite Willingham des événements se tenait. Lorsque Willingham était sorti de sa chambre, le couloir n'avait pas encore pris feu : les flammes étaient encore confinées à la chambre des enfants, où il avait vu, le long du plafond, des « lumières vives ». De même que les enquêteurs de l'affaire de la rue Lime étaient en sécurité debout près de la porte quelques secondes avant le *flashover*, Willingham avait parfaitement pu se trouver près de la chambre des enfants sans avoir été blessé. (Avant l'incendie de la rue Lime, les experts en incendie tombaient en général d'accord sur le fait que le monoxyde de carbone se diffuse rapidement à travers une maison pendant un incendie. En fait, jusqu'à l'embrasement généralisé éclair, la concentration en monoxyde de carbone peut être remarquablement basse en dessous et à l'extérieur du nuage thermique.) Au moment où l'incendie de Corsicana avait atteint son *flashover*, Willingham était déjà sorti de la maison, et se trouvait dans le jardin de devant.

Vasquez avait filmé les lieux de l'incendie. Hurst regarda la séquence sur la trajectoire de l'incendie. Même après plusieurs visionnages, il ne parvenait pas à repérer trois points de départ, comme Vasquez l'avait fait. (Fogg m'a récemment dit qu'il avait également vu une trajectoire continue et qu'il était en désaccord avec Vasquez à ce sujet ; il ajouta que personne, ni du côté du ministère public ni du côté de la défense, ne lui avait demandé son avis sur le sujet lors de son témoignage.)

Après avoir passé en revue la liste établie par Fogg et Vasquez de plus de vingt indices permettant de conclure à un incendie criminel, Hurst pensait qu'un seul de ces indices était potentiellement valable : le test concluant à la présence d'essence minérale sur le seuil de la porte d'entrée. Mais pourquoi les enquêteurs n'avaient-ils prélevé d'échantillon positif qu'à cet endroit-là ? D'après Vasquez et Fogg, Willingham avait aspergé la chambre des enfants et le couloir d'une substance inflammable. Les autorités avaient mené de nombreux tests à ces endroits-là, y compris là où se trouvaient les coulures et les flaques, mais sans résultats. Jackson m'indiqua qu'il n'avait « jamais compris pourquoi ils n'avaient pas été en mesure » d'y déceler quoi que ce soit.

Hurst avait du mal à croire que Willingham ait pu verser une substance inflammable devant la porte d'entrée, où les voisins auraient pu le voir. Examinant de plus près le dossier, Hurst remarqua une photographie de la terrasse devant la maison, prise avant l'incendie, qui avait été versée comme élément de preuve au dossier. Sur cette photographie on pouvait voir un gril à charbon : la famille Willingham faisait ses barbecues sur la terrasse, devant l'entrée. Plusieurs témoignages confirmèrent la présence de ce gril et d'une bouteille d'allume-feu. Tous deux avaient brûlé quand l'incendie s'était propagé jusqu'à la terrasse devant la maison lors du *post-flashover*, et le gril avait été enlevé lors des opérations de nettoyage : il n'y était donc plus lors de la visite de Vasquez. Dans son rapport, celui-ci mentionna la bouteille d'allume-feu, mais pas le gril. Et, pendant le procès, il insista sur le fait qu'on ne lui avait pas mentionné l'endroit où se trouvait le gril auparavant. D'autres représentants des autorités chargés de l'enquête connaissaient son existence, mais n'en mesuraient pas l'importance. En revanche, Hurst était convaincu d'avoir résolu le mystère : lorsque les pompiers avaient arrosé de leur lance à incendie la terrasse devant l'entrée, ils avaient certainement disséminé l'allume-feu contenu dans la bouteille fondue.

Hurst dit que, sans être allé sur les lieux de l'incendie, il était impossible d'en déterminer la cause. Mais, sur la base des éléments de preuve, il était pratiquement sûr qu'il s'agissait d'un incendie d'origine accidentelle, très certainement causé par le radiateur électrique ou par un branchement électrique défectueux. Cela expliquait qu'il n'y ait jamais eu de mobile. Hurst conclut qu'il n'existait aucune preuve permettant de conclure à une origine criminelle de l'incendie, et qu'un homme ayant déjà perdu ses trois enfants et passé douze ans en prison était sur le point d'être exécuté sur la base de preuves scientifiques « de pacotille ». Hurst écrivit son rapport si vite qu'il ne s'interrompit pas pour corriger les fautes de frappe.

« Je suis réaliste et je ne veux pas vivre dans un monde imaginaire », dit une fois Willingham à Gilbert au sujet de la perspective de prouver son innocence. Mais en février 2004, il commença à espérer. Les conclusions de Hurst avaient permis de disculper plus de dix personnes. Hurst avait même examiné les preuves scientifiques retenues contre l'ami de Willingham, Ernest Willis, qui s'était retrouvé dans le couloir de la mort pour un chef d'accusation incroyablement identique. Hurst déclara : « C'était comme si j'examinais le même dossier. Seul le nom changeait. » Dans son rapport sur le dossier de Willis, Hurst conclut qu'il n'existait pas « une seule preuve matérielle… permettant de conclure à un incendie criminel ». Un deuxième expert en incendie engagé par Ori White, le nouveau procureur du district dont relevait Willis, abonda dans le même sens. Après dix-sept ans passés dans le couloir de la mort, Willis fut libéré. « Je ne relâche pas de meurtriers, fit White à l'époque. Si Willis était coupable, je le poursuivrais à nouveau. Et je prendrais Hurst comme témoin. C'est un brillant scientifique. » White remarqua à quel point le système avait failli exécuter un innocent. « Il n'a pas été exécuté et je remercie Dieu pour cela », dit-il.

Le 13 février, quatre jours avant la date prévue de son exécution, Willingham reçut un appel de Reaves, son avocat. Reaves lui dit que les quinze membres du Bureau des grâces et des libertés conditionnelles, qui examinent les demandes de grâce, avaient reçu le rapport de Hurst et rendu leur décision.

« Quelle est-elle ? demanda Willingham.

– Je suis désolé, répondit Reaves. Ils ont rejeté votre requête. »

Le vote était unanime. Reaves n'avait pas d'explication : le Bureau délibère en secret et ses membres ne sont pas liés par des critères spécifiques. Les membres du Bureau n'étaient même pas tenus d'examiner le dossier de Willingham ; en général, ils ne discutent pas d'une affaire en personne, mais votent par fax : cette procédure a donc été surnommée « la mort par fax ». Entre 1976 et 2004, année où Willingham déposa sa requête, l'État du Texas n'avait approuvé qu'une seule demande de grâce d'un prisonnier se trouvant dans le couloir de la mort. Un juge de la cour d'appel du Texas avait qualifié le système de grâce de « fiction juridique ». À propos des membres du Bureau, Reaves dit : « Ils ne m'ont jamais demandé d'assister à une audience ou de répondre à des questions. »

Le projet Innocence obtint, par le biais de la loi Information et Liberté, tous les documents relatifs au rapport de Hurst provenant du bureau du gouverneur et du Bureau des grâces et des libertés conditionnelles.

« Les documents indiquent qu'ils ont reçu le rapport, mais aucun d'eux n'en prend acte, ne souligne son importance, n'y répond ou n'attire l'attention du gouvernement dessus, déclara Barry Scheck. La seule conclusion possible est que le bureau du gouverneur et le Bureau des grâces et des libertés conditionnelles n'ont pas tenu compte des preuves scientifiques. »

LaFayette Collins, membre du Bureau à l'époque, me dit de la procédure : « Vous ne votez pas la culpabilité ou l'innocence. Vous ne refaites pas le procès. Vous vous assurez simplement que tout est en ordre et qu'il n'existe pas d'erreurs flagrantes. » Il remarqua que, même si le règlement permet la tenue d'une audience en cas de nouvelles preuves importantes, « de mon temps, il n'y en a jamais eu ». Quand je lui demandai pourquoi le rapport de Hurst ne constituait pas la preuve que des « erreurs flagrantes » avaient été commises, il répondit : « Nous recevons toutes sortes de rapports mais nous n'avons pas les moyens de les examiner. » Alvin Shaw, un autre membre du Bureau de l'époque, déclara que l'affaire ne lui disait rien, ajoutant en s'énervant : « Pourquoi voudrais-je en parler ? » Hurst trouve l'action du Bureau « immorale ».

Même si Reaves dit à Willingham qu'il y avait encore une chance que le gouverneur Perry lui accorde un sursis de trente jours, Willingham commença à préparer ses dernières volontés et son testament. Quelque temps auparavant, il avait écrit une lettre à Stacy dans laquelle il lui demandait pardon de ne pas avoir été un meilleur mari et la remerciait de tout ce qu'elle lui avait donné, à commencer par leurs trois filles. « J'entends encore la voix d'Amber, son sourire, sa façon décontractée de parler et la manière dont elle disait : “Je veux te prendre dans mes bras !” Je sens encore les mains de Karmon et Kameron sur mon visage. » Il écrivit qu'il espérait

« qu'un jour, d'une manière ou d'une autre, la vérité soit connue et que [son] honneur soit lavé ».

Il demanda à Stacy si sa pierre tombale pouvait être érigée à côté de la tombe de leurs enfants. Stacy, qui pendant longtemps avait cru en l'innocence de Willingham, avait récemment consulté le dossier d'origine du tribunal et les conclusions sur l'incendie. N'ayant pas eu connaissance du rapport de Hurst, elle en conclut que Willingham était coupable. Elle rejeta son souhait et déclara plus tard à un journaliste : « Il m'a enlevé mes enfants. »

Gilbert avait l'impression d'avoir déçu Willingham. Avant même que ses demandes de grâce soient rejetées, elle lui dit que tout ce qu'elle pouvait lui offrir, c'était son amitié. Il lui répondit que c'était suffisant « d'avoir pu faire partie, un peu, de votre vie. Ainsi, en mourant, je saurai que j'ai enfin pu toucher le cœur de quelqu'un qui se souviendra de moi quand je ne serai plus là. » Il ajouta : « Il n'y a rien à vous faire pardonner. » Il lui demanda d'être présente lors de son exécution, pour l'aider à supporter « [ses] angoisses, pensées et émotions ».

Le 17 février, le jour prévu de l'exécution, les parents de Willingham et quelques membres de sa famille se réunirent dans le parloir de la prison. Une vitre en Plexiglas séparait encore Willingham d'eux. « J'aimerais pouvoir vous toucher et vous serrer tous les deux dans mes bras, avait auparavant écrit Willingham à ses parents. J'ai souvent serré maman dans mes bras mais jamais vraiment papa. »

Willingham regardait le groupe et demandait sans cesse où se trouvait Gilbert. Peu de temps auparavant, alors qu'elle revenait du supermarché, une voiture avait grillé un feu rouge et lui était rentrée dedans. Willingham lui demandait souvent d'essayer de rester une journée entière dans sa cuisine sans en sortir pour voir ce que cela faisait d'être confiné dans une prison, mais elle avait toujours trouvé une excuse pour ne pas le faire. Elle était à présent paralysée des pieds à la tête.

Alors qu'elle était en soins intensifs, elle avait essayé de faire parvenir un message à Willingham, mais sans succès. Plus tard, la fille de Gilbert lut à sa mère une lettre de Willingham, dans laquelle il lui disait à quel point il l'aimait. Il avait écrit un poème : « Vous voulez voir la beauté comme vous ne l'avez jamais vue ? / Alors fermez les yeux, ouvrez votre esprit et venez avec moi. »

Gilbert, qui passa des années en rééducation, récupéra graduellement la mobilité de ses bras et du haut de son corps. « Pendant tout ce temps, je pensais que j'étais en train de sauver Willingham, mais j'ai ensuite réalisé que c'était lui qui m'aidait, en me donnant la force de traverser cette épreuve. Je sais que je remarcherai un jour, et je sais que c'est grâce à Willingham. Il m'a montré le courage nécessaire pour survivre », dit-elle.

Willingham avait commandé un dernier repas, et à 16 heures, le 17 février, on lui apporta trois côtes de porc, deux portions d'oignons frits, du gombo frit, trois *enchiladas*[1] de bœuf et de fromage et deux parts de gâteau au citron et à la crème. Il fut informé que le gouverneur Perry avait refusé de lui accorder un sursis. (Un porte-parole de Perry déclara : « Le gouverneur a pris sa décision en s'appuyant sur les faits répertoriés dans le dossier. ») Le père et la mère de Willingham se mirent à pleurer. « Ne sois pas triste, maman, dit Willingham. Dans cinquante-cinq minutes, je serai un homme libre. Je rentre à la maison pour voir mes enfants. » Un peu plus tôt, il avait avoué à ses parents qu'il y avait une chose sur laquelle il avait menti à propos du jour de l'incendie :

1. Plat mexicain composé d'une tortilla garnie recouverte de sauce épicée.

il n'avait jamais essayé de ramper jusqu'à la chambre des enfants. « Je ne voulais pas que les gens pensent que j'étais un trouillard », dit-il. Hurst me déclara : « Les gens qui n'ont jamais été pris dans un incendie ne comprennent pas pourquoi ceux qui survivent ne peuvent souvent pas sauver les victimes. Ils n'ont aucune idée de ce qu'est un incendie. »

Le directeur de la prison indiqua à Willingham que c'était l'heure. Willingham, refusant de prendre part au protocole, s'allongea. Il fut transporté dans une pièce de deux mètres quarante sur trois. Les murs étaient peints en vert. Au centre de la pièce, là où se trouvait auparavant une chaise électrique, il y avait un brancard recouvert d'un drap. Plusieurs gardes attachèrent Willingham à l'aide de lanières en cuir qu'ils bouclèrent au niveau des bras, des jambes et de la poitrine. Ensuite, une équipe médicale lui inséra des tuyaux dans les veines des bras. Chaque officiel avait un rôle bien défini dans ce processus afin qu'aucun d'entre eux ne se sente responsable d'avoir retiré la vie de quelqu'un.

Willingham avait demandé à ses parents et à sa famille de ne pas venir dans la galerie d'observation lors de l'exécution, mais, en jetant un coup d'œil dans cette direction, il aperçut Stacy qui le regardait. La tranquillité enfin obtenue était perdue et, en rendant son dernier souffle, il la maudit. Le directeur de la prison appuya sur un bouton et du thiopental sodique, un barbiturique, fut injecté dans le corps de Willingham. Puis une deuxième drogue, du bromure de prancuronium, qui paralyse le diaphragme et empêche de respirer, lui fut injectée. Enfin, une troisième, du chlorure de potassium, remplit ses veines jusqu'à ce que son cœur s'arrête, à 18 h 20. Sur son certificat de décès figure « homicide » comme cause de la mort.

Après sa mort, ses parents furent autorisés à toucher son visage pour la première fois depuis plus de dix ans. Puis, à la demande de Willingham, son cadavre fut incinéré et une partie de ses cendres fut répandue en secret sur les tombes de ses enfants. Il avait demandé à ses parents : « S'il vous plaît, ne cessez jamais de vous battre pour me disculper. »

En décembre 2004, des doutes sur les preuves scientifiques présentées dans le dossier de Willingham commencèrent à émerger. Maurice Possley et Steve Mills, du *Chicago Tribune*, avaient publié une série d'enquêtes sur les défaillances de la science médicolégale ; en apprenant l'existence du rapport de Hurst, Possley et Mills demandèrent à trois experts en incendie, dont John Lentini, d'examiner l'enquête initiale. Les experts approuvèrent les conclusions du rapport de Hurst. Presque deux ans plus tard, le projet Innocence mandata Lentini et trois autres experts en incendie pour qu'ils réalisent une évaluation indépendante des preuves ayant permis de conclure à un incendie criminel dans l'affaire Willingham. Le jury d'experts conclut qu'« absolument tous » les indices d'incendie criminel étaient « scientifiquement invalides ».

En 2005, le Texas mit en place une commission gouvernementale pour enquêter sur les allégations d'erreurs et de fautes professionnelles commises par les experts scientifiques. Les premières affaires examinées par la commission furent celles de Willingham et de Willis. Mi-août, Craig Beyler, un scientifique réputé qui avait été engagé par la commission, rendit ses conclusions. Dans un rapport virulent, il conclut que les enquêteurs de l'affaire Willingham ne disposaient d'aucune base scientifique leur permettant d'affirmer que le feu était de nature criminelle, qu'ils avaient sciemment ignoré des preuves qui contredisaient leur théorie, qu'ils ne maîtrisaient pas la notion d'embrasement généralisé éclair ou encore de dynamique des feux, qu'ils s'étaient appuyés sur un folklore discrédité et qu'ils avaient échoué dans leur tentative d'écarter des causes probables, accidentelles ou alternatives, de l'incendie. Il ajouta que la méthode de Vasquez semblait renier tout « raisonnement cartésien » pour « se rapprocher du mysticisme ou de la voyance ». De plus, Beyler détermina que l'enquête violait, comme il me l'a dit, non seulement « les normes en vigueur aujourd'hui mais également [celles en vigueur] à l'époque ». La commission est en train d'examiner ses conclusions et a l'intention de publier un rapport. Elle évaluera avec certitude et rigueur la fiabilité des preuves scientifiques. Mais certains juristes pensent que ces conclusions pourraient mener le Texas à devenir le premier État à reconnaître que, depuis l'avènement du système judiciaire moderne, il a « exécuté une personne innocente dans les faits et en droit ».

Juste avant que Willingham ne reçoive l'injection mortelle, il lui fut demandé quels seraient ses derniers mots. Il dit : « La seule déclaration que je souhaite faire est que je suis un innocent condamné pour un crime que je n'ai pas commis. J'ai été persécuté pendant douze ans pour quelque chose que je n'ai pas fait. De la poussière de Dieu je suis venu, et je retourne à la poussière, ainsi la Terre deviendra mon trône. »

Quelques jours avant que la commission scientifique se réunisse pour entendre le témoignage du docteur Craig Beyler à propos de ses conclusions, le gouverneur Rick Perry démit de ses fonctions le président en place, à ce poste depuis longtemps, ainsi que deux autres membres de la commission. Perry insista sur le fait que les mandats des trois membres étaient arrivés à expiration et que ce changement ne faisait partie que des « affaires courantes ». Mais le président de la commission, Sam Bassett, qui avait auparavant déjà été renommé à son poste et qui avait demandé à y rester, déclara au journal Houston Chronicle *qu'il avait entendu dire de la part de l'équipe de Perry qu'ils étaient « inquiets au sujet des enquêtes que nous menions ». Une autre membre de la commission dont le mandat ne fut pas renouvelé déclara à l'Associated Press que, comme le lui avait indiqué le cabinet de Perry, le gouverneur souhaitait « aller dans une autre direction ».*

Le caméléon

Les vies multiples de Frédéric Bourdin

Le 3 mai 2005, en France, un homme appela le numéro d'urgence pour les enfants portés disparus ou maltraités. Il expliqua fébrilement qu'il était un touriste de passage à Orthez, à l'ouest des Pyrénées, et qu'il était tombé à la gare sur un garçon de quinze ans seul et terrifié. Un autre service téléphonique d'urgences enregistra un appel similaire. Finalement, ledit garçon se présenta de lui-même à un bureau local d'aide à l'enfance. Petit et svelte, le teint pâle et les mains tremblantes, il portait un cache-col qui lui couvrait presque tout le visage et une casquette de base-ball rabattue sur les yeux. Il n'avait pas d'argent sur lui, tout juste un téléphone portable et une pièce d'identité indiquant qu'il s'appelait Francisco Hernández Fernández et était né le 13 décembre 1989 à Cáceres, en Espagne. Au début, il hésita à parler ; mais après quelques encouragements, il révéla que ses parents et son jeune frère avaient été tués dans un accident de voiture. À cause du choc, il était resté dans le coma plusieurs semaines et, pour sa convalescence, avait été envoyé chez un oncle, qui abusa de lui.

Les services sociaux français placèrent Francisco au foyer Saint-Vincent-de-Paul, dans la ville voisine de Pau. Institution sous tutelle gouvernementale accueillant environ trente-cinq garçons et filles – le plus souvent abandonnés ou retirés à des familles dysfonctionnelles –, le foyer se situait dans un vieux bâtiment de pierre aux volets de bois blanc écaillés ; sur le toit s'élevait une statue de saint Vincent protégeant un enfant dans les plis de sa robe.

On donna à Francisco une chambre individuelle et il parut soulagé de pouvoir se laver et s'habiller en privé : son crâne et son corps, expliqua-t-il, étaient couverts de brûlures et de cicatrices dues à l'accident. Il fut inscrit au collège Jean-Monnet, un établissement d'environ quatre cents élèves pour la plupart issus de quartiers sensibles, réputé pour sa violence. Bien que le port de la casquette y fût interdit, la principale de l'époque, Claire Chadourne, fit une exception pour Francisco, qui disait redouter les moqueries au sujet de ses cicatrices. Professionnelle de l'éducation depuis plus de trente ans, Chadourne se sentit animée d'un élan protecteur envers lui, comme de nombreux enseignants et assistants sociaux. Avec ses pantalons baggy et son portable brinquebalant à son cou au bout d'un cordon, Francisco avait tout d'un adolescent ordinaire mais paraissait profondément traumatisé. Il ne changeait jamais de vêtements devant les autres en cours de sport et refusait de subir le moindre examen médical. Il parlait doucement, la tête penchée, et reculait vivement si quelqu'un l'approchait de trop près.

Peu à peu, Francisco commença à fréquenter les autres à la récréation et à participer aux cours. Dans la mesure où il était arrivé très tard dans l'année scolaire, son professeur de français demanda à un autre élève, Rafael Pessoa de Almeida, de l'aider à rattraper le programme. En un rien de temps, ce fut Francisco qui se mit à aider Rafael. « Ce type apprend à la vitesse de la lumière », se souvient d'avoir pensé Rafael.

Un jour, après l'école, Rafael proposa à Francisco d'aller faire du patin à glace et ils devinrent amis ; ensemble, ils jouaient sur console vidéo et échangeaient les potins du collège. Il arrivait parfois à Rafael de s'en prendre à son petit frère, et Francisco, qui se rappelait avoir eu tendance à maltraiter le sien, lui donna ce conseil : « Surtout, fais en sorte d'aimer ton frère et de veiller sur lui. »

Rafael emprunta un jour le portable de Francisco ; à sa surprise, il découvrit que le répertoire et les fonctions d'appel étaient verrouillés par des codes de sécurité. Quand Rafael lui rendit l'appareil, Francisco fit apparaître sur l'écran la photo d'un jeune garçon qui lui ressemblait à s'y méprendre. « C'est mon frère », dit-il.

Francisco devint très vite l'un des élèves les plus populaires du collège. Sa culture musicale et son argot incroyable impressionnaient ses camarades (il connaissait même des expressions américaines) et il évoluait avec aisance entre bandes rivales. « Les élèves l'adoraient, se souvient un enseignant. Il y avait cette espèce d'aura, chez lui ; ce charisme. »

Durant les répétitions d'un spectacle où chacun devait exécuter une performance, le professeur de musique demanda à Francisco s'il avait envie de participer. Francisco lui tendit un CD et se dirigea vers le fond de la salle. Puis, d'un geste flamboyant, il retourna sa casquette en arrière et attendit que la musique démarre. Dès que la chanson « Unbreakable » de Michael Jackson emplit la pièce, Francisco se mit à chanter en play-back, danser comme une pop-star et faire onduler tous ses membres. D'un mouvement des hanches, il scandait le refrain : « *You can't believe it, you can't conceive it / And you can't touch me, "cause I'm untouchable* » (« Vous ne pouvez pas le croire, vous ne pouvez pas le concevoir / Et vous ne pouvez pas me toucher car je suis intouchable »).

Dans la classe, chacun le fixa, sidéré. « Il ne se contentait pas de ressembler à Michael Jackson, se rappela par la suite le professeur de musique. Il était Michael Jackson. »

Plus tard, en cours d'informatique, Francisco montra à Rafael sur Internet l'image d'un petit reptile à la langue glissante.

« Qu'est-ce que c'est ? demanda Rafael.

– Un caméléon », répondit Francisco.

Le 8 juin, une employée de l'administration se rua dans le bureau de la principale. Elle raconta avoir vu la veille au soir une émission de télévision consacrée à l'un des plus célèbres imposteurs au monde : Frédéric Bourdin, un Français d'une trentaine d'années, spécialiste multirécidiviste de l'imitation d'enfants. « Le ciel m'en soit témoin, je vous jure que Bourdin ressemble trait pour trait à Francisco Hernández Fernández », ajouta-t-elle.

Chadourne se montra sceptique : à trente ans, Francisco aurait été plus âgé que certains de ses professeurs. Elle lança une rapide recherche sur Internet pour « Frédéric Bourdin ». Des centaines de réponses s'affichèrent sur « le roi des imposteurs » et « le maître du changement d'identité », qui, comme Peter Pan, « refusait de grandir ». Une photo de Bourdin rappelait singulièrement Francisco – même menton proéminent, même espace entre les dents de devant.

Chadourne appela la police.

« Êtes-vous certaine que c'est bien lui ? demanda un policier.

– Non, mais j'ai un étrange pressentiment. »

À l'arrivée de la police, Chadourne envoya son adjoint chercher Francisco en classe. Quand celui-ci entra dans le bureau, les policiers l'attrapèrent et le plaquèrent contre le mur. Chadourne eut un instant de panique : et s'il était bien un orphelin maltraité ? En passant les menottes à Bourdin, les policiers lui ôtèrent alors sa casquette de base-ball. Il n'y avait aucune cicatrice sur son crâne ; en revanche, il perdait ses cheveux. « Je veux un avocat », dit-il d'une voix qui devint soudain celle d'un adulte.

Au commissariat, il admit qu'il était Frédéric Bourdin et qu'au cours des quinze dernières années il s'était inventé un nombre fabuleux d'identités dans plus de quinze pays et en cinq langues. Parmi ses pseudonymes : Benjamin Kent, Jimmy Morins, Alex Dole, Sladjan Raskovic, Arnaud Orions, Giovanni Petrullo et Michelangelo Martini. Des reportages affirmaient qu'il s'était même fait passer pour un dompteur de tigres et un prêtre mais, en vérité, il avait presque toujours interprété le même rôle : celui d'un enfant maltraité ou abandonné. Il possédait un talent hors du commun pour transformer sa physionomie – la pilosité faciale, le poids, la démarche, les tics. « Je peux devenir ce que je veux », aimait-il dire. En 2004, alors qu'il prétendait être un garçon de quatorze ans à Grenoble, un médecin qui l'examinait sur ordonnance judiciaire parvint à la conclusion qu'il était bel et bien un adolescent. Un commissaire de Pau nota : « Quand il parlait espagnol, il devenait espagnol. Quand il parlait anglais, il était un Anglais. » Chadourne dit de lui : « Bien sûr, il a menti ; mais quel acteur ! »

Au fil des années, Bourdin était parvenu à s'introduire dans des refuges pour jeunes, des orphelinats, des foyers d'accueil, des lycées et des hôpitaux pour enfants. Son champ d'action couvrait, entre autres, l'Espagne, l'Allemagne, la Belgique, l'Angleterre, l'Irlande, l'Italie, le Luxembourg, la Suisse, la Bosnie, le Portugal, l'Autriche, la Slovaquie, la France, la Suède, le Danemark et l'Amérique. L'US State Department[1] a publié une mise en garde à son sujet, le qualifiant d'individu « excessivement malin » qui prend le visage d'un enfant désespéré dans le but de « gagner la sympathie », et un procureur français a parlé de lui comme d'un « incroyable illusionniste dont la perversité n'a d'égale que l'intelligence ». Bourdin lui-même a dit : « Je suis un manipulateur… Mon métier, c'est la manipulation. »

À Pau, les autorités ouvrirent une enquête pour comprendre quelles raisons peuvent pousser un homme de trente ans à se faire passer pour un adolescent orphelin. Elles ne trouvèrent pas le moindre indice de déviance sexuelle ou de pédophilie ; elles ne décelèrent aucune motivation financière non plus. « En vingt-deux ans de carrière, je n'ai jamais vu un cas pareil, me confia le procureur Éric Maurel. En général, les escrocs sont motivés par l'argent. Mais dans son cas, le bénéfice paraît avoir été purement affectif. »

Sur son bras droit, la police découvrit un tatouage : « caméléon nantais ».

« Monsieur Grann », me dit poliment Bourdin en me tendant la main. Nous nous trouvions dans une rue du centre-ville de Pau, où il avait accepté de me rencontrer un matin de l'automne 2007. Pour une fois, le menton voilé de gris, il avait incontestablement l'air d'un adulte. Sa tenue était théâtrale : pantalon blanc, chemise blanche, veste à carreaux, chaussures blanches, nœud papillon en satin bleu et chapeau de dandy. Seul l'espace entre

1. Le département d'État, équivalent du ministère des Affaires étrangères, dirigé par un secrétaire d'État.

ses dents rappelait le souvenir de Francisco Hernández Fernández.

Après la révélation publique de sa mystification à Pau, Bourdin s'était installé à quarante kilomètres de là, dans un village des Pyrénées. « Je voulais échapper au feu des projecteurs », dit-il. Comme souvent avec les supercheries de Bourdin, le système judiciaire hésitait sur la sanction à appliquer. Les psychiatres avaient établi qu'il était sain d'esprit. (« Est-il un psychopathe ? Absolument pas », témoigna un médecin.) Son délit ne semblait correspondre à aucun statut connu. En définitive, il fut inculpé pour détention et usage d'une fausse pièce d'identité et condamné à six mois de prison avec sursis.

Un journaliste de la région, Xavier Sota, m'apprit un jour que Bourdin avait fait des apparitions régulières à Pau par la suite, toujours sous des déguisements différents. Parfois, il portait la moustache ou une barbe. Parfois, ses cheveux étaient coupés ras ; d'autres fois, il était hirsute. Il lui arrivait de s'habiller en rappeur, ou encore en homme d'affaires. « C'était comme s'il essayait de se trouver un nouveau personnage à incarner », dit Sota.

Tandis qu'une petite pluie commençait à tomber, Bourdin et moi nous étions assis sur un banc, près de la gare. Une voiture s'arrêta à notre hauteur, le long du trottoir, un couple à l'intérieur. Ils baissèrent la vitre et nous regardèrent avant de se retourner l'un vers l'autre : « Le caméléon », dirent-ils.

« Je suis plutôt célèbre, en France, ces temps-ci, observa Bourdin. Trop célèbre. »

Ses grands yeux bruns voletaient sur moi pendant que nous parlions, me détaillant comme pour mieux me mémoriser. Durant les interrogatoires, l'un des policiers l'avait décrit comme un « enregistreur humain ». À ma surprise, Bourdin savait où j'avais travaillé, où j'étais né, il connaissait le nom de ma femme et jusqu'aux activités professionnelles de ma sœur et de mon frère : « J'aime savoir à qui j'ai affaire », dit-il.

Il mesurait à quel point il est facile de berner autrui et l'idée de devenir une cible le rendait paranoïaque : « Je ne fais confiance à personne. » Pour quelqu'un qui se décrivait lui-même comme un « menteur professionnel », il semblait étrangement tatillon dès qu'il s'agissait d'évoquer les faits marquants de sa propre vie : « Je ne veux pas que vous me fassiez passer pour quelqu'un que je ne suis pas. L'histoire se tient toute seule, sans embellissements. »

Je savais que Bourdin avait grandi à Nantes et dans sa région, et je l'interrogeai sur son tatouage. Pourquoi un individu cherchant à effacer son identité en conservait-il une trace sur lui ? Il toucha son bras, à l'endroit où les mots étaient gravés sur sa peau. Puis il répondit : « Je vais vous dire la vérité derrière tous mes mensonges. »

Avant d'être Benjamin Kent ou Michelangelo Martini – avant d'être le fils d'un juge anglais ou d'un diplomate italien –, il était Frédéric Pierre Bourdin, le fils illégitime de Ghislaine Bourdin, pauvre et âgée de dix-huit ans lorsqu'elle lui donna naissance dans une banlieue de Paris, le 13 juin 1974. Sur les documents officiels, le père de Frédéric est désigné par un X. Mais au cours d'un entretien qui eut lieu dans sa petite maison d'une campagne de l'ouest de la France, Ghislaine me révéla qu'« X » était un immigré algérien de vingt-cinq ans prénommé Kaci, qu'elle avait rencontré à l'usine de margarine où ils travaillaient tous deux (elle dit ne plus se rappeler son nom de famille). Après être tombée enceinte, elle découvrit que Kaci était déjà marié et quitta alors son travail sans lui révéler qu'elle portait son enfant.

Ghislaine éleva Frédéric jusqu'à ses deux ans et demi – « Il était comme n'importe quel autre enfant, tout à fait normal », dit-elle. Après quoi, les services sociaux intervinrent à la demande de ses parents à elle. Un membre de son entourage dit de Ghislaine : « Elle aimait boire et danser et rester dehors toute la nuit. Elle ne voulait rien avoir à faire avec cet enfant. » Ghislaine maintient qu'elle avait trouvé un autre travail en usine et qu'elle était parfaitement apte à s'occuper de son fils, mais le juge confia la garde de Frédéric à ses grands-parents. Des années plus tard, Ghislaine lui écrivit une lettre qui disait : « Tu es mon fils et ils t'ont arraché à moi quand tu avais deux ans. Ils ont tout fait pour nous éloigner l'un de l'autre et nous sommes devenus des étrangers. »

Frédéric dit que sa mère manifestait un besoin d'attention démesuré et que, lors des rares occasions où il la voyait, elle feignait d'être malade, à l'agonie, l'obligeant à courir chercher de l'aide. « Elle prenait plaisir à me voir terrifié. » Ghislaine le nie mais reconnaît avoir fait une tentative de suicide – qui contraignit son fils à trouver précipitamment du secours.

Quand Frédéric eut cinq ans, il déménagea avec ses grands-parents à Mouchamps, une bourgade au sud-ouest de Nantes. À demi algérien, sans père et accoutré de vêtements d'occasion fournis par des œuvres catholiques, Frédéric était le paria du village et, à l'école, il commença à raconter des histoires fabuleuses sur sa vie. Il prétendit que si son père n'était jamais là, c'était parce qu'il était un « agent secret britannique ». L'un de ses instituteurs à l'école élémentaire, Yvon Bourgueil, décrit Bourdin comme un enfant précoce et captivant, doté d'une imagination et d'un sens visuel extraordinaires, qui créait des bandes dessinées aussi magnifiques que délirantes. « Il avait cette façon de vous amener à établir un lien avec lui », se rappelle Bourgueil. Il discerna également chez lui des signes de détresse morale. Un jour, Frédéric dit à ses grands-parents qu'il avait été agressé par un voisin ;

dans ce village grand comme un mouchoir de poche, personne ne chercha le fin mot de l'histoire. Dans l'une de ses bandes dessinées, Frédéric se représenta en train de se noyer dans une rivière. Il devenait de plus en plus intenable, se conduisait mal en classe et volait les voisins. À douze ans, il fut envoyé dans un établissement privé d'éducation spécialisée, Les Grézillières, près de Nantes.

Là, ses « petits drames », comme les appelait l'un de ses enseignants, gagnèrent en sophistication. Bourdin prétendait souvent être amnésique et faisait exprès de se perdre dans les rues. En 1990, après son seizième anniversaire, on le contraignit à intégrer un nouveau foyer pour jeunes, dont il s'enfuit très vite. Il fit du stop jusqu'à Paris où, effrayé et le ventre vide, il inventa son premier personnage d'emprunt : il aborda un policier, lui dit qu'il était un adolescent britannique, qu'il s'appelait Jimmy Sale et qu'il s'était perdu. « Je rêvais qu'ils m'envoient en Angleterre, où j'avais toujours imaginé que la vie était plus belle », se rappelle-t-il. Quand la police s'aperçut qu'il ne parlait presque pas anglais, il avoua son stratagème et fut renvoyé dans son foyer.

Mais il avait conçu ce qu'il appelle sa « technique », et c'est de cette manière qu'il commença à errer dans toute l'Europe, passant d'orphelinats en foyers d'accueil, à la recherche du « refuge parfait ». En 1991, on le retrouva à la gare de Langres, où il feignait d'être malade, et on le plaça en pédiatrie à l'hôpital de Saint-Dizier. Selon le rapport médical, personne ne savait « qui il était ni d'où il venait ». Ne répondant aux questions que par écrit, il indiqua que son nom était Frédéric Cassis – un jeu de mots avec le prénom de son père, Kaci. Le médecin de Frédéric, Jean-Paul Milanese, écrivit dans une lettre à un juge pour enfants : « Nous nous trouvons face à un adolescent fugitif, muet, qui a rompu tout lien avec son ancienne vie. »

Sur un morceau de papier, Bourdin griffonna ce qu'il désirait le plus : « Une maison et une école. C'est tout. »

Quelques mois plus tard, lorsque les médecins commencèrent à fouiller son passé, Bourdin confessa sa véritable identité et disparut. « Je préférais partir de moi-même plutôt que d'être pris », me dit-il. Dans sa carrière d'imposteur, Bourdin révéla souvent la vérité de son propre chef, comme si l'attention que lui valaient ses aveux s'avérait aussi excitante que la mystification elle-même.

Le 13 juin 1992, après avoir interprété plus d'une douzaine de personnages d'enfants fictifs, Bourdin atteignit l'âge de dix-huit ans et devint légalement un adulte. « J'avais passé la majeure partie de ma vie dans des refuges et des foyers d'accueil et, soudain, on me disait : "C'est fini, tu peux partir", se rappelle-t-il. Comment aurais-je pu devenir quelque chose que je ne concevais pas ? » En novembre 1993, à Auch, dans le rôle d'un enfant muet, il s'allongea au milieu d'une rue et les pompiers le conduisirent à l'hôpital. Un journal local, *La Dépêche du Midi*, s'intéressa à son histoire et posa la question : « Cet adolescent muet… d'où vient-il ? » Le lendemain, dans le même journal, un autre article parut, surmonté du titre : « L'ADOLESCENT MUET SURGI DE NULLE PART N'A TOUJOURS PAS RÉVÉLÉ SON SECRET. » En fuite, il fut bientôt rattrapé alors qu'il s'engageait dans une imposture similaire non loin de là, et admit qu'il était Frédéric Bourdin. « LE MUET D'AUCH PARLE QUATRE LANGUES », proclama *La Dépêche du Midi*.

À mesure qu'il endossait d'innombrables identités, Bourdin s'efforçait aussi d'éliminer la vraie. Un jour, le maire de Mouchamps reçut un appel de la « police allemande » qui l'avertit que le corps de Bourdin avait été retrouvé à Munich. « Mon cœur s'est arrêté », dit la mère de Bourdin en se rappelant l'instant où elle apprit la nouvelle. Les membres de la famille attendirent l'arrivée du cercueil, mais rien ne vint. « C'était Frédéric qui nous jouait l'un de ses tours cruels », dit sa mère.

Au milieu des années 1990, Bourdin possédait déjà un casier criminel pour mensonges à représentants de l'ordre public et magistrats, et Interpol et d'autres organismes s'étaient activement lancés à sa recherche. Ses activités attisaient également l'intérêt des médias. En 1995, les producteurs d'une émission française très populaire intitulée « Tout est possible » l'invitèrent à y participer. Quand Bourdin apparut sur le plateau, le visage blême et l'allure juvénile, le présentateur défia le public : « Comment s'appelle ce garçon ? Michel, Jürgen, Kevin ou Pedro ? Quel est réellement son âge : treize, quatorze, quinze ans ? » Comme on le pressait de livrer ses motivations, Bourdin précisa encore que tout ce qu'il voulait, c'était de l'amour et une famille. Il fournissait toujours cette raison, devenant par voie de conséquence le seul imposteur à éveiller autant de sympathie que de colère chez ses victimes. (Sa mère interprète l'alibi de son fils avec moins de clémence : « Il veut justifier ce qu'il est devenu. »)

Les producteurs de « Tout est possible » furent si touchés par son histoire qu'ils lui proposèrent un travail dans la rédaction de la chaîne, mais il s'enfuit assez vite pour se consacrer à des « fictions plus intérieures », comme le rapporta plus tard l'un des producteurs à un journaliste.

Parfois, les supercheries de Bourdin étaient interprétées sous un jour existentiel. L'un de ses fervents adeptes créa en France un site web consacré à ses métamorphoses, où il le saluait comme « un comédien de la vie et un apôtre de la nouvelle philosophie de l'identité humaine ».

Un jour que je rendais visite à Bourdin, il me décrivit la manière dont il se transformait en enfant. Comme les imposteurs qu'il avait pu voir dans des films tels qu'*Attrape-moi si tu peux*, il s'efforçait d'élever son crime en « art ». D'abord, dit-il, il se forgeait l'image de l'enfant dont il voulait tenir le rôle. Puis il concevait mentalement les éléments de biographie du personnage, depuis son héritage social et culturel jusqu'à sa famille, en passant par ses tics. « En fait, la clef, c'est de ne pas mentir sur tout, dit Bourdin. Sinon, tout s'embrouille. » Il suivait des adages comme « Toujours faire simple » et « Un bon menteur sait se servir de la vérité ». Lorsqu'il se choisissait un nom, il fallait de préférence que celui-ci entretienne un lien profond avec ses souvenirs, comme Cassis : « S'il y a une chose qu'on ne doit pas oublier, c'est son nom. »

Il comparait son activité à celle d'un espion : on change quelques détails superficiels, mais le fond reste intact. Cette approche lui permettait non seulement de convaincre plus facilement son monde, mais aussi de préserver une part de lui-même, de se raccrocher à une sorte de centre moral. « Je sais que je peux être cruel mais je ne veux pas devenir un monstre. »

Dès lors qu'il avait imaginé son personnage, il se créait une façade à sa mesure : il se rasait méticuleusement le visage, s'épilait les sourcils, utilisait des crèmes dépilatoires. Pour mieux souligner sa petite taille, il s'habillait souvent d'un pantalon baggy et d'une chemise à manches longues qui lui mangeait les poignets. Devant le miroir, il se demandait alors si les autres verraient ce qu'il voulait qu'ils voient. « Le pire, ce serait de se duper soi-même », dit-il. Quand il affûtait une identité, il lui était crucial de se trouver des points communs avec le personnage – une technique utilisée par bien des acteurs. « Les gens me disent toujours : "Pourquoi ne deviens-tu pas acteur ?" Je crois que je ferais un excellent acteur, comme Arnold Schwarzenegger ou Sylvester Stallone. Mais je ne veux pas jouer quelqu'un. Je veux être quelqu'un. »

Afin de faciliter l'entrée de son personnage dans le monde réel, il entretenait l'illusion de son existence auprès des autorités locales ; comme à Orthez, il appelait un service d'urgences et prétendait avoir croisé le personnage dans une situation de vulnérabilité. Les autorités étaient moins tentées de bombarder de questions un enfant apparemment en détresse. Si d'aventure quelqu'un observait que Bourdin paraissait étrangement mûr, il ne bronchait pas : « Un adolescent veut toujours paraître plus âgé, me dit-il. Je prends la remarque comme un compliment. »

Même s'il en rajoutait sur son habileté, il avouait tout haut ce que tout imposteur sait sans l'admettre, ou rarement : il n'est pas si difficile de berner les gens. Les gens ont des attentes limitées à l'égard du comportement d'autrui : ils sont rarement sur leurs gardes, à redouter d'être trompés. En jouant sur des besoins primaires – la vanité, la frustration, la solitude –, les hommes comme Bourdin laissent une impression si profonde qu'elle prévient le soupçon. Il en résulte que la plupart des supercheries sont remplies d'incohérences, et même d'absurdités qui, rétrospectivement, paraissent aussi évidentes qu'humiliantes. Bourdin, qui avait tendance à exploiter la gentillesse chez les autres et à éviter les élans plus troubles, dit : « Personne ne s'attend à ce qu'un enfant visiblement vulnérable soit un menteur. »

En octobre 1997, me révéla Bourdin, il se trouvait dans un foyer pour jeunes à Linares, en Espagne. Une juge pour enfants en charge de son dossier lui avait donné vingt-quatre heures pour prouver qu'il était bien un adolescent ; faute de quoi, elle ferait relever ses empreintes, qui étaient fichées à Interpol. Bourdin savait qu'en tant qu'adulte avec un casier judiciaire il avait de bonnes chances de se retrouver en prison. Il avait déjà essayé de s'enfuir une première fois, avait été rattrapé, et le personnel le tenait à l'œil. Et c'est ainsi qu'il se lança dans ce qui devait à la fois repousser les frontières de l'impensable et menacer de le transformer en cette sorte de « monstre » qu'il affirmait n'avoir jamais voulu devenir. Plutôt que de s'inventer une identité, il en vola une. Il prit la place d'un adolescent de seize ans porté disparu au Texas. À vingt-trois ans, Bourdin devrait convaincre non seulement les autorités qu'il était un enfant américain, mais aussi la famille du garçon.

Selon lui, le plan germa dans son esprit au milieu de la nuit : s'il pouvait tromper la juge et lui faire croire qu'il était un Américain, elle le laisserait peut-être partir. Il demanda la permission d'utiliser le téléphone dans un bureau et appela le National Center for Missing and Exploited Children (Centre national pour les enfants disparus et exploités) d'Alexandria, dans l'État de Virginie. Il avait appris l'anglais au cours de ses voyages et déclara dans cette langue qu'il était Jonathan Durean, le directeur du refuge de Linares. Il dit avoir recueilli un enfant effrayé qui refusait de révéler son nom, mais parlait anglais avec un accent américain. Il fournit une description du garçon qui lui correspondait – petit, mince, menton proéminent, cheveux bruns, les dents du bonheur – et demanda si un signalement de ce type figurait dans les archives du centre. Après recherche, se rappelle Bourdin, une responsable suggéra que le garçon pouvait être Nicholas Barclay, porté disparu à San Antonio le 13 juin 1994 à l'âge de treize ans. Selon son dossier, la dernière fois que Barclay avait été vu, il portait « un T-shirt blanc, un pantalon violet, des baskets noires, et il avait un sac à dos rose ».

Adoptant un ton sceptique, Bourdin demanda ensuite si le centre pouvait lui soumettre toutes les informations disponibles au sujet de Barclay. La femme répondit qu'elle enverrait l'avis de recherche officiel du garçon par courrier express dans la nuit et qu'elle lui en faxait également une copie sur-le-champ. Après lui avoir donné le numéro de fax du bureau qu'il occupait, il raccrocha et attendit. Il entrouvrit la porte pour s'assurer que personne ne venait dans sa direction ; le couloir était sombre et silencieux, mais il entendit un bruit de pas. Enfin, la copie de l'avis de recherche émergea de la machine. L'impression était de si mauvaise qualité qu'il était presque entièrement illisible. Néanmoins, l'enfant de la photo ne semblait pas trop différent de lui. « Je peux le faire », se souvient d'avoir pensé Bourdin. Il s'empressa de rappeler le centre et déclara à la femme : « J'ai de bonnes nouvelles. Nicholas Barclay se tient juste à côté de moi. »

Ravie, son interlocutrice lui transmit le numéro de téléphone de l'officier du San Antonio Police Department responsable de l'enquête. Bourdin raconte que cette fois, quand il appela l'officier, il se fit passer pour un policier espagnol. Il lui fournit un certain nombre de détails sur Nicholas soutirés à la femme du centre – comme le sac à dos rose – avant d'annoncer que l'enfant disparu avait été retrouvé. L'officier lui répondit qu'il allait contacter le FBI et l'ambassade américaine de Madrid. Bourdin n'avait pas pleinement réalisé qu'il venait d'ouvrir la boîte de Pandore.

Le lendemain, au refuge de Linares, il intercepta le pli du National Center for Missing and Exploited Children adressé à Jonathan Durean et ouvrit l'enveloppe. À l'intérieur se trouvait un exemplaire impeccable de l'avis de recherche officiel de Nicholas Barclay. La photographie en couleur représentait un garçon de petite taille, à la peau diaphane, aux yeux bleus et aux cheveux châtains, si clairs qu'ils semblaient presque blonds. Le document fournissait nombre de traits distinctifs parmi lesquels un tatouage en forme de croix entre le pouce et l'index droits de Barclay. Bourdin fixa la photo et songea : « Je suis mort. » Non seulement il n'avait pas ce tatouage, mais ses yeux et ses cheveux étaient d'un brun profond. En toute hâte, il alla brûler le document dans la cour du refuge avant de se rendre dans la salle de bains pour se décolorer les cheveux. Enfin, il pria un ami de lui faire un tatouage de fortune comme celui de Barclay à l'aide d'une aiguille et de l'encre d'un stylo.

Demeurait cependant le problème des yeux. Bourdin tenta d'imaginer un récit qui pourrait justifier sa nouvelle apparence. Et s'il avait été kidnappé par un réseau pédophile et expédié en Europe, où on l'aurait violé, torturé, et même soumis à des expériences ? Oui, cela pourrait expliquer les yeux. Ses ravisseurs auraient injecté des produits chimiques dans ses pupilles. Il aurait perdu son accent texan parce que, durant plus de trois ans de captivité, on lui aurait interdit de parler anglais. Il se serait évadé de la chambre forte d'une maison en Espagne grâce à un garde qui, par négligence, aurait laissé la porte ouverte. Le récit était délirant et en contradiction directe avec sa règle de « Toujours faire simple », mais il fallait en passer par là.

Peu après, le téléphone du bureau sonna. Bourdin décrocha. C'était la demi-sœur de Nicholas Barclay, Carey Gibson, âgée de trente et un ans. « Mon Dieu, Nicky, c'est bien toi ? » demanda-t-elle.

Bourdin ne sut comment répondre. Il prit une voix étouffée et finit par articuler : « Oui, c'est moi. »

La mère de Nicholas, Beverly, saisit le combiné. C'était une forte femme, charpentée, au visage large et aux cheveux teints en brun ; elle travaillait de nuit dans un Dunkin" Donuts[1] de San Antonio sept jours par

1. Chaîne de restauration rapide équivalente à McDonalds, tant en notoriété qu'en nombre, spécialisée dans les doughnuts et autres pâtisseries.

semaine. Elle n'avait jamais épousé le père de Nicholas, et avait élevé celui-ci avec l'aide de ses deux aînés, Carey et Jason. (Elle avait divorcé du père de Carey et Jason mais portait toujours son nom d'épouse, Dollarhide.) Héroïnomane, elle s'était battue durant toute l'enfance de Nicholas pour se libérer de la drogue. Après sa disparition, elle avait recommencé à prendre de l'héroïne et était désormais dépendante de la méthadone. En dépit de ces difficultés, dit Carey, Beverly n'était pas une mauvaise mère : « Elle était probablement la toxicomane la mieux intégrée à la vie de tous les jours. Nous avions de jolies choses, une jolie maison, nous n'avons jamais manqué de nourriture. » Peut-être pour compenser sa vie instable, Beverly suivait scrupuleusement un emploi du temps précis : elle travaillait au magasin de doughnuts de 10 heures du soir à 5 heures du matin, s'arrêtait alors au Make My Day Lounge[1] pour jouer au billard et boire quelques bières, et rentrait se coucher. Il y avait une sorte de dureté chez elle et le tabac avait rendu sa voix rocailleuse, mais les gens qui la connaissent bien me parlèrent aussi de sa gentillesse. Après le travail, elle allait livrer les doughnuts restants à un refuge de sans-abri.

Beverly colla le combiné contre son oreille et écouta la voix de l'enfant qui, à l'autre bout de la ligne, lui disait vouloir rentrer à la maison. « J'étais sidérée, écrasée », me dit-elle.

Carey, qui était mariée et elle-même mère de deux enfants, avait souvent été le ciment de la famille pendant que Beverly se battait contre la drogue. Depuis la disparition de Nicholas, sa mère et son frère n'avaient plus jamais été les mêmes, et tout ce que voulait Carey, c'était voir la famille à nouveau réunie. Elle se porta volontaire pour faire le voyage en Espagne et ramener Nicholas à

1. Bar de San Antonio.

la maison ; la compagnie d'emballage et d'expédition pour laquelle elle travaillait au service après-vente offrit de lui payer son billet.

Quand elle arriva au refuge quelques jours plus tard, accompagnée d'un représentant officiel de l'ambassade américaine, Bourdin s'était barricadé dans une chambre. Ce qu'il avait fait, reconnaît-il, était épouvantable. Il eut peut-être quelques scrupules mais ils ne l'arrêtèrent pas, et après avoir enroulé une écharpe autour de son visage, enfoncé un chapeau sur sa tête et enfilé des lunettes de soleil, il sortit de sa chambre. Il aurait pu jurer que Carey se rendrait tout de suite compte qu'il n'était pas son frère. Au lieu de quoi, elle se précipita vers lui et le serra dans ses bras.

À bien des égards, Carey était la proie idéale. « Ma fille a un grand cœur et elle est facilement manipulable », dit Beverly. Carey n'avait jamais voyagé hors des États-Unis sauf pour aller faire la fête à Tijuana, et elle n'était pas plus familière des accents européens que de l'Espagne. Après la disparition de Nicholas, elle avait fréquemment regardé des programmes d'information consacrés à d'atroces enlèvements d'enfants. Le fait d'avoir reçu de l'argent de sa société pour couvrir les frais du voyage la mettait déjà sous pression, et il lui incombait en outre de décider, en tant que représentante de sa famille, si elle se trouvait ou non face à son frère disparu de longue date.

Bourdin l'appela toujours « Carey » et non « frangine », comme le faisait Nicholas. Néanmoins, et malgré son léger accent français, Carey dit qu'elle ne douta guère qu'il s'agissait bien de son frère. Surtout que son indicible supplice pouvait expliquer chacune de ses incohérences. Surtout que son nez ressemblait désormais à celui de son oncle Pat. Surtout qu'il portait le même tatouage que Nicholas et qu'il connaissait apparemment une foule de détails sur sa famille, demandant des nouvelles de proches qu'il appelait par leur nom. « Votre cœur prend le dessus et vous voulez y croire », dit-elle.

Elle montra à Bourdin des photos de la famille, et il examina chacune d'elles : c'est ma mère, c'est mon demi-frère, c'est mon grand-père.

À partir du moment où Carey se porta garante de lui, aucun Américain, aucun Espagnol parmi les délégués officiels n'éleva la moindre question. Nicholas avait été absent durant trois ans, et le FBI n'était pas entraîné à douter de la sincérité de quelqu'un qui affirmait être un enfant porté disparu. (Ils me dirent qu'à leur connaissance l'organisme n'avait jamais travaillé sur un cas comme celui de Bourdin auparavant.) Selon les autorités de Madrid, Carey jura sous serment que Bourdin était son frère et citoyen américain. Il obtint un passeport et, dès le lendemain, il était dans l'avion pour San Antonio.

Durant un moment, il se laissa aller au rêve d'appartenir à une vraie famille, mais à mi-chemin vers l'Amérique il se mit à « flipper », comme dit Carey ; il suait et tremblait. Comme elle s'efforçait de le réconforter, il lui dit qu'il pensait que l'avion allait s'écraser, ce qui, révéla-t-il plus tard, était ce qu'il espérait : par quel autre moyen aurait-il pu échapper à ce qu'il avait fait ?

Lorsque l'avion atterrit, le 18 octobre 1997, les membres de la famille de Nicholas l'attendaient à l'aéroport. Bourdin les reconnut d'après les photos de Carey : Beverly, la mère de Nicholas ; l'homme qui était alors marié avec Carey, Bryan Gibson ; le fils de quatorze ans de Bryan et Carey, Codey, et leur fille de dix ans, Chantel. Seul le frère de Nicholas, Jason, toxicomane en convalescence qui vivait à San Antonio, était absent. Un ami de la famille filma la scène des retrouvailles. Sur la vidéo, on peut voir Bourdin emmitouflé dans ses vêtements, son chapeau enfoncé sur le crâne, ses yeux bruns cachés derrière des lunettes de soleil, ses gants couvrant son tatouage déjà à demi effacé. Alors que Bourdin avait pensé que les proches de Nicholas le « lyncheraient », ils se ruèrent vers lui, lui ouvrirent grand les bras et lui dirent combien il leur avait manqué. « Nous étions tous fous d'émotion », se rappelle Codey. Toutefois, la mère de Nicholas resta en retrait. « Elle ne paraissait pas vraiment excitée, en tout cas pas de la manière à laquelle on s'attend de la part de quelqu'un qui retrouve son fils », me dit Chantel.

Bourdin se demanda si Beverly doutait qu'il fût Nicholas, mais elle finit elle aussi par lui souhaiter la bienvenue. Ils montèrent tous dans la Lincoln Town de Carey et s'arrêtèrent dans un McDo pour manger des cheeseburgers et des frites. Comme Carey se le remémore : « Il restait assis près de ma mère, à discuter avec mon fils, disant à quel point l'école lui manquait et demandant quand il verrait Jason. »

Bourdin alla vivre chez Carey et Bryan plutôt que chez Beverly : « Je travaille de nuit, et je pensais qu'il n'était pas bon de le laisser seul », dit-elle. Carey et Bryan possédaient un mobile-home dans une zone forestière désolée de Spring Branch, à cinquante-cinq kilomètres au nord de San Antonio, et Bourdin regarda fixement par la vitre quand la voiture se mit à serpenter sur un chemin de terre, passant devant des camions rouillés posés sur des blocs de béton tandis que des chiens aboyaient au son du moteur. Comme l'explique Codey : « Nous n'avions pas Internet ou ce genre de trucs. Vous pouvez faire toute la route jusqu'à San Antonio avant de trouver un moyen de communication. »

Le mobile-home bondé ne correspondait pas vraiment à la vision de l'Amérique que Bourdin s'était forgée d'après le cinéma. Il dut partager la chambre de Codey et dormir sur un matelas en mousse posé à même le sol.

Bourdin savait que s'il voulait devenir Nicholas et continuer à berner sa famille, il devrait tout apprendre à son sujet ; aussi se mit-il en quête d'informations, fouillant secrètement dans les placards et les albums photos, visionnant des films de famille. Dès qu'il tenait de la bouche d'un proche un détail de la vie de Nicholas, il le répétait à un autre. Il évoqua, par exemple, le jour où Bryan s'était mis en colère contre Nicholas, qui venait de faire tomber Codey d'un arbre. « Il connaissait cette histoire », se souvient celui-ci, encore fasciné par la somme de connaissances que Bourdin accumula sur sa famille. Beverly remarqua que Bourdin s'agenouillait devant la télévision, exactement comme Nicholas. Divers membres de l'entourage me dirent que si Bourdin semblait plus réservé que Nicholas, ou s'il parlait avec un étrange accent, ils partaient du principe que c'était à cause des terribles traitements dont il disait avoir souffert.

À mesure que Bourdin s'appropriait la vie de Nicholas, il fut frappé par ce qu'il considéra comme de troublantes similitudes. Nicholas avait été porté disparu le jour de l'anniversaire de Bourdin. Tous deux étaient issus de familles modestes et brisées. Nicholas n'avait pratiquement pas entretenu de relation avec son père qui, très longtemps, avait ignoré l'existence de son fils. Nicholas était un gamin gentil, solitaire et sous tension, dévoré du besoin d'obtenir de l'attention, et qui avait souvent des problèmes à l'école. Il avait été pris en flagrant délit alors qu'il volait une paire de baskets, et sa mère avait prévu de le placer en foyer d'éducation. (« Je ne m'en sortais pas, avec lui, se souvient Beverly. Je ne le contrôlais pas. ») Petit, Nicholas avait été un fan absolu de Michael Jackson. Il avait collectionné tous les disques du chanteur et possédait même une veste en cuir rouge semblable à celle que porte Jackson dans le clip de « Thriller ».

Selon Beverly, Bourdin « s'intégra » rapidement. Admis au lycée, il faisait ses devoirs tous les soirs et réprimandait Codey s'il négligeait les siens. Il jouait à la Nintendo avec lui et regardait des films sur le câble en compagnie de toute la famille. Quand il voyait Beverly, il l'embrassait et disait : « Salut, maman. » De temps en temps, le dimanche, il accompagnait d'autres proches à l'église. « Il était vraiment gentil, se rappelle Chantel. Très amical. » Un jour que Carey tournait un film de famille avec Bourdin, elle lui demanda à quoi il pensait. « C'est vraiment agréable de retrouver les miens et d'être à nouveau à la maison », répondit-il.

Le 1er novembre, peu après l'installation de Bourdin dans son nouveau foyer, Charlie Parker, un détective privé, était assis dans son bureau de San Antonio. La pièce regorgeait de caméras cachées dont il se servait dans ses activités : l'une était attachée à une paire de lunettes, une autre logée dans un stylo-plume, la troisième dissimulée entre les rayons d'un vélo à dix vitesses. Sur un mur était accrochée une photographie prise par Parker lors d'une filature : on y voyait une femme mariée avec son amant, jetant un coup d'œil furtif par la fenêtre d'un appartement. Parker, qui avait été recruté par le mari de cette femme, avait intitulé le cliché « le shoot à fric ».

Le téléphone sonna. C'était un producteur de l'émission télévisée à scandale « Hard Copy[1] », qui avait entendu parler de l'incroyable retour du jeune Nicholas Barclay âgé de seize ans, et voulait recruter Parker pour qu'il

1. Émission de *trash TV* très racoleuse et multidiffusée sur des chaînes locales aux États-Unis entre 1989 et 1999.

l'aide à mener l'enquête sur le kidnapping. Il accepta la mission.

Avec ses cheveux gris et sa voix râpeuse, Parker, qui approchait alors la soixantaine, semblait tout droit surgi d'un polar. Quand il s'offrit une Toyota décapotable rouge vif, il dit à ses amis : « Qu'est-ce que vous en dites, pour un vieux ? » Si Parker avait toujours rêvé d'être un privé, il ne l'était devenu que récemment, après avoir consacré trente ans de son existence à vendre du bois de charpente et divers matériaux de construction. En 1994, Parker fit la connaissance d'un couple de San Antonio dont la fille de vingt et un ans avait été violée et mortellement poignardée. L'affaire étant demeurée irrésolue, il s'était mis à enquêter sur le crime chaque soir après le travail. Quand il découvrit qu'un meurtrier récemment libéré sur parole avait été le voisin de la victime, Parker surveilla sa maison depuis une camionnette blanche, le scrutant par la vitre à l'aide de lunettes infrarouges. Le suspect fut rapidement arrêté et condamné pour le meurtre. Fasciné par cette expérience, Parker avait fondé un « club de détectives » dévolu à la résolution de ce genre d'affaires classées. (Parmi ses membres figuraient un professeur de psychologie à l'université, un avocat et un marchand de frites.) En quelques mois, le club avait exhumé des preuves qui aidèrent à confondre un membre de l'Air Force coupable d'avoir étranglé une adolescente de quatorze ans. En 1995, Parker obtint sa licence de détective privé et tourna le dos à sa carrière dans le bois de charpente.

Après sa conversation avec le producteur de « Hard Copy », il remonta facilement la piste de Nicholas Barclay jusqu'au mobile-home de Carey et Bryan. Le 6 novembre, il se présenta sur les lieux, accompagné du producteur et d'une équipe de tournage. La famille ne tenait pas à ce que Bourdin parle aux journalistes. « Je suis quelqu'un de très réservé », dit Carey. Mais Bourdin, qui vivait dans le pays depuis près de trois semaines, accepta de s'exprimer : « J'avais besoin de cette attention à ce moment-là. C'était un besoin psychologique. Aujourd'hui, je ne le referais pas. »

Parker se tint à distance et écouta attentivement le jeune homme dérouler son lourd récit. « Il était calme comme l'eau qui dort, me dit Parker. Pas de regard fuyant, aucun langage corporel… Rien. » Mais son étrange accent le laissa perplexe.

Parker remarqua une photographie sur une étagère, qui représentait Nicholas Barclay plus jeune. Il la contempla longuement, ainsi que le garçon qui lui faisait face, et se dit que quelque chose n'allait pas. Il avait lu quelque part que les oreilles d'un individu sont uniques, comme les empreintes digitales, et il s'approcha du cameraman pour lui souffler : « Zoome sur ses oreilles. Prends-les en gros plan. »

Puis il glissa la photo de Nicholas Barclay dans sa poche et, dès l'interview terminée, se précipita à son bureau pour scanner le cliché et le transférer sur ordinateur. Ensuite, il étudia la vidéo de l'entretien « Hard Copy » et se concentra sur les oreilles à chaque image. « Elles se ressemblaient, mais ce n'étaient pas les mêmes », dit-il.

Parker appela plusieurs ophtalmologues et leur demanda si des yeux pouvaient passer du bleu au brun après injection de produits chimiques. Les médecins répondirent que non. Il téléphona aussi à un expert linguiste de la Trinity University de San Antonio, selon lequel, même après avoir été retenu captif durant trois ans, un individu aurait très vite retrouvé son accent d'origine.

Il fit état de ses soupçons aux autorités, en dépit de la déclaration de la police de San Antonio selon laquelle : « Le garçon qui est revenu en affirmant qu'il est Nicholas

Barclay est bien Nicholas Barclay. » Parce qu'il craignait qu'un dangereux étranger ne vive au sein de la famille de Nicholas, Parker contacta Beverly et lui répéta ce qu'il avait découvert.

« C'est pas lui, m'dame. C'est pas lui.

– Comment ça, c'est pas lui ? » demanda-t-elle.

Parker lui expliqua, pour les oreilles, les yeux, l'accent. Dans son dossier, il écrivit : « La famille est ébranlée mais ils continuent de croire qu'il s'agit de leur fils. »

Quelques jours plus tard, il dit avoir reçu un appel furieux de Bourdin. Bien que celui-ci nie avoir jamais passé cet appel, Parker consigna à l'époque dans son dossier la conversation suivante : « Pour qui vous prenez-vous ? » lança Bourdin. Quand Parker répondit qu'il ne croyait pas qu'il fût Nicholas Barclay, Bourdin répliqua vivement : « L'immigration pense que c'est moi. La famille pense que c'est moi. »

Parker se demanda s'il devait laisser tomber l'affaire. Il avait confié tous les renseignements aux autorités et n'était plus sous contrat pour poursuivre l'enquête. Il avait d'autres dossiers en cours. Et il songea qu'une mère devait connaître son propre fils. Néanmoins, il y avait l'accent du garçon, aux consonances françaises ou peut-être franco-marocaines. Dans ce cas, que faisait un étranger infiltré dans un mobile-home au fin fond du Texas ? « Je le jure devant Dieu, j'ai pensé que c'était un terroriste », dit Parker.

Beverly louait un petit studio dans une résidence de seconde zone de San Antonio, et Parker commença à suivre Bourdin lorsqu'il lui rendait visite : « Je m'installais devant l'appartement et je le regardais sortir. Il faisait tout le chemin à pied jusqu'à l'arrêt d'autobus, son walkman sur les oreilles, avec ses mouvements à la Michael Jackson. »

Pendant ce temps, Bourdin luttait pour rester dans son personnage. Pour lui, la vie avec Carey et Beverly s'avérait « oppressante », et il était heureux de sortir, de se promener dans les rues. « Je n'avais pas l'habitude de me trouver dans la famille de quelqu'un d'autre, de vivre avec eux comme si j'étais l'un des leurs, dit-il. Je n'étais pas prêt pour ça. » Un jour, Carey et la famille lui remirent un carton. Il contenait les cartes de base-ball de Nicholas, ses disques et divers souvenirs. Bourdin souleva chaque objet avec précaution. Il y avait une lettre de l'une des petites amies de Nicholas, et en la lisant il pensa : « Je ne suis pas ce garçon. »

Au bout de deux mois passés aux États-Unis, il commença à se décomposer. Il était d'humeur sombre et devenait distant – « Sa bizarrerie ressortait », comme dit Codey. Il cessa d'aller en cours (un élève dit, sarcastique, qu'il « parlait comme un Norvégien ») et fut donc provisoirement exclu. En décembre, il partit au volant de la voiture de Bryan et Carey et roula vers l'Oklahoma, toutes vitres baissées, au son de la chanson « Scream » de Michael Jackson : « *Tired of the schemes / The lies are disgusting... / Somebody please have mercy / "Cause I just can't take it* (« Fatigué des combines / Les mensonges sont écœurants… / Que quelqu'un prenne pitié de moi, s'il vous plaît / Parce que je n'en peux plus »).

La police l'arrêta pour excès de vitesse et il fut incarcéré. Beverly, Carey et Bryan vinrent le chercher au commissariat et le ramenèrent à la maison.

Selon sa vraie mère, Ghislaine, Bourdin lui téléphona. Malgré leurs désaccords, il semblait toujours se languir d'elle. (Il lui écrivit un jour une lettre qui disait : « Je ne veux pas te perdre… Si tu disparais, je disparais. ») Selon Ghislaine, Bourdin lui confia qu'il vivait au Texas avec une femme qui le prenait pour son fils. Elle en fut si bouleversée qu'elle raccrocha.

Peu avant Noël, Bourdin entra dans la salle de bains et contempla son reflet dans le miroir – ses yeux bruns, ses cheveux décolorés. Il attrapa un rasoir et se mit à se mutiler le visage. Il fut envoyé dans l'aile psychiatrique d'un hôpital local et y resta plusieurs jours en observation. Plus tard, il écrivit dans un carnet : « Quand tu combats les monstres, prends garde de ne pas en devenir un toi-même durant la bataille. » Il griffonna aussi un poème : « Mes jours sont des jours fantômes, chacun d'eux / l'ombre d'un espoir ; / Ma vraie vie ne fut jamais commencée, / Pas davantage l'un de mes réels exploits accompli. »

Les médecins jugèrent Bourdin suffisamment stable pour lui permettre de rentrer chez Carey. Mais il demeurait agité, s'interrogeant chaque jour davantage sur le sort qu'avait connu le vrai Nicholas Barclay.

Parker aussi. Tandis qu'il cherchait à identifier Bourdin, il avait commencé à rassembler des informations et à interroger les voisins de Nicholas. À l'époque de sa disparition, celui-ci vivait avec Beverly dans une petite maison de plain-pied de San Antonio. Le demi-frère de Nicholas, Jason, qui avait alors vingt-quatre ans, venait d'emménager avec eux après avoir vécu un temps avec son cousin, dans l'Utah. Maigre, sec et musclé, Jason avait de longs cheveux bruns et ondulés, et un peigne dépassait souvent de la poche arrière de son jean. Son visage et son corps étaient constellés de traces de brûlures : à treize ans, après avoir empli le réservoir d'une tondeuse à gazon, il avait allumé une cigarette et s'était accidentellement immolé. « À cause de ses cicatrices, dit Carey, Jason craignait de ne jamais rencontrer personne et de rester définitivement seul. » Il grattait des chansons de Lynyrd Skynyrd sur sa guitare et se révélait un artiste doué, capable de croquer le portrait de ses amis. Bien qu'il eût arrêté ses études à la fin du lycée, il était brillant et s'exprimait remarquablement bien. Comme sa mère, il souffrait d'une personnalité à dépendance, buvait souvent avec excès et prenait de la cocaïne. Il avait ses « démons », comme dit Carey.

Le 13 juin 1994, Beverly et Jason déclarèrent à la police que trois jours plus tôt, alors qu'il jouait au basket, Nicholas avait téléphoné chez lui depuis une cabine pour demander qu'on vienne le chercher. Beverly dormait ; c'était Jason qui avait pris l'appel. Il avait dit à Nicholas de rentrer à pied. Nicholas n'était jamais arrivé. Dans la mesure où il s'était récemment disputé avec sa mère au sujet de la paire de baskets volée et où il était menacé d'être envoyé en foyer d'éducation, la police pensa d'abord à une fugue – bien qu'il n'eût emporté ni argent, ni effets personnels.

Parker s'étonna de découvrir dans les rapports de police qu'après la disparition de Nicholas de nombreux incidents avaient eu lieu au domicile de Beverly. Le 12 juillet, elle avait appelé la police ; mais à l'arrivée de l'officier, elle avait prétendu que tout allait bien. Jason avait alors expliqué à l'homme que sa mère « buvait et lui hurlait dessus à cause de la fuite de son autre fils ». Quelques semaines plus tard, Beverly rappela la police, au sujet de ce que les autorités décrivirent comme un problème de « violence familiale ». Le policier envoyé sur place releva que Beverly et Jason « s'insultaient ». Jason fut prié de quitter la maison pour la journée, et il s'exécuta. Le 25 septembre, la police reçut un nouvel appel – de Jason, cette fois. Il affirmait que son jeune frère était revenu et avait tenté de s'introduire dans le garage avant de prendre la fuite, quand Jason l'avait repéré. Dans son rapport, l'officier de service dit avoir « examiné les environs » à la recherche de Nicholas, « sans parvenir à le localiser ».

Le comportement de Jason s'était alors considérablement déréglé. Il se fit arrêter pour « usage de la force » envers un officier de police, et Beverly le mit dehors. La disparition de Nicholas, me dit Codey, avait « salement ébranlé Jason : il a sombré dans une période de consommation massive de drogues et s'est piqué longtemps à la cocaïne ». Parce qu'il avait refusé d'aller chercher Nicholas et de le ramener à la maison le jour de sa disparition, Jason éprouvait « beaucoup de culpabilité », dit Chantel.

Fin 1996, Jason entra dans un centre de désintoxication et se débarrassa de sa dépendance. Au terme du programme, il demeura dans l'établissement où, durant plus d'une année, il tint le rôle de tuteur et travailla pour une antenne d'aménagements paysagers gérée par le centre. Il y était encore quand Bourdin surgit, prétendant être son frère disparu.

Bourdin se demanda longtemps pourquoi Jason n'était pas venu l'accueillir à l'aéroport et ne faisait aucun effort pour venir le voir chez Carey. Au bout d'un mois et demi, selon Bourdin et les membres de la famille, Jason leur rendit enfin visite. Mais même alors, « il se montra distant », précise Codey. Bien que Jason eût embrassé Bourdin devant tout le monde, il semblait le considérer avec méfiance. Après quelques minutes, il le pria de sortir avec lui. Puis il lui tendit sa main ouverte ; un collier avec une croix d'or en pendentif brillait dans sa paume. Jason précisa que c'était pour lui. « C'était comme s'il devait me le donner », observe Bourdin. Jason le lui passa autour du cou. Puis il lui dit au revoir et ne revint jamais.

« Il était évident que Jason savait ce qui était arrivé à Nicholas », m'a confié Bourdin. Pour la première fois, il se demanda qui bernait qui.

Dans le même temps, les autorités commençaient à douter du récit de Bourdin. Nancy Fisher, qui était à l'époque un agent chevronné du FBI, s'était entretenue avec lui quelques semaines après son arrivée aux États-Unis afin d'enregistrer sa déposition au sujet de ce qu'il décrivait comme un kidnapping sur le sol américain. Aussitôt, me dit-elle, elle avait « reniflé le charlatan » : « Ses cheveux étaient sombres mais décolorés en blond et les racines étaient bien visibles. »

Parker connaissait Fisher et lui avait confié ses propres doutes. Elle le mit en garde, le priant de ne pas interférer dans une enquête fédérale, mais, alors qu'ils menaient parallèlement leurs investigations, la confiance s'établit entre eux et Parker lui transmit toutes les informations qu'il obtenait. Quand Fisher voulut se renseigner pour comprendre qui avait enlevé Nicholas et abusé sexuellement de lui, elle trouva Beverly étrangement « revêche et fort peu coopérative ».

Elle se demanda si Beverly et sa famille ne tenaient pas tout simplement à croire que Bourdin était leur enfant chéri. Mais quelles que fussent les motivations de la famille, le premier souci de Fisher demeurait ce mystérieux personnage entré aux États-Unis. Elle savait qu'il lui avait été impossible de modifier la couleur de ses yeux. En novembre, sous prétexte d'offrir à Bourdin un suivi médical pour les prétendus sévices subis, elle l'emmena voir un psychiatre du centre médico-légal de Houston. De sa syntaxe et de son usage de la langue, celui-ci conclut qu'il ne pouvait être américain, mais plus probablement français ou espagnol. Le FBI transmit ces résultats à Beverly et Carey, qui maintinrent qu'il était Nicholas.

Persuadée que Bourdin était un espion, Fisher contacta la Central Intelligence Agency, arguant de ce qu'il représentait une menace potentielle. Elle demanda de l'aide pour parvenir à l'identifier : « La CIA a refusé de m'assister. Un agent me dit que tant que je ne serais pas en mesure de prouver qu'il était européen ils ne pourraient pas m'aider. »

Fisher s'efforça de convaincre Beverly et Bourdin de lui fournir des échantillons de sang pour un test ADN. L'un et l'autre refusèrent. « Beverly me dit : “Comment osez-vous prétendre qu'il n'est pas mon fils ?” » À la mi-février, quatre mois après l'arrivée de Bourdin aux États-Unis, elle obtint les mandats nécessaires pour les contraindre à coopérer. « Je vais chez elle pour faire procéder à une prise de sang, et je la trouve allongée sur le sol ; elle me déclare qu'elle ne veut pas se lever, raconte Fisher. J'ai dit : “Si, vous allez le faire.” »

« Beverly a pris ma défense, se souvient Bourdin. Elle a fait de son mieux pour les retenir. »

En même temps que leur sang, Fisher obtint le relevé des empreintes de Bourdin, qu'elle expédia au State Department pour voir si elles correspondaient aux fichiers d'Interpol.

Inquiétée par l'automutilation et l'instabilité de son supposé frère, Carey ne souhaitait plus qu'il reste avec elle ; il alla vivre chez Beverly. Bourdin affirme qu'à ce moment-là il regardait la famille d'un autre œil. Une suite d'événements curieux se bousculait dans son esprit : l'accueil mitigé de Beverly à l'aéroport, le retard avec lequel Jason lui avait rendu visite. Selon lui, même si Carey et Bryan semblaient déterminés à croire qu'il était Nicholas – niant l'évidence criante –, Beverly l'avait toujours traité moins comme un fils que comme un « fantôme ». Un jour, prétend-il, du temps où il habitait avec elle, elle avait bu et s'était mise à crier : « Je sais que Dieu m'a punie en t'envoyant à moi. Je ne sais absolument pas qui tu es. Putain, pourquoi tu fais ça ? »

(Beverly ne conserve aucun souvenir d'un tel incident mais dit : « Il avait dû me mettre hors de moi. »)

Le 5 mars 1998, alors que les autorités resserraient leur étau autour de Bourdin, Beverly appela Parker et déclara qu'elle tenait Bourdin pour un imposteur. Le lendemain matin, Parker emmena le garçon dans un *diner* : « J'ai relevé le bas de mon pantalon pour qu'il voie que je ne portais pas de revolver [dans son holster de cheville]. Je voulais qu'il se détende. »

Ils commandèrent des pancakes. Après pratiquement cinq mois d'imposture sous l'identité de Nicholas Barclay, Bourdin reconnaît qu'il était psychologiquement à bout. Quand Parker dit à « Nicholas » qu'il avait mis sa « mère » dans tous ses états, le jeune homme se serait exclamé, selon lui :

« Ce n'est pas ma mère et vous le savez !

– Tu vas me dire qui tu es ?

– Je suis Frédéric Bourdin et je suis recherché par Interpol. »

Au bout de quelques minutes, Parker se rendit aux toilettes et appela Nancy Fisher pour lui communiquer la nouvelle. Elle venait précisément de recevoir la même information d'Interpol. « Nous essayons d'obtenir tout de suite un mandat. Retenez-le. »

Il retourna vers sa table et continua à discuter avec Bourdin. À mesure que celui-ci lui racontait sa vie itinérante en Europe, Parker se sentit coupable de le livrer à la police, dit-il. Bourdin, qui méprise Parker et conteste les détails de leur conversation, accuse le détective d'avoir « prétendu » résoudre l'affaire ; comme si Parker s'était frauduleusement introduit dans la fiction personnelle de Bourdin pour s'y attribuer le premier rôle. Au bout d'une heure environ, Parker ramena Bourdin en voiture chez Beverly. Au moment où il repartait, Fisher et la police arrivèrent. Bourdin se rendit calmement. « Je savais que j'étais redevenu Frédéric Bourdin. » Beverly réagit avec moins de sang-froid. Elle se retourna vers Fisher pour lui hurler : « Qu'est-ce qui vous a pris tout ce temps ? »

Pendant sa garde à vue, Bourdin se lança dans un récit qui parut aussi délirant que son histoire d'incarnation de Nicholas Barclay. Il prétendit que Beverly et Jason étaient sans doute complices de la disparition de Nicholas, et qu'ils savaient qu'il mentait depuis le début. « Je suis un bon imposteur, mais pas à ce point-là. »

Naturellement, les autorités ne pouvaient guère se fier aux allégations d'un menteur pathologique et patenté. « Il raconte 99 % de mensonges et il reste peut-être un centième de vérité, mais comment savoir ? » dit Fisher. Néanmoins, les autorités nourrissaient leurs propres soupçons. Jack Stick, procureur fédéral à l'époque, et qui accomplit plus tard un mandat auprès de la Texas House of Representatives[1], fut chargé du dossier Bourdin. Fisher et lui cherchèrent à comprendre pourquoi Beverly s'était tant opposée aux investigations du FBI dans le prétendu kidnapping de Bourdin et, plus tard, à la révélation de son imposture. Ils s'étonnaient également de ce qu'elle n'ait pas tout de suite pris Bourdin chez elle. Selon Fisher, Carey leur dit que c'était parce qu'il était « trop perturbant » pour Beverly, ce qui paraissait étrange, du moins aux yeux de Fisher et Stick. « On serait si heureux de retrouver son enfant », dit Fisher ; c'était un nouveau « signal d'alarme ».

Fisher et Stick prirent note des désordres survenus au domicile de Beverly après la disparition de Nicholas, ainsi

1. Chambre basse de la législature d'État du Texas, composée de cent cinquante membres élus pour un mandat de deux ans indéfiniment renouvelable et qui se réunissent au Texas State Capitol, à Austin, avec la Chambre haute (Texas Senate).

que du rapport de police spécifiant qu'elle avait crié sur Jason à ce sujet. Il y avait aussi la déclaration de Jason, selon laquelle il aurait aperçu Nicholas en train d'essayer de s'introduire dans la maison. Aucun indice ne permit d'étayer cette histoire étonnante et, à la même époque, Jason s'était plaint que la police commençait à « fouiner partout », comme dit Stick. Fisher et lui suspectèrent sous cette allégation une ruse destinée à renforcer la thèse d'une fugue de Nicholas.

Ils commencèrent à envisager une nouvelle investigation pour homicide. « Je voulais savoir ce qui était arrivé à ce petit garçon », se rappelle Stick.

Ils se mirent à rassembler davantage d'éléments tendant à montrer que la violence régnait sous le toit de Beverly. Selon eux, à l'école de Nicholas, des responsables avaient émis l'hypothèse qu'il fût un enfant maltraité, à cause des ecchymoses qu'il avait sur le corps. Juste avant sa disparition, les services de protection de l'enfance avaient été alertés par les mêmes fonctionnaires. Et les voisins avaient observé que Nicholas frappait parfois sa mère.

Un jour, Fisher demanda à Beverly de passer le test du détecteur de mensonges. « J'ai dit : "Maman, fais tout ce qu'on te demande de faire. Passe le test. Tu n'as pas tué Nicholas, se rappelle Carey. Alors elle l'a fait." »

Pendant que Beverly se soumettait au détecteur, Fisher suivait le processus sur un écran de retransmission depuis une pièce voisine. La question la plus importante était : Beverly savait-elle où se trouvait Nicholas ? Deux fois, elle répondit non. L'examinateur rapporta à Fisher que, selon toute vraisemblance, Beverly avait répondu avec honnêteté. Quand Fisher exprima ses doutes, il répondit que si Beverly mentait, ce ne pouvait être que sous l'emprise d'un produit stupéfiant. Après avoir observé une pause, l'examinateur procéda à un second test, estimant tous les effets possibles de n'importe quel narcotique, y compris la méthadone, se seraient dissipés. Cette fois, quand il demanda à Beverly si elle savait où était Nicholas, Fisher dit que la machine s'emballa, signalant un mensonge. « Elle fit pratiquement décoller les instruments de la table. » (Les résultats positifs et inexacts ne sont pas rares avec les détecteurs de mensonge polygraphiques, et les scientifiques remettent leur fiabilité en question.)

Toujours selon Fisher, lorsque l'examinateur annonça à Beverly qu'elle avait échoué au test et qu'il se mit à l'assaillir de nouvelles questions, Beverly hurla : « Je n'ai pas à supporter ça ! », puis elle se leva et courut vers la porte. « Je l'ai rattrapée, se souvient Fisher. “Pourquoi vous enfuyez-vous ?” lui ai-je demandé. Elle était furieuse. Elle a dit : “C'est tellement typique de Nicholas. Regardez l'enfer qu'il m'impose.” »

Fisher voulut ensuite interroger Jason, mais il s'y refusa. Quand il accepta finalement de la voir, quelques semaines après l'arrestation de Bourdin, Fisher dit qu'elle dut « lui arracher les mots de la bouche ». Ils parlèrent de ce délai de près de deux mois qu'il avait observé avant de rendre visite à son prétendu frère : « J'ai dit : “Revoilà ton frère, disparu de longue date après avoir été kidnappé, et tu n'es pas impatient de le revoir ?” Il m'a dit : “Eh bien non.” J'ai dit : “Tu trouvais qu'il ressemblait à ton frère ? — Eh bien, oui, je suppose.” » Ses réponses parurent bien réticentes à Fisher, qui sentit s'aiguiser en elle « le soupçon très net que Jason était mêlé à la disparition de son frère ». De son côté, Stick pensait aussi que Jason était « ou bien impliqué dans la disparition de Nicholas, ou bien en possession d'informations qui auraient pu nous mettre sur la piste de ce qui s'était passé ». Fisher se demanda même si Beverly ne savait pas ce qui était arrivé à Nicholas, et si elle n'avait pas aidé à dissimuler le crime pour protéger Jason.

Après l'audition, disent Stick et Fisher, Jason refusa catégoriquement de s'entretenir une nouvelle fois avec les autorités à moins d'être assisté d'un avocat ou mis en état d'arrestation. Mais en tant que privé, Parker n'était pas soumis aux mêmes restrictions que Stick et Fisher, et il continua à serrer Jason de près. En une occasion, il l'accusa de meurtre. Parker dit lui avoir déclaré : « Je crois que c'est toi qui l'as fait. Je ne crois pas que ça ait été intentionnel de ta part, mais tu l'as fait. » Pour toute réponse, « Il me regarda », dit Parker.

Plusieurs semaines après que Fisher et Stick avaient interrogé Jason, Parker roulait dans le centre-ville de San Antonio quand il aperçut Beverly sur un trottoir. Il lui proposa de la déposer quelque part. Lorsqu'elle monta en voiture, elle lui annonça que Jason était mort d'une overdose de cocaïne. Parker, qui savait que Jason ne prenait plus de drogues depuis plus d'un an, raconte qu'il lui demanda si elle croyait qu'il s'était volontairement donné la mort. « Je ne sais pas », répondit-elle. Stick, Fisher et Parker pensent qu'il s'agit d'un suicide.

Depuis la perte de ses deux fils, Beverly a renoncé aux stupéfiants et déménagé à Spring Branch, où elle vit dans un mobile-home chez une femme qu'elle aide à prendre soin de sa fille handicapée. Elle a récemment accepté de discuter avec moi des soupçons des autorités. Dans un premier temps, Beverly me proposa de venir la voir chez elle. Mais elle me dit plus tard que la dame pour qui elle travaillait ne souhaitait pas de visiteurs et notre entretien se déroula au téléphone. L'une de ses cordes vocales était paralysée depuis peu, ce qui accentuait le timbre rocailleux et grave de sa voix. Parker, qui avait souvent bavardé avec elle au magasin de doughnuts, m'avait dit : « Je ne sais pas pourquoi, mais je l'aimais bien. Elle avait ce regard perdu à des années-lumière.

Elle avait l'air d'une personne que sa propre vie aurait entièrement vidée. »

Beverly répondit sans détour à mes questions. À l'aéroport, dit-elle, elle était restée un moment en retrait parce que Bourdin « avait l'air bizarre ». Elle ajouta : « Si j'avais suivi mon instinct, j'aurais compris tout de suite. » Elle admit qu'elle avait pris de la drogue – « sans doute » de l'héroïne, de la méthadone et de l'alcool – avant le test du détecteur de mensonges. « Quand ils m'ont accusée, j'ai paniqué. Je me suis saignée aux quatre veines pour élever mes enfants. Pourquoi leur aurais-je fait quelque chose ? » Elle enchaîna : « Je ne suis pas quelqu'un de violent. Ils n'ont parlé ni à mes amis, ni à mes collègues [...]. C'était juste un coup en l'air, pour voir si j'avouerais quelque chose. » Elle dit aussi d'elle-même : « Je suis la plus mauvaise menteuse du monde. Je ne sais pas raconter de bobards. »

Je lui ai demandé si Jason avait fait du mal à Nicholas. Elle resta silencieuse un moment, avant de répondre qu'elle ne le croyait pas. Elle reconnut toutefois que, sous cocaïne, Jason devenait « totalement timbré – une personne radicalement différente –, et c'était effrayant ». Il lui arriva même une fois de battre son père, dit-elle. Mais elle précisa que Jason n'était devenu sévèrement accro qu'après la disparition de Nicholas. Elle était d'accord avec les autorités sur un point : elle accordait peu de crédit à la déclaration de Jason selon laquelle il aurait aperçu Nicholas après sa disparition. « Jason avait des problèmes à l'époque, dit-elle. Je ne crois pas du tout que Nicholas soit revenu. »

Au cours de notre conversation, je lui demandai plusieurs fois comment elle avait pu croire durant près de cinq mois qu'un Français de vingt-trois ans aux cheveux décolorés, aux yeux bruns et à l'accent européen était son fils. « On se cherche tout le temps des excuses ;

qu'il est différent à cause de toutes ces horribles choses qu'il a connues. » Carey et elle voulaient tellement que ce soit lui. Ce n'était qu'après son installation chez elle qu'elle avait commencé à avoir des doutes. « Il ne se comportait vraiment pas comme mon fils. Je n'arrivais pas à nouer un lien avec lui. Je n'avais pas le feeling pour ça. J'avais vraiment de la tendresse pour lui, mais pas comme une mère. Ce gosse est détruit et c'est triste, je ne souhaiterais ça à personne. »

Aussi incroyable soit-elle, l'expérience de Beverly a un précédent – un incident décrit comme l'« un des cas les plus étranges dans les annales de la police ». (C'est le sujet du film *L'Échange*, de Clint Eastwood.) Le 10 mars 1928, un garçon de neuf ans nommé Walter Collins disparut à Los Angeles. Six mois plus tard, après une chasse à l'homme d'envergure nationale, un garçon surgit, affirmant qu'il était Walter et prétendant avoir été kidnappé. La police était sûre qu'il s'agissait bien de Walter, et un ami de la famille certifia que « les agissements et les propos de ce garçon auraient convaincu n'importe qui ». Toutefois, quand la mère de Walter, Christine, vint chercher son fils, elle pensa que ce n'était pas lui. Les autorités et ses amis la persuadèrent de ramener l'enfant chez elle, mais elle le reconduisit au poste de police quelques jours plus tard, et insista : « Ce n'est pas mon fils. » Plus tard, elle témoigna : « Ses dents étaient différentes, sa voix était différente… Ses oreilles étaient plus petites. » Les autorités la crurent traumatisée par la disparition de son fils et la firent interner en hôpital psychiatrique. Même là, elle refusa de changer d'avis. Comme elle le dit à un capitaine de police : « S'il y a une chose sur laquelle une mère ne se trompe pas, c'est bien l'identité de son enfant. » Huit jours plus tard, elle était relâchée. Des preuves se firent jour, selon lesquelles son fils avait probablement été assassiné par un tueur en série, et le garçon qui clamait être son fils confessa qu'il avait onze ans, qu'il s'était enfui de l'Iowa et que, selon ses propres termes, il trouvait « rigolo d'être quelqu'un qu'on n'est pas ».

Au sujet du dossier Bourdin, Fischer pense qu'une chose était sûre : « Beverly ne pouvait pas ignorer qu'il n'était pas son fils. »

Après plusieurs mois d'enquête, Stick estima que les éléments étaient insuffisants pour inculper quiconque dans la disparition de Nicholas. Il n'y avait pas de témoins, pas d'ADN. Les autorités ne pouvaient même pas affirmer qu'il était mort. Stick conclut que pour la police l'overdose de Jason avait définitivement « prévenu toute possibilité » de déterminer ce qui était arrivé à Nicholas.

Le 9 septembre 1998, Frédéric Bourdin se tenait debout dans la salle d'audience du tribunal de San Antonio et plaidait coupable de parjure, ainsi que de détention et d'usage de faux papiers. Cette fois, en arguant qu'il recherchait seulement de l'amour, il souleva l'indignation. Carey, qui avait fait une dépression nerveuse après son arrestation, témoigna pour la partie civile : « Il a menti, et menti, et encore menti. Même aujourd'hui, il continue à mentir. Il ne nourrit aucun remords. » Stick qualifia publiquement Bourdin de « bactérie mangeuse de chair », et le juge compara ce qu'il avait fait – donner à une famille l'espoir que leur fils perdu était encore en vie avant de le faire voler en éclats – à un meurtre.

La seule personne qui paraissait ressentir un tant soit peu de sympathie à son endroit était Beverly. Elle dit à ce moment-là : « Je suis désolée pour lui. Vous savez, nous avons appris à le connaître, et ce gosse a vécu un enfer. Il a beaucoup de problèmes nerveux. » Elle me dit : « Il a fait beaucoup de choses qui exigeaient beaucoup de cran, quand on y pense. »

Le juge condamna Bourdin à six ans de prison ferme – plus de trois fois la peine indiquée par les directives officielles. Bourdin déclara à l'audience : « Je présente mes excuses à toutes les personnes de mon passé pour ce que j'ai fait. J'aimerais tellement, tellement que vous puissiez me croire, mais je sais que c'est impossible. » Et, qu'il fût ou non en prison, il ajouta : « Je suis prisonnier de moi-même. »

La dernière fois que j'ai vu Bourdin, au printemps 2008, son existence venait de connaître ce qui s'avérait sans doute comme sa plus grande métamorphose. Il avait épousé une Française, Isabelle, rencontrée deux ans plus tôt. À bientôt trente ans, Isabelle était mince, jolie, dotée d'une voix douce. Elle suivait des études pour devenir avocate. Victime d'abus dans sa famille, elle avait vu Bourdin décrire à la télévision les abus dont il avait lui-même souffert ainsi que sa quête d'amour, et en avait été si émue qu'elle avait fini par se lancer à sa recherche. « Je lui ai dit que ce qui m'intéressait dans sa vie, ce n'était pas sa façon de jouer avec la vérité mais pourquoi il le faisait et ce qu'il cherchait », confia-t-elle.

Bourdin dit qu'au moment où elle entra en contact avec lui il crut à une blague, mais ils se rencontrèrent à Paris et tombèrent progressivement amoureux. Il raconte qu'il ne s'était jamais engagé dans une relation auparavant. « J'ai toujours été un mur. Un mur glacé. » Ils sortirent ensemble durant un an et, le 8 août 2007, leur mariage fut célébré dans la mairie d'un village proche de Pau.

La mère de Bourdin dit que Frédéric les invita à la cérémonie, son grand-père et elle. Mais ils n'y assistèrent pas : « Personne ne le croyait. »

Quand je rencontrai Isabelle, elle était enceinte de près de huit mois. Afin d'échapper à l'attention du public, Frédéric et elle avaient déménagé au Mans et s'étaient installés dans un petit F1 d'un immeuble ancien, avec parquet. Une fenêtre donnait sur la prison. « Ça me rappelle par où je suis passé », dit Bourdin. Un carton contenant les pièces d'un berceau à monter était posé sur le sol d'un salon à l'ameublement spartiate. Les cheveux de Bourdin étaient coupés ras, et il était vêtu sans flamboyance, d'un jean et d'un sweat-shirt. Il me dit qu'il s'était trouvé un emploi dans le télémarketing. Étant donné ses talents de persuasion, son efficacité s'avérait remarquable. « Disons que c'est inné chez moi », dit-il.

La majeure partie de sa famille pense que tous ces changements ne sont qu'un aspect d'un nouveau rôle, le genre de rôle qui finira très mal pour sa femme et son bébé. « On ne peut pas s'inventer père, dit son oncle Jean-Luc Drouart. On n'est pas un papa pour six jours ou six mois. Ce n'est pas un personnage – c'est la réalité. » Il ajoute : « J'ai peur pour cet enfant. »

La mère de Bourdin, Ghislaine, dit que son fils est « un menteur qui ne changera jamais ».

Après tant d'années consacrées à jouer les imposteurs, Bourdin a légué à sa famille et à nombre d'autorités publiques la certitude que Frédéric Pierre Bourdin n'est rien d'autre que cela : un caméléon. À peine quelques mois après avoir été libéré de prison aux États-Unis et renvoyé en France, en octobre 2003, il recommençait à jouer le rôle d'un enfant. Il usurpa même l'identité d'un adolescent français de quatorze ans du nom de Léo Balley, qui s'était évanoui dans la nature presque huit ans plus tôt, lors d'un séjour en camping. Cette fois, la police pratiqua un test ADN qui révéla rapidement l'imposture de Bourdin. Un psychiatre qui procédait à son évaluation conclut : « Le pronostic est plus qu'inquiétant… Nous sommes très pessimistes quant à un éventuel changement de ces traits de personnalité. » (En prison en Amérique, Bourdin s'était mis à lire des ouvrages de psychologie et avait recopié dans son journal le passage suivant : « Lorsqu'il est mis face à ses actes, le psychopathe dispose d'assez de fausse sincérité et de remords apparents pour redonner espoir et confiance à ses accusateurs. Toutefois, après quelques récidives, sa probante pantomime est finalement reconnue pour ce qu'elle est : une pantomime. »)

Isabelle est certaine que Bourdin « peut changer ». Elle dit : « Je le connais maintenant depuis deux ans, et il n'est pas cette personne. »

À un moment donné, Bourdin toucha le ventre d'Isabelle. « Mon bébé peut avoir trois bras et trois jambes. Ça n'a pas d'importance. Je n'ai pas besoin d'avoir un enfant parfait. Tout ce que je veux, c'est un enfant qui ressente de l'amour. » Ce que pensait sa famille lui était égal. « Ils sont mon refuge, dit-il de sa femme et de son enfant à naître. Personne ne peut m'enlever ça. »

Un mois plus tard, il m'appela pour me dire que sa femme venait d'accoucher. « C'est une fille. » Isabelle et lui l'avaient appelée Athéna, en l'honneur de la déesse grecque. « Je suis vraiment un père », dit-il.

Je lui demandai s'il était devenu quelqu'un d'autre. Durant un moment, il resta silencieux. Puis il répondit : « Non, c'est bien ce que je suis. »

Par où s'est-il échappé ?

Le pompier qui avait oublié le 11-Septembre

Les pompiers ont une culture de la mort. Il existe des rituels, élaborés pour les vivants, destinés à traiter les morts. Et ainsi, le 11 septembre, quand les hommes de l'unité véhicule 40, échelle 35, apprirent que tous les combattants du feu de leur caserne intervenus après l'attaque contre le World Trade Center avaient disparu – douze hommes, dont un capitaine et un lieutenant –, ils s'étaient précipités vers la zone, déterminés, à tout le moins, à procéder au rite qui consisterait à en sortir les leurs. Ensuite, ils localisèrent leur camion et leurs échelles, couverts de suie, non loin de Ground Zero, et tentèrent de « visualiser », selon la formule qu'employa l'un d'eux par la suite, ce qui s'était passé : où leurs collègues étaient allés, quels avaient pu être leurs derniers mouvements. Près des engins, les sauveteurs reconnurent quelques paires de chaussures de rechange des pompiers disparus, un T-shirt jeté par terre, et une paire de lunettes de soleil. Lentement, par équipes improvisées, les sauveteurs se déployèrent au milieu des ruines, tâchant de retracer l'itinéraire de leurs collègues, en passant les décombres au peigne fin. Ils ne retrouvèrent rien.

Ensuite, ce soir-là, alors que le nombre des disparus grossissait et se comptait par milliers, une rumeur se propagea : des sauveteurs avaient découvert un rescapé enfoui sous les gravats. On avait identifié un certain Kevin Shea, et il faisait partie de l'unité véhicule 40, échelle 35. Qui plus est, il était en vie. Il avait été évacué dans un hôpital du New Jersey, et ses collègues s'empressèrent de s'y rendre, croyant qu'il serait en mesure de leur dire où le reste des hommes pouvait encore être pris au piège. « Puisqu'il y en avait déjà un, se rappela plus tard Steve Kelly, l'un des anciens de la caserne, nous avions bon espoir qu'il réussisse à nous conduire aux autres. »

Quand les hommes entrèrent dans cette chambre d'hôpital, il était allongé dans son lit, éveillé. Il souffrait de trois fractures à la nuque et avait eu un doigt sectionné, mais il semblait alerte et heureux de les voir. Après que les hommes eurent embrassé le rescapé, ils se mirent à l'interroger. « Tu te souviens de l'endroit où tu étais ? lui demanda l'un d'eux.

— Non, admit-il.

– Tu sais où étaient les autres avant que les tours ne s'écroulent ? »

Shea les regarda, l'air perplexe.

« Les tours sont tombées ? »

L'histoire du survivant qui était incapable de se souvenir de ce que personne n'était capable d'oublier avait des airs de mythologie new-yorkaise. Deux semaines après l'attaque (l'hôpital venait de laisser sortir Kevin Shea), je lui ai rendu visite à sa caserne, à l'angle d'Amsterdam Avenue et de la Soixante-Sixième Rue, et il m'a avoué qu'il souffrait en effet d'une forme d'amnésie. « Dans la pratique, je ne suis pas censé travailler. Mais je suis encore capable de répondre au téléphone, et j'ai pensé que ça pourrait aider les gars que je sois proche d'eux. »

Moitié italien, moitié irlandais, il est bel homme, avec des yeux marron au regard intense, mais il portait une minerve qui lui rentrait dans le menton et les médecins lui avaient rasé le crâne, ce qui prêtait à ses traits une sévérité déconcertante. Quand il s'est penché pour répondre au téléphone, j'ai pu voir une longue balafre mouchetée de sang séché. « Je me suis fracturé la cinquième vertèbre, dans le cou », m'a-t-il précisé.

Devant la caserne, des gens se réunissaient pour allumer des bougies en mémoire des morts et, dès qu'ils apprenaient la présence de Kevin Shea à l'intérieur, ils prenaient le temps d'entrer et de venir le voir. Étrangement, il avait lui-même fini par représenter un lieu de pèlerinage pour les vivants – il devenait celui qui s'en était sorti. Une fillette est arrivée avec sa mère et lui a remis de l'argent, un don pour la brigade. « Merci beaucoup de tout ce que vous avez fait », lui a-t-elle dit. Il lui a souri, lui a tendu sa main valide pour prendre le chèque, mais à mesure que du monde s'approchait je le sentais de plus en plus mal à l'aise. « Moi, je ne compte pas », a-t-il répondu à un homme qui louait son courage. Après le départ du dernier visiteur, il m'a mis en garde.

« Je vous en prie, ne me présentez pas en héros », m'a-t-il soufflé.

Il a lancé un regard autour de lui dans la pièce, vers les photos des disparus, et sur une affichette annonçant une messe du souvenir. Et il a continué :

« J'ai peut-être paniqué et puis… »

Il n'a pas achevé sa pensée, il a fermé les yeux comme s'il essayait de faire surgir quelque chose du vide. Il semblait hanté non seulement par les béances de son passé, mais aussi par une seule et unique question à laquelle ces trous l'empêchaient de répondre : qu'avait-il fait en ces derniers moments cruciaux qui lui avaient permis, à lui et à lui seul, de survivre ? « Je préfère me considérer comme le genre de type qui a plutôt toujours cherché à éloigner les autres du danger pour assurer leur sécurité, et pas du genre à m'enfuir, mort de trouille. Mais j'ai beau essayer, je ne me souviens de rien. C'est comme si ma mémoire s'était effondrée avec le bâtiment, et maintenant je suis forcé de tout reconstituer. »

Il y a certaines choses dont il se souvient tout de même. Il se souvient de Mike D'Auria, un jeunot de vingt-cinq ans, un tatouage maya sur la jambe. Il se souvient de Frank Callahan, son capitaine, et de Mike Lynch, un autre pompier, qui était sur le point de se marier. Il se souvient de ce qu'ils tenaient en main : un Halligan, un merlin, une hache, un Rabbit Tool, des clous de soixante-cinq millimètres, des cordages, des pinces coupantes, des mandrins et un tournevis. Il se souvient de s'être réveillé le 11 septembre et de l'alarme qui a retenti dans la caserne à 9 h 13. Il se souvient des hommes grimpant sur les engins. Il se souvient des engins. Il se souvient d'avoir demandé au lieutenant s'il pensait qu'il s'agissait d'une attaque terroriste et de ce dernier lui répondant par l'affirmative, puis de leur trajet, où ils gardèrent le silence.

Il se souvient aussi de certaines autres choses : son surnom, Ric-o-Shea ; son âge, trente-quatre ans ; et sa couleur préférée, le jaune. Il se souvient de sa rencontre avec sa petite amie, Stacy Hope Herman. Il se souvient d'avoir grandi à Long Island, de ses parents qui se disputaient, et de sa mère déménageant alors qu'il avait treize ans. Il se souvient de certaines choses même s'il n'en a pas envie – des souvenirs qui refusent de se dissoudre, à côté d'autres, devenus plus insignifiants au fil du temps.

La mémoire est un code d'accès à ce que nous sommes, une collection pas seulement de dates et de faits, mais aussi d'épreuves émotionnelles, de révélations et de transformations. Et, dans le sillage de la tragédie, elle est vitale au rétablissement. Après un événement traumatique, les gens ont tendance à accumuler une série de souvenirs et à les agencer en un récit qui ait du sens. Ils se souviennent exactement de l'endroit où ils étaient et des personnes à qui ils ont parlé. Mais que fait-on quand le récit est réduit en miettes, quand certaines pièces du puzzle – ou la plupart – sont manquantes ?

La dernière semaine de septembre, je suis allé avec Kevin Shea au Saint Charles Hospital and Rehabilitation Center de Long Island. Les médecins ne savaient pas trop s'il refoulait ce qui s'était passé suite au choc physique ou psychologique, ou les deux. Mark Sandberg, un neuropsychologue, est venu à sa rencontre à l'accueil et l'a conduit dans un bureau exigu. Sandberg a fermé la porte, ils se sont assis, face à face. « J'en sais très peu sur vous, lui a-t-il dit. Alors, de quoi vous souvenez-vous ?

– Je peux vous expliquer de quoi je me souviens et ce qu'on m'a dit. Je me souviens d'avoir répondu à l'appel et de m'être rendu sur les lieux. Je suis de l'échelle 35, mais ils ont aussi un fourgon d'incendie là-bas, et ils avaient une place libre. Je ne travaillais pas ce jour-là, et j'ai demandé : "Je peux monter ?" »

Le docteur a paru surpris.

« Vous n'étiez pas en service ce jour-là ? »

Il lui a expliqué qu'il faisait le *buff*[1], autrement dit qu'il était pompier volontaire, ce qui était encore « la meilleure chose à faire ». Il a continué : « Le chef m'a donné la permission, et je [...] me suis rendu tout au bout de West Side Highway. [...] Nous avons remarqué des voitures en feu et des débris qui pleuvaient de partout... comme de grands tapis en chute libre. Il y avait des morceaux de métal et de verre. Et des gens aussi, qui tombaient...

– Vous vous en souvenez ou quelqu'un vous l'a dit ? »

Le pompier a fermé les yeux.

« Je me rappelle. »

Sandberg a pris des notes dans son bloc, puis il l'a prié de continuer. Sur le trajet vers le site, a expliqué le pompier, il a sorti la caméra vidéo qu'il utilisait parfois pour documenter les scènes d'incendie à des fins d'entraînement. « Je me souviens de l'avoir rangée dans son sac plastique et de l'avoir remise dans la poche de ma parka de pompier, a-t-il précisé. Je savais que je ne pourrais pas filmer plus longtemps. » Il s'est ensuite préparé à pénétrer en plein chaos. « Après ça, je ne me souviens de rien, sauf que je me suis réveillé à l'hôpital.

– Et ensuite, vos souvenirs sont-ils revenus ?

– Oui, c'est revenu, petit à petit. Ça revenait, ça repartait. À cette période, ils me donnaient des médicaments, de la morphine, je crois. Ils m'ont soutenu que j'étais resté conscient, mais moi je n'en sais rien.

– Vous pouvez être conscient et n'avoir aucun souvenir. Cela s'appelle une amnésie post-traumatique.

1. Au début du XIXe siècle, les pompiers new-yorkais portaient un uniforme brun-jaune évoquant la peau de chamois avec laquelle on briquait les cuivres ou les bois. Ils en tirèrent leur surnom : les *Buffs*. Les pompiers étant volontaires, le terme s'est appliqué à tous les enthousiasmes : un *wine buff* ou un *film buff* sont des fondus de vin ou de cinéma. www.onestopenglish.com & The Firefighting Buff's Guide to New York City.

– C'est ce que j'ai ?

– C'est ce que j'essaie de comprendre. »

Kevin a manipulé ses bandages.

« Certains prétendent qu'il vaut mieux ne pas se souvenir. Peut-être que le fait de ne pas savoir si j'ai essayé de sauver quelqu'un, peut-être que ça m'aide à surmonter ce post-stress… enfin, je ne sais pas comment vous appelez ça. »

Sandberg lui a ensuite demandé combien d'hommes de sa caserne parmi ceux qui s'étaient rendus avec lui sur le site avaient disparu. Pour la première fois, Shea a relevé les yeux de ses bandages.

« Tous. Tous, sauf moi. »

Il n'avait jamais eu l'intention de devenir pompier. Bien qu'étant issu d'une longue lignée de combattants du feu – parmi lesquels son grand-père, son oncle, son père et son frère aîné –, il ne cadrait pas avec ce stéréotype. Il n'était pas, selon sa propre formule, « le macho typique ». Il était plus petit et plus cérébral que la plupart de ces hommes ; il n'aimait pas le sport et ne buvait pas. Initialement, il s'était lancé dans le codage informatique, où il excellait, mais en 1998 il s'était senti obligé de suivre la tradition familiale.

À l'été 2001, il avait été affecté à l'unité véhicule 40, échelle 35, et s'était présenté à 3 heures du matin. Les hommes étaient sur le point de sortir en intervention et, à leur retour, il les avait accueillis avec des œufs sur le plat, du pain grillé et des fraises nappées d'une sauce chocolat.

« Ils m'ont regardé, l'air de dire : "C'est qui, ce type bizarre" », se rappelait-il.

« Pas mal de gars ne savaient pas trop quoi penser de Kev », admet Steve Kelly.

Mais il manifestait une dévotion presque monacale pour son métier, jusqu'à trouver peu à peu sa place, celle du garçon toujours prêt à donner un coup de main, qui s'exprimait toujours en phrases courtes et nerveuses : « Oui, chef », et « Négatif K[1], chef », et répondant au téléphone avec ce leitmotiv : « Pompier Kevin Shea. Que puis-je faire pour vous ? » Alors qu'ils étaient nombreux à la caserne à supposer, étant donné la gravité de ses blessures, qu'il renoncerait et se retirerait, il jura de reprendre le service actif d'ici Noël. « J'ai ma famille, disait-il, mais ici, c'est aussi ma famille. »

Tandis qu'il s'efforçait de se rétablir, de se renforcer les muscles et d'observer un régime strict en protéines, il ne pouvait oublier qu'il avait oublié, comme c'est le cas de certains amnésiques. Il se remémorait ses trous de mémoire, quand il zappait devant sa télévision ou croisait les parents des hommes disparus.

L'un des pompiers lui a fait remarquer au passage qu'il avait vu un reportage sur un secouriste qui, au lieu de sortir les victimes, était resté devant les tours, paralysé par la peur.

« J'espère ne pas avoir été ce genre de type », m'a fait Kevin.

Son frère Brian m'a expliqué ceci : « Il a besoin de tirer ça au clair. Je n'ai pas envie, dans trente ans, de le voir se mettre en colère contre le monde sans même qu'il sache pourquoi. Je n'ai pas envie qu'il devienne comme ces gars qui revenaient du Vietnam et qui avaient perdu la boule. »

Kevin Shea admettait qu'il lui fallait recouvrer son passé – « peu importe ce que je découvre ». Et donc,

1. Langage propre au FDNY (Fire Departement of the City of New York). La lettre K est un héritage de l'époque du télégraphe : elle signalait la fin du message et l'attente de la réponse. L'équivalent du « *Over* » ou « À vous » en transmission radio.

encore couvert de bandages, il s'était mis en devoir, comme un détective, de soumettre les indices au crible de la mémoire.

Il a commencé par une simple fiche de renseignement de l'hôpital. Il y était mentionné : « Le patient est un pompier de sexe masculin âgé de trente-quatre ans [...] qui a perdu connaissance après avoir été heurté par des débris juste devant le World Trade Center. »

Il ne tarda pas à trouver la trace du neurochirurgien qui l'avait soigné, le 11 septembre, et le pria de lui fournir des informations. Le médecin savait seulement qu'on l'avait amené sur une civière et que les blessures qu'il présentait au cou étaient cohérentes avec un choc frontal.

« Y a-t-il autre chose ? insista Kevin. N'importe quoi... »

Le médecin réfléchit un moment.

« Eh bien, je me souviens d'une chose, lui précisa-t-il. Vous disiez que vous aviez rampé sur plus de soixante mètres vers la lumière. »

Kevin Shea ne se souvenait pas d'avoir rampé ou même d'en avoir parlé.

« Mais enfin comment aurais-je pu ramper soixante mètres avec la nuque brisée ? »

Intensifiant ses recherches, il s'efforçait de se montrer méthodique. Il interrogea les membres de sa famille et ses amis proches, pour recueillir les moindres détails qu'ils auraient été susceptibles de lui révéler quand il était hospitalisé, et qu'il aurait oubliés depuis lors. L'un d'eux lui confia qu'il avait évoqué un extincteur Purple K qu'il aurait empoigné, ceux dont on se sert pour éteindre les incendies dans les avions.

D'autres entendirent parler de ses recherches, et il fut inondé de toutes sortes d'indices. Un matin, il a allumé son ordinateur et m'a montré une liste d'une dizaine d'individus qui avaient prétendu détenir des informations.

« Des gens n'arrêtaient pas d'appeler, ils me disaient : "Oui, j'étais là. C'est moi qui vous ai tiré de là." C'est difficile de savoir qui croire. »

Joe Patriciello, un lieutenant que Shea connaît depuis des années, l'a appelé et lui a dit qu'il l'avait vu quelques instants avant que la première tour ne tombe.

« Tu m'as serré dans tes bras, au centre de commandement, lui a rappelé ce dernier. Tu ne te souviens pas ?

– Quel centre de commandement ?

– Dans la tour sud. »

Kevin a revu cette image dans son esprit : une salle pleine de monde. Ils étaient tous là, debout, dans le hall d'entrée de la tour sud, qui serait bientôt anéantie.

« Ça, je m'en souviens, m'a-t-il rapporté plus tard. J'en suis sûr. » Il était électrisé. « C'est possible que d'autres trucs finissent par me revenir. »

Peu après, il reçut un appel d'un médecin qui l'avait vu sur les lieux. Le praticien l'informa qu'on l'avait retrouvé au milieu des débris dans Albany Street. Après leur conversation, Kevin sortit un plan de la ville et l'étala devant lui. Il évalua la distance entre le hall de la tour sud, où il avait serré Patriciello dans ses bras, et Albany Street, en s'efforçant de se remémorer comment il était arrivé là-bas. Il prit plusieurs notes : *Vu Patriciello dix minutes avant la chute de la première tour. La tour est tombée en neuf secondes. Albany est à peu près à une rue de distance.*

Tout en évitant de multiplier les suppositions, il se mit à reconstituer des fragments de son histoire. « On m'a retrouvé dans Albany Street, répétait-il aux gens, de manière très factuelle. J'étais dans le hall au centre de commandement et j'ai serré le lieutenant Patriciello dans mes bras. »

Le 17 octobre, plus d'un mois après l'attaque, il s'était rendu à la caserne pour la première fois depuis un certain temps. Un article du *Daily News* consacré à plusieurs pompiers qui avaient secouru deux hommes gisant dans la rue après l'effondrement de la première tour était punaisé au mur. L'un de ces hommes était grièvement blessé, la figure noircie de cendres. D'après l'article, il s'appelait Kevin Shea. « Je regarde cet article, et je réagis : "Mais nom de Dieu, c'est moi !" », se souvient-il. Il nota le nom de chacun des protagonistes cités dans l'article et demanda à d'autres pompiers de l'aider à les retrouver.

Quelques jours plus tard, il garait sa voiture devant une station de métro de l'Upper East Side, près de son appartement. Il rentrait chez lui à pied, quand un homme, dans la rue, l'interpella : « Oh, mais bon sang, Kevin Shea ? » Kevin scruta le visage de l'homme, mais sans le reconnaître. « Ne me dis pas que tu ne te souviens pas, lui fit l'homme.

– Que je ne me souviens pas de quoi ?

– On était ensemble dans l'ambulance. »

Shea se rappelait l'article du *Daily News* indiquant qu'il avait été secouru avec un autre pompier ensanglanté.

« L'autre type, c'était toi ? » fit-il.

L'inconnu lui sourit.

« C'est moi. Rich Boeri. »

Ils se serrèrent la main, comme s'ils se croisaient pour la première fois. Kevin sortit un bout de papier et un stylo, qu'il tâchait de toujours garder sur lui, et insista auprès de Boeri pour qu'il lui fournisse des informations. L'autre lui expliqua qu'on les avait transférés en ambulance jusqu'à un bateau de la police pour les conduire sur l'autre rive de l'Hudson River, dans le New Jersey.

« Est-ce que j'ai raconté quoi que ce soit au sujet des autres gars de ma brigade ? » lui demanda Kevin.

Boeri fit non de la tête.

« Tu n'arrêtais pas de répéter : "Est-ce que les tours se sont effondrées ?" »

Quelques jours plus tard, il était encore bouleversé par cette rencontre.

« Je marche dans la rue et tout d'un coup il se met à me raconter ce qui m'est arrivé », me dit-il. Sentant bien d'autres éléments de son passé émerger, il téléphona à l'un de ceux qui, d'après l'article du *Daily News*, l'avaient sauvé : le capitaine Hank Cerasoli. Ils convinrent de dîner ensemble dans l'Upper East Side, et Kevin Shea s'y rendit avec sa petite amie, Stacy. « J'espère tenir le coup », lui confia-t-il en chemin.

À leur arrivée, Cerasoli attendait à l'intérieur avec sa femme. Homme discret, la cinquantaine, le crâne dégarni et la moustache argentée, il portait sa parka de pompier. Devant des œufs et des toasts, son collègue lui décrivit ses propres difficultés avec ses pertes de mémoire. Il avait reçu un coup à la tête et, initialement, était incapable de se rappeler où était située la caserne où il travaillait depuis dix-sept ans. Ses souvenirs étaient progressivement revenus, et il se souvenait d'être tombé sur Shea au milieu de la rue, après l'effondrement de la première tour. « Je t'ai cru mort, lui dit-il. Tu ne remuais plus du tout. »

Shea blêmit, et Cerasoli lui demanda s'il était certain de vouloir qu'il continue. Kevin hocha la tête, et Cerasoli lui expliqua qu'avec quelques autres ils l'avaient porté sur un panneau, quand ils avaient entendu le grondement de la seconde tour. « Nous t'avons soulevé et nous avons couru en te portant sur ce panneau, jusqu'au fond d'une ruelle, et dans un garage. Subitement, tout est devenu sombre, tout est devenu noir. » Cerasoli dessina un plan sur une serviette en papier, pour lui montrer où se situait ce garage, à l'angle de West Street et d'Albany Street.

« J'étais conscient ? » s'enquit Kevin.

Le capitaine réfléchit un long moment.

« Je ne me souviens pas. Il y a des détails que je suis encore incapable de me remémorer. »

Shea lui demanda ce qui s'était produit ensuite. Cerasoli lui répondit que le médecin du service des pompiers avait ouvert la chemise et le pantalon du blessé. « Je te tenais la main. Tu n'arrêtais pas de me demander : "Où sont les autres ? Ils vont bien ?" Et moi, je te disais : "Ouais, bien sûr, ils vont bien, ils sont quelque part en train de rigoler." En réalité, je n'en avais aucune idée, mais j'avais envie que tu te sentes bien. » Le capitaine se tut un instant, avant de demander : « Alors, ils s'en sont sortis ? »

Shea secoua la tête.

« Non, aucun ne s'en est sorti, fit-il.

– Je suis désolé, lui répondit le capitaine. J'ignorais. »

Quand ils eurent fini de dîner, l'épouse de Cerasoli prit une photo d'eux, assis ensemble.

« Je sais que ça, il n'aura pas envie de l'oublier », dit-elle.

Cerasoli tendit la main à Shea, lui passa le bras autour de l'épaule.

« Ce jour-là, Dieu était avec toi », lui dit-il.

Quand il ne fouillait pas dans son passé, Shea allait de service religieux en service religieux. Une victime sur dix qui avait péri ce jour-là était un pompier. Dans son seul bataillon, trente-trois hommes avaient perdu la vie, dont son capitaine, Frank Callahan, et Bruce Gary, un vétéran qu'il vénérait. « Gary, c'était un ancien, avec vingt années de métier derrière lui, m'a-t-il confié. Il était comme le Yoda de la caserne. Il était très sage. J'avais tout le temps envie de traîner avec lui. Et je me pose la question : "Pourquoi toi, Bruce ? Tu aurais été un pilier pour tout le monde." Moi ? Je suis un type positif, mais quand les gars en ont assez du positif, c'est pas moi qu'ils peuvent venir voir. »

Shea assistait à autant de services religieux que possible, mais il y en avait tellement qu'il était contraint de faire ce que tout le monde faisait dans le service : choisir parmi ses amis. Fin octobre, alors qu'un nouvel office religieux se tenait en ville, je l'ai accompagné à une messe dans le nord de l'État de New York, à la mémoire de son lieutenant, John Ginley. Kevin était incapable de conduire, et c'est Steve Kelly qui est venu nous prendre. Kelly et Shea portaient leur plus bel uniforme : costume bleu marine et gants blancs.

En discutant dans la voiture à propos de ces hommes qui étaient morts, Shea semblait détaché, comme s'il lisait un texte rédigé à l'avance. Plusieurs de ses proches avaient remarqué qu'il paraissait de plus en plus anesthésié.

« Je ne sais pas ce qui ne va pas chez moi, m'a-t-il avoué à un certain moment. Je ne suis pas suffisamment triste. Je devrais être plus triste. »

Alors que les autres hommes passaient de plus en plus de temps ensemble – fouillant Ground Zero, prenant leurs repas à la caserne, buvant des verres chez P. D. O. Hurley's, le bar à hamburgers situé sur le port –, lui, il passait de moins en moins de temps avec ses collègues.

En cet instant, il regardait par la fenêtre, s'attardait sur le feuillage qui virait de couleur.

« Regardez, a-t-il fait. Elles sont toutes orange et ocre rouge.

– Tu es sûr que ça va, Kev ? » lui a demandé Kelly.

Il a baissé la vitre et laissé le vent lui souffler au visage.

« Reçu cinq sur cinq. »

À leur arrivée à l'église, des dizaines de pompiers étaient alignés. Comme chaque fois, il n'y avait pas de corps et, au lieu d'un cercueil, un casque était posé au pied de l'autel.

« Je n'oublierai jamais ces souvenirs-là, déclara l'un des frères de Ginley dans son éloge funèbre. Je crois qu'avec le temps cette douleur deviendra supportable, parce que tous nos souvenirs demeureront vivants dans notre esprit. »

J'ai lancé un bref regard à Shea. À l'inverse des autres, qui commençaient à pleurer, il avait les yeux secs et le visage totalement vide.

Fin octobre, il finit par se désintéresser de ses recherches.

« À quoi ça sert ? m'a-t-il demandé. Qu'est-ce que je vais réussir à tirer au clair ? Ils sont tous morts. »

Un jour, par l'intermédiaire de la famille d'un pompier décédé de sa caserne, il a découvert un reportage sur le 11-Septembre qui montrait les hommes de l'unité véhicule 40, son camion, entrant dans les tours. La quête était enfin terminée, a-t-il songé, en s'apprêtant à visionner ce clip. Sur l'image neigeuse, il pouvait voir chacun des hommes de sa compagnie entrer dans le gratte-ciel, mais lui, il n'y était pas.

« Je ne sais pas où je pouvais bien être, m'a-t-il fait. Je ne sais pas ce qui m'est arrivé, bon sang. »

Finalement, il a cessé de chercher des réponses et s'est consacré à aider les familles des pompiers disparus. Il était invité à prendre la parole lors des manifestations de collecte de fonds, malgré une main et une jambe douloureuses, à cause de ses contusions, et de ses cicatrices au bas-ventre, où les chirurgiens avaient prélevé d'importantes surfaces de tissus endommagés. Lors d'une de ces collectes de fonds, à Buffalo, en novembre, après être déjà intervenu quelques jours plus tôt à l'occasion d'une autre manifestation du même ordre, en Californie, il était pâle, épuisé. « Il ne s'autorise pas à guérir, m'a expliqué Stacy. Il souffre tellement, mais il ne dira rien. »

Il avait le regard dans le vide, un inconnu lui a demandé un autographe, mais il s'est éloigné.

Le lendemain matin, le vol American Airlines 587 s'écrasa sur la Rockaway Peninsula, non loin de l'aéroport JFK, et des journalistes, croyant à une nouvelle attaque terroriste, tentèrent de pister Kevin Shea pour recueillir ses commentaires. Au lieu de leur parler, il se rendit à la salle de sport de l'hôtel et monta sur l'un des appareils, le StairMaster, un stepper, qui simule la montée d'un escalier, et, le cou toujours pris dans sa minerve, grimpa des marches à l'infini en regardant l'incendie de l'épave sur l'écran de télévision.

« Que ressentez-vous, monsieur Shea ? ironisait-il, en parodiant leurs questions. Comment vous vous sentez ? »

« Il commence à avoir des cauchemars, m'a révélé Stacy. Il se débat, il donne des coups de pied. »

« Je me souviens de mes rêves », m'a-t-il avoué.

Il se sentait submergé d'émotions refoulées et, régulièrement, il fondait en larmes.

« Je ne sais pas ce qui m'arrive. »

Il s'est procuré un article sur le stress post-traumatique, et il a surligné ces mots : « Avoir mal est acceptable. C'est le premier principe de la guérison. »

Début décembre, ils étaient nombreux à la caserne à manifester eux aussi des symptômes de trauma.

« On voit des signes qui ne trompent pas, m'a expliqué Kelly. Il y a plus de mariages que d'habitude qui se mettent à partir en vrille. Je ne sais pas s'il y a plus d'alcool qu'avant, mais en tout cas il y en a pas mal. »

Pendant que le reste des hommes s'appuyait sur l'univers familier de la caserne, devenu un refuge, Shea, après être parti à la dérive, se sentait coupé des autres. Beaucoup de nouvelles recrues, qui avaient remplacé les disparus, le reconnaissaient à peine. Pour la première fois, il tentait de se réinsérer dans la trame de l'unité. « Être avec ces gars-là, m'a-t-il glissé, pour le moment, pour moi, c'est ce qui compte le plus. »

Il allait avec eux sur Roosevelt Island suivre des cours sur le terrorisme.

« Il était tout excité, m'a dit Stacy. Il allait de nouveau porter son uniforme. »

À la mi-décembre, les médecins lui ont retiré sa minerve. Le temps que les os se soudent entre eux, d'ici un an, il n'était pas impossible qu'il puisse reprendre du service actif. Pourtant, dans la cuisine, où les hommes se réunissaient pour manger et se remémorer, il sentait bien qu'ils le battaient froid. Parfois, quand il se pointait sur place, dans la matinée, ils enregistraient à peine sa présence, constatait-il, et quand il tentait d'engager la conversation, ça n'avait pas l'air de les intéresser. « Beaucoup de gars ont plutôt tendance à éviter mon regard, m'a-t-il confié un jour, dans sa voiture. Si bizarre que ça puisse paraître, je pense que je leur rappelle les autres. »

Ce mois-là, lors d'une autre veillée funèbre, il est resté dans son coin.

« Parfois, je m'imagine que ça aurait été plus facile si j'étais mort avec les autres », a-t-il ajouté.

« C'est difficile de le voir dans cet état, m'a confié Kelly. Chaque fois que je lui parle, ce n'est plus le même type. Avant tout, il faut qu'il se rétablisse, a-t-il continué, physiquement. Ensuite, avec un peu d'espoir, il pourra retourner là-bas, redevenir pompier à part entière, parce que, avant, il ne vivait que pour ça, et il allait occuper un poste plus élevé dans le service. Il se débrouillait super bien avec l'administratif. »

Trois mois après les attentats, il se présenta en avance pour la fête de Noël, désireux d'aider aux préparatifs. Beaucoup de parents des défunts étaient présents, et il leur servit des hot-dogs et de la choucroute. Il travaillait avec les autres gars, en usant de ses formules habituelles : « Oui, chef », « Négatif K, chef ». « Il y a déjà plus de gars qui me causent. Peut-être que maintenant les choses vont devenir plus faciles. »

La liste des pompiers engagés le matin du 11-Septembre, sur un tableau noir qui porte le nom de chacun des membres de la brigade qui avait sauté à bord de son camion avant d'aller mourir, reste fixée au mur de la caserne. Les hommes avaient placé une plaque de Plexiglas dessus, afin de la préserver comme un mémorial. Tout en bas, griffonné presque après coup, ces deux mots : « Kevin Shea ».

« J'ai besoin d'y aller », m'a-t-il soufflé.

Il m'avait appelé chez moi un soir, très agité, et il m'a fallu un moment pour comprendre qu'il faisait allusion à Ground Zero. Il m'a précisé que quelqu'un du service d'incendie viendrait nous chercher l'après-midi suivant à Chelsea.

C'était une froide journée, et il portait un sweat-shirt et des chaussures de randonnée. Stacy se trouvait à ses côtés, sa main dans la sienne. Depuis ce jour-là, il n'était plus revenu sur le site, et il avait sciemment évité d'en voir des photos dans le journal ou des images à la télé. Liam Flaherty, membre de l'unité de secours 4, est arrivé dans un van du Fire Department. Il avait formé Shea à l'école des pompiers et, depuis le 11-Septembre, il était lui aussi revenu sur le site, à la recherche des restes des hommes, quittant les lieux juste le temps de s'accorder un peu de sommeil. « J'ai vu des gars donner absolument le meilleur d'eux-mêmes ce jour-là, nous a-t-il dit en conduisant. Des gars qui se précipitaient dans les tours, ils n'arrêtaient pas d'y retourner. Quand elles sont tombées, ils montaient. »

Nous avons franchi plusieurs postes de contrôle, en tâchant de suivre l'itinéraire que Kevin Shea avait emprunté avec sa brigade. Il avait le visage appuyé contre la vitre, il essuyait la buée que créait sa respiration. Nous pouvions voir le sommet des grues pointer des décombres et, plus loin, deux énormes poutrelles métalliques, fondues ensemble, formant une croix.

« Regardez ça, m'a fait Kevin, en pointant la vitre opposée. C'est le véhicule 40. C'est l'engin sur lequel on est arrivés ici. » Sur le côté de la rue, un énorme camion rouge était stationné, un chiffre 40 peint sur le flanc. « Ils ont dû le déplacer. Nous n'étions pas garés là. » Il m'a regardé, pour que je le rassure. « Non ? »

Nous avons franchi le dernier poste de contrôle.

« Voilà. On y est, nous a annoncé Flaherty.

– C'est la tour sud, a fait Stacy.

– Où ça ?

– Là. Près de la grue.

– Oh, nom de Dieu ! » s'est exclamé Kevin.

Tout ce que nous réussissions à voir, c'était un trou gigantesque dans la ligne d'horizon des gratte-ciel. Flaherty a garé le van et nous sommes descendus. Il nous a distribué des casques et nous nous sommes approchés des ruines. Il nous a crié de faire attention.

« Où est le poste de commandement ? a demandé Shea.

– Dix étages sous terre, lui a répondu Flaherty. Ça brûle encore. »

Kevin a cligné des yeux. Il commençait à se remémorer, d'un coup, tous les éléments qui s'étaient enchaînés. « J'ai attrapé une bonbonne de Purple-K, l'extincteur chimique, m'a-t-il expliqué. J'allais chercher les hommes de mon unité, l'échelle 35. Il y avait des corps qui tombaient. Je m'en souviens encore, quand ils percutaient le sol. Je me souviens du bruit. Je suis allé éteindre des incendies de voitures. Ensuite, je suis descendu au poste de commandement. j'ai vu Patriciello. » Il a fermé les yeux. « Je l'ai serré dans mes bras. Je lui ai dit de faire attention. »

Il s'est tu. Comment avait-il pu passer de cette salle du poste de commandement à Albany Street ? Il n'aurait pas pu courir aussi vite. « Peut-être que tu as été projeté par le souffle, a suggéré Flaherty. Un tas de types se sont fait prendre, et certains ont subi une commotion, une perte de connaissance.

– Où est-ce, Albany Street ? s'est enquis Kevin.

– C'est par là », lui a répondu Flaherty.

Nous nous sommes mis à courir, de la boue giclant sur nos chaussures. Nous avons tourné dans une petite rue. Il y avait des voitures encore couvertes de cendres, les vitres fracassées. Shea se rappelait ce que le médecin lui avait expliqué, il avait rampé une soixantaine de mètres vers la lumière. Il s'est avancé de quelques pas, puis s'est arrêté, s'est retourné. « C'est là qu'ils m'ont trouvé, m'a-t-il dit. Exactement là. » Il a de nouveau regardé vers la tour, jaugeant la distance. « Il y a un garage par ici ? » Il y en avait un plus loin dans la rue, nous a confirmé Liam, et nous sommes repartis au pas de course, en passant devant un immeuble calciné et plusieurs hommes qui portaient des masques chirurgicaux. « Ça doit être là », a fait Kevin.

Le garage était petit, humide, froid. Nous avons attendu un moment, et nous sommes ressortis en courant dans la rue, au bout d'une ruelle, puis d'une autre, jusqu'à ce que nous arrivions sur les berges de l'Hudson River. « C'est là qu'ils m'ont allongé sur une civière. »

Nous l'avons écouté achever son histoire, échafauder de nouvelles théories à partir de l'idée de Flaherty, supposer qu'il avait été projeté par le souffle de l'écroulement de la tour, estimer la vitesse du déplacement d'air et la violence de la commotion cérébrale, et nous, nous étions épuisés, nous avions froid. Le temps de regagner le site, la nuit était tombée, et les ouvriers avaient allumé leurs projecteurs. Tandis que les autres s'affairaient, s'éloignaient, il s'est dirigé vers ce qui subsistait de la tour sud.

Il est resté là, écoutant le vrombissement des grues. Je l'ai observé quelques longues minutes.

« Est-ce que ça va ? ai-je fini par lui demander.

– Ouais. »

Il semblait prendre conscience qu'après des mois de recherches il se pourrait qu'il ne sache jamais rien, qu'il n'y ait aucun moyen de reconstituer un récit logique de cette journée.

« Je suis tellement fatigué », m'a-t-il glissé.

Il s'est essuyé les yeux. Quoi qu'il se soit passé, lui ai-je suggéré, il avait accompli son travail, et au-delà d'une certaine limite, il fallait qu'il lâche prise sur le reste.

Il s'est approché du cratère, les pieds en équilibre au bord.

« J'aurais juste aimé savoir une chose de cette journée… n'importe quoi… qui me démontre que j'ai essayé de sauver une autre peau que la mienne. »

DEUXIÈME PARTIE

« L'homme
est une étrange énigme ! »

Sherlock Holmes,
dans *Le Signe des quatre*

Le chasseur de calmar

À la poursuite de la plus fuyante des créatures marines

Par une nuit sans lune de janvier 2003, Olivier de Kersauson, le navigateur français, filait en plein océan Atlantique, tentant de battre le record du tour du monde à la voile, quand son bateau s'immobilisa mystérieusement. Il n'y avait pas une terre à des centaines de nautiques, et pourtant le mât trembla, la coque frémit, comme si le navire s'était drossé sur la terre. Kersauson fit pivoter la barre d'un côté, de l'autre ; malgré tout, inexplicablement, le bateau était secoué d'un bordage à l'autre dans l'obscurité. Kersauson ordonna à tous les hommes de son équipage, qui couraient maintenant en tous sens sur le pont, de chercher ce qui se passait. Les marins sortirent des projecteurs et les braquèrent vers la surface de l'eau, tandis que l'imposant trimaran – un bateau à trois coques, long de trente-trois mètres, à l'époque le plus grand engin de course de sa catégorie, baptisé *Geronimo*, du nom du guerrier apache – tanguait dans les vagues.

Pendant ce temps, le second, Didier Ragot, descendait du pont dans la cabine, ouvrait une trappe dans le plancher, et scrutait l'océan par un hublot, en braquant une lampe torche. Il entrevit quelque chose près du gouvernail. « C'était plus gros d'une jambe humaine, m'a-t-il raconté plus tard. C'était un tentacule. » Il a encore jeté un œil. « Et puis ça s'est mis à bouger », se rappelait-il.

Il a fait signe à Kersauson, qui est descendu lui aussi et s'est accroupi au-dessus du hublot. « Je pense que c'est une espèce d'animal », lui a fait Ragot.

Kersauson lui a pris la torche, pour inspecter la coque à son tour. « Je n'avais jamais rien vu de pareil, m'a-t-il confié. Il y avait deux tentacules géants juste au-dessous de nous, qui s'attaquaient à notre gouvernail. »

Apparemment, la créature s'enroulait autour du bateau, qui basculait violemment. Les planchers craquaient, le gouvernail commençait à fléchir. Ensuite, alors que la poupe paraissait sur le point de casser net, tout s'est immobilisé. « Il s'est décroché de la coque, et j'ai pu voir ses tentacules, se rappelait Ragot. L'animal entier devait mesurer près de dix mètres. »

La créature avait une peau luisante et de longs bras armés de ventouses, qui laissèrent des marques sur la coque. « Il était énorme, soulignait Kersauson. Je navigue depuis quarante ans, j'ai toujours une réponse pour tout, pour les ouragans comme pour les icebergs. Mais je n'avais pas de réponse à ça. C'était terrifiant. »

Ce qu'ils affirmaient avoir vu – et ce que beaucoup de gens considérèrent comme une histoire à dormir debout –, c'était un calmar géant, un animal qui occupe de longue date une place centrale dans les histoires de marins ; on le disait plus grand qu'une baleine et plus fort qu'un éléphant, doté d'un bec capable de sectionner des câbles d'acier. Dans une scène fameuse de *20 000 Lieues sous les mers*, Jules Verne décrit une bataille entre le *Nautilus* et un calmar géant doté de huit bras et d'une paire d'yeux bleu-vert – « un monstre horrible, digne de figurer dans les légendes tératologiques, un calmar de dimensions colossales, ayant huit mètres de longueur ». Plus récemment, Peter Benchley, dans son thriller *La Bête*, décrit un calmar géant qui « tuait sans nécessité, comme si la nature, dans un accès de malveillance perverse, l'avait programmé à cette fin ».

De tels récits de fiction, alliés à des dizaines de signalements non confirmés émanant de marins au fil des décennies, ont fait entrer le calmar géant au royaume légendaire du dragon cracheur de feu et du monstre du Loch Ness. Mais si cette bête gigantesque n'est pas un mythe, l'espèce, désignée dans la littérature scientifique du nom d'*Architeuthis*, est si peu connue qu'elle semble parfois bel et bien appartenir à la mythologie. Le calmar géant adulte est classifié comme étant le plus grand invertébré sur la terre, avec des tentacules parfois aussi longs qu'un autobus et des yeux à peu près de la taille d'une tête humaine. Pourtant, aucun scientifique n'a jamais pu examiner de spécimen vivant, ou n'en a vu nager dans la mer. Les chercheurs n'ont étudié que des carcasses qui, en de rares occasions, s'étaient échouées sur le rivage ou flottaient à la surface. (Un cadavre, découvert en 1887 dans le Pacifique Sud, aurait été long de vingt mètres.) Les autres éléments tangibles relatifs au calmar géant ne sont que de simples traces : des marques de ventouses ont pu être aperçues sur le corps de cachalots, semblables à des brûlures (les deux créatures s'étaient sans doute battues à des centaines de mètres sous la surface de l'océan).

Le calmar géant s'est emparé de l'imagination de beaucoup d'océanographes. Comment une créature aussi grande et aussi puissante pouvait-elle passer aussi longtemps inaperçue – et, en fin de compte, demeurer moins bien connue que les dinosaures, disparus depuis des millions d'années ? La recherche d'un spécimen vivant a déclenché une compétition enfiévrée. Depuis des décennies, des équipes de scientifiques ont sillonné la haute mer dans l'espoir d'en entrevoir un. Ces dernières années, dans cette compétition pour en capturer un, ces *squid squads*, ces « brigades du calmar », ont investi des millions de dollars et déployé des dizaines de submersibles et de caméras sous-marines.

Steve O'Shea, biologiste marin de Nouvelle-Zélande, est l'un de ces chasseurs, mais son approche est radicalement différente. Il n'essaie pas de débusquer un calmar géant adulte ; il préfère écumer les océans pour détecter un bébé, ce qu'on appelle une paralarve, qu'il pourrait faire grandir en captivité. Une paralarve est souvent de la taille d'un criquet.

« Voyez-vous, un calmar couve et fait éclore des centaines de bébés », m'a ainsi expliqué ce biologiste début 2004, quand je l'ai appelé à son bureau de l'Earth and Oceanic Sciences Research Institute, à l'Auckland University of Technology. « La plupart de ces bébés seront dévorés par de plus grands prédateurs, mais durant les périodes de fraie la mer devrait être remplie d'une quantité absolument fantastique de ces organismes miniatures. Et, à l'inverse des adultes, ils ne seront sûrement pas capables de s'enfuir aussi vite. »

D'autres chasseurs, ses rivaux, considérèrent d'abord son projet avec scepticisme : si personne ne réussissait à débusquer la bête quand elle mesurait vingt mètres de long, comment pourrait-on la repérer quand elle mesure à peine un huitième de pouce, soit un peu plus de trois millimètres ? Dernièrement, pourtant, un certain nombre d'entre eux ont fini par juger la stratégie d'O'Shea porteuse d'une avancée potentielle. « Sa méthode offre plusieurs avantages, m'a expliqué Clyde Roper, un Américain qui est peut-être le plus éminent de tous les experts mondiaux du calmar. Lui-même chasseur de calmar géant, il est un jour descendu dans une cage d'acier à la recherche de sa proie. « D'abord, on peut aller dénicher ces très jeunes spécimens dans des eaux peu profondes. Cela les rend beaucoup plus faciles à attraper. D'autre part, il y en a beaucoup plus que de calmars adultes, puisque à ce stade, en dépit d'une mortalité élevée, la femelle adulte est capable de pondre jusqu'à quatre millions d'œufs. Cela fait un sacré paquet de bébés calmars géants en circulation. En fait, sa stratégie mise sur les grands nombres, purement et simplement. »

En 1999, O'Shea eut l'occasion d'étudier ce que peu d'hommes avaient vu avant lui – le cadavre d'un bébé *Architeuthis*, repêché au large de la Nouvelle-Zélande. Il put faire la description de sa curieuse morphologie : deux yeux à l'implantation surprenante, très écartés l'un de l'autre ; une bouche comparable à celle du perroquet, dissimulant une langue râpeuse et dentelée ; huit bras qui s'étendent vers l'avant, à partir d'une tête en forme de torpille. Chacun de ces membres élastiques est équipé de centaines de ventouses cerclées de dents pointues. La peau, iridescente, est constellée de chromatophores – des groupes de cellules pigmentaires – qui lui permettent de changer de couleur. Un siphon situé dans la région de la tête est capable de cracher des nuages d'encre noire. Le spécimen possède aussi deux tentacules d'aspect extraordinaire, aux extrémités en forme de massue. (À l'âge adulte, le calmar géant peut se déployer sur une longueur de neuf mètres.)

Armé de ces connaissances rares, O'Shea avait passé les cinq années suivantes à repérer sur la carte à quels endroits trouver un bébé calmar géant et à s'interroger sur la meilleure manière de le capturer et de l'élever dans un aquarium. Il avait fini par s'aventurer dans l'hémisphère Sud par les nuits d'été, à la période où les calmars géants pondent leurs bébés. « Descendez donc me rejoindre, mon vieux. On verra bien si on réussit à dénicher cette foutue bestiole, et à marquer l'histoire. »

Les marins ont retrouvé des corps de calmars géants morts dans presque tous les océans : dans le Pacifique, devant les côtes californiennes ; dans l'Atlantique, au large des côtes de Terre-Neuve et de Norvège ; et dans l'océan Indien, au sud de l'Afrique du Sud. Mais aucune région du monde n'est réputée plus propice à la chasse au calmar géant que les eaux de Nouvelle-Zélande. C'est ici que les courants des tropiques et d'Antarctique convergent, et la vie marine très diverse qui en résulte crée une abondance de plancton dont le calmar se nourrit. C'est là que, ces dernières années, on a repêché davantage de cadavres de calmars géants que partout ailleurs.

Je suis arrivé à Auckland un matin de la fin février 2004, et Steve O'Shea est venu m'accueillir à l'aéroport. À trente-huit ans, il paraissait bien plus jeune que son âge. Il portait un pantalon et une chemise kaki, un uniforme qui m'évoquait un ranger dans un safari. Il est petit, athlétique, et le cheveu brun, qui rebiquait comme s'il venait d'y passer les doigts. En me scrutant derrière des lunettes qui lui faisaient des yeux d'une taille anormale, il m'a avoué non sans embarras qu'il était déjà venu me chercher la veille. « Avec tout ce qui se passe, je suis un peu préoccupé », m'a-t-il avoué.

Il s'exprimait d'une voix douce, à peine plus qu'un murmure, mais avec intensité, et chaque fois que je m'adressais à lui il tournait la tête de côté, de sorte que je m'adressais directement à son oreille droite. (Plus tard, il m'a appris qu'il s'était endommagé l'oreille gauche suite à un accident de plongée.) Il a ouvert son portefeuille et en a sorti sa carte de visite ; à côté de son nom figurait une photo d'un calmar à la peau iridescente. Pendant que j'étudiais cette image, il a empoigné l'un de mes bagages et s'est dirigé en vitesse vers son pick-up qui, dès qu'il a ouvert la portière côté conducteur, a laissé échapper une odeur étrange et âcre. « Je m'excuse, vraiment, m'a-t-il dit en baissant les vitres. Vous constaterez que tout autour de moi, ça sent deux odeurs, le calmar mort et la cibiche. » Sur la banquette arrière était couchée une tige métallique longue de quatre-vingt-dix centimètres, munie d'un filet à son extrémité. Je n'ai pas tardé à m'apercevoir qu'il l'emportait avec lui partout où il allait, souvent en bandoulière, comme s'il était chasseur de papillons.

Au cours des journées suivantes, nous avons entamé les préparatifs de notre première sortie. Un jour, nous foncions sur la nationale, en direction d'un magasin où nous devions nous procurer des fournitures, quand il a pilé et fait marche arrière, au milieu du trafic. « Zut, j'ai failli oublier ! », s'est-il écrié, en se garant sur un parking qui dominait le port. Il a bondi dehors avec son filet, foncé tout en bas, sur un quai de marchandises, une cigarette allumée pendant à ses lèvres. Il s'est penché au-dessus de l'eau, le vent lui fouettait la figure, et il a brandi son filet très haut au-dessus de sa tête. Pendant quelques instants, il n'a plus bougé, plus respiré. « Là ! » s'est-il exclamé. Je l'ai vu exécuter une fente vers l'avant, gifler l'eau avec son filet. Il l'a ramené à lui, ses jambes de pantalon aspergées de gouttelettes, et j'ai aperçu une dizaine de sprats, un poisson qui ressemble au vairon, danser au fond du filet. « Je sais que j'ai un peu l'air d'un cinglé, a-t-il concédé. Mais ces détails-là sont assez importants. »

Après avoir de nouveau plongé son filet à plusieurs reprises dans l'eau (« Croyez-le ou non, il y a une technique », m'a-t-il affirmé), il est retourné à son pick-up et il a versé les sprats dans un seau blanc, sur la banquette arrière. Nous avons continué notre route, avec notre seau de sprats qui clapotait derrière nous sur la banquette, et, un peu plus loin, nous nous sommes arrêtés devant un aquarium, le Kelly Tarlton's Antarctic Encounter and Underwater World. (Les brochures de l'endroit vantaient les mérites de Steve O'Shea, « l'homme du calmar, spécialiste de renom mondial ».)

Il a attrapé son seau, et nous nous sommes dirigés vers l'intérieur du bâtiment. « C'est là que je les conserve », m'a-t-il expliqué. Il m'a conduit dans une salle humide sous des éclairages au néon, où trônait un aquarium circulaire en verre ; à l'intérieur de l'aquarium, il y avait soixante-dix bébés calmars, chacun long de moins de trente millimètres, et qui fonçaient d'une paroi à l'autre. Il m'a expliqué que ces spécimens, qui se trouvent dans les régions côtières, appartenaient à une espèce plus petite que l'*Architeuthis*. « Regardez-les, m'a-t-il fait. Ils sont franchement superbes, hein ? »

Steve est l'une des rares personnes au monde à être parvenues à préserver en captivité des calmars de cette espèce côtière, mais aussi des spécimens issus des eaux profondes. À l'inverse d'une pieuvre, que, d'après lui, « vous aurez beau vous donner toutes les peines du monde, vous ne réussirez pas à tuer », un calmar est extrêmement sensible à son environnement. Habitué à vivre dans un domaine sans limites, le calmar réagit mal quand il est placé dans un aquarium, et il lui arrivera souvent de se précipiter contre les parois, tel un kamikaze, ou de cannibaliser un autre spécimen.

En 2001, une expédition d'un mois en mer lui a permis de capturer dans ses filets un groupe de paralarves de calmars géants, mais, le temps qu'il débarque à quai, ils étaient tous morts. Il était tellement anéanti qu'il avait grimpé dans l'aquarium, en larmes, pour y récupérer leurs petits cadavres lui-même. « J'avais passé toutes ces journées, ces heures, à essayer de pêcher ces paralarves, et ensuite elles étaient toutes mortes, pour ainsi dire sous mes yeux », m'a-t-il confié. Pendant deux ans, il était resté si anéanti par cet échec qu'il s'était refusé à monter une autre expédition. « Je savais que si j'échouais encore je serais fichu, se rappelait-il. Pas seulement au plan scientifique, mais physiquement et émotionnellement. »

Néanmoins, il ne pouvait s'empêcher de s'interroger sur ce qui s'était produit dans l'aquarium. Son épouse, Shoba, informaticienne originaire d'Inde, m'a raconté que parfois, au beau milieu d'une conversation sur un tout autre sujet, il s'écriait subitement : « Où est-ce que je me suis trompé ? » En fin de compte, fermement décidé à rectifier ce qu'il appelait son « erreur fatale », il s'était lancé dans une longue série d'expériences sur d'autres espèces de jeunes calmars des profondeurs. Il modifia quelques détails de leurs conditions de captivité : la taille de l'aquarium, l'intensité de l'éclairage, les niveaux d'oxygène, le degré de salinité. Il avait découvert que l'aquarium dans lequel il avait gardé ses paralarves pendant l'expédition souffrait de deux défauts fatals : il était de forme rectangulaire, un profil qui, pour des raisons diverses, entraînait les calmars vers le fond, où ils mouraient ; et les parois étaient fabriquées en polyéthylène, un composé du plastique qui s'était révélé toxique pour le calmar des grands fonds. « Sachant ce que je sais maintenant, je me sens franchement idiot. C'était comme les conduire à l'abattoir. »

Au milieu des années 1970, Clyde Roper réussit à garder vivant un calmar issu du milieu océanique pendant quatorze jours, un record à l'époque. En se servant d'un aquarium cylindrique fabriqué en acrylique, O'Shea avait maintenu ses spécimens côtiers en vie pendant quatre-vingts jours. Précédemment, il avait préservé un lot de calmars des profondeurs plus de soixante-dix jours, et ensuite, satisfait de cette expérience couronnée de succès, il les avait relâchés dans l'océan.

Il a levé son seau blanc en l'air.

« Regardez ça », m'a-t-il fait, et il a jeté ses sprats dans l'aquarium. Ces poissons avaient beau être plus gros que les calmars, ces derniers ont foncé dessus en dissimulant leurs tentacules, les bras plaqués autour de la tête ; à l'exception de leurs yeux verts protubérants, tout leur corps avait un aspect métallique. D'un coup, je les ai vus ouvrir leurs bras et se jeter sur leur proie, leurs tentacules propulsés vers l'avant. Les poissons se tortillaient pour se libérer, mais les calmars les ont pris au piège de leurs bras enchevêtrés. Ensuite, ils ont attiré dans leur bec leur proie qui se débattait encore frénétiquement, le ventre des céphalopodes a viré au rouge vif, en s'emplissant du sang des poissons. Les yeux rivés sur cet aquarium, j'imaginais de quoi aurait l'air un calmar géant adulte avalant sa proie.

« Si je réussis à conserver ces petits calmars en vie, il n'y a aucune raison pour que je ne puisse pas maintenir le géant en vie. Il me faudra juste un plus grand aquarium. »

Il redoutait tout de même ce qu'il adviendrait de ses calmars pendant notre expédition – en tout et pour tout, il ne les avait quittés qu'une seule fois, le jour de Noël – et, appréhendant cette séparation, il s'était organisé avec un employé de l'aquarium pour qu'il prenne soin d'eux en son absence.

« Il faut les traiter avec le plus grand respect », a-t-il insisté.

Ensuite, nous nous sommes dirigés vers son bureau à l'université, où il devait encore rassembler diverses affaires en vue de l'expédition. Cet espace était aussi encombré qu'un grenier, et semblait entièrement consacré à ce qu'il définissait comme son « obsession de cinglé ». Des illustrations étaient collées aux murs et empilées sur des tables, dont un bon nombre dessinées de sa main, représentant le calmar géant, le calmar colossal, le calmar de roche austral, le calmar crochu antarctique, le calmar léopard. En outre, il possédait aussi des calmars jouets, des calmars porte-clefs, des cahiers décorés d'un calmar, des films sur les calmars, et des coupures de presse relatives aux calmars (« ATTENTION ! CALMAR GÉANT VOLANT ATTAQUE DES NAVIRES AU LARGE DE L'AUSTRALIE »). Enfin, il y avait sur le sol des dizaines de bocaux remplis de calmars morts préservés dans l'alcool, les yeux et les tentacules plaqués contre le verre.

Beaucoup de scientifiques spécialistes des calmars doivent attendre des dizaines d'années avant de mettre la main sur les restes d'un *Architeuthis*. Pour sa part, O'Shea a tissé un vaste réseau d'informateurs parmi les pêcheurs et, au cours des sept dernières années, il a pu rassembler cent dix-sept cadavres. Pris dans leur ensemble, ces spécimens offrent une vision plus claire du calmar géant. Il en a conclu que si ces animaux pouvaient peser jusqu'à cinq cents kilos la majorité se cantonnaient dans une fourchette entre cinquante et deux cents kilos. (En règle générale, les femelles sont plus corpulentes que les mâles.) Sa collection de calmars a aussi livré aux scientifiques les premiers indices sur le régime alimentaire de l'animal. Dans un article publié par le *New Zealand Journal of Zoology*, il a documenté le « contenu des entrailles » de ses spécimens, parmi lesquels un encornet minami et des morceaux d'un autre *Architeuthis* (« preuve de cannibalisme »).

Lors d'une autre expérience récente, il a disséqué le statolithe d'un spécimen, une concrétion minérale dans l'oreille de l'animal, qui l'aide à préserver son équilibre. Avec le temps, un statolithe accumule des anneaux de dépôts calciques, expliquait-il, et, comme les cercles d'un tronc d'arbre, ces couches osseuses peuvent aider les scientifiques à déterminer l'âge d'un calmar et son rythme de croissance.

Initialement, m'a-t-il précisé, il avait songé à disséquer ses cadavres dans son bureau. Mais après une incision pratiquée sur l'un d'eux, ce spécimen avait dégagé une odeur infecte, mélange de chair pourrissante et d'ammonium (composant qui permet à l'animal de flotter dans l'eau). Les étudiants et les professeurs avaient fui l'immeuble, et il n'avait pas tardé à recevoir l'interdiction d'y pratiquer d'autres dissections. « Après ça, ma popularité en a pris un coup », admettait-il.

Devant moi, il a attrapé divers bocaux.

« Ah, le voici, m'a-t-il fait, en levant en l'air ce qui ressemblait à la tige d'une minuscule grappe de raisins.

– Qu'est-ce que c'est ? ai-je demandé.

– Les œufs des ovaires d'un calmar géant. J'en ai un congélateur plein. »

Le téléphone a sonné. Il l'a fixé des yeux sans bouger.

« Je sais ce qu'ils veulent », a-t-il fait.

Il a introduit une pince brucelles dans un bocal, en a extrait un brin chargé d'œufs et l'a placé sous un microscope.

« Allez-y, mon vieux, jetez un œil », m'a-t-il suggéré.

J'ai regardé dans l'œilleton, j'ai pu voir au moins une centaine d'œufs, chacun mesurant moins de deux millimètres de largeur. Il m'a précisé qu'il projetait d'attacher les œufs, susceptibles de produire des phéromones, à une caméra sous-marine, dans l'espoir d'attirer un calmar géant d'assez près pour le saisir à l'image.

Il s'est assis devant son ordinateur, a tapé sur son clavier quelques minutes, avant de s'interrompre brusquement et de sortir de son bureau. Il est revenu quelques instants plus tard, avec deux cerceaux en main.

« Nous sommes presque prêts », m'a-t-il annoncé.

Le téléphone a de nouveau retenti.

« Oh, la barbe », s'est-il agacé, et il a laissé sonner. Il a attrapé un autre bocal, contenant deux coquillages noirs qui paraissaient imbriqués l'un dans l'autre. « C'est le bec d'un calmar géant. »

J'ai passé le doigt sur le tranchant, qui m'a picoté la peau. Il m'a dit l'avoir trouvé au fond de l'estomac d'un cachalot.

Il s'est remis à s'agiter en tous sens, et s'est assez vite retrouvé les bras chargés, avec une boîte de bocaux contenant des spécimens, ses cerceaux, un filet, un marteau, une corde, une serviette en cuir passablement râpée dont seule une fermeture à boucle était encliquetée, et plusieurs cartes roulées.

« OK, je crois que nous sommes plus ou moins prêts, a-t-il fait. Il me faut juste un clope », et on est partis.

Depuis des mois, il avait soigneusement choisi notre destination, en étudiant les itinéraires de migration des calmars ainsi que les relevés satellitaires des courants marins et des températures. Son plan de route devait nous mener au sud, où il avait déjà découvert des paralarves auparavant. Pourtant, à la dernière minute, il avait changé d'avis.

« Nous allons au nord, m'a-t-il signalé. Ah, et il fallait que je vous avertisse, a-t-il ajouté alors que nous retournions à son pick-up, on a un petit cyclone qui arrive dans notre direction. »

Depuis que les marins écument les mers, ils en reviennent avec des histoires de monstres. La Bible parle d'« un dragon qui est dans la mer » ; l'encyclopédie romaine *Naturalis Historia* nous mentionne un énorme « polype [...] trempé d'eau salée et qui sentait une odeur terrible ». Ainsi que l'historien des sciences Richard Ellis le démontre dans son livre de 1998, *The Search of the Giant Squid*, ces récits disparates ont fini par dresser le tableau d'une bête singulière : une énorme créature marine, aux redoutables appendices – bras, cornes, pieds, pattes ou queues – qui saillaient de sa tête. Dans l'*Odyssée*, Homère décrit une bête qu'il appelle Scylla :

Ses pieds antérieurs sont au nombre de douze ;
Il darde six longs cous ; chacun est affublé
D'une tête effroyable où grince un rang triplé
D'interminables dents qu'emplit la mort jalouse.
[...]
Quel naute se vanta que sa nef sortit seule
Intacte du danger ? chaque vorace gueule
Prélève un matelot sur tout bateau passant.

En Norvège, les marins rapportèrent parfois avoir aperçu un prédateur à tentacules, qu'ils surnommèrent le Kraken. (Ce mot est un terme familier désignant un arbre qui possède encore ses racines.) En 1755, l'évêque Erik Ludvigsen Pontopiddan incluait l'animal dans son *Histoire naturelle de la Norvège*, affirmant que le Kraken était de la taille d'un « îlot flottant », avec des cornes aussi longues qu'un mât de navire. L'auteur poursuivait en ces termes : « Il semble que ce soient les bras de la créature et, dit-on, si ces bras-là devaient se saisir du plus grand vaisseau de guerre, ils l'entraîneraient par le fond. »

Entre-temps, les marins baleiniers américains s'échangeaient des récits relatifs à un *devilfish*, un diable de mer. En 1851, Herman Melville, qui avait travaillé trois ans sur un baleinier, publiait *Moby Dick*, dans lequel il évoque un marin qui est témoin du « plus prodigieux phénomène » : une « vaste masse pulpeuse », aux « bras innombrables [qui] rayonnaient de son centre, se lovaient et se tordaient tel un nid d'anacondas ».

Vers la même époque, Johannes Japetus Smith Steenstrup, éminent zoologue danois, décida d'investiguer sur ces rumeurs. En consultant les éléments tangibles à sa disposition, ce furent surtout plusieurs récits relatifs à une bête étrange qui retinrent son attention : capturée dans le détroit d'Øresund vers 1540, et rapportée à la cour du roi du Danemark, la bête considérée comme « rareté et merveille » fut mise à sécher et préservée. Baptisée « moine de mer », à cause de sa tête d'aspect lisse qui évoquait la tonsure des hommes du cloître, d'après un dessin original la créature ressemblait à un gros calmar. En 1854, dans le cadre d'une conférence, Steenstrup déclara que le moine de mer, comme le Kraken, était « avant tout un céphalopode » – un terme classificatoire dérivé des mots grecs signifiant « tête » et « pied », et qui désigne les animaux dont les tentacules ont la propriété de jaillir de la tête. Devant un auditoire sidéré, Steenstrup souleva ensuite un bocal contenant la mâchoire d'un calmar géant, qui, d'après les témoins, aurait été prélevée sur la tête d'un spécimen mort au large des côtes d'Islande. Il nomma la créature *Architeuthis* (« le calmar dominateur ») – signifiant, ainsi que le souligne Ellis, « le passage officiel du calmar géant du royaume de la fable à celui de la littérature scientifique ».

Tout comme les marins avaient auparavant grossi à l'extrême les preuves de l'existence du calmar géant, la communauté scientifique s'exagérait désormais leur absence. La plupart des scientifiques contestaient encore les découvertes de Steenstrup quand, en novembre 1861, les hommes d'équipage d'un vapeur français, l'*Alecton*, virent en plein Atlantique un Kraken se dresser devant eux. Le capitaine décida qu'il lui fallait le capturer et ordonna à ses hommes de faire feu de leurs mousquets. Les balles semblèrent de peu d'effet, aussi lancèrent-ils leurs harpons, qui apparemment ricochèrent sur la peau de la bête. Finalement, ils lui enserrèrent la queue dans le nœud coulant d'un cordage et, quand ils hissèrent la créature à bord, sous son poids énorme, la corde entailla les chairs dépourvues d'os. Il n'en subsista qu'un morceau de queue, qui fut aussitôt expédié à l'Académie des sciences, accompagné d'un rapport détaillé. Ce rapport, qui inspira à Jules Verne sa description d'un calmar géant d'allure menaçante, ne suffit guère à attribuer à cet organisme vivant une place attestée au royaume des animaux. Arthur Mangin, un zoologue français, déclara que cette queue en décomposition n'était que les vestiges d'une plante marine, et enjoignait « aux esprits sages, et surtout aux hommes de science, de n'admettre que sous bénéfice d'inventaire les récits qui font mention d'être extraordinaires [...] dont l'existence serait en quelque sorte la négation des grandes lois d'harmonie et d'équilibre qui gouvernent souverainement la nature vivante ainsi que la matière brute et inerte ».

Les scientifiques continuèrent de douter de la thèse de Steenstrup jusqu'à ce qu'un jour, en 1873, un pêcheur repère au large de Terre-Neuve une créature flottant à la surface de l'océan et la frappe avec un harpon. L'animal, qui était bien vivant, déploya ses bras et tenta de s'emparer de lui ; le pêcheur attrapa alors une hache. Avec les années, l'histoire connut quelques enjolivements, mais un fait demeurait indéniable : le pêcheur rentra à terre avec un tentacule de calmar géant, long de près de six mètres. Cette belle prise fut placée dans un musée, à Saint-Jean de Terre-Neuve, offerte aux yeux des visiteurs. Enfin, les sceptiques les plus farouches furent forcés d'admettre que le Kraken était bien réel.

Alors que les vents et les pluies du cyclone commençaient de s'abattre sur la Nouvelle-Zélande, O'Shea s'affairait dans son jardin, près de son bateau, monté sur une remorque. Cette embarcation ne correspondait pas exactement à ce que je m'étais imaginé. Elle mesurait moins de sept mètres de longueur sur à peu près trois mètres de bord à bord, avec un moteur hors-bord. Il n'y avait ni coquerie ni toilettes, et aucun endroit où dormir, excepté une bannette à l'avant, de la taille d'un placard à balais.

« Je suppose que vous vous attendiez à l'un de ces yachts américains, non ? » m'a-t-il lâché avec un sourire.

Initialement, il avait prévu d'affréter un autre navire, avec sa *squid squad* traditionnelle – un équipage de marins professionnels et une équipe de scientifiques. C'était comme cela que les chasseurs de calmars du Japon, d'Amérique et d'Europe sillonnaient les mers, et c'était lors d'un de ces périples qu'il avait pu pêcher ses paralarves. Mais de telles expéditions coûtent des millions de dollars, et, étant universitaire, il doit lui-même se débrouiller pour rassembler les fonds finançant ses recherches auprès de sources privées, comme la chaîne Discovery Channel. Il avait déjà englouti une part non négligeable des modestes économies de sa famille dans cette quête, à telle enseigne qu'il n'avait même pas de quoi se payer une prothèse auditive, entre autres produits de première nécessité. « Si je ne dégote pas de calmar géant sous peu, je serai ruiné », m'a-t-il avoué.

Pourtant, selon d'autres chasseurs, la possibilité de mettre son projet à exécution moyennant une somme relativement modique fait partie du génie du plan d'O'Shea. Les jeunes calmars nageant dans des eaux moins profondes que les adultes, il n'avait par exemple pas besoin de plonger en sous-marin. L'entreprise ne nécessitait pas non plus de bateau capable d'embarquer un énorme aquarium. Dès le mois de décembre, il avait décidé d'aller de l'avant en utilisant son propre bateau de pêche, et de réduire son équipage à trois hommes : lui, moi, et un étudiant en licence de biologie marine, Peter Conway, aimable végétarien de trente-deux ans qui roulait lui-même ses cigarettes et n'avait jamais pris part à une telle expédition. « La grosse houle me donne un peu mal au cœur », m'a soufflé Peter à un certain moment.

O'Shea m'a prévenu qu'il n'avait pas envie d'attendre que le cyclone passe : chaque année, la période à laquelle tous les calmars adultes migraient dans la région pour frayer et pondre leurs œufs était assez brève. Nous nous sommes donc mis en route, dans son pick-up, avec le bateau en remorque, et nous nous sommes dirigés vers le nord en écoutant la voix de ténor légèrement nasillarde de Neil Diamond sur l'autoradio. (« Il est foutrement excellent, non ? » m'a fait Steve.)

En quelques heures, la tourmente gagnant en intensité, les paysages exquis de la Nouvelle-Zélande, avec ses longs rivages blancs, ses collines volcaniques et ses fermes d'élevage de moutons furent assombris par la noirceur du ciel. La remorque était secouée par le vent, qui se rapprochait d'une force de tempête. Selon les bulletins d'information à la radio, une rivière non loin de là était sortie de son lit, forçant les riverains à évacuer. Des équipes de défense civile étaient appelées à la rescousse, et le courant coupé dans plusieurs villes, notamment à Auckland.

La police avertissait les automobilistes de ne pas prendre la route, mais nous avons continué vers le nord de la péninsule, en traversant des villes aux noms aborigènes comme Te Kao et Te Hapua, jusqu'à ce que nous arrivions à un bungalow en bois, dans l'après-midi. Nous y resterions toute cette journée, nous a expliqué Steve, avant de mettre le bateau à l'eau, de nuit, au moment où les calmars remontaient la colonne d'eau pour venir se nourrir.

Le bungalow n'avait ni téléphone ni chauffage, et l'intérieur sentait le renfermé, comme s'il avait été abandonné depuis des années. « Pas terrible, hein ? » a ironisé notre chef d'expédition, en balayant des fourmis de la table de la cuisine. Pourtant, ça n'avait pas l'air de le chagriner outre mesure, et, pendant que Peter Conway et moi déballions nos sacs, il a étalé son équipement sur le sol pour procéder à l'assemblage d'un singulier dispositif. Tout d'abord, il a pris une feuille ronde de contreplaqué de la taille d'un panneau stop et foré des trous sur tout le périmètre. Il a enfilé des cordelettes dans les trous, puis il a attaché la plaque à un long filet à maille fine en forme de tube, assez large pour que son corps y entre tout entier. Il y travaillait encore quand Conway et moi nous sommes couchés ; le lendemain matin, en me levant, j'ai trouvé Steve dans la même position. « Ça commence à prendre forme », m'a-t-il annoncé. Une bougie était allumée tout près de lui, il a placé un couteau aiguisé au-dessus de la flamme. En se servant de cette lame chauffée, il a pratiqué plusieurs ouvertures dans le flanc du filet en forme de boyau.

Ce travail lent, méthodique, l'avait mis d'humeur pensive, et il m'a raconté comment il en était venu à s'intéresser au calmar géant.

« Cela n'avait jamais été dans mes projets, m'a-t-il confié. J'avais quatre ou cinq ans quand mes parents ont divorcé, et on m'a envoyé vivre chez ma grand-mère. Je n'avais pas beaucoup d'amis. Je faisais partie de ces gosses horriblement tête d'œuf. Je portais des lunettes, j'avais un souffle au cœur et de l'arthrite, et je passais tout mon temps sur la plage, à chercher des coquillages. J'en ai collectionné des milliers. À treize ou quatorze ans, l'été, j'ai fait mes premières sorties sur des bateaux de pêche pour essayer de trouver les espèces les plus rares. Je me souviens d'une fois, j'étais sur un chalutier, les pêcheurs ont remonté un coquillage rare. Je savais qu'il n'y en avait qu'un ou deux dans toute la Nouvelle-Zélande, j'ai pas pu m'empêcher de pousser un grand cri, le capitaine est descendu m'engueuler, qu'est-ce qui me prenait de crier comme ça, mais cela m'était égal. J'étais tellement excité d'avoir trouvé cette rareté. »

Steve a pratiqué un autre orifice dans le filet, le plastique fondu emplissant la pièce d'une odeur âcre.

« Après mon diplôme universitaire, a-t-il repris, un doctorat en biologie marine, je suis allé travailler au National Institute of Water and Atmospheric Research. En 1996, j'ai reçu un coup de téléphone m'informant qu'un pêcheur avait pêché un calmar géant à Wellington, et on m'a demandé si j'en voulais. Je n'en avais encore jamais vu, alors j'ai foncé en voiture jusqu'à la jetée, j'ai examiné leur prise, la plus grosse bestiole que j'aie jamais vue. Je savais que le calmar ne rentrerait pas dans mon véhicule, alors j'ai emprunté une remorque, je l'ai attaché dessus, avec les tentacules qui pendaient des deux côtés de la voiture.

« Assez vite, la presse a eu vent de la chose, et des journalistes m'ont appelé, m'ont posé un tas de questions, mais moi je ne savais rien du calmar géant. Je leur ai débité tout un torrent de sornettes, et j'ai assez vite réalisé qu'en fait personne ne savait rien de ce satané bestiau. C'était la grande inconnue, le mystère total. Et voilà, depuis ce jour-là, je tente de résoudre le mystère. »

Il paraissait vaguement gêné de sa propre franchise.

« Maintenant, ce qu'il nous faut, c'est des bouteilles de Coca », a-t-il décrété. Il avait apporté des bouteilles vides d'un litre ; il a découpé chaque bouteille en deux, pour transformer la partie supérieure en une sorte d'entonnoir. Il les a insérés dans les orifices qu'il avait pratiqués dans le filet, la partie évasée de chaque entonnoir tournée vers l'extérieur. Ensuite, il les a fixés avec un pistolet à colle. « Nous sommes prêts pour la touche finale. » Il a glissé un hula-hoop dans le bas du fourreau ; l'ensemble ressemblait à une robe à crinoline. Enfin, il a fixé le bas du filet à un petit conteneur en verre.

Il a grimpé sur une chaise et tenu le dispositif levé en l'air : la chose mesurait à peu près un mètre quatre-vingts, de forme cylindrique, munie d'un couvercle rond en dur, composée d'un filet en forme de cheminée fermé par un petit pot en verre suspendu dans le bas. « Vous en pensez quoi, les mecs ? nous a-t-il demandé, à Conway et à moi.

– Qu'est-ce que c'est ? me suis-je enquis.

– Un piège à calmar géant. »

Surexcité, il m'a désigné les entonnoirs latéraux, et m'a expliqué que les paralarves allaient nager dedans et se faire prendre au piège à l'intérieur du filet, pour aboutir dans le pot en verre. Ce dispositif d'aspect rudimentaire avait été soigneusement conçu : le filet était d'une maille extra-fine, ce qui minimiserait les risques de lésions sur les animaux ; la planchette circulaire, en contreplaqué de marine, maintiendrait le filet en position verticale dans l'eau, et les bouteilles de Coca étaient exactement de la bonne taille pour prendre les paralarves au piège.

« C'est moche comme tout, je l'admets, mais ça devrait faire l'affaire. Je suis un médiocre scientifique, a-t-il ajouté, alors c'est un peu une invention à la Steve O'Shea. »

Il a consacré le reste de sa journée à fabriquer un second piège, avant de nous annoncer qu'il était temps de se mettre en chasse. Le gros de la tempête s'était dispersé au large, mais le temps restait instable, avec de forts coups de vent et des vagues aux creux dangereux. Deux surfeurs s'étaient noyés.

« Nous allons devoir mener une petite reconnaissance », nous a avertis notre chef. Avant le coucher du soleil, nous avons donc effectué un petit tour avec la remorque derrière nous, pour tâcher de repérer un endroit où mettre le bateau à flot. Nous nous sommes arrêtés dans une anse entourée de falaises volcaniques. « Ça devrait convenir. »

En marche arrière, il a reculé pour descendre la remorque sur la plage, et nous avons mis le bateau à l'eau. Je suis monté à bord, et les deux autres m'ont suivi. Il faisait froid, mais Steve était pieds nus, juste vêtu d'un jean coupé et d'un T-shirt trop ample.

« Bon, okidoki ! » s'est-il écrié, et il a lancé le moteur.

Il n'avait pas de radar, mais il disposait d'un système de navigation doté d'un petit écran vaguement rétroéclairé qui lui signalait le tracé du littoral et la profondeur de la mer. Ce serait notre seul guide dans l'obscurité.

« Il y aura sans doute trop de mer pour qu'on croise des bateaux de pêche ! m'a-t-il hurlé, la voix à moitié couverte par le grondement du moteur. Mais il faudra faire attention aux cargos porte-conteneurs. Ceux-là, ils peuvent débouler très vite. »

C'était maintenant le crépuscule, et je l'ai vu scruter devant lui l'une des bouées qui signalisaient un passage sûr dans le chenal.

« Elle est de quelle couleur ? m'a-t-il demandé.

– Elle est verte, ai-je répondu. Vous ne la voyez pas ?

– Je ne suis pas seulement sourd, m'a-t-il avoué. Je suis daltonien. »

Dès notre sortie du port, il s'est mis à pleuvoir, et les eaux lisses du chenal ont cédé la place à la houle. Le bateau franchissait les crêtes des vagues par bonds, sa coque en aluminium vibrait.

« Ça secoue un peu, non ? s'est inquiété Conway.

– Il est plus costaud qu'il n'en a l'air, l'a rassuré O'Shea, en parlant du bateau. » Il a lancé un coup d'œil vers la bannette avant. « Sous ces coussins, il y a les gilets de sauvetage. Vous n'avez pas besoin de les enfiler, mais c'est juste pour que vous sachiez où ils sont rangés. »

Le soleil a disparu derrière l'horizon et, un court instant, le ciel a déployé une palette de couleurs vives, comme s'il recelait ses propres chromatophores. Ensuite, la nuée s'est assombrie, et les vagues ne se sont plus annoncées à la vue mais à l'oreille, en claquant contre l'avant de la coque. J'ai enfilé mon gilet de sauvetage.

Notre capitaine nous a expliqué qu'il connaissait pile le bon endroit pour aller chasser, et il fixait des yeux les points luminescents sur l'écran du système de navigation.

« Où allons-nous ? lui ai-je demandé.

– Là », m'a-t-il répondu, en désignant l'horizon.

J'ai scruté par le pare-brise et j'ai vu une ombre se dresser au-dessus des vagues, comme la proue d'un navire. À mesure que nous nous rapprochions, je me suis rendu compte qu'il s'agissait d'un grand rocher aux contours accidentés. D'autres récifs sont apparus peu à peu, par centaines, tous pointés vers le ciel. Un chenal, large d'une petite quinzaine de mètres, s'ouvrait entre ces rochers, et l'eau s'y engouffrait comme si elle dévalait des rapides. Notre capitaine a foncé droit devant. À l'approche de ces rochers, la coque s'est mise à trembler sous les vagues qui se creusaient, passant de trois mètres à plus de cinq. La proue plongeait, le bateau partait dans de folles glissades.

« Tenez bon, les gars. En voilà une grosse. »

Le bateau s'est élancé vers le ciel, et je me suis senti un instant suspendu en l'air, comme un personnage de dessin animé qui vient de sauter d'une falaise. Ensuite, notre embarcation a basculé vers l'avant, et une autre vague s'est écrasée sur le pont, en nous renversant vers l'arrière. J'ai vu mon carnet et mon stylo glisser sur le pont. Les sandwichs au beurre de cacahuètes et à la confiture que nous avions emballés pour notre dîner ont jailli de leurs Tupperware. « Il faut surtout qu'on fasse gaffe de pas se faire prendre par le travers », a prévenu notre marin.

Les courants nous poussaient vers les récifs, et j'entendais d'ici le fracas des vagues contre la roche. Je tenais en main une lampe torche, j'ai braqué le faisceau droit devant : un mur liquide de près de six mètres se dressait face à nous. Je me suis retourné, et j'ai découvert un deuxième mur, énorme, qui fondait sur nous par l'arrière.

« Tu ne trouveras rien de ce genre à New York, hein, mon pote ? » m'a lancé Steve.

Sur le moment, je me suis quand même demandé s'il était en pleine possession de ses facultés. Mais nous avons pu nous faufiler dans un goulet entre les récifs, et il a su habilement piloter son bateau vers une anse protégée. C'était en effet l'endroit idéal.

Nous avons jeté l'ancre. Notre pêcheur de gros a attrapé ses filets artisanaux, et placé plusieurs bâtons lumineux à l'intérieur. « Les calmars sont attirés par la lumière », nous a-t-il précisé. Il a noué les filets à un plomb, qu'il a lâché dans l'eau. Nous avons regardé les lueurs des bâtons s'estomper en même temps que les pièges sombraient. « Bon, voyons un peu ce qu'il y a au fond », a-t-il fait.

Bien que les océans couvrent les trois quarts de la surface du globe – à lui seul, le Pacifique est plus étendu que tous les continents réunis –, le royaume sous-marin est resté largement invisible aux êtres humains. Pendant des siècles, les savants n'avaient aucun moyen d'en inspecter les profondeurs, aucun télescope n'étant capable de scruter les abysses. (Un pêcheur de perles ne peut guère s'aventurer qu'à une trentaine de mètres.) Jusqu'au XIXe siècle, la plupart des scientifiques considéraient que les régions les plus profondes des océans – où la température est glaciale, la pression intense, et la lumière minimale – ne contenaient aucune vie.

En 1872, le gouvernement britannique et la Royal Society lancèrent la première grande expédition océanique, transformant un navire de guerre long de soixante-huit mètres en laboratoire flottant équipé de microscopes et de tonneaux d'alcool de conservation. Baptisé *H.M.S. Challenger*, ce navire, avec cinq scientifiques à son bord, sillonna le globe pendant trois ans et demi. L'équipage était constamment occupé à draguer le plancher des océans pour en remonter des spécimens, et le travail était répétitif, dur ; deux hommes perdirent la raison, deux autres se noyèrent, et un dernier se suicida. Pourtant, les scientifiques étaient captivés par leurs découvertes. Ils cataloguèrent plus de quatre mille sept cents nouvelles espèces – prouvant, ainsi que le nota plus tard C. Wyville Thomson, directeur scientifique de l'expédition, que des êtres vivants « existent partout dans les grands fonds des océans ».

Ce périple provoqua l'essor de la discipline océanographique, mais il révéla aussi le double obstacle qui entraverait l'exploration sous-marine pendant des générations : des coûts prohibitifs et une technologie primitive. Même quand des scientifiques réussissaient à financer des expéditions, leur équipement ne leur permettait d'étudier des animaux qu'après les avoir hissés sur le pont, l'équivalent de l'examen d'un cadavre humain. Ils en étaient ensuite réduits à essayer d'imaginer à quoi ressemblait la créature quand elle était vivante.

Dans les années 1930, deux riches Américains, Charles William Beebe et Otis Barton, investirent douze mille dollars de leur fortune personnelle pour concevoir une boule creuse en acier équipée de deux hublots en quartz, qu'ils appelèrent le « bathysphère », du mot grec pour « profond ». Le vaisseau, qui mesurait un mètre trente-cinq de diamètre, était relié au navire par un câble ; si celui-ci cassait, les deux hommes mourraient au fond de la mer.

En 1934, non loin des Bermudes, Beebe et Barton descendirent de cent cinquante mètres, puis de trois cents mètres supplémentaires. Une pression de plus en plus écrasante s'exerçant sur les parois en acier, ils s'arrêtèrent finalement à neuf cent trente mètres sous la surface. C'était très au-delà de la plus grande profondeur jamais atteinte. À un certain niveau, Beebe scruta au-dehors et repéra une créature qui mesurait au moins six mètres de long. Plus tard, dans son autobiographie, *Half Mile Down*, il écrivit : « Je ne sais ce que c'était, mais c'est apparu si subitement, avant de disparaître, et cette vision avait été si fugace que la chose est restée impossible à identifier, si ce n'est qu'il s'agissait d'une grande créature vivante. »

En 1960, l'US Navy envoya sa propre équipe de scientifiques au fond de la fosse des Mariannes, le site océanique le plus profond du globe, dans le Pacifique Ouest. (Cette fosse est sept fois plus profonde que le Grand Canyon du Colorado.) Ce périple fut considéré chez les océanographes comme l'équivalent de la conquête de la Lune, mais dans une Amérique rattrapée par la guerre froide, où une telle exploration présentait peu d'intérêt au plan militaire, des projets similaires furent assez vite abandonnés.

Selon une étude récente, ce sont jusqu'à 95 % des océans qui restent inexplorés. On estime que les mers contiennent jusqu'à dix millions d'espèces, parmi lesquels moins de la moitié ont été identifiées. Dans les années 1960, le calmar géant était devenu, pour les océanographes, l'emblème de tout ce que les mers recelaient encore d'inconnu.

Au milieu des années 1960, Frederick Aldrich, un biologiste marin canadien, forma la première *squid squad* officielle. Il distribua dans tout Terre-Neuve des affiches illustrées d'une image de calmar géant avec cette formule fameuse : « WANTED! DEAD OR ALIVE ». Au cours d'une de ses sorties de chasse, il passa quatre jours à bord d'un submersible qu'il avait équipé d'appâts où étaient accrochés des lambeaux de chair de thon rouge, mais, comme tant de ses expéditions, celle-ci demeura infructueuse.

Dans les années 1990, alors que de plus en plus de chasseurs de calmars se lançaient aussi à leur poursuite, Clyde Roper décida de s'en remettre au seul prédateur connu de l'*Architeuthis* pour qu'il le piste à sa place. Pendant plusieurs années, dans plusieurs océans, de l'Atlantique Nord au Pacifique Sud, son escouade et lui sortirent pagayer à bord de kayaks gonflables et attachèrent des « Crittercam » – des caméras sous-marines spécialement conçues – à des cachalots, au moyen de fixations non invasives. Roper fut déçu de constater que les Crittercam s'avéraient incapables de détecter le moindre calmar géant. En 1999, à soixante-six ans, il subit un quadruple pontage ; il eut beau promettre à sa famille de renoncer à toutes les activités de levées de fonds que requéraient ces expéditions, il me fit cette confidence : « J'espère effectuer encore un voyage. »

Entre-temps, la compétition entre *squid squads* rivales s'intensifiait. Xander Paumgarten, un communicant qui contribua à la promotion de l'expédition de Jean-Michel Cousteau, fils du commandant Jacques-Yves Cousteau, en 2000, m'a expliqué : « Tous ces gars-là sont à couteaux tirés. Certains se haïssent carrément. » Roper m'a confirmé que nombre de ces chasseurs opèrent maintenant dans le plus grand secret. Steve O'Shea partage le fruit de ses recherches avec plusieurs collègues, qu'il qualifie de « gentlemen », mais il traite aussi certains autres experts de « cannibales », et refuse de leur adresser leur parole. « Ces types-là sont souvent vicieux, m'a-t-il confié. Ils n'ont qu'une envie, que tu te plantes, pour être les premiers. »

Plusieurs semaines avant de m'aventurer en mer avec lui, j'avais intégré la *squid squad* de Bruce Robison, l'un de ses principaux homologues. À l'inverse d'autres chasseurs, Robison possède deux robots sous-marins, dotés de capacités d'imagerie supérieures et capables de se déplacer en plongée plus vite que les plongeurs ou que la plupart des submersibles. Ces robots appartiennent à son employeur, le Monterey Bay Aquarium Research Institute, fondé en 1987 par David Packard, le milliardaire gourou de la technologie. Situé à cent soixante kilomètres au sud de San Francisco, l'Institut dispose d'un budget annuel de trente millions de dollars. Dans le cadre de l'expédition à laquelle je me suis joint, Robison et son équipe prévoyaient d'immerger un robot d'une valeur de dix millions de dollars dans Monterey Canyon, le gouffre sous-marin le plus profond le long des côtes des États-Unis.

Robison et son équipe sont des « opportunistes », ainsi qu'il se présente lui-même, ce qui signifie qu'ils ne filment pas que des calmars. (« Si vous vous bornez à rechercher un seul animal, m'a-t-il expliqué, vous vous exposez toujours à des déceptions. ») Néanmoins, l'équipe avait prévu de consacrer six jours de recherches à la même zone où, en 1980, il avait été plus proche que quiconque de capturer un *Architeuthis* adulte. Ce jour-là, son filet était descendu chaluter à près de sept cents mètres de profondeur ; il avait alors décidé de le remonter à la surface. Les mâchoires du filet, des barres d'acier, s'étaient refermées d'un coup sur le tentacule d'un calmar géant vivant. Avant que le filet n'atteigne le bateau, le tentacule s'était arraché – il n'en restait qu'un morceau d'environ trois mètres cinquante. « Nous avons vu ce gros morceau de tentacule pendre du filet, se rappelle-t-il. Les ventouses s'y collaient encore. » Cette découverte leur fournissait l'indication la plus précise à ce jour de la profondeur à laquelle le calmar géant pouvait évoluer dans la colonne d'eau. « Jusqu'alors, la plupart des observateurs croyaient que ces animaux n'existaient que dans le fond de l'océan. » Plus tard, il disséqua ce tentacule et procéda à des analyses chimiques ; la consistance des tissus et leur haute teneur protéinique l'incitèrent à en conclure que le calmar géant était « un nageur relativement puissant ». Il m'a avoué qu'il avait goûté un morceau de sa chair caoutchouteuse, tout cru. « Comment aurais-je pu résister ? Enfin, c'était assez amer au goût. »

À mon arrivée à l'Institut, Robison et son équipe avaient déjà embarqué sur leur navire, le *Western Flyer*, un bateau de pêche à bord duquel John Steinbeck avait pris part à une expédition en 1940, voyage dont il offrit plus tard le récit, intitulé *Dans la mer de Cortez*. Le *Western Flyer* était un des bateaux les plus incroyables que j'aie jamais vus. Il mesurait trente-cinq mètres de long, comportait trois niveaux, avec une étrave rectangulaire assez inhabituelle. Sa coque anguleuse et massive reposait sur deux ponts, courant presque de la poupe à la proue, ce qui lui permettait de rester stable dans les mers les plus agitées.

La *squid squad* de Robison comptait vingt et un hommes, dont des informaticiens, des biologistes marins, des chimistes et des ingénieurs. Quand j'ai posé le pied sur le pont, j'ai eu la surprise de ne voir personne. En revanche, dès que j'ai ouvert la porte d'accès principale, j'ai été accueilli par le fracas des machines et des hommes. Au centre de cette salle profonde, j'ai découvert le ROV, Remotely Operated Vehicle (« véhicule sous-marin téléguidé »), entouré d'hommes d'équipage communiquant avec leur casque-micro. Il était suspendu à une grue par un câble, mesurait la taille d'une Volkswagen et pesait à peu près quatre tonnes. À première vue, on aurait dit un banal enchevêtrement de câbles. L'avant de l'engin, ou du moins ce que je croyais être l'avant, était équipé de deux gros projecteurs, qui étaient orientables. Le dessus de la machine se composait d'une coque externe avec un seul mot peint dessus : « TIBURON », le mot espagnol pour « requin ».

« Bienvenue à bord ! » s'est écrié Robison.

Il se tenait près du ROV, et coordonnait toute cette activité. Avec ses cheveux blancs et sa barbe blanche, il m'évoquait un capitaine de baleinier du XVIIIe siècle. Même ses sourcils étaient plus épais et broussailleux que la normale. Il s'est mis à m'expliquer le fonctionnement du robot : un câble en fibre optique gainé reliait le ROV au navire, permettant les échanges de signaux. L'appareil était motorisé par des propulseurs électriques et disposait de flotteurs qui lui permettaient de naviguer en flottaison neutre, un peu comme un calmar géant, malgré son poids de quatre tonnes. Qui plus est, le ROV était hérissé de huit caméras, fournissant (je cite Robison) « un portrait complet d'un univers tridimensionnel ». Et Robison d'ajouter : « Notre mission est d'aller voir ce que personne d'autre ne peut aller voir ».

Il m'a fait visiter le reste du navire, qui comportait une salle à manger, une salle informatique, un laboratoire, et un congélateur pour la conservation des spécimens. Sur le pont supérieur, derrière la passerelle, se trouvait une cabine équipée d'écrans de télévision, qui affichaient les images transmises par Tiburon en temps réel. « Notre petit secret, mais il ne faut le répéter à personne, c'est qu'on n'a même pas besoin de sortir de notre lit », a-t-il ironisé. Il m'a laissé m'installer dans ma cabine. Je me suis vite rendu compte que le *Western Flyer* avait déjà appareillé : il taillait dans le flot avec tant d'aisance que je n'avais pas remarqué qu'il avançait.

Cet après-midi-là, nous avons navigué au-dessus de Monterey Canyon, et nous avons fait une halte pour donner notre premier coup de sonde. Une équipe d'une demi-douzaine d'ingénieurs et techniciens a préparé le Tiburon.

« Comment ça se passe, côté caméra tribord ? a demandé l'un d'eux.

– On est bons.

– On a de la poussée propulseurs ?

– Confirmé. »

L'équipage a reculé et les phares du Tiburon ont clignoté. Une trappe s'est ouverte lentement, révélant l'océan sous nos pieds, et le Tiburon a oscillé au-dessus comme un vaisseau spatial. La grue a ensuite descendu le ROV dans l'eau agitée, son nez arrondi basculant vers l'avant, suivi de son câble à fibre optique, comme une queue sans fin.

Je me suis dirigé vers la poupe, je suis entré dans la salle de contrôle, où je m'attendais à trouver Robison. Il faisait sombre, excepté les lueurs d'une vingtaine de moniteurs, qui retransmettaient des images en couleur captées par la myriade de caméras du Tiburon, chacune d'elles prenant un angle de vue différent. Robison était assis à côté du pilote, qui dirigeait le ROV avec un joystick.

D'étranges créatures gélatineuses ont fait leur apparition, enveloppées du halo éblouissant de leur bioluminescence. J'ai vu un crustacé marcher dans l'eau comme un grand faucheux, et un poisson aux mâchoires déboîtées. J'ai aussi aperçu une *Tiburonia granrojo*, méduse en forme de ballon rouge dont Robison et son équipe avaient donné le nom au ROV, l'une des centaines de nouvelles espèces qu'ils avaient découvertes. J'ai vu un animal diaphane, qu'ils n'avaient pas encore identifié, et qu'ils appelaient simplement « le mollusque mystère ». Et, quand le Tiburon a atteint le plancher mou et escarpé de l'océan, j'ai assisté à une pluie constante de squelettes et d'organismes microscopiques en décomposition.

Au cours des journées suivantes, le Tiburon est descendu jusqu'à trois mille deux cents mètres, et nous avons repéré des centaines de calmars : aux yeux bleus, translucides, ou constellés de pois. L'observation de ces animaux dans leur habitat naturel, m'a expliqué notre commandant, fournissait des indications sur le comportement de leur gigantesque cousin. Quand une caméra zoomait sur un spécimen, nous pouvions voir l'eau pénétrer dans le sac musculaire, ou manteau, qui contient les organes internes du calmar ; ensuite, il se gonflait et se rétractait, expulsant une cheminée d'eau, ce qui propulsait l'animal comme un obus dans l'océan. Voyant ces animaux prendre le robot de vitesse, je comprenais pourquoi Clyde Roper m'avait dit un jour à propos du calmar : « Les seuls que vous attrapez, ce sont les lambins, les malades et les idiots. »

L'autre raison de leur insaisissabilité, ce sont leurs yeux d'une taille hors du commun, qui leur permettent de repérer les prédateurs dans des endroits d'où toute lumière est quasi absente. (Les yeux du calmar géant seraient les plus grands du règne animal.) L'animal possède aussi un cerveau très développé pour un invertébré, et des fibres nerveuses des centaines de fois plus grosses que celles des êtres humains, qui leur permettent des réactions instantanées. (Depuis des décennies, les neuroscientifiques ont utilisé des neurones de calmar pour leurs recherches.) « En observant le calmar dans son milieu naturel, nous avons découvert qu'ils sont beaucoup plus intelligents, plus complexes que ce que nous imaginions », m'a révélé Robison.

Sous nos yeux, le calmar semblait recourir à des schémas de lumières, de couleurs et de postures comme moyens de communication. Ils ne se bornaient pas à virer au rose, au rouge ou au jaune ; des ondoiements de couleurs leur traversaient tout le corps. Et leurs bras se contorsionnaient en figures savantes – parfois ils les roulent en boule, ou les rassemblent au-dessus de leur tête, tels des danseurs de flamenco. Il m'a expliqué que ces mouvements et ces changements de couleurs leur servent à avertir les autres calmars de la présence de prédateurs, à accomplir leurs rituels d'accouplement, à attirer leurs proies et à se dissimuler.

À plusieurs reprises, quand Tiburon s'approchait un peu trop de l'un d'eux, le calmar crachait des jets d'encre noire. Dans le passé, les scientifiques croyaient que cela ne leur servait que de camouflage ou de leurre. Robison m'a appris que lui et certains scientifiques pensaient désormais que cette encre contient des substances chimiques qui mettent les prédateurs hors de combat ; cela expliquerait pourquoi il a vu un calmar des grands fonds lâcher de noirs nimbus à des profondeurs où il n'y a pas de lumière. « Malgré tout ce que nous savons des calmars, nous ne savons pas encore grand-chose. »

Il a souligné que le comportement du calmar géant était particulièrement mal connu. Personne ne sait rien du degré d'agressivité de ce géant, s'il chasse seul ou en meute, ou si, comme le veut la légende, il s'attaque aux humains autant qu'aux poissons. Après la prise de ce tentacule et une plongée en submersible à ce même emplacement, il a compris une chose : « J'en ai conclu qu'il y avait dans les parages un calmar qui avait une dent contre moi. » (D'autres scientifiques considèrent que la réputation violente du calmar géant n'est pas méritée : Steve O'Shea, par exemple, affirme que l'*Architeuthis* est probablement une « bonne bête ».)

L'expédition s'est achevée sans qu'on aperçoive cet *Architeuthis*, mais à un moment nous avons surpris plusieurs encornets géants sur les écrans du bateau. Ils sont bien moins grands que le calmar géant – entre un mètre cinquante et deux mètres quarante de long et une cinquantaine de kilos –, mais ils semblent d'une force effrayante. Une nuit, plusieurs scientifiques de l'équipe ont lâché dans l'eau une turlutte, un dispositif spécialement conçu pour attirer le calmar, au flanc du bateau. Ils ont attrapé deux encornets géants. Ils les ont remontés l'un après l'autre, en hurlant « Allez-y, tirez à fond ! », mais la force et le poids de l'animal ont failli faire basculer les hommes par-dessus bord. Plusieurs minutes après, Robison et moi sommes allés au laboratoire du navire, où un scientifique tenait levé en l'air un des deux encornets géants. La créature était presque de la taille de notre commandant, et elle fouettait encore l'air de ses tentacules qui se tortillaient en tous sens. « Imaginez maintenant un calmar géant, avec un tentacule de dix mètres », m'a-t-il dit.

Après dissection de notre prise, ils en ont confié une partie au cuistot. Le lendemain, la chair de l'animal nous a été servie sur un plat en métal argenté. « De la bête à la fête », a déclaré le chef, et nous avons pris place pour le dîner.

« On jette un œil ? » m'a proposé Steve O'Shea, en se penchant au-dessus de la proue du navire. Il était plus de minuit, cela faisait plusieurs heures que nous avions lâché nos pièges dans l'eau ; la pluie avait cessé, mais un vent froid tourbillonnait autour de nous, et le bateau tanguait dans les vagues. Il a remonté la ligne, à la main, parce que le bateau n'était pas équipé de winch. Les pièges pesaient au moins vingt-cinq kilos, et il a grimpé sur le plat-bord du bateau pour s'assurer une meilleure prise, les pieds nus bien écartés. Le premier filet a émergé de l'eau, il nous a crié à Conway et à moi de le hisser à bord, et nous l'avons couché sur le pont, une flaque d'eau glaciale se répandant à nos pieds. « Pressons, les mecs, a-t-il fait. Attrapez la torche. »

Conway a braqué le faisceau sur le filet. Il n'y avait pas de calmars, mais des nuées de krills, et cette découverte semblait plaire à Steve. « Nous sommes visiblement au pays du calmar », a-t-il décrété.

Il a de nouveau lâché les filets par-dessus bord, les a ancrés bien en place, puis a entamé la deuxième phase de la chasse : remorquer un troisième filet plus gros derrière le bateau. « Nous allons chaluter un quart d'heure à environ un nœud et demi », a-t-il annoncé. La manœuvre était délicate, a-t-il souligné : s'il chalutait trop profond ou pas assez, les paralarves s'échapperaient du filet ; s'il chalutait trop longtemps, le filet étoufferait nos prises. Nous avons navigué en cercles pendant précisément quinze minutes, avant de remonter le filet et d'en jeter le contenu – une substance visqueuse, épaisse, granuleuse – dans un réservoir cylindrique rempli d'eau de mer. Le réservoir s'est instantanément illuminé sous l'effet de la bioluminescence.

Il n'avait pas trouvé d'*Architeuthis*, mais ne s'est pas laissé démonter.

« Si c'était facile, tout le monde s'y mettrait. »

En tout cas, Steve O'Shea est aussi infatigable qu'obstiné : il travaille dix-huit heures par jour, sept jours par semaine, et il ne regarde plus la télévision, ne lit plus de journaux. Il ne sort jamais dans une soirée. « Je ne suis pas asocial. Simplement, je ne socialise pas trop. » Sa sœur m'a fait quelques confidences : « Nous l'adorerions même s'il faisait la cueillette des champignons, mais nous aimerions qu'il consacre la même passion aux autres qu'au calmar. » Shoba, son épouse, qui souvent lui téléphone pour lui rappeler de manger son déjeuner : « Je n'ai pas envie qu'il arrête. J'ai juste envie qu'il se calme un peu et qu'il sache aussi voir qu'il existe d'autres choses autour de lui. »

Inévitablement, les autres comparent la quête de Steve O'Shea à celle du capitaine Achab. Mais à l'inverse du personnage de Melville, la créature qu'il pourchasse ne lui inspire pas de grandes réflexions symboliques. En fait, il s'efforce constamment de dépouiller le calmar géant de tout son folklore. Il estime que des livres comme *20 000 Lieues sous les mers* sont de la « connerie » ; ses études de spécimens morts l'ont amené à croire que la taille du plus grand calmar géant jamais mesuré – dix-sept mètres – reste apocryphe. « Maintenant, si quelqu'un voulait vraiment travestir la vérité, il lui suffirait de prendre ce tentacule et de marcher, marcher, marcher en tirant dessus, m'a-t-il expliqué un jour. Ces foutus bidules sont comme des élastiques, et on peut très bien donner l'impression qu'un tentacule de douze mètres en mesure tout d'un coup une vingtaine. » À l'inverse de certains autres chasseurs, il juge ridicule d'imaginer qu'un calmar géant puisse tuer un cachalot. Il juge le calmar géant à la fois majestueux et banal – il a son poids, son régime alimentaire, et son espérance de vie, comme tout un chacun. En bref, il a envie que cet animal soit bien réel. « On doit dépasser cette vision du monstre mythique et le voir tel qu'il est. Ce ne serait pas suffisant ? »

Au bout d'un moment, je l'ai vu se pencher et de nouveau lâcher le filet dans l'eau. Nous avons travaillé jusqu'au lever du soleil. Nous n'avions toujours pas trouvé de calmars. « Une expédition qui commence mal, nous a-t-il promis, se termine généralement bien. »

De retour au bungalow, Conway et moi nous sommes accordé une courte sieste pendant qu'O'Shea calculait sa route. Dans l'après-midi, nous sommes allés en ville chercher des provisions. Il nous a avertis de ne rien acheter sous son vrai nom. Ayant récemment mené campagne pour obtenir la fermeture d'une ferme piscicole voisine afin de protéger la vie marine, il avait reçu plusieurs menaces de mort. « Pour moi, c'est une région dangereuse. »

Je ne savais pas jusqu'à quel point je devais prendre cet avertissement au sérieux, mais j'ai mentionné son nom par accident, et aussitôt je l'ai senti tendu.

« Fais gaffe, mon pote, m'a-t-il soufflé. Fais gaffe. »

Plus tard ce jour-là, il se tenait sur la véranda de son bungalow, fumant une cigarette, quand un type du village s'est approché.

« C'est toi le gars qui fait la chasse à c'te monstre ? » a demandé le visiteur.

O'Shea l'a regardé, l'air d'hésiter.

« J'ai bien peur que ça soit moi, en effet, lui a-t-il répondu.

– Je t'ai vu à la télé, tu causais de ces trucs-là », a repris l'homme. Il lui a tendu la main. « Après que je t'ai vu, mon chat, je l'ai appelé Architeuthis. »

Le visage de Steve s'est illuminé.

« Le mec, là, il a un chat qui s'appelle Archie », nous a-t-il glissé, à Conway et moi.

Il a invité l'homme à boire « *a cuppa* », et assez vite l'étranger et lui étaient penchés sur les cartes de Steve.

« Il y en a qui disent qu'on trouve des gros calmars par ici », a fait l'homme, en pointant le doigt sur une barrière de récifs.

Peu de temps après, un autre villageois est passé nous proposer ses conseils lui aussi.

« Moi, j'essaierais par là, nous a-t-il conseillé. Billy Tomlin, il m'a dit qu'un jour il en avait trouvé un gros qui était mort dans ce coin-là. »

Steve a noté l'information. Parfois, les pêcheurs brodent, disait-il, mais ils connaissent aussi les eaux de leur coin de pêche mieux que personne.

Ce soir-là, nous sommes ressortis en mer. Nous avons eu beau continuer de relever d'énormes quantités de crevettes et de krills – il y en avait parfois tellement qu'ils pouvaient à peine bouger dans le réservoir –, nous n'avons pas trouvé un seul calmar. La nuit se prolongeant, O'Shea m'a semblé pour la première fois se décourager. « Avec ce temps, ça fout la pagaille dans les courants marins », nous a-t-il expliqué.

Après chaque relevé de filet, il étudiait ses cartes marines et choisissait un nouvel emplacement, avec un regain d'espoir – « Ça pourrait être le bon », disait-il –, avant une nouvelle déception. Quand le soleil s'est levé, à 6 h 30, en dardant ses rayons éclatants sur la mer, Steve a foncé vers les deux pièges ancrés sur le fond. Il nous a confié qu'il avait souvent eu ses plus beaux coups de chance à l'aube ; à cette heure-là, les créatures marines pointaient parfois la tête avant de disparaître dans les profondeurs.

« Voyons un peu ce qu'on a ramassé, nous a-t-il fait, en hissant les filets à bord.

– Quelque chose ? » a demandé Conway.

Steve a levé l'un des deux filets à hauteur de ses yeux, puis l'a laissé retomber, l'air dégoûté.

« Que dalle. »

« Il va falloir pousser plus loin », nous a-t-il annoncé la nuit suivante. Nous avons foncé en plein Pacifique, en laissant la sécurité de notre anse protégée derrière nous. Nos prises restaient maigres ; après chaque remontée de filet, il lançait son bateau plus au large. « Faut aller plus profond, c'est tout. »

« On n'en a pas pris assez ? a gémi Conway, l'air de plus en plus pâle.

– Je sais qu'il y a du calmar, là-bas », lui a rétorqué notre capitaine.

Moins il en trouvait, plus il semblait travailler dur. L'homme n'est pas grand, et, du fait de sa maladie d'enfance, il a un corps un peu fragile, et pourtant, il remontait ses filets, qui pesaient tout leur poids, sans jamais ralentir, avant de les rejeter à l'eau. Il avait les doigts couverts d'ampoules, ses vêtements étaient trempés, et ses lunettes maculées de sel marin séché.

« Il est un peu accro, non ? » m'a discrètement glissé Conway.

Par ces longues nuits froides, nous travaillions dans une espèce de brouillard. Nous nous accordions un peu de sommeil dans la journée, et il devenait de plus en plus difficile de prêter attention à ces myriades de larves de poissons, de crevettes, de krills et de méduses ; même la vision de dauphins sautant dans les vagues tout près de nous ne nous soulageait pas de ces travaux ingrats. À un certain point, je me suis senti vidé, et je me suis allongé dans la bannette à l'avant. Je ne pouvais entrer dedans que si je ramenais les genoux vers le torse. J'ai fermé les yeux, j'écoutais les vagues gifler la coque, et j'entendais Steve ahaner en remontant encore un filet, et lâcher un juron en constatant qu'il n'y avait rien d'intéressant dedans.

Une autre nuit, vers 4 heures du matin, alors que nous hissions notre matériel de chalutage et déversions le contenu dans le réservoir, Conway a braqué sa torche.

« Et ça, c'est quoi ? » s'est-il écrié.

O'Shea a scruté l'intérieur du conteneur, cligné plusieurs fois des yeux, s'efforçant de rester éveillé.

« Dieu du ciel ! a-t-il hurlé. C'est un calmar, bordel ! » L'œil chassieux, il a fixé l'orbite de la bestiole. « Il ressemble à notre Archie », nous a-t-il assuré.

La créature n'était pas plus grande que mon ongle de pouce, mais j'ai pu la voir, moi aussi – ses tentacules, ses branchies, ses yeux, ses bras, son manteau en forme de balle de fusil.

« Ça pourrait bien être le calmar de nos rêves, a fait Conway.

– Vite ! s'est exclamé Steve. Vidons un peu de krills, avant qu'ils ne l'écrasent. »

Il a levé le réservoir cylindrique en l'air, les bras tremblants d'épuisement sous l'effort, tandis que les vagues continuaient de cogner dans le flanc du bateau.

« Doucement ! » a-t-il beuglé.

Dans l'obscurité, il était difficile d'y voir, c'était une nuit sans lune, et alors qu'il versait un peu du contenu dans un chinois, en s'efforçant non sans mal de garder son équilibre sous la violence des vagues, il s'est produit quelque chose.

« Il est passé où ? s'est-il emporté.

– J'en sais rien, a fait Conway. Je ne le vois plus.

– Seigneur… » a geint Steve.

Il a attrapé un bocal spécialement conçu, qu'il avait acheté exprès pour transporter un bébé calmar géant, et il a versé le reste du réservoir cylindrique dedans.

« Où est ce foutu bestiau ? Où il est ? »

Il en a sorti une crevette, puis une autre, les a levées dans la lumière.

« Il a disparu », a constaté Conway.

Mais O'Shea n'a pas eu l'air de l'entendre. Il a trié dans cette masse de plancton, tâchant de repérer les tentacules microscopiques du bébé calmar. Enfin, il a reculé en titubant, les bras levés au ciel.

« Putain, c'est une catastrophe », a-t-il lâché.

Il s'est laissé retomber dans son siège à la barre, et il est resté là, immobile. J'ai essayé de réfléchir à quoi dire, en vain.

« Il était juste là, a-t-il ajouté, parlant tout seul. Je le tenais. »

Au bout d'un moment, il a voulu remettre les pièces à l'eau, mais ne semblait plus capable de puiser les forces nécessaires.

« J'en peux plus. »

Et il a disparu dans la bannette.

Cet après-midi-là, il était assis sur sa véranda, au bungalow, et buvait un verre de whisky à petites gorgées.

« Tu veux un godet ? m'a-t-il proposé.

– C'est bon, ça ira. »

Il s'exprimait en murmurant, encore plus bas que d'ordinaire. Il m'a annoncé qu'il avait repéré un autre emplacement où chercher, mais je lui ai dit que cette fois je resterais à terre et rattraperais mon retard dans mon travail. Il m'a regardé un long moment.

« C'est toujours comme ça, s'est-il plaint. Les gens en ont marre et ils laissent tomber. Mais moi, je peux pas m'attarder sur tout ce qui se passe autour de moi. Je dois rester concentré, un point c'est tout. »

Il a bu une gorgée de whisky.

« J'entends déjà les reproches d'ici. "Le grand chasseur de calmar a encore perdu sa foutue bestiole." Tu sais l'effet que ça fait quand tout tourne au vinaigre comme ça ? » Il est retombé dans le silence. « Je vais pas m'arrêter, a-t-il encore fait. Je me fous qu'un autre trouve un calmar le premier. Moi, je continuerai quand même, jusqu'à ce que je trouve le mien. »

Le lendemain matin, quand il a ouvert la porte du bungalow, il avait l'air désespéré.

« Rien. Rien. »

C'était la fin de l'expédition. Il devait rentrer à Auckland, reprendre ses cours. Nous avons chargé le matériel et sommes retournés en ville. Une fois là-bas, il s'est rendu à l'aquarium rendre visite à ses spécimens. En son absence, dix-sept calmars étaient morts. L'employé qui en était chargé avait laissé un écriteau sur l'aquarium. C'était écrit : « Ils ont un nouveau jeu… Ça s'appelle “sauter de l'aquarium et se suicider !” »

O'Shea a contrôlé la température et la salinité de l'eau et donné aux calmars survivants un peu de sprats. Ensuite, nous sommes allés chez lui.

« Tu auras peut-être envie de jeter un œil à un truc », m'a-t-il proposé en descendant de voiture.

Il m'a conduit dans son garage, encombré d'outils et d'appareils. Il a dégagé une énorme caisse.

« Tu ferais mieux d'enfiler ça », m'a-t-il averti, en me tendant un masque à gaz.

Je me le suis ajusté sur le visage, et il a ouvert le couvercle du récipient. À l'intérieur, il y avait un calmar géant mort.

« C'est un mâle de huit mètres. »

Le cadavre était d'un blanc d'ivoire et flottait dans ses liquides d'embaumement ; les bras étaient si long qu'ils formaient comme un bouquet, repliés sur eux-mêmes, et les ventouses étaient de la taille d'un poing d'enfant.

« Je le prépare pour un musée. »

Il m'a expliqué qu'il avait enterré un autre cadavre de calmar dans son jardin, sous un carré de pastèques. Penché au-dessus de la caisse, il a soulevé le manteau de l'animal mort, qui était plus grand que lui.

« C'est la tête. »

Il l'a retournée, et j'ai pu voir un œil énorme, sans paupière, qui nous fixait.

« Tu vois, ici, c'est la bouche », a-t-il continué, en parlant de nouveau sur un débit plus rapide. Il a planté les doigts dans la cuspide de chair blanche, révélant un bec noir et acéré et une langue dentelée. « Ça te trancherait le cartilage comme un rien. »

Sans porter de masque lui-même, il n'a pas hésité à prendre une profonde inspiration et au prix d'un très gros effort il a soulevé la moitié de la créature dans ses bras. Il a empoigné un tentacule et s'est mis à tirer dessus.

« Regarde ça. C'est fantastique, non ? »

Il a parcouru les membres du bout des doigts, ouvrant et refermant les ventouses. Il a serré les paupières un moment, comme s'il tentait de l'imaginer sous l'eau. Ensuite, il a glissé ceci : « Mort, il est beau, mais j'en veux un vivant. »

En décembre 2006, au large des îles Ogasawara, au sud de Tokyo, un scientifique japonais et sa squid squad *ont finalement pu capturer un calmar géant vivant. Après avoir consacré des années à repérer un site potentiel, ils ont attaché un morceau de calmar à un harpon à plusieurs crochets, profilé comme un missile, et l'ont lâché à plus de quatre cents mètres de profondeur. Ensuite, ils ont fini par capturer une petite femelle calmar géant, qui mesurait trois mètres cinquante et pesait cinquante-cinq kilos. Quand les hommes ont essayé de la hisser à bord, le calmar géant a craché un jet d'eau de son siphon et s'est débattu pour s'échapper. Lorsqu'ils ont enfin pu tirer cette créature insaisissable sur le pont, elle était morte de ses blessures. Steve O'Shea n'a pas renoncé à sa quête.*

Une cité de l'eau

Un très ancien dédale de tunnels peut-il alimenter New York ?

Personne ne sait combien il existe de « chiens de sable » travaillant sous les rues de New York, mais par n'importe quel matin d'hiver, on repérera une demi-douzaine de ces hommes faisant cercle autour d'un trou à l'angle nord-ouest de la Dixième Avenue et de la Treizième Rue. Ce trou, entouré d'un haut grillage en aluminium, est large de neuf mètres et renforcé de béton. Un prêtre était venu sur les lieux un mois plus tôt, prononcer une brève prière : « Puisse le Seigneur être avec vous tous qui entrez ici, et la terre vous permettre de revenir en toute sécurité. » À présent, avec le lever du soleil, les hommes s'avançaient, sur un sol couvert de neige, pour monter dans une cage en métal peinte en vert, suspendue au-dessus du gouffre par un énorme treuil. Ils portaient des cirés et des bottes en caoutchouc jaunes renforcées d'un embout d'acier ; ils avaient sur eux, entre autres équipements, des lampes torches, des cisailles, des cigarettes, des pastilles contre la toux, des couteaux, des chaussettes de rechange et plusieurs cageots de dix kilos marqués « EXPLOSIFS ».

Un travailleur du groupe était obligé de rester en surface, il actionnait un levier, et la cage entamait sa descente, prenait de la vitesse, et la lumière de la surface s'amenuisait. James Ryan, l'un des membres les plus âgés de l'équipe, scrutait le vide en se penchant au-dessus du garde-corps. Il avait un visage dur, allongé, grêlé de cicatrices. « Nous avons neuf caisses de dynamite, a-t-il précisé. Cela devrait amplement suffire. »

Sa voix se répercutait dans le puits d'ascenseur. La cage et le groupe d'hommes à son bord descendaient de dix, quinze, vingt mètres, puis de quinze, et de trente supplémentaires. « Soixante-dix mètres », a annoncé l'un d'eux. À cent mètres, ils ne voyaient plus rien, ni au-dessus, ni au-dessous. Entourés d'obscurité, serrés les uns contre les autres, ils échangeaient la vue contre l'ouïe – le ploc de l'eau qui gouttait, l'écho des voix, le grincement du câble au-dessus de leurs têtes. À cent cinquante mètres, l'air devenait plus chaud, plus dense ; l'un des hommes a enfilé un masque pour se protéger de la poussière en suspension dans le puits. « Très bien, m'a fait Ryan. Nous y sommes presque. »

Un mince faisceau de lampe torche a soudain jailli du fond du puits, éclairant les visages des hommes. Ils faisaient tous partie de la fraternité des *sandhogs*, une espèce rare de creuseurs de tunnels dont le nom provient des ouvriers qui excavèrent la terre meuble sous le pont de Brooklyn dans les années 1870. Les hommes avec moi dans cette cage étaient presque tous d'âge mûr, le torse imposant et les doigts noueux ; la peau autour des yeux était déjà striée de filets de poussière. Une cloche a sonné, et la cage s'est immobilisée, en tanguant au bout de son câble. « On y est, a indiqué Ryan. Tenez-vous. » Il a déverrouillé la porte de la cage. Nous étions presque cent quatre-vingts mètres sous terre.

Jusqu'à ce moment, je n'avais entendu que des récits sur l'empire invisible de New York City, un dédale complexe de tunnels qui descend aussi profond que le Chrysler Building monte haut. En chantier sous une forme ou une autre depuis plus d'un siècle, le réseau des voies d'eau et des tuyauteries court sur des milliers de kilomètres et comprend dix-neuf réservoirs et trois lacs. Deux tunnels principaux fournissent à New York l'essentiel des 4,9 milliards de litres d'eau que la ville consomme chaque jour, dont les neuf dixièmes sont pompés depuis des réservoirs au nord de l'État par la seule force de la gravité. Descendant par des aqueducs à partir d'une altitude pouvant atteindre quatre cent trente mètres au-dessus du niveau de la mer, l'eau prend de la vitesse, et dévale jusqu'à plus de trois cents mètres au-dessous de ce niveau de la mer quand elle atteint les canalisations qui sillonnent les sous-sols de Big Apple.

Toutefois, c'est un troisième tunnel aqueduc qui joue le rôle le plus vital. Conçu pour répondre à une demande croissante et pour servir de système de secours au cas où quelque chose se produirait dans le City Tunnel n° 1 ou le City Tunnel n° 2, le City Tunnel n° 3 est en cours d'aménagement depuis 1969, et fut initialement qualifié de « plus grand projet de construction hors ouvrages de défense de l'histoire de la civilisation occidentale ». Déjà, vingt-quatre hommes ont trouvé la mort en y travaillant – à peu près un homme tous les mille six cents mètres – et son achèvement n'est pas prévu avant 2020.

En tant que prouesse d'ingénierie, ce réseau de tunnels aqueducs est capable de rivaliser avec le pont de Brooklyn et le canal de Panama. Pourtant, distinction paradoxale, il peut se targuer de ce que presque personne ne le verra jamais, à part les *sandhogs* qui le construisent. Au fil des ans, ces hommes ont bâti une ville entière sous la ville, un monde souterrain aussi encombré que la ligne d'horizon de Manhattan : il compte plus de sept cents kilomètres de lignes de métro, neuf cent soixante-cinq kilomètres d'égouts et cent soixante kilomètres de conduites de gaz. « Si c'est plus profond qu'une tombe, disent souvent les *sandhogs*, c'est nous qui le creusons. » Les tunnels aqueducs sont devenus leur plus grande réalisation, et la plus hors d'atteinte, une entreprise souvent meurtrière, qui a absorbé des générations entières. « Je vais vous conduire en bas, si cela vous tente, m'avait proposé Jimmy Ryan quand je lui avais demandé de me montrer la toute nouvelle section du tunnel. Mais croyez-moi, en bas, c'est pas comme faire ses courses chez Macy's. »

Grand gaillard réservé, la cinquantaine, qui préfère les gestes – un haussement de sourcil ou un froncement de lèvre – aux mots, il a passé presque autant d'heures sous la terre qu'à sa surface. « J'ai commencé à travailler sur le troisième tunnel aqueduc quand j'étais gosse, m'a-t-il expliqué. J'y travaille encore, et je finirai sans doute enterré dedans. » Ryan, qui a été élu président du syndicat des *sandhogs*, section 147, en 1999, a du mal à se tenir les épaules droites, ses cheveux roux ont viré à l'argenté, et il a un torse puissant mais comprimé, comme sur le point de subir un enfoncement.

Il a donc ouvert la cage, et je suis sorti avec lui et les autres au fond du puits. De l'eau suintait le long des parois et nous dégoulinait dessus. Il y en avait une mare à nos pieds, et nous avons progressé en marchant dans cette flotte glacée qui giclait sur l'embout de nos bottes. Je commençais à m'enfoncer dans la gadoue, et Ryan m'a tendu la main pour m'aider à m'écarter.

« Ne restez pas sous le puits, m'a-t-il conseillé. Si quelque chose tombe d'en haut, ça vous écrasera directement. »

J'ai levé les yeux en l'air, je discernais à peine l'ouverture, tout là-haut. Un jour, dans le Queens, un treuil de seize tonnes est tombé dans le puits, écrasant un ouvrier et en blessant sept autres ; une autre fois, un homme est mort transpercé par une stalactite qui s'était détachée.

En le suivant dans l'artère principale du tunnel, j'avais du mal à m'orienter. Il n'y avait que quelques rares ampoules, suspendues à des fils électriques agrafés à la roche et enveloppées d'un halo de brume, et j'ai cligné des yeux, pour tenter de m'adapter à cette lumière liquide. Plusieurs hommes ont allumé leurs lampes torches ; j'ai pu discerner au milieu de la pénombre une civière et des fournitures médicales d'urgence appuyées contre un mur. Enfin, les contours du tunnel se sont dessinés plus nettement : c'était une caverne exiguë, éboulée par endroits, qui s'étendait sur des centaines de mètres vers notre droite et notre gauche. À la fin des travaux, cette section du Tunnel 3 mesurera près de quinze kilomètres, elle rejoindra le pont de Manhattan et achèvera sa boucle sous Central Park ; ses parois seront polies, et finiront par dessiner un cylindre lisse, de trois mètres de diamètre et tapissé d'une couche de béton. Mais à ce premier stade des travaux, des épées de schiste noir, formées il y a plus de cent millions d'années, pendaient du plafond, étayé par des tiges en acier afin de prévenir tout effondrement. Des tuyaux de ventilation longeaient les deux côtés de la galerie, destinés à faire circuler l'air confiné qui, à l'inverse de l'air glacial de la surface, était presque à vingt et un degrés Celsius, dans une brume d'humidité composée de poussière et de vapeurs.

Les hommes se sont scindés en deux groupes et dirigés vers les deux extrémités opposées du tunnel, où ils ont commencé à peindre des figures précises sur la paroi rocheuse. En s'éloignant peu à peu de la ligne médiane de la roche, ils ont tracé soigneusement des ronds blancs espacés d'à peu près quatre-vingt-dix centimètres, en composant un quadrillage élaboré. Ensuite, les *sandhogs* ont assemblé des foreuses hydrauliques et percé dans chaque marque un trou de trois mètres de profondeur, les bras et les jambes secoués par la percussion, les lampes frontales de leurs casques tremblant sous l'effort.

Tout en préparant la paroi rocheuse, en guettant le moindre écho pour y déceler un signe de danger, ils se parlaient dans une langue ésotérique : un marteau-piqueur s'appelait un « marteau-béquille » ; un seau, un « cuirassé » ; l'éponge en forme de pistolet Nerf qui servait à nettoyer les tuyaux, c'était un « lapin ». Parfois, à cause du bruit, les hommes donnaient simplement l'impression de tracer leurs figures dans le vide, comme des mimes. Dans un deuxième temps, ils ont sorti des souffleuses sous pression, qui envoyaient de l'air et de l'eau dans les trous, pour nettoyer la terre. « Tout doit être fait dans les règles », m'a expliqué Ryan.

Avec son couteau, il a ouvert l'une des caisses d'explosifs. Elle contenait des dizaines de bâtons rouges de dynamite. Les hommes ont enfoncé les bâtons dans les orifices, on aurait dit qu'ils chargeaient des mousquets. Chaque bâton était câblé à son voisin, et, au bout d'un petit moment, des dizaines de cordons s'entrecroisaient sur la paroi. Ensuite, les *sandhogs* ont éteint les lumières, une par une, jusqu'à ce que le tunnel soit dans le noir complet, excepté une seule lampe torche pour nous guider dans notre repli vers la cage métallique. « Il faut qu'on soit à trois cents bons mètres de distance, m'a expliqué Ryan, alors que nous remontions lentement vers la surface. Ce n'est pas comme dans l'ancien temps, quand ils te faisaient péter ces saletés aux oreilles. »

Quand nous avons atteint la rue, le soleil était haut dans le ciel, et Ryan, gêné par la lumière, a cligné des yeux. Il s'est penché sur un petit détonateur pendant que ses hommes évacuaient les piétons du carrefour. Une femme en manteau poil de chameau, qui protestait car elle était en retard pour se rendre à son travail, a tenté de forcer le passage. « Une minute », a fait Ryan, en arquant un sourcil. Un autre *sandhog* a posé la main sur le déclencheur en forme de T, en criant : « Feu dans le puits ! feu dans le puits ! »

Il y a eu un énorme grondement, un long martèlement de plus en plus assourdissant. Les trottoirs et les clôtures se sont mis à trembler, ainsi que le sol sous nos pieds. La grue qui était suspendue au-dessus du puits a frémi dans un cliquètement de ferraille. Un passant a levé les yeux vers le ciel, avant de les baisser et de regarder à ses pieds, sans trop comprendre ce qui était en train de se produire. « C'est une bombe ? » a demandé un autre. Un panache de fumée s'est élevé de la fosse. Ensuite, tout est retombé dans le silence. Le tunnel venait d'avancer de trois mètres supplémentaires. « C'est bon, les *hogs* ! » a beuglé le chef de chantier. Et, avant que personne ait rien remarqué, Ryan et les autres avaient déjà disparu dans le trou.

À la fin de la journée, les *sandhogs* se sont réunis dans leur *hog house* (la « porcherie »), une petite cabane de chantier blanche équipée de bancs en bois, de casiers et d'une douche, à l'intérieur d'un enclos grillagé, sur la Treizième Rue. Des cirés jaunes, maintenant noircis de boue, étaient pendus aux patères. Un téléviseur murmurait dans un coin, et plusieurs hommes s'étaient regroupés devant, la taille ceinte d'une serviette, pendant qu'un autre lavait le sol en passant la serpillière autour de leurs pieds.

Ryan s'était assis à une table, pour me parler. Il avait le coude posé sur son casque ; un filet de boue lui dégoulinait de la joue. Il avait perdu en partie l'audition, à cause de multiples commotions, et parlait plus fort que la normale.

« Personne n'a envie de trop insister là-dessus, mais nous flirtons constamment avec le désastre », m'a-t-il avoué. Les vieux tunnels, expliquait-il, fuyaient « comme une passoire », certaines sections, creusées près d'un siècle plus tôt, nécessitaient de lourdes réparations. Mais tant que le Tunnel n° 3 ne sera pas pratiquement achevé, il n'y aura aucun moyen de procéder à ces réfections. C'est en partie dû au fait qu'atteindre l'intérieur des Tunnels n° 1 ou n° 2 imposerait à la ville de couper l'eau, et sans système d'alimentation d'eau de secours on s'exposerait à de sérieux risques de pénurie d'eau. Mais cela allait au-delà et, plusieurs *sandhogs* le regardant faire par-dessus son épaule, Ryan s'est mis à dessiner un cercle sur la table, avec son doigt maculé de boue. « Vous voyez ça ? m'a-t-il demandé. Ce sont les valves qui contrôlent le flux d'eau.

– Elles sont à des dizaines de mètres sous terre », a commenté un autre *sandhog*.

Ces valves étaient conçues, a continué Ryan, pour ouvrir et fermer des trappes, comme des guillotines, à l'intérieur de ces tunnels cylindriques, arrêtant ainsi l'écoulement de l'eau. Mais avec le temps, elles étaient devenues si fragiles qu'elles n'étaient plus actionnables. « S'ils essaient de les fermer, ils craignent qu'elles ne se bloquent, et de ne plus pouvoir les rouvrir. »

Il s'est essuyé un peu de boue qu'il avait autour des yeux. « Écoutez, a-t-il repris. Si l'un de ces tunnels s'obstrue, dans cette ville tout s'arrêtera. À certains endroits, il n'y aura plus d'eau pour rien. Les hôpitaux.

L'eau potable. La lutte contre l'incendie. À côté, le 11-Septembre, c'était rien. »

Il n'était pas le seul à mentionner les fragilités du réseau de tunnels, même si les autres le faisaient en des termes légèrement moins alarmants. Un jour, au printemps 2003, j'ai rencontré Christopher Ward, chef du Service de protection de l'environnement de la ville de New York (le DEP), responsable de la conception et du fonctionnement du réseau de tunnels. Le torse large, le menton proéminent et orné d'un bouc, il ressemble plus à un *sandhog* qu'à un politicien, et quand il parle il a une tendance à se pencher vers l'avant, comme s'il allait se lever d'un bond. « Les gens n'ont pas envie de l'admettre, mais la durée de vie d'un tunnel, ça existe, et à un certain stade ces ouvrages commencent bel et bien à flancher », a-t-il insisté. Les valves en métal, en particulier, se dégradent, au point de ne plus pouvoir soutenir la pression. Ward m'a confirmé que les deux tunnels originels étaient si délabrés qu'il était trop risqué d'essayer de couper l'eau et de les réparer avant que le City Tunnel n° 3 ne soit opérationnel. Il m'a tout de même rassuré, il reste encore du temps avant que ces tunnels vieillissants ne s'effondrent – « Nous ne parlons pas d'aujourd'hui ou demain » –, bien qu'il soit impossible de prédire de combien de temps on parle.

D'autres sont plus pessimistes. Un expert scientifique du DEP m'a un peu plus alarmé : « Certains aqueducs présentent déjà de graves hémorragies, ils perdent de l'eau », tandis qu'une étude menée en 2003 par Riverkeeper, une organisation de défense de l'environnement, concluait : « Dans certains cas, cette infrastructure d'exception s'écroule littéralement. » Vers le nord de l'État de New York, dans la ville industrielle de Newburgh, par exemple, l'eau se déversait déjà par des fissures dans l'aqueduc souterrain qui alimente les tunnels de la ville, et ces écoulements sont si importants que ces fuites ont fini par créer une gigantesque doline.

Nombre d'experts craignent que l'ensemble du vieux réseau de tunnels ne s'effondre d'un coup. « Des ingénieurs vous expliqueront que si ça lâche, ça ne lâchera pas par paliers, a renchéri Ward. Ce sera un écroulement catastrophique. » Si le City Tunnel n° 1, considéré comme le plus vulnérable, cédait, tout le bas de Manhattan et le centre de Brooklyn, ainsi que des parties du Bronx, seraient privés de tout approvisionnement en eau. Si les aqueducs cédaient, la ville entière serait coupée du réseau. « Il n'y aurait plus d'eau, m'a-t-il indiqué. Et de telles réparations ne prennent pas un jour ou deux. On parle de deux ou trois ans. »

Dans le passé, la municipalité a parfois tenté d'apaiser ces inquiétudes au sujet du réseau de distribution d'eau de New York, mais le maire de l'époque, Michael Bloomberg, remarquait en 2003, lors d'une conférence de presse, que ces canalisations frappées de vétusté étaient « très vulnérables » et que « si l'un des aqueducs s'effondrait, cela risquerait de mettre cette ville à genoux ». Anthony DelVescovo, le chef de projet qui travaille sur City Tunnel n° 3 depuis près de quinze ans, a repris à son compte la mise en garde de Bloomberg. « Ce que personne ne sait, c'est si nous sommes confrontés à une apocalypse potentielle, m'a-t-il confié. C'est une course contre la montre. »

Il est difficile d'imaginer une ville sans eau, ses robinets vides, ses bouches à incendie à sec, ses esplanades non plus ponctuées de fontaines mais grouillant de citoyens souffrant de maladies propagées par la saleté et la déshydratation – d'imaginer, pour reprendre le titre du roman futuriste de Charles Einstein, paru en 1964,

The Day New York Went Dry [le jour où New York s'est retrouvée à sec].

Pourtant, tout au long de son histoire ou presque, New York a été une ville guettée par la soif. Quoique entourée d'eau, jusqu'à une époque relativement récente, au XVIIIe siècle, un seul et unique bassin d'eau croupie du bas de Manhattan, le Collect Pond, demeurait sa principale source d'eau potable. Les déjections humaines y étaient déversées, augmentées de quelques cadavres de temps à autre. La distribution d'eau était dominée par des racketteurs, les *teamen*, qui écumaient les rues avec d'énormes tonneaux, estampant les clients. En 1785, la population de la cité atteignant presque trente mille âmes, le *Journal* de New York publiait une lettre ouverte adressée aux responsables gouvernementaux, où l'on se plaignait de ce que la source d'approvisionnement en eau était devenue « un égout collectif ». Un quotidien déclara que c'était « malsain et nauséabond », ajoutant : « Plus la ville grandit, plus ce mal s'aggravera. »

Alors que ce quotidien avertissait qu'« une épidémie provoquera chaque année une hécatombe jusqu'à ce que vous puissiez nous fournir une meilleure eau », la pestilence se répandait dans les rues sordides. En 1798, la fièvre jaune fauchait deux mille New-Yorkais, et des marchands ambulants arpentaient les rues en criant : « Cercueils de toutes tailles ! » L'épidémie frappa de nouveau en 1805, en 1819 et en 1822. « Les New-Yorkais sont comme le riche personnage de la Parabole, notait un habitant dans le journal local. Ils n'ont pas d'eau potable et fraîche pour étancher leur soif quand les flammes de l'épidémie leur dévorent les entrailles. »

Un matin de l'été 1832, deux enfants se réveillèrent dans Manhattan avec de violentes douleurs dans le ventre. Ils cessèrent d'uriner et furent gagnés par la soif ; ils furent pris de vomissements et leur peau bleuit. Le lendemain, ils étaient morts, et deux jours plus tard c'était le tour de leur mère.

Le choléra asiatique, une maladie atroce que propage pour une large part l'eau contaminée par les selles, venait de frapper. En à peine un mois, deux mille New-Yorkais périrent, le corps cyanosé, d'une teinte bleuâtre, et la peau des extrémités fripée ; plus de cent mille autres habitants – la moitié de la population – s'enfuirent vers des villages des alentours. Le temps que le fléau prenne fin, le bilan dépassait les trois mille morts. Un groupe de médecins qui se rendirent dans la cité à cette période dirent n'avoir entendu partout qu'un seul cri, « une perpétuelle supplique » : « De l'eau fraîche, de l'eau fraîche, donnez-nous de l'eau fraîche ! »

Enfin, à l'hiver 1834, le conseil communal promettait de sonder de nouvelles sources d'eau. Mais avant que ces projets soient mis en œuvre, un incendie éclata non loin de Wall Street. Faute d'assez d'eau pour l'éteindre – les rivières étaient complètement gelées –, les flammes bondirent de toit en toit, poussées par un vent de tempête. En quelques minutes, le feu s'étendait de l'Exchange Place (la Bourse) à Water Street, puis à Front Street et South Street, avant de continuer sa progression. (La fumée était visible de loin, jusqu'à Philadelphie.) L'incendie continua de faire rage vingt-quatre heures, au terme desquelles il avait consumé près de sept cents bâtiments et provoqué de tels pillages de masse que l'armée dut être appelée : à peu près le tiers de New York n'était plus que ruines. Un témoin, qui qualifia ce sinistre de « la plus épouvantable calamité qui se soit jamais abattue sur les États-Unis », écrivait encore : « Mon corps est épuisé, mon esprit troublé, et mon imagination emplie d'images d'horreur que ma plume est incapable de transcrire. »

Et ce fut ainsi que la ville commença enfin à construire son premier aqueduc.

Au vu des normes actuelles, le Croton Aqueduct est d'ampleur modeste, mais à l'époque il était considéré comme une merveille architecturale. Entamé en 1837 et achevé en 1842, il s'étendait sur près de cinquante kilomètres, du Croton Reservoir jusqu'à la rive orientale de l'Hudson River : un élégant pipeline en brique de deux mètres quarante par deux mètres dix. Le jour où il fut terminé, des cloches d'église retentirent dans toute la ville et des milliers de New-Yorkais se précipitèrent dans les rues pour défiler devant de toutes nouvelles fontaines, dont l'eau étincelait au soleil. Philip Hone, qui devint plus tard maire de New York, écrivit dans son journal : « New York ne parle plus, ne pense plus qu'à l'eau de Croton. […] De l'eau ! de l'eau ! c'est la note universelle qui retentit de toute part dans la ville, et qui insuffle la joie et l'exultation parmi les masses. »

Douze ans plus tard, toutefois, la demande en eau de la ville excédait à nouveau les capacités, et la pression dans l'aqueduc chuta si bas que le précieux liquide ne réussissait plus à atteindre le troisième étage des immeubles. En 1882, face à l'arrivée de milliers d'immigrants chaque semaine, le *Times* publiait cette requête : « Il faut plus d'eau », en ajoutant : « La santé des familles […] est compromise parce qu'on n'a pu s'assurer de quantités d'eau suffisantes. » Pourtant, à l'inverse du siècle précédent, quand la ville avait considéré passivement ces problèmes d'ordre public, il régnait désormais une foi presque évangélique dans le progrès humain. En 1905, le maire, George McClellan, qui venait à peine d'inaugurer la première ligne de métro, exposa sa vision d'« un approvisionnement supplémentaire en eau pure et salubre », un projet si audacieux que nombreux furent ceux qui y virent une preuve de mégalomanie. Pour un coût estimé à 185 millions de dollars – 3,7 milliards en dollars de 2003 –, ce serait le plus grand réseau municipal de distribution d'eau du monde. En 1907, lors de la première percée dans le sol, McClellan déclara : « Ce ne sont pas les grands gestes de l'histoire ou les grands hommes qui modifient le cours des événements humains, mais les modestes actions quotidiennes de modestes individus. »

Peu de temps après, des milliers de travailleurs arrivèrent dans les monts Catskills et se mirent à nettoyer la végétation. En application d'une loi à l'objet large, le McClellan Act, dont un juge se plaignit qu'il attribuait « un pouvoir que le Tout-Puissant ne déléguerait pas à un archange », la ville s'appropria plus de dix mille hectares de terres, comprenant des centaines de maisons, autour de la région de Shokan, juste au sud de Woodstock. Neuf villages furent rasés, certains par le feu, et près de trois mille habitants en furent chassés ; on creusa même dans les cimetières. « Les arbres ont tous été abattus et le village s'efface comme dans un rêve », rapporta le *Freeman*, le journal de Kingston.

Ensuite, on édifia des barrages, on détourna le cours des rivières, des torrents et des ruisseaux des Catskills et on recueillit les eaux pluviales. L'entièreté du bassin surélevé fut noyée, créant l'un des nombreux réservoirs qui, au total, sont presque aussi grands que l'île de Manhattan. Sur les photographies de la région de Shokan prises avant la mise sous eau, les terres sont vastes et verdoyantes ; quelques mois plus tard, elles sont recouvertes d'une mer intérieure aussi lisse qu'un miroir.

Entre-temps, les *sandhogs* creusaient les montagnes et au pied des collines pour construire le Catskill Aqueduct, une conduite longue de cent quarante-huit kilomètres qui descend en pente douce de Shokan à Storm King Mountain, avant de déboucher dans White Plains. Sur son tracé, elle passe sous l'Hudson River, à une profondeur de trois cent trente-cinq mètres – une réalisation que le nouveau maire de New York, William Gaynor, présenta comme « l'une des plus grandes prouesses d'ingénierie de l'histoire ». La partie la plus difficile du chantier restait pourtant à venir. Selon la conception très complexe des ingénieurs, l'eau s'écoulerait de l'aqueduc dans un réservoir à Yonkers. De là, elle serait acheminée par un autre tunnel, une tranchée profonde sous la ville, capable de résister à la pression de près de deux milliards de litres coulant à flot chaque jour dans ses tuyauteries. Cette eau continuerait ensuite sa remontée dans des canalisations de plus en plus petites, avant de finalement s'écouler par les millions de robinets de la ville. La construction de ce qui s'est appelé le City Tunnel n° 1 débuta en 1911. Beaucoup d'hommes descendirent au fond une fois, rien qu'une, pour ne jamais revenir. Ceux qui survécurent touchaient à peu près deux dollars par jour. Les tensions étaient telles qu'une émeute éclata quatre cents mètres sous terre, et des ouvriers se battirent à coups de pics et de pelles.

La situation n'était pas moins épineuse sur les rives de l'East River. Si l'on en croit Liquid Assets [Richesses liquides], une histoire du réseau de distribution d'eau de New York, par Diane Galusha, la nappe phréatique imbibait tellement la roche environnante que les puits qui permettaient aux *sandhogs* de descendre dans le tunnel se transformaient en pièges gorgés d'eau. Les ingénieurs furent contraints de construire sur chaque rive une gigantesque boîte renversée, ou caisson, un dispositif périlleux qui avait été inauguré lors du creusement des fondations du pont de Brooklyn. Mesurant à peu près cinq mètres de côté et pesant jusqu'à deux mille tonnes, ces boîtes en acier et en béton étaient scellées sur toutes leurs faces, sauf le fond. Quand on les descendait dans le sol meuble, de l'air comprimé était injecté dans le caisson, refoulant la boue et l'eau. Pour entrer dedans, les *sandhogs* descendaient à leur tour dans une nacelle, tout en bas d'un puits en acier ; de là, ils pénétraient dans un sas, à peu près comme une cloche de plongée. De l'air était pompé à l'intérieur, le sang refluait vers le centre du corps, et les *sandhogs* sentaient leurs tympans compressés, près d'éclater. Nombre d'entre eux se croyaient sur le point de mourir.

Dès que la pression dans le sas d'air était égale à celle de l'intérieur du caisson, les *sandhogs* rampaient par une trappe à l'intérieur de ce dernier où, en position debout, de l'eau jusqu'aux chevilles, ils commençaient à creuser le fond, en écopant la bourbe dans un baquet, par une écoutille située au plafond. Ils creusaient sous une pression si grande qu'ils ne pouvaient travailler que deux heures de suite, et le caisson coulait lentement, ce qui permettait aux côtés de la boîte de tailler le périmètre d'un puits. Un ingénieur qui était descendu dans le caisson lors de la construction du pont de Brooklyn décrivit ses sensations en ces termes : « Au début, le pouls accélérait, puis retombait parfois au-dessous de son rythme normal. La voix paraissait étouffée, anormale, et cela réclamait un gros effort de parler. Entre les lampes qui brûlaient, la quasi-obscurité, le vacarme abrutissant des marteaux, des foreuses et des chaînes, les silhouettes à moitié nues s'agitant en tous sens, avec ici ou là un Sisyphe roulant sa pierre, on pouvait, si l'on avait un tempérament de poète, entrevoir ce qu'était l'*Enfer* de Dante. »

Toutefois, une autre menace était plus redoutable encore, celle de « l'éventrement » : une brèche dans la paroi du caisson, provoquée par un soudain déséquilibre de pression, qui créait un effet de succion à peu près comparable à celui d'une porte de fuselage s'ouvrant en plein vol, accompagné d'un sifflement suraigu de bouilloire géante. Les hommes n'avaient que quelques secondes pour grimper dans le sas d'air ; s'ils n'y arrivaient pas, ils pouvaient être aspirés dans la terre, comme ce fut le cas en 1916, durant la construction d'un tunnel sous l'East River, quand trois ouvriers furent avalés par une crevasse ; deux d'entre eux périrent, et le troisième, Marshall Mabey, fut propulsé, sain et sauf, dans le ciel de l'après-midi, au sommet d'un geyser haut, dit-on, de quatre étages. « Je me suis senti poussé dans le trou, expliqua-t-il plus tard à un journaliste. Au contact de la boue, j'ai eu la sensation d'être écrasé comme jamais je n'avais été écrasé. J'ai failli étouffer. »

On ignore combien de *sandhogs* sont morts en construisant le réseau des Catskills, mais en 1913 le *Sentinel* de Pine Hill signalait : « Ce sont approximativement dix [ouvriers] sur cent qui sont tués ou blessés chaque année. Plus de trois mille huit cents accidents, graves ou plus bénins, touchant des travailleurs du grand aqueduc, ont été signalés. [...] Les hommes qui accomplissent cette rude besogne sont pratiquement tous des étrangers ou des nègres. Du fait de leur relatif anonymat, le décès accidentel d'un ou plusieurs de ces manœuvres n'attire guère l'attention du public. »

En 1917, plus de dix ans après le début des travaux, la dernière explosion retentit. Il était maintenant possible de se rendre à pied du sous-sol de Manhattan jusqu'aux Catskills. La ville célébra cette réalisation, mais l'événement resta plus discret que la célébration du réservoir Croton. Au moment où l'on ouvrit une nouvelle fontaine alimentée par le réservoir de Central Park, le ciel creva et la pluie tomba à verse.

« Hé, vous sentez ça ? m'a demandé Jimmy Ryan.

– Qu'est-ce que c'est ? ai-je fait.

– De la dynamite. »

Nous étions de retour à l'intérieur du City Tunnel n° 3, et nous regardions les *sandhogs* déblayer la roche explosée – « ils la curent », c'était ainsi qu'il appelait cette opération. Quelques minutes plus tôt, j'avais vu ces hommes commander la détonation des explosifs, et l'air brumeux se charger de fumée et de poussière ; une mince pellicule jaune a vite tout recouvert. Des roches qui avaient résisté à des séismes venaient d'être fracassées contre les murs environnants. Certaines étaient fendues en deux, révélant des éclats de mica, superbes chatoiements blancs au milieu de la poussière, et d'autres étaient d'un noir terne.

À ce stade initial, la méthode de creusement de la roche était similaire à celle utilisée pour le premier tunnel aqueduc. Ainsi que l'expliquait Ryan : « Vous fourrez vos bâtons de dynamite, vous faites sauter le bazar, et ensuite vous écopez la merde. » C'était un rituel répétitif, éprouvant, de ceux où il n'y avait ni jour ni nuit, où le grondement des explosions remplaçait le passage du temps. Ensuite, les hommes chargeaient le granit en miettes dans d'énormes godets capables de contenir jusqu'à vingt-huit tonnes en un seul chargement et qu'une grue hissait en haut de ce même puits par où les hommes étaient descendus. Chaque *sandhog* avait son rôle attribué dans l'opération. Il y avait les éboueurs, les allumeurs, les signaliseurs et les ramasseurs – ces derniers restaient au-dessus du trou et reliaient divers matériels à la charge. Un ramasseur vétéran, Brian Thorne, m'a dit : « Tout le monde possède un certain savoir-faire. Moi, là où je suis le meilleur, c'est l'équipement du matériel. Les gars qui sont en bas veulent être sûrs de pouvoir se fier au type qui est en haut et qui manie des charges au-dessus de leur tête, et ne pas s'en soucier. Si vous écrasez un gars, vous pouvez pas venir dire ensuite : "Oups, désolé." Parce que la personne sera morte. Alors il faut toujours être à son maximum. »

Au fil des ans, Ryan a gravi les échelons, d'éboueur à chef de chantier (ou « contremaître ambulant »), et aujourd'hui, en tant que président du syndicat des *sandhogs*, il est le principal responsable de l'ensemble de la troupe. Un collègue lui a adressé le plus beau compliment qu'on peut faire à un *sandhog* : « Jimmy n'a jamais peur de se salir. » Mais quand Ryan patauge dans la gadoue, ses yeux scrutant autour de lui, sous son casque, il paraît un peu en retrait. Quand de jeunes *sandhogs* se remémoraient des épisodes où l'un d'eux avait frôlé la mort, il haussait le sourcil et leur lançait : « C'est une sacrée histoire que tu nous racontes là », ou : « T'es un sacré baratineur, toi, hein ? » À l'inverse des autres, qui racontent leurs histoires de tunnels comme les marins-pêcheurs racontent leurs récits de mer, Ryan parle rarement du temps qu'il a passé sous terre. Quand son service est terminé, il rentre chez lui, dans le Queens, où en général il se change en troquant son uniforme d'excavateur contre un pantalon de golf de couleur claire, et il sort jouer un parcours, essayant de pousser la balle de ses bras endoloris en humant l'odeur du gazon fraîchement coupé. « Il ne nous dit jamais un mot du tunnel, m'a confié son épouse. Je ne sais pas ce qu'il fabrique, en bas. »

Par rapport à la norme de son métier, Ryan n'est pas un homme particulièrement superstitieux – il ne porte pas sur lui de clef à molette fétiche, et ne refuse pas de descendre un vendredi 13 –, mais il se tient constamment aux aguets. Et en cet instant, alors que les autres s'échangeaient des blagues, il restait de son côté, inspectant les parois en silence pour s'assurer qu'elles ne présentent pas de fissures susceptibles de provoquer le détachement de blocs de pierre.

Au bout d'un moment, je l'ai vu progresser à pas lourds vers le bout du tunnel, où s'entassait un monceau de décombres encore fumants. À de moins grandes profondeurs, les *sandhogs* ont déjà découvert des bijoux, des armes du crime, des fausses dents, un coffre rempli de pièces de monnaie, un cachot datant de l'époque où l'Amérique était une colonie anglaise. « Dans les canalisations des égouts, on trouve parfois des rats, m'a-t-il expliqué. Mais aussi profond, il n'y a que nous, les chiens de sable. »

Il a plongé la main dans sa poche et en a ressorti un sac plastique, qu'il a soigneusement déballé, révélant non son repas mais un paquet de Marlboro. Il était apparemment le seul, en dépit de cette poussière qui piquait la gorge, à toujours travailler une cigarette pendue au coin des lèvres, comme les détectives des vieux romans policiers populaires qu'il aime bien lire.

Quelques hommes ont calé une échelle de trois mètres contre les gravats et il a grimpé en haut, la braise de sa cigarette guidant son ascension. « Montez », m'a-t-il fait. Quand je suis arrivé en haut, il m'a désigné le bout du tunnel, comme pour dire : Allez-y, allez jeter un œil. Et j'ai vu une dizaine de silhouettes s'avancer dans une brume de poussière. C'était une cacophonie : des hommes frappaient de leur pic dans la roche déchiquetée, des foreuses perçaient de nouveaux trous, des godets allaient et venaient au milieu de pluies d'étincelles, qui scintillaient comme des lucioles. Au bout de cinq mois de détonations et de déblaiement, à raison de deux équipes travaillant seize heures par jour, d'ingénieurs et d'entrepreneurs calculant le tracé le plus rapide, ils avaient progressé de l'équivalent de deux rues, de la Vingt-Neuvième Rue à la Trente et Unième Rue. Mais en scrutant d'une extrémité de la galerie à l'autre, au plafond de la roche, dégoulinant d'eau et baignant dans une lumière jaune soufre, je percevais les premiers indices du projet d'ensemble.

« Alors, que pensez-vous de notre cathédrale ? » m'a demandé Ryan.

Plus tard, alors qu'il retirait ses bottes dans la *hog house*, il m'a dit : « Vous savez, mon grand-père faisait la même chose. » Il a tapé ses bottes l'une contre l'autre. « Il est arrivé dans ce pays en 1922, il venait d'Angleterre. Il a d'abord travaillé sur le tunnel Holland, mais ensuite ils ont lancé le deuxième tunnel aqueduc, et il a embrayé sur ce chantier-là. C'était encore plus énorme que le Tunnel n° 1. C'était assez brutal. Ça, je peux vous le promettre. »

En 1929, pour soutenir le rythme de la consommation d'eau, qui avait augmenté d'1,3 milliard de litres par jour depuis la construction du premier tunnel, la ville a lancé la construction du Tunnel n° 2. Une fois de plus, un nouvel aqueduc se construisait, qui cette fois puisait son eau dans la rivière Delaware. (Il est encore mentionné dans le *Livre Guinness des records* comme « le plus long tunnel d'approvisionnement en eau du monde ».) Une fois de plus, des villages furent inondés et des cimetières excavés.

Nick Ryan, le grand-père de Jimmy, était grand, le physique musclé, le cheveu roux. Jimmy Ryan lui ressemblait, disait-on, mais Nick était un homme « plus débridé », selon la formule de son petit-fils, avec une nuance très nette d'euphémisme. Son penchant pour le whisky, qu'à cette époque on consommait souvent au fond du tunnel, était connu. Il n'avait été que peu ou pas scolarisé. La plupart des chiens de sable de sa génération étaient des immigrants arrivés de fraîche date, en règle générale d'Italie, d'Irlande et des Caraïbes, qui se présentaient au travail dans leur seule et unique tenue et qui s'enveloppaient les souliers de sacs plastique. La régie de distribution d'eau les logeait parfois dans des camps, et tentait d'apprendre aux enfants à lire et à écrire, mais les citadins se plaignaient de temps à autre des « hordes d'immigrants ». Des photographies en noir et blanc prises à l'époque montrent le groupe de Nick debout dans un tunnel étayé par quelques poutres en bois de charpente soutenant la roche qui menaçait de s'ébouler au-dessus de leurs têtes. En guise de casque, Nick Ryan portait quelquefois un couvre-chef qui évoquait davantage un chapeau de cow-boy. Dans un compte rendu d'une des premières réunions, en 1936, de la section 147, à laquelle il appartenait, les hommes sont avertis de ne pas amener de pistolets sur eux.

« Même pendant la Grande Dépression, la plupart des hommes refusaient ces emplois-là, rappelait un mineur du même syndicat que Nick Ryan, dans un document d'histoire orale. Personne n'acceptait de descendre travailler en maniant la pelle toute la journée, ou ensuite trimer dans une caisse d'air comprimé. À l'époque, on avait des gars durs, très durs, et il fallait être un chef solide. [...] Ils vous disaient : Tu bosses, ou tu dégages. Alors les seuls qui survivaient, les experts en assurances vous le diront, c'était ceux qui étaient les plus costauds. »

Nick Ryan dut endurer les douleurs dans la poitrine, les fractures des membres, le saignement des sinus, et le *bends*, le mal des caissons, ces douleurs articulaires qui forcent à marcher courbé. Ensuite, en 1937, sa famille manquant toujours d'argent, il emmena son fils de dix-huit ans, Joe, dans le puits avec lui. « C'est comme ça que mon père a appris à survivre sous la terre », se rappelait Jimmy.

« Il y a de ça des années, tout a commencé comme une histoire entre père et fils, m'a confié un chien de sable dont le père travaillait côte à côte avec Joe Ryan. Les pères amenaient les fils, ensuite les frères amenaient les frères, et les fils amenaient les cousins. Je ne sais pas comment formuler ça, mais si vous descendiez ici, personne ne vous réclamait votre pedigree. Ils se moquaient de savoir si vous aviez un casier judiciaire, tant que vous bossiez, vous pouviez rester au fond du trou. »

Plus trapu et plus petit que son père, Joe Ryan était surnommé Red, le Rouquin. D'une volonté farouche au point d'être intimidant, pour ceux qui ne le connaissaient pas bien, il portait en lui le poids – et peut-être la colère – d'un homme qui avait renoncé à une bourse de football universitaire à Wake Forest University pour travailler sous la terre, en aidant financièrement un père qui sortait parfois trop tard le soir pour réussir à se présenter au boulot à l'heure le lendemain matin. Après la mort de Nick Ryan, en 1958, son fils fut brièvement gérant d'une station-service. Mais il ne tarda pas à retourner sous terre, à l'endroit qu'il connaissait le mieux.

Dans les années 1950, la ville s'était déjà lancée dans une quête effrénée de plus d'« eau pure et salubre ». Cette fois, ce n'était pas simplement la demande d'une population en pleine explosion démographique, ni même les sécheresses, qui suscitait l'alarme. Cette fois, c'était un événement auquel personne ou presque n'avait songé.

En 1954, à l'insu de la plupart des habitants de New York, plusieurs ingénieurs descendirent dans un puits pour essayer de couper l'approvisionnement en eau du City Tunnel n° 1, pour vérifier si la conduite nécessitait des réparations après avoir été en fonction depuis près d'un demi-siècle. « Imaginez votre robinet au bout de seulement dix ans, m'a expliqué Christopher Ward, le commissaire du DEP. Ces trucs s'étaient fait pilonner des dizaines d'années par des masses d'eau. »

Tout en bas du puits, saillant de la galerie, une longue tige en bronze était dotée d'une roue à son extrémité. La rotation de cette roue était censée contrôler la valve d'un mètre quatre-vingts de diamètre logée à l'intérieur de la canalisation. Mais quand les ingénieurs ont pesé sur la poignée pour la faire tourner, en y mettant toute leur force, elle s'est mise à trembler et à craquer. « Il s'exerçait trop de pression dessus », m'a souligné Ward.

« Ils avaient peur, s'ils l'avaient fait tourner un petit peu plus, que tout ce putain de truc ne casse net », m'a précisé Richard Fitzsimmons Junior, le directeur exécutif du syndicat des chiens de sable.

Après des décennies de construction du plus grand réseau de distribution d'eau du monde, la ville venait de se heurter au maillon faible du système, un seul et unique défaut qui menaçait d'une atteinte mortelle une entité par ailleurs invincible. « Cette découverte a foutu une sainte frousse à tout le monde », m'a avoué Doug Greeley, un ingénieur chargé de la distribution d'eau de la ville. Il n'y avait aucun moyen efficace de couper l'eau, aucun moyen de pénétrer à l'intérieur de la canalisation et de souder une fissure, aucun moyen de savoir si un tunnel n'était pas sur le point d'éclater.

À la fin des années 1960, les responsables du réseau décidèrent qu'il fallait tenter quelque chose. « L'un des tunnels d'origine avait soixante-dix ans, et nous étions incapables de réparer aucune de ces valves », m'a rappelé Ed Koch, qui à l'époque était élu du Congrès. Dans certains cas, insistait-il, « nous ne savions même pas où se situaient ces valves ». Koch, qui exercerait plus tard trois mandats de maire, m'a ensuite rappelé ceci : « Vous pouvez survivre sans nourriture, mais vous ne pouvez pas vivre sans eau. »

Par une froide journée de janvier, en 1970, le premier coup de pelleteuse fut officiellement donné au troisième tunnel aqueduc, dont les dimensions éclipseraient celles de ses prédécesseurs. Conçu pour être construit en quatre tranches, il s'étendrait sur près de cent kilomètres, depuis le réservoir de Yonkers, il traverserait le Bronx et rejoindrait la pointe sud de Manhattan, avant d'entrer dans Brooklyn et le Queens. Le projet inclurait un autre aqueduc souterrain. Plus important encore, au centre de ce dispositif tout entier, on installerait trente-quatre valves spécialement conçues qui seraient non pas moulées dans le bronze mais coulées dans de l'acier trempé, et munies de tiges plus courtes capables de supporter davantage de force. (La majorité étaient fabriquées au Japon, où les inspecteurs de la ville passeraient deux ans sur place pour s'assurer qu'elles soient construites selon des normes précises.) Toutes les valves seraient regroupées dans une seule salle centralisée, où elles seraient facilement accessibles et aisément fermées.

La construction de cette salle débuta en 1970 et ne fut achevée qu'en 1998. Même si les sections de tunnel qui aboutiraient à cette salle n'étaient pas encore terminées, le DEP m'a fourni un aperçu de l'intérieur de cette espèce de chambre forte, située dans le Bronx, non loin du siège syndical des *sandhogs*. Au niveau de la surface, rien ne signale l'existence de ce sanctuaire, excepté une petite tour de garde et une porte hermétiquement fermée qui ouvre sur une butte gazonnée. « D'ordinaire, nous sommes censés ne laisser entrer personne », m'a confié Greeley, devant la porte.

Comme beaucoup de « portemines », ainsi que les chiens de sable appellent les ingénieurs, Greely est un homme méticuleux : la moustache soigneusement taillée, il porte un blazer bleu et la cravate. La porte principale, qu'il a déverrouillée comme s'il ouvrait un coffre-fort, était en acier massif. « Ils ont construit cet endroit pendant la guerre froide. C'est censé résister à une bombe nucléaire de dix mégatonnes. »

Il a pesé de tout son poids sur le panneau, qui a lentement pivoté, en émettant un soupir sonore. À l'intérieur, l'air était humide et froid, le couloir était en béton. Après avoir emprunté une volée de marches métalliques, nous sommes descendus en ascenseur, vingt-cinq niveaux plus bas. « Préparez-vous à voir votre perception de l'eau transformée pour toujours », m'a-t-il averti, en ouvrant une autre porte aussi épaisse et massive.

La salle ressemblait à un hangar aéronautique, elle s'étendait sur plus de deux cents mètres, avec un plafond en forme de coupole haut de plus de douze mètres et des murs tapissés de condensation et d'algues. Des lampes pendaient du plafond comme des croissants de lune. Les valves s'alignaient en rang, perchées six mètres au-dessus du sol. Ou plutôt, il s'agissait des canalisations à l'intérieur desquelles elles étaient enfermées : dix-sept cylindres d'acier de trente-cinq tonnes fixés par des goujons qui traversaient de part en part, à l'horizontale, la salle large de près de treize mètres. Chaque cylindre contenait deux valves. Une passerelle métallique courait tout du long, et j'ai vu un Greeley tout excité se diriger vers le premier cylindre, en passant la main sur la coque métallique, aussi lisse et ronde qu'une torpille. « Comme cela, si un tunnel présente une fissure, nous pouvons le fermer d'ici, m'a-t-il expliqué. Tout se contrôle du bout des doigts. »

Si une valve cassait, le cylindre pouvait être descendu sur le sol de la salle, et sorti sur des rails. Il était possible de le retirer, a-t-il ajouté, sans perturber le reste du dispositif. Les anciens tunnels traçaient une ligne droite depuis les réservoirs jusque dans la ville, mais le City Tunnel n° 3 était conçu avec plusieurs boucles redondantes (le haut de Manhattan a sa boucle ; Brooklyn et le Queens ont la leur) dont le circuit traverserait la salle, de sorte que certains quartiers de la ville puissent être coupés du réseau sans suppression totale de la distribution d'eau.

Posant la main sur une petite roue qui pointait à l'extérieur du cylindre, il m'a précisé encore ceci : « Ici, nous pouvons ouvrir et fermer les valves par commande électronique ou, en cas de coupure de courant, même manuellement. Bien sûr, si vous deviez entièrement procéder à la main, vous seriez obligé de lui donner vingt-neuf mille tours, mais si le cas se présentait, en réalité, il suffirait de faire descendre deux types ici, qui amorceraient le mécanisme, comme un moteur, à la manivelle. »

Dans cette salle, il faisait froid, et c'est en frissonnant qu'il a tendu la main pour enchaîner avec la démonstration d'une autre innovation. « Ils appellent cela des valves papillon », m'a-t-il appris à propos des vannes qui équipaient l'intérieur du cylindre. À l'inverse des vannes à guillotine, ces portes viennent se placer en position avec une lente rotation. « Cela soulage la pression de l'eau et facilite leur fermeture », m'a-t-il précisé, en tournant la main dans le sens des aiguilles d'une montre. Bien qu'il soit entré dans cette salle une dizaine de fois, il a marqué un temps d'arrêt et contemplé ces dizaines de vannes. Ensuite, il a ajouté : « Une fois que le troisième tunnel aqueduc sera terminé, toute l'eau de la ville circulera de façon totalement zen. »

En 1969, juste avant la construction de la première tranche du troisième tunnel aqueduc, le père de Jimmy Ryan a conduit ce dernier au-dessous au niveau de la rue. « J'avais dix-huit ans, et il m'a dit : "Viens avec moi", se rappelait-il. Il était de la vieille école. On ne posait jamais de questions sur ce que décidait votre père. […] Ensuite, ils nous ont fait monter dans un de ces gros godets. Je ne savais pas du tout à quoi m'attendre. Il faisait de plus en plus sombre. Mon père m'a dit de rester près de lui et d'observer ce qu'il faisait. Et c'est comme ça que je suis devenu chien de sable. J'étais né dedans. »

Jimmy Ryan s'est fait connaître sous son surnom : le Hippie rouquin. « C'était le style à l'époque, m'a expliqué l'intéressé, un peu sur la défensive. Même les vieux de la vieille se laissaient pousser des côtelettes. » S'il était légèrement rebelle, il possédait aussi la résolution implacable de son père : il m'a dit qu'il voulait prouver à son « vieux » qu'il était capable de faire ce boulot. Et sa franchise le faisait apprécier des hommes. « Je ne peux sincèrement pas dire de mal de Jimmy », m'a juré Buddy Krausa, l'un de ses anciens contremaîtres, en ajoutant que Ryan était le type « qui ne volerait jamais une clef à molette ».

Après plusieurs incursions dans d'autres métiers, les Ryan se sont attaqués au troisième tunnel aqueduc. Par une journée d'été, en 1982, Jimmy Ryan, Krausa et une dizaine d'autres *sandhogs* étaient descendus dans un puits près de Van Cortlandt Park, dans le Bronx, où ils travaillaient à relier un tunnel qui déboucherait sur la nouvelle salle des valves des conduites d'eau. La section avait été déjà forée et ils en étaient aux étapes finales : la construction d'une forme en acier (qui ressemblait au squelette d'une coque de bateau) autour des contours de la cavité creusée dans la terre, avant d'y couler du béton. Pour atteindre le plafond de la caverne, Ryan était monté tout en haut d'un échafaudage de six mètres.

Vers midi, quelques hommes s'arrêtèrent pour déjeuner, mais Ryan et quelques autres travaillaient encore quand un autre chien de sable, George Gluszak, qui opérait sur la conduite un kilomètre et demi plus loin, vit deux chariots agitateurs de vingt tonnes, qui servaient à mélanger le béton, foncer dans le tunnel. Ils s'étaient détachés de la voiture-frein et, dans cette pente régulière, prenaient de la vitesse. Des hommes lancèrent divers objets sur la voie pour tenter de les ralentir, mais cela n'eut aucun effet.

Jimmy Ryan était occupé à forer quand les chariots percutèrent l'échafaudage, le catapultant huit mètres plus loin. « Tout s'est retourné d'un coup, sens dessus dessous. J'ai perdu connaissance, et quand je suis revenu à moi, toutes les lumières s'étaient éteintes. Je n'entendais que des gémissements. »

Krausa, qui n'avait pas été blessé, s'avança à tâtons dans l'enchevêtrement d'acier, de roche et de machines. Il pouvait entendre les autres appeler à l'aide. Ensuite, il trouva une lampe torche et braqua le faisceau devant lui.

« Je n'avais jamais rien vu de pareil », m'a-t-il dit.

Johnny Wademan, qui forait à côté de Ryan, était pris en sandwich entre deux wagons à plate-forme. Les deux engins étaient entrés en collision juste au-dessous de ses épaules, et il était suspendu en l'air, les jambes pendantes, les bras écartés. « On aurait cru Jésus », m'a fait Gluszak qui, avec son équipe, était accouru vers la scène dans le tunnel noyé d'obscurité. L'un des hommes hurla que Wademan était mort.

Ryan saignait abondamment de la tête.

« Jimmy était assez grièvement blessé, m'a expliqué Krausa. Et pourtant, grâce au ciel, il était encore capable de s'inquiéter du sort des autres, et il essayait de les aider. Je ne sais pas comment il réussissait à marcher. »

Dans l'angle, pris au piège entre une canalisation en béton et le mur, un autre chien de sable, Mike Butler. Sa jambe avait été presque entièrement sectionnée, l'os écrasé était à nu ; son pied, à la peau et aux tissus déchiquetés, ouverts comme une corolle, était comme cloué, et il ne pouvait bouger. « Il saignait à mort », m'a fait Ryan.

L'un des hommes sortit un canif et, seulement guidé par un faisceau de lampe torche, tenta de le dégager. Le talon refusait de bouger. « Je lui ai dit qu'on allait devoir lui couper une partie du pied, m'a raconté Gluszak. Il m'a répondu : “Fais ce que tu dois faire.” »

Un *sandhog* lui a tenu une cigarette aux lèvres, et un autre s'est mis à lui entailler le talon, en tranchant ce qu'il restait des tendons et de l'os. « J'ai retiré ma chemise, je lui ai emmailloté le pied dans mon maillot de corps et je lui ai serré un garrot autour de la jambe », a continué Gluszak.

Pendant qu'ils libéraient Butler, les autres descendirent Wademan de sa crucifixion. Dès qu'il toucha le sol, il lâcha un gémissement. Il était encore vivant.

Cela reste à ce jour l'un des plus graves accidents du troisième tunnel aqueduc. Plus tard, Butler eut le reste de la jambe amputé. Celles de Wademan étaient fracturées, ainsi que ses hanches, il avait six côtes fracassées et souffrait d'un vilain traumatisme crânien. Ryan a dû subir cent vingt points de suture au front et au menton ; il a aussi eu un genou brisé, six côtes fracturées et les deux épaules déboîtées. Il lui a fallu huit mois pour récupérer. Je lui ai demandé pourquoi il est retourné au travail. « Je suis un chien de sable. Un point c'est tout », m'a-t-il répondu. Il n'est jamais retourné sur les lieux de la catastrophe, et, après cela, il est devenu encore plus taiseux. « L'accident a éteint la vie chez Jimmy, a remarqué un autre chien de sable. Son exubérance. »

« Ils feront pas de travail psychologique sur moi, m'a signifié ce dernier. Ils me pénétreront pas dans la tête. »

Peu après s'être remis au travail, il a remarqué que son père avait du mal à respirer. « Il marchait dix mètres et aussitôt il était obligé de s'arrêter », m'a-t-il expliqué. Ensuite, Joe Ryan s'est mis à tousser des sécrétions noires. Il est allé consulter un médecin, et la radio a révélé des points noirs dans ses poumons. Il avait contracté la silicose, une maladie provoquée par des années passées à respirer la poussière.

Jimmy Ryan disait que son père lui avait répété depuis toujours que les chiens de sable mouraient subitement. Ils meurent d'effondrements et d'éclatements. Ils meurent d'explosions et d'électrocutions. Ils meurent de chutes de pierre, de treuils et de stalactites. Ils meurent de noyade. Ils meurent de décapitation et de la maladie des caissons. Ils meurent sans jambes, sans bras. Ils meurent d'un plongeon de plusieurs dizaines de mètres ou de seulement quelques-uns. Ils meurent vite et, le plus souvent, dans la douleur.

En mai 2003, le jeudi de l'Ascension, Ryan a enfilé une veste en tweed soigneusement repassée et noué une cravate, puis il a pris le volant, depuis son domicile du Queens, jusqu'à l'église Saint Barnabas, dans le Bronx, pour un service religieux en l'honneur de tous ceux qui étaient morts dans le troisième tunnel aqueduc. L'église en pierre était ajourée de vitraux qui s'ouvraient, laissant pénétrer la lumière du jour sans filtre aucun. Ryan était assis aux premiers rangs, sa veste ajustée à ses larges épaules. Autour de lui, Christopher Ward, le commissaire du DEP, Anthony DelVescovo, l'entrepreneur, et des dizaines de chiens de sable et d'ingénieurs occupaient les bancs d'église en rangs serrés. « Prions pour tous ceux qui ont été blessés ou tués dans la construction du City Tunnel n° 3, a proclamé le prêtre.

— Élevons-les vers le Seigneur, a répondu un *sandhog*. Élevons-les vers le Seigneur. »

Ryan s'est agenouillé sur son banc, et le prêtre a lu les noms des vingt-quatre hommes décédés dans le tunnel. « Seigneur, aie pitié d'eux », a supplié le prêtre. Quand le service fut terminé, Ryan et les autres se sont dirigés vers le bout de la rue, et sont tous entrés dans un pub irlandais. « Mon père a fait partie des chanceux, admettait-il. Il a tenu jusqu'en 1999. C'est là que la silicose a fini par l'avoir. »

« Je suis John Ryan. Je crois que vous avez rencontré mon père. »

Le jeune homme se tenait près d'un puits d'accès à un tunnel, à l'angle de la Trente-Sixième Rue et de la Première Avenue. Petit, les bras épais, il ressemblait plus à son grand-père qu'à son père. Il avait vingt-huit ans, et son visage n'était pas encore creusé, n'avait pas encore les traits durcis, ce n'était pas encore celui d'un chien de sable. Ce visage-là était carré et franc, les yeux d'un vert éclatant, ses cheveux roux rebiquaient sur son front, sous le casque.

Les autres *sandhogs* l'appelaient « le gamin de Jimmy », mais il ne possédait guère la réserve de son père. « Vous ne savez jamais ce qui se passe là-dessous, m'a-t-il dit de son papa. Moi, je suis plus grande gueule. » Il a levé les yeux vers la grue qui descendait du matériel dans le trou. « J'ai longtemps pensé que mon père était franchement dingue. Quand il a eu son accident, j'avais à peu près huit ans. Je m'en souviens encore. Il n'avait pas envie de rester à l'hôpital et il est rentré à la maison en fauteuil roulant. C'est la première fois que j'ai réalisé ce que ça signifiait d'être un chien de sable, et je me suis dit : “Bon Dieu, jamais je ferai un truc pareil.” » Il s'est penché au-dessus du trou. « On a ça dans le sang, j'imagine. » En tendant les bras devant lui, il a ajouté : « On a sûrement plus de boue qu'autre chose dans les veines. »

« Personne n'a envie de voir ses gosses descendre là-dedans, m'a confié Jimmy Ryan plus tard. Vous espérez toujours qu'ils se dégoteront plutôt un boulot de porte-mine. »

« Ado, je voulais devenir joueur de base-ball, m'a avoué John Ryan. Ensuite, j'ai laissé tomber la fac, et un jour mon père est arrivé au bar où je travaillais et il m'a dit : “D'accord, bonhomme, tu veux faire le barman ? Viens avec moi.” Je n'étais jamais descendu dans le trou avant ce jour. J'avais peur. Je vais pas vous mentir. »

« J'imagine trop bien ce qu'il pensait, m'a dit Jimmy Ryan. On essaie toujours de se soutenir les uns les autres. »

L'arrière-grand-père de John Ryan ne rapportait à la maison que quelques dollars par semaine, grâce à son travail dans le tunnel aqueduc ; aujourd'hui, les *sandhogs* gagnent jusqu'à cent vingt mille dollars par an. Si nombre d'entre eux sont les descendants de mineurs de fond, ils ressortent souvent de la *hog house* en costume sur mesure, le cheveu parfaitement coiffé, comme des banquiers ou des comptables. Chick Donohue, le chef de la *hog house*, est détenteur d'un diplôme de Kennedy School, à Harvard, et il est bien connu dans les milieux politiques new-yorkais. Il porte sa chevalière d'ancien de Harvard à une main et celle du syndicat des *sandhogs* à l'autre main. « Comme ça, si je réussis pas à me montrer plus malin qu'eux de la main gauche, je les cogne avec la droite », a-t-il plaisanté.

Tout comme les chiens de sable ont progressivement transformé la ville, la ville a progressivement transformé les *sandhogs*. Certains arrivent désormais devant leur trou en Cadillac ou en BMW. John Ryan, qui s'est fiancé et doit prochainement se marier, s'achète une maison de style colonial dans le comté de Nassau, l'un des plus huppés de l'État de New York et de tous les États-Unis. « Pas mal de types sont attirés par l'argent, a-t-il admis. Et puis, il y a cet esprit de camaraderie, a-t-il ajouté après un silence. C'est un aspect important, ça aussi. » Il a encore observé un temps de silence, comme s'il recherchait la raison la plus profonde. « Bon sang, ça me plaît, là, en bas. »

Au bout de cinq ans dans le troisième tunnel aqueduc, John Ryan a été nommé contremaître. Sa mission consistait à construire la toute nouvelle « taupe » de la ville, un tunnelier de deux cent trente tonnes qui serait déployé sur le site de son père, au-dessous de la Dixième Avenue. Expérimentée dès les années 1970, la taupe fut officiellement introduite dans les tunnels aqueducs en

1992, et c'est devenu l'outil le plus indispensable des chiens de sable – comparable, dans le monde du percement de tunnels, à l'invention de la presse d'imprimerie. En février 2003, la toute dernière taupe était transférée du New Jersey à Manhattan, en pièces détachées pesant toutes de soixante à cent trente tonnes, sur un semi-remorque à plateau ; ce convoi transportait le chargement le plus volumineux qui ait jamais franchi le pont George Washington. Les pièces ont ensuite été descendues dans le puits de la Treizième Rue par une grue spéciale capable de supporter ce poids énorme.

Un jour, en février, après l'assemblage de la taupe dans l'enceinte confinée du tunnel, John Ryan m'a convié à descendre avec lui la contempler. La canalisation en cours de creusement mesurait trois mètres quatre-vingts de diamètre. La taupe avait déjà progressé sur près de huit cents mètres et, pour atteindre sa position, nous avons dû monter sur un wagon qu'on appelle un *man trip*, qui avançait en bringuebalant, avec un fracas de ferraille. De l'eau souterraine suintait de la roche autour de nous, éclaboussant les parois sur notre passage. Au bout de cinq minutes environ, nous nous sommes subitement arrêtés. J'ai pu discerner au loin une machine monstrueuse qui ressemblait plus à une navette spatiale qu'à une foreuse. Les moteurs hydrauliques de la taupe tournaient, et ses feux clignotants étincelaient. « Venez, m'a fait Ryan, tout excité, en se dirigeant vers l'engin. Ça, c'est juste le train suiveur. »

Ce train suiveur, qui comportait un convoyeur chargé d'extraire la roche concassée par la foreuse, occupait presque toute la largeur du tunnel. Une étroite passerelle avait été montée à flanc de galerie. Par endroits, pour dépasser la quinzaine de *sandhogs* présents sur les lieux, nous devions nous tourner de côté, le visage quasiment plaqué contre la roche humide et froide. Plus nous nous enfoncions, plus la taupe faisait songer à un organisme colossal : ses bras cylindriques géants s'agrippaient aux murs et poussaient la gueule de l'engin vers l'avant, au cœur de la roche. Dans certains compartiments de la machine, des ingénieurs surveillaient des écrans d'ordinateur ; la taupe était équipée de lasers qui enregistraient le type précis de la roche rencontrée en tête de forage.

Une sirène a retenti, et les hommes se sont mis à courir sur la passerelle, dans les deux sens.

« Qu'est-ce qui se passe ? ai-je demandé, un peu fébrile.

– Rien, m'a fait Ryan. On va juste lancer la bête. »

La taupe a toussé, craché, tremblé. La température était de vingt degrés en surface, mais la taupe réchauffait le tunnel jusqu'à vingt-six, et quelques hommes se sont dépouillés d'une de leurs couches de vêtements. Après avoir marché soixante-dix mètres, nous avons atteint l'avant de la taupe : un bouclier circulaire armé de vingt-sept roues de coupe, chacune pesant cent quarante-cinq kilos, abuté à la paroi rocheuse, la masquant complètement. Les roues de coupe, poussées vers l'avant par un système de propulsion hydraulique, avec leur mouvement de rotation aussi brutal que bruyant, taillent dans le granit, qui est ensuite acheminé sur le convoyeur et chargé dans des wagonnets à déchets. Ryan, qui avait grandi avec les récits de ses aînés, me confiait qu'il était difficile de croire que son « arrière-grand-père n'était équipé que d'une espèce de remue-merde » – une pelle, en argot de *sandhog*.

En fait, avant l'invention de la taupe, depuis l'époque romaine, les techniques de creusement de tunnel n'avaient connu que des progrès très lents : les Romains avaient recours au feu et à l'eau pour fissurer la roche et à des chevaux pour extraire les débris. Quand un prototype de la taupe fut déployé à New York, dans les années 1970, beaucoup de chiens de sable redoutaient l'engin autant qu'ils craignaient l'effondrement de la roche.

« C'est comme dans cette vieille histoire de John Henry[1], m'a expliqué Chick Donohue, se remémorant la lutte épique entre l'homme et la machine, après l'invention de la foreuse à vapeur. Bon, quand ils ont introduit la première taupe, à Brooklyn, les roues de coupe n'arrêtaient pas de casser, et les *sandhogs* devaient intervenir avec leurs pelles et leurs pics. Ils savaient qu'ils rivalisaient avec la machine pour préserver leur job, et voilà qu'ils battaient la taupe ! Évidemment, ensuite, les ingénieurs l'ont perfectionnée, et il n'y avait plus photo. »

La construction du premier tunnel aqueduc avait nécessité pas moins de quatre-vingts hommes pour forer et fracturer à coups d'explosifs, pendant au moins une semaine, rien que pour progresser d'une trentaine de mètres. La taupe, avec un personnel réduit, est capable de creuser sur cette longueur en un jour.

Pourtant, même avec la taupe, le troisième tunnel aqueduc a déjà pris six fois plus de temps que les City Tunnel n° 1 et n° 2 ; certains estiment qu'il ne sera jamais achevé d'ici 2020, comme planifié. « On aurait déjà dû boucler ce truc il y a vingt ans, m'a confié Jimmy Ryan. Mais la ville n'arrête pas de merdoyer. »

Les conditions de travail en surface se révélèrent presque aussi dures que sous terre. Après l'attribution de la phase initiale du contrat de plusieurs milliards de dollars pour la construction du tunnel à un consortium

1. John Henry, le « pousseur d'acier », aurait remporté un duel contre une foreuse à vapeur lors du percement des tunnels de la voie ferrée, en Virginie, avant d'en mourir d'épuisement. Son histoire a fait l'objet de nombreuses chansons, interprétées par des bluesmen comme Big Bill Broonzy et Fred McDowell et par Woody Guthrie, d'un personnage de jeux vidéo dans *Wasteland 2*, et Netflix a produit en 2018 le film de son histoire.

d'entreprises, les coûts dépassèrent les estimations de plusieurs millions. Quand la Ville rechigna devant ces augmentations de budget, les entreprises l'attaquèrent en justice et les travaux s'arrêtèrent. Ensuite, en 1974, la municipalité s'étant déclarée en faillite, la construction fut totalement bloquée. Au total, on perdit près d'une décennie et, en 1981, les travaux n'avançant que sporadiquement et la demande sans cesse croissante en eau forçant les vieux tunnels à fonctionner 60 % au-dessus de leur capacité, les responsables de la Ville étaient tellement acculés qu'ils enjoignirent au gouvernement fédéral de financer le chantier.

Entre-temps, des accusations se firent jour contre Tammany Hall (l'hôtel de ville), des manigances internes contribuant à rallonger les délais. La régie de distribution d'eau jadis tant vantée, qui supervisait les constructions, était devenue une « manne pour le clientélisme des démocrates », selon un détracteur du système. Stanley M. Friedman, le potentat des démocrates du Bronx, plus tard condamné pour racket, avait obtenu un poste à vie au sein du conseil d'administration de la régie, assorti d'un salaire annuel de vingt mille dollars, ainsi qu'un bureau, une secrétaire et une voiture avec chauffeur. « Quand j'ai pris mes fonctions de maire, c'était une rente à vie pour les politiciens qui prenaient leur retraite, m'a confirmé Ed Koch, maire de 1978 à 1989. Ils ne faisaient absolument rien. »

Le conseil fut démantelé. Mais en 1986 le responsable de la supervision des achats pour le tunnel aqueduc au sein du DEP, Edward Nicastro, formula une mise en garde : les contrats ne faisaient toujours pas l'objet d'un suivi convenable. « Vous seriez sidéré de constater combien il est facile de voler, dans ce système », déclara-t-il à l'époque à un journaliste.

Ces dernières années, les retards les plus importants semblent être causés non par des manœuvres visant à escroquer le citoyen, mais plutôt par la volonté de le caresser dans le sens du poil. Là où, par le passé, l'ancienne régie avançait en faisant fi des collectivités locales, le DEP était désormais freiné par elles. En 1993, il tenta de creuser un puits dans la Soixante-Huitième Rue Est, mais un conseiller municipal, Charles Millard, protesta : son service avait reçu des appels de parents dont les enfants « avaient du mal à se concentrer ». Des groupes NUMBY[1] (« *not under my backyard* », « pas dans mon sous-sol ») surgirent un peu partout. En 1994, après que les ingénieurs eurent consacré deux années à planifier un nouveau site pour ce puits, des habitants du quartier de Jackson Heights organisèrent une manifestation, en brandissant des pancartes « DON'T GIVE US THE SHAFT » (« on veut pas de votre trou[2] »). Les ingénieurs furent contraints de choisir un autre site. « Dès qu'on veut retenir un site pour creuser un puits, tout le monde proteste : "Ah, le réseau de distribution d'eau, quelle merveille… Mais ça vous ennuierait d'aller voir ailleurs ? Parce que là, justement, on construit un immeuble… ou un hôtel… ou un parc…" », m'a expliqué Ward. Scott Chesman, ingénieur et géologue du DEP, complétait cette réflexion en ces termes : « Au lieu de prendre sept ans pour le terminer, nous sommes partis pour trente ans, et on n'avance pas. On est revenus au XVIIIe siècle. »

En effet, l'aqueduc de la Delaware – cette canalisation souterraine longue de cent trente-cinq kilomètres qui

1. Déclinaison du NIMBY (« *not in my backyard* », ou « pas dans mon arrière-cour »), acronyme apparu dans les années 1970 et désignant les mouvements de protestation de riverains.
2. Jeu de mots sur une formule argotique qui signifie d'abord : « N'essayez pas de nous baiser. »

transporte l'eau des réservoirs du nord de l'État jusqu'à Yonkers, où elle se relie aux City Tunnels n° 1 et n° 2, présentait ses premières fissures. Selon certains rapports du DEP, en 1995, l'aqueduc perdait à peu près dix-huit millions de litres à cause de ces fuites, qui créaient d'énormes poches, des dolines, dans les comtés d'Ulster et d'Orange ; en 2000, cette perte mensuelle s'approchait des quatre milliards de litres. Une enquête de l'organisation Riverkeeper avertissait d'un « effondrement » possible de l'aqueduc, et 80 % de l'eau ne seraient plus acheminés dans la ville.

Au printemps 2000, le DEP décida d'envoyer une équipe de plongeurs effectuer des réparations sur l'une des valves d'origine en bronze, à l'intérieur de l'aqueduc de la Delaware, dans la ville de Chelsea (comté de Dutchess), un tronçon qui s'était fissuré, crachant un torrent d'eau par un trou de la taille d'une pièce de vingt-cinq *cents*, à un débit de cent vingt kilomètres à l'heure. « Nous avons pris deux ou trois mois pour construire une réplique de cette valve et du fond du puits, m'a précisé John McCarthy, l'ingénieur chargé de superviser le projet. Nous avons emmené l'équipe et testé le dispositif dans un bassin d'environ dix-sept mètres de profondeur, sans aucun éclairage, pour essayer de simuler les conditions réelles. »

Après quelques jours d'exercices, les ingénieurs transportèrent une cloche de plongée et une chambre de décompression sur le site de la fuite. Quatre plongeurs, embauchés auprès de l'entreprise qui avait contribué au renflouement de l'épave du *Koursk*, un sous-marin nucléaire russe, après son naufrage au fond de la mer de Barents en août 2000, devaient rester à l'intérieur de la chambre de décompression pendant vingt-quatre heures, afin de s'adapter à la forte pression d'eau sous terre. La chambre mesurait la taille d'un van, mais était cylindrique. À l'extérieur, elle était équipée de valves et de tuyaux, ainsi que d'un sas permettant de faire transiter de la nourriture (essentiellement des aliments liquides et du beurre de cacahuète) et de récupérer les déjections humaines. La pression à l'intérieur de cette chambre était progressivement égalisée sur celle de l'eau deux cent treize mètres sous terre.

Après avoir respiré un mélange de 98 % d'hélium et de 2 % d'oxygène pendant vingt-quatre heures, deux des plongeurs rampèrent dans une cloche de plongée de quatre mètres de diamètre attachée au toit de la chambre, et s'enfermèrent hermétiquement à l'intérieur. Une grue souleva ensuite la cloche et la descendit dans le puits qui conduisait à l'aqueduc. Entre les parois du puits et la cloche, il n'y avait que quelques centimètres de tolérance. Quand les plongeurs atteignirent le fond, l'un des deux sortit et nagea jusqu'à la fuite. (Son collègue resta à l'intérieur de la cloche, en cas d'urgence.) Ce plongeur était protégé par une combinaison de plongée, avec un masque et des bouteilles, et emportait avec lui une petite trousse à outils étanche. Tout en s'efforçant de rester en position face à la pression du jet d'eau qui s'échappait par l'orifice, il plaça un bouchon en laiton sur l'un des trous, puis le fixa avec un cavalier de serrage et un mélange de résine époxy.

Chaque intervention durait au moins quatre heures, puis on remontait la cloche et deux autres plongeurs descendaient. « Il ne fallait pas être froussard », m'a assuré McCarthy. Les hommes passèrent dix jours à terminer les réparations, et quinze autres en chambre de décompression.

Or, on suspecte la présence de fuites bien plus importantes quelque part entre le Rondout Reservoir, dans les Catskills, et un réservoir du comté de Putnam. En juin 2003, le DEP envoya un sous-marin de poche spécialement adapté, d'un coût de deux millions de dollars, dans la soixantaine de kilomètres de l'aqueduc de la Delaware. (Cette mission était jugée trop dangereuse pour un être humain.) L'engin de trois cent cinquante kilos, surnommé Perséphone, prit trois cent cinquante mille photos. « Ce submersible a l'air d'une torpille avec des antennes de poisson-chat, ainsi que me l'a décrit le commissaire Ward. Un moteur le propulse, et les antennes l'aident à se tenir à l'écart des parois, pour rester dans la partie médiane du tunnel. » La Woods Hole Oceanographic Institution, à Cape Cod, et le DEP en sont encore à examiner les photos afin d'évaluer l'intégrité structurelle de la canalisation.

Mais même si l'on parvient à localiser les fuites, et si les ingénieurs réussissent ensuite à mettre au point une technique pour les colmater, la plupart des responsables du DEP auxquels j'ai parlé ne considèrent pas que ce soit la section la plus vulnérable de l'aqueduc. Les canalisations plus proches de la ville les inquiètent davantage – en particulier celles des Tunnels n° 1 et n° 2, qui, en raison de leur plus grande profondeur et de leurs valves enterrées, sont beaucoup moins accessibles, même pour un sous-marin autopiloté. Certains *sandhogs* pensent que la pression de l'eau qui pèse contre leurs parois est le seul élément qui empêche encore ces sections de s'écrouler. Un ancien ingénieur en chef du réseau de distribution d'eau, Martin Hauptman, remarquait : « Nous voyons fréquemment dans la rue des têtes de ligne où une conduite maîtresse de soixante centimètres de diamètre se rompt, et la rue est inondée, les caves sont inondées, le métro est inondé, et les gens trouvent que c'est déjà la fin du monde. La défaillance d'un tunnel, c'est une tout autre histoire. Ce qui me tracasse le plus [...] c'est l'élément temps. Dans une situation pareille, le temps ne s'achète pas. »

Et maintenant, il s'y ajoute la menace du terrorisme. Bien que l'attention de l'opinion publique se soit focalisée sur le danger d'empoisonnement du réseau de distribution d'eau, les autorités estiment que le flux diluerait probablement les effets des toxines. Le danger le plus grand, soulignent-ils, serait qu'un terroriste fasse sauter l'une des canalisations avant que le troisième tunnel aqueduc n'entre en fonction. « C'est l'hypothèse la plus effrayante », insistait Ward. Fitzsimmons, le dirigeant syndical des *sandhogs*, ajoutait ceci : « Si vous lanciez une attaque aux bons emplacements… ça ne m'amuse pas de dire ça, mais c'est la vérité… vous pourriez priver New York de toute sa desserte d'eau. »

Le matin où je suis descendu dans le trou avec John Ryan, il m'a fait une confidence : « Mon espoir, c'est que nous puissions achever le troisième tunnel aqueduc, pour que mon père le voie terminé. »

La taupe creusait dans la roche. Une équipe de chiens de sable avait posé de nouvelles longueurs de rails, et les calait dans le sol en les martelant à la masse de forgeron.

« C'est bon ! a crié Ryan. On vérifie les roues de coupe. »

Il a levé les yeux vers moi, sous son casque de chantier.

« Vous voulez y aller ? m'a-t-il demandé.

– Où ça ? »

Il a désigné le ventre de la taupe, où un petit passage conduisait aux entrailles de la machine. Deux autres *sandhogs* rampaient déjà dessous et, après un temps d'hésitation, je les ai suivis. Nous devions d'abord nous accroupir dans une cavité qui ne mesurait pas plus de quatre-vingt-dix centimètres par un mètre vingt. L'un des *sandhogs*, après s'être présenté (il s'appelait Peter), a tripatouillé sa lampe frontale sur son casque. « Ce putain de truc est à moitié pété. »

L'autre ouvrier a allumé sa lampe, et j'ai pu constater que le passage menait à un corridor long d'un mètre cinquante, qui aboutissait à la tête de la taupe.

« Quand tu seras prêt, John ! a beuglé Peter à Ryan, qui, hors de la cavité, dirigeait les opérations. Tu peux lancer la tête. »

Nous sommes encore restés plusieurs minutes en position accroupie, à regarder les roues de coupe de la taupe effectuer plusieurs rotations dans un sens, puis dans l'autre, jusqu'à ce qu'elles s'immobilisent.

« C'est la partie la plus dangereuse », m'a prévenu Peter. Ensuite, il s'est couché à plat ventre, il a tendu les mains devant lui et s'est contorsionné, les pieds en premier, à travers l'étroit passage qui menait aux roues de coupe de la machine. Il s'est faufilé dans la boue et dans l'eau, et je l'ai suivi, sur le ventre. Je me suis ensuite relevé, de la boue et de la flotte jusqu'aux genoux, en fixant les gigantesques lames de métal. J'ai bien essayé de me reculer, mais mon dos s'est heurté à quelque chose de dur : le bout du tunnel. Nous étions pris en sandwich entre la taupe et le rocher. « On a intérêt à ce que rien ne bouge », a-t-il soufflé.

De l'eau dégoulinait du plafond, les gouttes s'écrasaient sur l'engin, la cavité s'emplissait de volutes de vapeur.

« Allez-y, touchez-la », m'a incité Peter, en me désignant l'une des lames.

J'ai tendu la main et en ai effleuré le tranchant ; elle était bouillante, à cause de la friction.

« On pourrait y faire cuire un œuf », m'a-t-il assuré.

L'autre *sandhog* s'est faufilé dans la crevasse. À présent, le seul espace restant se situait au-dessus de nos têtes. De l'eau remontait jusqu'à nos cuisses, Peter a tendu le cou, inspecté l'avant du tunnel pour vérifier que la roche était assez solide. Elle présentait une série de sillons circulaires concentriques, là où les lames l'avaient entamée.

« Ça ressemble à une cible de fléchettes, hein ? » m'a-t-il fait.

Ils ont contrôlé les lames pour s'assurer qu'il ne fallait pas en remplacer.

Je leur ai avoué que j'éprouvais le besoin de sortir de là.

« Juste encore une seconde », a insisté Peter.

L'autre chien de sable est sorti le premier, suivi de moi, et ensuite de Peter. Quand j'ai revu John Ryan, il a jeté un œil à mes vêtements couverts de crasse, puis m'a tapé joyeusement dans le dos.

« Bienvenue dans notre putain de monde de merde. »

Il n'y avait pas de *man trip* pour me ramener au puits, alors je me suis mis en route tout seul, en marchant dans le tunnel.

« Si vous voyez un wagon de déchets arriver, m'a prévenu Ryan, vous vous accrochez juste aux tuyauteries du mur. »

Quelques minutes plus tard, le bruit de la taupe s'estompait, et la galerie était vide, silencieuse. Elle s'étendait à perte de vue, et pourtant cette section ne représentait même pas le soixantième de la longueur prévue du troisième tunnel aqueduc ; c'était l'équivalait d'un millième de tous les kilomètres de tous les tunnels, canalisations et aqueducs combinés. Pour la première fois depuis le début de mon excursion souterraine, j'avais la sensation d'une ville sous la ville, de ce que beaucoup d'ingénieurs désignent comme « la huitième merveille du monde ».

Au bout d'un moment, j'ai vu une lumière vaciller au loin et j'ai cru qu'il s'agissait d'un wagon de gravats. Ainsi que Ryan me l'avait conseillé, je me suis accroché aux tuyauteries de la paroi. Mais ce n'était qu'un *sandhog* venu m'escorter jusque dehors.

Quand j'ai atteint le haut du puits, je suis entré dans la *hog house* pour me changer. Sur le banc, près de moi, était assis un garçon mince, un casque de chantier penché de côté, comme un feutre. Il ressemblait étonnamment à Jimmy Ryan. C'était son fils cadet, Greg. « J'ai commencé en 2000, dans le troisième tunnel aqueduc, celui du Queens, m'a-t-il expliqué. Ils nous appellent les chiens de sable génération 2000. »

Il n'a que vingt ans, mais il avait l'allure un peu dégingandée d'un ado, dans sa chemise blanche sale et une salopette qui paraissait trop ample pour son mince tour de taille. Il a accroché sa casquette de l'équipe de base-ball des Yankees dans son casier et il a emballé son déjeuner, un sandwich de côtelette de veau, dans un sac plastique. « Manger sous terre, ça fait gagner du temps », m'a-t-il fait.

Il a lancé un coup d'œil à un autre *sandhog* qui se rhabillait aussi. Celui-ci avait eu la main gauche écrasée sous une poutrelle, au fond du trou, et son index était manquant. « J'ai encore la frousse, parfois », m'a avoué Greg, en soulevant son casque pour en retirer un paquet de cigarettes mentholées. Il en a allumé une, qu'il a laissée pendre à ses lèvres, comme il avait si souvent vu son père le faire. « Mon papa m'a dit de ne pas y penser. Sinon, ça risque d'être pire. »

Il a tourné les talons, il est sorti dehors, où son frère John émergeait de la cage, le visage noirci d'une crasse boueuse. Il a posé le pied sur la terre ferme, s'est protégé les yeux de la lumière aveuglante, avant de flanquer une tape sur l'épaule de Greg. « À tout à l'heure, OK ? » Greg a hoché la tête et, sans un mot, il est descendu dans les ténèbres.

Le vieil homme et le flingue

Les secrets d'un braqueur de légende

Juste avant le cap des soixante-dix-neuf ans, Forrest Tucker se remit au travail, une dernière fois. Il était encore très bel homme, des yeux d'un bleu intense et des cheveux blancs plaqués en arrière, mais souffrait d'une liste croissante d'affections diverses, d'hypertension artérielle et de cuisants ulcères, entre autres. Il avait déjà subi un quadruple pontage, et son épouse l'encourageait à rester au calme à leur domicile de Pompano Beach, en Floride, une maison couleur pêche en bordure d'un parcours de golf, qu'ils s'étaient achetée pour leur retraite. Il y avait non loin de là un endroit où ils pouvaient savourer des côtes de bœuf et danser les samedis soir, avec d'autres seniors, pour quinze dollars cinquante par tête, et même un lac où Tucker pouvait s'asseoir, près de la rive, et s'exercer sur son saxophone.

Mais en cette journée du printemps 1999, pendant que ses voisins étaient sur le fairway ou s'occupaient de leurs petits-enfants, Tucker prit le volant, se dirigea vers la Republic Security Bank de Jupiter, à environ quatre-vingts kilomètres de chez eux. Tucker, qui soignait son apparence, était entièrement vêtu de blanc : pantalon blanc au pli impeccable, chemise sport blanche, chaussures en daim blanc, et foulard d'un blanc chatoyant.

Il s'arrêta brièvement devant le distributeur automatique de billets, et se remonta le foulard sur le visage, dans le style bandit. Ensuite, il plongea la main au fond d'un sac en toile, en sortit un vieux Colt .45 de l'US Army et fit irruption dans la banque. Il se rendit tout droit vers le premier caissier et ordonna : « Tu me mets ton argent sur le comptoir. Tout. »

Il montra son arme, que tout le monde la voie bien. Le caissier déposa plusieurs liasses de billets de cinq et vingt dollars sur le comptoir, et Tucker les examina, pour vérifier la présence d'éventuelles poches explosives d'encre de marquage. En consultant sa montre, il se tourna vers le caissier voisin et fit : « Viens par ici. Toi aussi. »

Ensuite, il rassembla les épaisses liasses de billets – plus de cinq mille dollars – et se précipita vers la porte. En sortant, il se retourna vers les deux guichetiers. « Merci, fit-il. Merci. »

Il roula jusqu'à un parking à proximité, où il avait laissé une voiture « sûre », une Pontiac Grand Am rouge qui ne permettrait pas de remonter jusqu'à lui. Après avoir soigneusement essuyé avec un chiffon l'intérieur de la voiture volée, il balança ses affaires dans la Grand Am. Il y avait là un .357 Magnum, une carabine .30 à canon scié, deux casquettes en nylon noir, un holster, une bombe lacrymo Mace, des menottes Smith & Wesson, deux rouleaux d'adhésif d'électricien noir, un insigne de police, cinq piles AAA, un scanner des fréquences de la police, un diamant de vitrier, des gants, et une casquette de pêcheur. Sans oublier un petit flacon de médicament, pour son cœur. Personne ne sembla le remarquer, et il rentra chez lui, réussissant apparemment à se faire la belle en douceur.

Après une courte halte pour compter l'argent, il remonta en voiture et repartit en direction de la sortie de la ville. En approchant du golf, les billets de banque soigneusement empilés à côté de lui, il remarqua une voiture banalisée qui le filait. Il tourna dans une autre rue, juste pour s'en s'assurer. Elle était encore là. Puis il repéra une voiture de police qui débouchait derrière lui. Il écrasa la pédale de l'accélérateur à fond, tentant de les semer, prenant à gauche, puis à droite, encore à droite, à gauche. Il passa devant l'église baptiste de North Pompano et le funérarium Kraeer, dépassa une rangée de maisons roses d'un étage, avec le hors-bord stationné dans l'allée du garage, jusqu'à se retrouver dans une impasse. Il se retourna, vit une voiture de police qui barrait la route. L'un des officiers, le capitaine James Chinn, attrapait déjà son fusil. Il y avait un étroit passage entre la voiture de Chinn et une palissade en bois, et Tucker, le corps penché en avant, décollé du dossier de son siège, fonça droit dessus. Chinn, qui faisait ce métier d'inspecteur de police depuis près de vingt ans, avoua plus tard ne jamais avoir vu une chose pareille : cette silhouette aux cheveux blancs fonçant vers lui avait l'air de sourire, comme si l'épreuve de force était pour lui un plaisir. Ensuite, la voiture fit une embardée, monta sur le trottoir, Tucker perdit le contrôle et heurta un palmier. Les airbags se déployèrent, le bloquant contre son siège.

Les policiers furent sidérés de découvrir que non seulement l'homme qu'ils venaient d'appréhender était âgé de soixante-dix-huit ans – d'après Chinn, on aurait cru « qu'il sortait d'un Early Bird Special », un de ces restaus qui proposent un menu réduit à prix réduit si on vient dîner tôt –, mais qu'il s'agissait d'un des braqueurs d'Amérique les plus réputés du XXe siècle, une célébrité. Au cours d'une carrière qui s'étendait sur près de soixante années, il était sans doute devenu l'as des as de l'évasion de sa génération, un contorsionniste qui s'était évadé de presque toutes les prisons où on l'avait enfermé.

Un jour, en 2002, je suis allé rencontrer Tucker à Fort Worth, au Texas, où il était enfermé dans un centre de détention médicalisé après avoir plaidé coupable d'un cambriolage et écopé d'une peine de treize ans d'emprisonnement. L'hôpital, un vieux bâtiment de briques jaunes sous un toit en tuiles rouges, était situé sur une hauteur, en retrait de la route, entouré de gardes armés et clôturé de feuillard. On m'a remis une feuille d'instructions signalant que les « armes », les « munitions » ou les « instruments en métal tranchant » n'étaient pas autorisés, puis on m'a escorté à travers une succession de sas – chaque porte se refermant derrière nous avant l'ouverture de la suivante – jusqu'à ce que j'arrive dans une salle d'attente vide.

Un homme n'a pas tardé à faire son apparition dans un fauteuil roulant, poussé par un garde. Il portait une combinaison de détenu marron et un blouson vert au col relevé. Il avait le torse penché en avant, comme s'il venait de tenter une ultime contorsion, avant de se figer dans son geste. Il s'est levé de son fauteuil.

« Je suis ravi de faire votre connaissance. Forrest Tucker. »

Il avait une voix posée, avec un accent chantant du Sud. Après m'avoir serré la main, il s'est lentement dirigé vers une table en bois, en s'aidant d'un déambulateur.

« Je suis désolé d'être obligé de vous recevoir ici », s'est-il excusé, en attendant que je m'assoie le premier.

Le capitaine Chinn m'avait dit n'avoir jamais croisé de criminel aussi bien élevé : « Si vous le voyez, dites-lui bonjour de la part du capitaine Chinn. » Un juré qui avait contribué à sa condamnation avait même eu cette remarque : « Il faut lui reconnaître ça, à ce type : il est stylé. »

« Alors que voulez-vous savoir ? m'a demandé mon hôte. J'ai passé toute ma vie en prison, sauf les périodes où je me suis évadé. Je suis né en 1920, et à quinze ans j'étais déjà en prison, mais j'ai réussi dix-huit évasions, et j'en ai raté douze. Il y a eu plein d'autres fois où j'avais prévu de m'évader, mais celles-là, ça ne sert à rien que je vous en parle. »

Nous étions donc assis près d'une fenêtre avec vue sur la cour de la prison, mais il était difficile d'imaginer la carrière de cet homme, émaillée d'avis de recherche et d'évasions en pleine nuit. Il avait les doigts aussi noueux que du bambou, et il portait des lunettes à double foyer.

« Ce que j'entends par évasion réussie, c'est d'échapper à l'emprisonnement, a-t-il continué, en jetant un œil vers la fenêtre. Peut-être qu'ils finissaient par me reprendre, mais je m'échappais, au moins pour quelques minutes. »

Il m'a désigné les emplacements, sur son bras, où il avait reçu du plomb en tentant de fuir.

« J'ai encore des restes d'une balle à l'intérieur. Ils ont tous ouvert le feu et ils m'ont touché trois fois… aux deux épaules, avec des fusils M16, et j'ai pris de la chevrotine dans la jambe. »

Il semblait avoir la bouche desséchée, et je lui ai proposé de lui acheter une boisson au distributeur. Il m'a suivi, il a scruté la vitre, sans y toucher. Il a choisi un Dr. Pepper.

« C'est un peu comme un soda à la cerise, non ? »

Il avait l'air content. Quand je lui ai tendu son verre, il a eu un bref coup d'œil sur les barres chocolatées, et je lui ai demandé si autre chose lui faisait envie.

« Si ça ne vous ennuie pas trop, m'a-t-il répondu. Un Mounds, ça me plairait bien. »

Après avoir fini de manger, il m'a raconté ce qu'il appelait « l'histoire vraie de Forrest Tucker ». Il a parlé des heures, et quand il s'est senti fatigué, il m'a suggéré de continuer le lendemain matin. Au cours de nos conversations, qui se sont prolongées plusieurs jours, nous étions toujours assis dans l'angle, près de la fenêtre, et, au bout d'un moment, il toussotait légèrement, alors je lui proposais de lui payer une boisson. Chaque fois, il me suivait jusqu'à la machine, avec le garde qui nous surveillait à distance. C'est seulement lors de notre dernier aller-retour jusqu'à l'appareil, alors que je lâchais quelques pièces dans la fente, que j'ai remarqué ses yeux, qui survolaient tout – les murs, les fenêtres, le garde, les clôtures, le feuillard. L'idée m'est venue que Tucker, l'artiste de l'évasion par excellence, s'était servi de nos entrevues pour se livrer à des repérages.

« La première fois que je me suis fait la belle, je n'avais que quinze ans, m'a-t-il annoncé. À quinze ans, vous êtes assez rapide. »

C'était au printemps 1936, et il s'était retrouvé derrière les barreaux pour un vol de voiture à Stuart, en Floride, une petite ville au bord de la rivière Saint Lucie, qui avait souffert de la Grande Dépression. Il déclara à la police qu'il l'avait dérobée « juste pour le frisson », mais une fois en prison le frisson se mua en peur panique, et dès qu'un geôlier lui retira ses chaînes, il détala. Plusieurs jours après, un adjoint du shérif l'avait découvert dans une orangeraie, il mangeait un morceau de fruit.

« Ça, c'était l'évasion numéro un, m'a-t-il dit. Telle qu'elle s'est déroulée. »

Le shérif décida de le transférer dans une maison de redressement. Toutefois, il avait profité de sa brève cavale pour glisser une demi-douzaine de lames de scie à métaux par la fenêtre de la cellule à un groupe de gamins qu'il avait croisés à l'intérieur.

« À mon retour, ils ne s'étaient pas encore évadés, mais ils avaient encore ces lames. »

Cette nuit-là, après avoir scié un barreau, il se glissa dehors, en aidant deux autres garçons à s'extirper par l'étroite ouverture.

À l'inverse des autres, Tucker connaissait la région. Enfant, il avait souvent traîné le long de la rivière, et ce fut là que la police le retrouva, avec un autre garçon, à peu près une heure plus tard, tous les deux cachés dans l'eau, avec juste le nez affleurant à la surface. Le lendemain, le *Daily News* de Stuart détaillait ses exploits sous ce gros titre : « UN TRIO S'ÉVADE LA NUIT DERNIÈRE EN SCIANT LES BARREAUX DE SA CELLULE [...] ON LEUR AVAIT FOURNI LES SCIES À MÉTAUX, LES CISEAUX À FROID ET LES LIMES ».

« Ça, c'était l'évasion numéro 2, me fait Tucker. Ce fut bref. »

Comme les hors-la-loi dont il lisait les histoires dans les romans de gare, forcés de se transformer en malfrats à cause d'une injustice supposée, il m'explique que « la légende de Forrest Tucker » débuta ce matin-là, quand il fut injustement mis au trou pour un vol anodin. L'histoire, qu'il répétait déjà autour de lui quand il était jeune homme, se répandit dans la ville. Avec le temps, plus elle s'enrichissait de détails, plus le délit devenait mineur. Morris Walton, qui jouait avec Tucker enfant, me confie : « Mon sentiment, c'est qu'il a passé sa vie en prison pour avoir volé un vélo et simplement tenté de s'évader. S'il a mal tourné, c'est seulement à cause du système qui l'a rendu comme ça. »

Ce que Walton savait de l'éducation de Tucker ne pouvait que renforcer cette impression. Il avait six ans quand son père, qui était conducteur d'engins, avait disparu. Tandis que sa mère avait du mal à joindre les deux bouts en enchaînant les tâches ingrates à Miami, elle l'envoya vivre chez sa grand-mère, qui était la gardienne du pont de Stuart. Là, il construisit des canoës et des voiliers avec de la ferraille et du bois de récupération, qu'il ramassait sur les berges, et apprit tout seul à jouer du saxophone et de la clarinette. « Je n'avais franchement pas besoin d'un père pour me commander », souligne-t-il.

Mais si sa réputation de jeune garçon futé allait croissant, son casier judiciaire en faisait autant. À son seizième anniversaire, il comportait des chefs d'accusation d'« effraction » et de « vol simple ». Après s'être échappé de la maison de redressement et avoir fui en Géorgie, il fut condamné à « être placé et assigné aux travaux forcés ». Comme tous les nouveaux détenus, on le conduisit chez le forgeron, où on lui riveta une chaîne aux chevilles. L'acier mordait peu à peu dans la peau, ce qu'on appelait l'empoisonnement par les fers.

« Les gardes vous laissaient les trois premiers jours pour vous former des cals aux mains, se rappelle-t-il. Mais après, le contremaître vous punissait, il vous frappait à coups de canne ou à coups de poing. Et si on ne travaillait pas assez dur, les gardes nous emmenaient aux toilettes, nous attachaient les mains dans le dos et nous envoyaient un jet d'eau à haute pression en pleine figure, jusqu'à ce qu'on finisse par cracher, et on n'arrivait plus à respirer. »

Relâché au bout de six mois, il fut assez vite de nouveau reconnu coupable, pour le vol d'une autre voiture, et condamné à dix ans. Cette fois, « nous avons devant nous un homme qui a été totalement rejeté par la société, écrivit son avocat dans une requête à la cour. Catalogué comme criminel à dix-sept ans et constamment sous le coup de procédures judiciaires sans le bénéfice d'un avocat, Forrest Tucker devint peu à peu un jeune révolté ». L'intéressé lui-même en conclut : « Les dés étaient jetés. » Sur les photographies prises après sa libération conditionnelle, à vingt-quatre ans, il a les cheveux coupés court et porte un T-shirt blanc ; ses bras si minces jadis étaient gonflés de muscles. Les yeux étaient perçants. Les gens qui le connaissaient disaient de lui qu'il possédait un charisme extraordinaire – des nuées de filles lui tournaient autour – mais ils sentaient aussi la colère bouillonner en lui. « Je pense qu'il avait un besoin extrême de montrer au monde qu'il était quelqu'un », observe un membre de sa famille.

Au début, il chercha du travail comme saxophoniste dans les big bands autour de Miami, et il semble qu'il ait caressé l'ambition de devenir un nouveau Glenn Miller. Cela ne donna rien et, après un bref mariage raté, il remisa son sax et se procura une arme.

Le hors-la-loi, dans l'imaginaire américain, est un personnage romanesque – c'est le « bon » méchant, généralement un maître de l'évasion, une fine gâchette, un homme à femmes. En 1915, quand la police demanda à Frank Ryan, pilleur de trains de son état, pourquoi il faisait ça, il répondit : « Mauvaises fréquentations et romans à deux balles. Jesse James était mon héros préféré. »

Quand il était jeune garçon, pendant la Grande Dépression, l'attrait des braqueurs de banques, alimenté par la vague de colère qui se répandait sous l'effet des faillites et des saisies immobilières, était à son zénith. Après que le FBI eut abattu John Dillinger en 1934, des foules d'admirateurs se rendirent sur les lieux, et ils épongèrent son sang avec leurs vêtements. Dix films hollywoodiens au moins furent consacrés à la vie de

Dillinger ; l'affiche de l'un d'eux proclamait : « Son histoire, il l'a écrite sous les balles, les blessures et les blondes ! »

Le hold-up exigeant de se produire en public, le métier tend à attirer un certain type de personnalité : intrépide, orgueilleuse, désinvolte. En même temps, les braqueurs de banques savent que la société qui se délecte de leurs exploits finira par exiger leur élimination, soit l'incarcération, soit la mort. « Ils m'auront ! s'écria un jour Pretty Boy Floyd. Tôt ou tard, je finirai truffé de plomb. C'est comme ça que ça se terminera. »

Et en effet, à l'époque où Tucker décida de devenir un hors-la-loi, à la fin des années 1940, la plupart de ces braqueurs de légende avaient déjà fini sous les balles. Et pourtant, il commença bel et bien par imiter leur style, en s'habillant de costumes à rayures et de chaussures bicolores, il se regardait dans le miroir, s'entraînait à pointer un pistolet sur son reflet. Finalement, le 22 septembre 1950, un mouchoir noué sur le visage et un pistolet dégainé, dans le plus pur style Jesse James, il entra d'un pas décidé dans une banque de Miami et en ressortit avec mille deux cent soixante-dix-huit dollars[1]. Quelques jours plus tard, il retourna dans la même banque, cette fois pour repartir avec tout le contenu du coffre. Il fut arrêté alors qu'il tentait de l'ouvrir au chalumeau sur le bas-côté de la route.

Sa carrière paraissait encore plus mal engagée que celle du pilleur de banques moyen, mais dans la prison du comté il décida qu'il valait mieux que le braqueur ordinaire. « Cela m'était égal qu'ils me collent cinq ans, dix ans ou la perpétuité. J'étais un as de l'évasion. »

Il passa la prison au crible, à la recherche de ce qu'il appelait « le point faible ». À l'approche de Noël, il lui

1. Soit treize mille cinq cents dollars de 2018.

arriva de se plaindre d'une douleur. La direction l'envoya aussitôt à l'hôpital, où les chirurgiens lui retirèrent l'appendice. (« Un bien petit prix à payer », estime-t-il.) Pendant sa convalescence, encore attaché à son lit, il s'attaqua à ses chaînes. Il avait appris à forcer une serrure en se servant d'à peu près n'importe quoi – un stylo, un trombone, un bout de fil de fer, un coupe-ongles, un ressort de montre – et, au bout de quelques minutes, il sortit de là sans se faire remarquer.

Il se rendit en Californie, où il continua une série de braquages, se ruant vers le guichet, son arme pointée, et déclarant : « C'est du sérieux, là ! » Il portait des tenues voyantes, des costumes à carreaux, et repartait en fonçant au volant d'une voiture rutilante, à pots d'échappement latéraux. Il s'exprimait même comme un personnage de polars à deux balles. « Les filles, c'est un hold-up ! s'exclama-t-il un jour, d'après les témoins. J'ai un pistolet. Tenez-vous tranquilles et je ne ferai de mal à personne. »

Espérant augmenter son rendement, il se chercha un associé. « Je voulais pas de cinglés ou de salopards, explique-t-il. J'appartiens à la vieille école », précise-t-il. En fin de compte, il dénicha un ex-détenu, un dénommé Richard Bellew, bel homme, de grande taille, un voleur au QI élevé, le cheveu noir et ondulé. Comme Tucker, Bellew calquait son personnage sur le modèle des braqueurs des années 1930, et il traînait avec une danseuse de music-hall, Jet Blanca. Mais Tucker le choisit pour une autre raison : « Il me laisse toujours compter le pognon. »

Ils enchaînèrent les attaques de banques. Après un de ces casses, des témoins indiquèrent que la dernière chose qu'ils virent était une rangée de costumes pendus à l'arrière de la voiture des fuyards. Ces casses, qui se prolongèrent deux ans, faisaient les gros titres de la presse locale, volant souvent la vedette à l'élection présidentielle de 1952 et aux audiences de la commission McCarthy. Tucker et Bellew étaient décrits comme deux « hommes armés » qui « terrorisaient » leurs « victimes », mais aussi comme des « artistes du hold-up », « vêtus de tenues théâtrales » qui « soutiraient en experts » l'argent aux caissiers, laissant derrière eux « l'impression de bandits compétents [...] et un véhicule abandonné dans leur fuite ».

Le 20 mars 1953, plus de deux ans après son évasion de l'hôpital, des agents du FBI l'encerclèrent alors qu'il récupérait son butin dans un casier de consigne à San Francisco. Ensuite, ils allèrent perquisitionner l'endroit où il avait déclaré être domicilié. Là, dans un spacieux appartement de San Mateo, ils trouvèrent une femme blonde qui leur soutint ne jamais avoir entendu parler de Forrest Tucker. Elle était mariée à un riche auteur-compositeur de chansons, expliqua-t-elle, qui se rendait tous les jours en ville, et ils venaient à peine de s'installer dans un plus grand appartement pour que leur fils de cinq mois ait sa chambre. Son mari, précisa-t-elle à la police, s'appelait Richard Bellew. Pourtant, quand les officiers montrèrent à Shirley Bellew une photographie du braqueur de banques Forrest Tucker, évadé de prison de longue date, elle éclata en sanglots. « Je n'arrive pas à y croire, se lamenta-t-elle. C'était un homme si gentil, un si bon père de famille. »

Elle rappela que son mari rentrait tous les soirs au domicile et jouait avec leur bébé, qu'ils avaient appelé Rick Bellew Junior. « Que va devenir notre bébé ? leur demanda-t-elle. Quel nom va-t-il porter ? »

« Laissez-moi vous parler d'Alcatraz », me glissa Tucker, assis dans l'angle de la petite salle de visite, son déambulateur posé contre sa jambe. Il avait étalé une serviette devant lui et mangeait des boulettes de viande que je lui avais apportées, en sirotant un Dr. Pepper. « Il n'y a jamais eu au total que mille cinq cent soixante-dix prisonniers qui se sont retrouvés là-bas. J'avais le matricule n° 1047. »

Alcatraz, ou « the Rock », était une ancienne prison militaire reconvertie en 1934 en site destiné à enfermer les criminels les plus dangereux du pays, notamment George (Machine Gun) Kelly, Robert Stroud (le Birdman d'Alcatraz) et Mickey Cohen. La moitié au moins des détenus avaient déjà tenté de s'évader d'autres prisons. Cerné par les eaux glaciales de la baie de San Francisco et ses courants mortels, l'endroit était conçu pour être à l'épreuve des évasions. Al Capone, qui y fut envoyé en 1934, aurait déclaré au directeur : « C'est comme si Alcatraz m'avait collé un pruneau. »

Tucker arriva là-bas le 3 septembre 1953. Il avait trente-trois ans. Il avait été condamné à trente ans de détention. Sur le cliché d'identité judiciaire de la prison, il a encore sur lui une veste et une cravate, ses cheveux bruns sont coiffés en arrière avec une touche de gel, il a une barbe naissante mais encore belle allure. Dans un instant, il sera dépouillé de ses vêtements, entièrement nu, et un assistant médical sondera ses oreilles, son nez, sa bouche et son rectum, à la recherche d'armes ou d'outils. On lui a remis une chemise de batiste bleue avec son matricule imprimé dessus, un pantalon, ainsi qu'une casquette, un caban, un peignoir, trois paires de chaussettes, deux mouchoirs, une paire de chaussures et un imperméable. Sa cellule était si étroite qu'il pouvait toucher les deux murs en tendant les bras. « Il faisait tellement froid dans ce bloc qu'il fallait dormir avec son manteau et sa casquette si on voulait rester au chaud », confie-t-il.

Allongé sur son grabat, dit-il, il pensait à sa femme et à son enfant. Il se souvenait de sa première rencontre avec Shirley Storz, à une soirée pour célibataires, à Oakland.

Il se souvenait qu'ils étaient partis skier à Lake Tahoe et s'étaient mariés lors d'une petite cérémonie en septembre 1951, et puis elle chantait dans une chorale, il s'asseyait et l'écoutait des heures. Et il se souvenait de la naissance de son fils. « Nous nous aimions, confie-t-il au sujet de sa femme. Je ne savais comment lui expliquer la vérité… que c'était mon mode d'existence. »

Quelques semaines après son arrivée, un garde le fit sortir de sa cellule et le conduisit dans une pièce minuscule, percée d'une petite fenêtre. Jetant un œil à travers la vitre, il vit sa femme, assise de l'autre côté. Il prit le combiné. « C'était difficile de se parler, se rappelle-t-il. Nous devions nous regarder à travers cette vitre. Elle m'a annoncé qu'elle allait devoir refaire sa vie. Je lui ai répondu : "La meilleure décision que tu puisses prendre, c'est de te recréer une vie, pour toi et pour notre fils." Je lui ai dit aussi : "En tout cas, je viendrai pas t'embêter, même si c'est pas l'envie qui m'en manque. Je t'appellerai pas au téléphone." » Quelques mois plus tard, il reçut un avis lui signalant que leur mariage avait été annulé.

À ce stade, il avait élaboré plusieurs maximes, parmi lesquelles : « Plus il y a de sécurité, plus la méthode d'évasion doit être particulière. » Il se mit à concocter des plans sophistiqués avec un codétenu, Teddy Green, un as de l'évasion et un braqueur de banques qui s'était habillé une fois en prêtre pour égarer la police et s'était échappé du pénitencier d'État en s'arrangeant pour se faire expédier dans un carton de chiffons.

Avec un autre détenu, ils sortirent clandestinement des outils de l'atelier où ils travaillaient, en les cachant dans le linge, et dissimulèrent de la paille de fer sur d'autres détenus pour déclencher les détecteurs de métaux, afin que les gardes croient les appareils déréglés. Ils creusèrent des trous dans leur cuvette de toilette et fourrèrent des outils à l'intérieur, en masquant les orifices avec de la pâte à modeler. La nuit, ils se servaient de ces outils pour creuser un tunnel dans le dallage, en prévoyant de sortir par le sous-sol.

D'après les dossiers internes de la prison, un prisonnier en isolement cellulaire suggéra que les gardiens examinent les toilettes des cellules. Ils s'empressèrent d'organiser une inspection à grande échelle. Un rapport du directeur résume leurs constatations :

> Parmi les résultats de la fouille de ces toilettes, il y a donc ce chalumeau ainsi que je l'ai mentionné, un écarteur de barreaux, une pince coupante, un vilebrequin et quelques ustensiles [...] un tournevis et un ou deux bouts de fil de fer et un morceau de carborundum.

Les trois prisonniers furent catalogués comme présentant « un danger d'évasion très élevé » et enfermés dans la Treatment Unit, plus connue sous un autre nom : « le Trou ».

« Je me souviens d'être entré là-dedans sans vêtements ni chaussures, me raconte Tucker. Le sol en acier était si froid que cela faisait mal rien qu'au contact. Le seul moyen de se réchauffer, c'était de marcher sans arrêt. » Une nuit, il entendit un bruit insistant par la fenêtre. Il ne voyait personne dehors, mais il entendait des voix en contrebas. C'étaient les enfants des gardiens, qui chantaient des cantiques. « C'étaient les premières voix d'enfants que j'entendais depuis des années, me dit-il. C'était le réveillon de Noël. »

Le temps passant, il apprit le droit, et il ne tarda pas à bombarder le tribunal de requêtes en appel, qu'il rédigeait de son écriture penchée, méthodique, en lettres capitales. Bien qu'un procureur eût par la suite rejeté l'une de ses assignations, jugée purement « fantaisiste », une audience lui fut accordée en novembre 1956. Selon Tucker, et d'après les minutes du tribunal, la nuit précédant sa comparution, alors qu'il était détenu dans la prison du comté, il se plaignit de douleurs dans les reins et fut transféré en urgence à l'hôpital. Des gardiens étaient postés à chaque porte. À un moment où personne ne regardait dans sa direction, il cassa un stylo et se transperça la cheville. À cause de la blessure, les gardiens lui retirèrent les fers qu'il avait aux pieds et le sanglèrent sur la civière en lui menottant les mains. Quand on fit rouler sa civière vers la radiologie, il se leva d'un bond, prit le dessus sur les deux gardiens et s'enfuit par la porte. Il profita plusieurs heures de l'air frais et du spectacle des gens ordinaires.

Cette brève évasion, pour laquelle il fut jugé et condamné, étoffa encore sa réputation d'as de la cavale. Pourtant, il s'écoula vingt-trois années supplémentaires avant qu'il ne soit libéré puis de nouveau arrêté pour vol à main armée, et ne réussisse ensuite sa plus belle évasion. À l'été 1979, détenu à San Quentin, un établissement pénitentiaire de sécurité maximale sur une avancée de terre qui fait saillie dans l'océan, et que les prisonniers appelaient entre eux « l'école du gladiateur », Tucker se fit embaucher dans les ateliers de la prison et, avec l'aide de deux codétenus, John Waller et William McGirk, ils rassemblèrent secrètement des morceaux de bois et des feuilles de Formica, qu'ils découpèrent en formes étranges et cachèrent sous des bâches. À l'atelier d'électricité, ils subtilisèrent deux tiges d'un mètre quatre-vingts et plusieurs seaux. Ensuite, à l'atelier de fabrication de meubles, ils se fournirent les derniers éléments : des housses en plastique, de la peinture et de l'adhésif, qu'ils rangèrent dans des cartons étiquetés « Fournitures de bureau ».

Le 9 août, après des mois de préparatifs, dans la cour, Tucker échangea un signe de tête avec ses complices pour leur signaler que tout était prêt. Pendant que Waller et

McGirk faisaient le guet devant la menuiserie, Tucker puisa dans l'expérience de son enfance et commença d'assembler toutes ces pièces pour construire un kayak de quatre mètres vingt. « Un marteau aurait été trop bruyant, alors j'ai dû me servir uniquement d'adhésif et de boulons », précise-t-il. Il avait juste assez de peinture pour un flanc de l'embarcation, celui qui serait visible du côté des gardiens, et, alors que les autres lui enjoignaient de se dépêcher, il traça dessus au pochoir l'inscription « Rub-a-Dub-Dub[1] ». Waller, qui appelait Tucker, alors âgé de cinquante-neuf ans, « le Vieux », raconta plus tard à un journaliste du *Los Angeles Times* : « Le bateau était magnifique ; j'aimerais avoir les yeux aussi bleus que le bleu de ce bateau. »

Ils portaient des chapeaux de marin et des sweat-shirts que Tucker avait peints en orange vif, avec le logo du Marin Yacht Club, qu'il avait aperçu sur les bateaux qui naviguaient en face du pénitencier. Profitant d'un moment où le gardien regardait ailleurs, ils se dépêchèrent de mettre le kayak à l'eau. Quand ils se dirigèrent vers le large, les vents soufflaient à plus de trente kilomètres à l'heure, et l'esquif secoué par une forte houle embarquait de l'eau. « Le bateau n'avait aucune voie d'eau, pas une goutte ne s'infiltrait, expliqua Waller. Nous aurions pu pagayer jusqu'en Australie. C'était ces foutues vagues par le travers. Quand nous avons finalement atteint le bout du domaine de Q (San Quentin), cette saloperie de kayak a coulé. »

1. Inspiré d'une comptine : « *Rub-a-dub-dub, Three men in a tub, / And who do you think they be? / The butcher, the baker, the candlestick maker, / And all of them out to sea* » (Rub-a-dub-dub, Trois hommes dans un sabot, / Et qui sont-ils d'après vous ? Le boucher, le boulanger, le fondeur de bougies, / Tous les trois sortis au large. »

Un gardien les repéra du haut d'un des miradors, agrippés au kayak retourné, battant des pieds pour atteindre le rivage, et leur demanda s'ils avaient besoin d'aide. Ils lui crièrent que ça irait, et, comme pour le lui prouver, McGirk leva le poignet en l'air et hurla : « On vient de perdre deux avirons, mais ma Timex marche encore ! » Le gardien, qui ignorait que trois prisonniers étaient portés manquants, rit de bon cœur et reprit sa vigie.

La Californie lança très vite une chasse à l'homme dans tout l'État. Simultanément, les polices du Texas et de l'Oklahoma signalèrent une série de hold-up étranges. Ils présentaient tous le même mode opératoire : trois des quatre hommes impliqués entraient tranquillement dans une épicerie ou une banque, menaçaient les employés et les clients avec leur pistolet, exigeaient une somme d'argent et filaient à toute vitesse dans une voiture volée. Chaque fois, les témoins remarquaient que c'étaient des hommes âgés, par rapport à la norme dans cette branche d'activité. Apparemment, l'un d'eux portait même un sonotone. Les forces de l'ordre les comparèrent aux voleurs du troisième âge du film *Going in Style*, et les surnommèrent « le Gang des Fossiles ».

« C'est là que je suis devenu un vrai bon voleur », souligne Tucker. Il veille à n'admettre aucun délit précis (« je ne sais pas s'il y a prescription ») ou à n'impliquer aucun de ses acolytes encore en vie (« certains sont encore en activité »), mais il m'affirme qu'à la soixantaine il avait enfin maîtrisé l'art du hold-up.

Un jour, alors que nous étions assis dans la salle des visites de la prison, il s'est penché vers moi et a entrepris de m'enseigner comment on dévalise une banque. « Primo, il faut que l'agence soit proche d'une grande artère », m'a-t-il fait, en chaussant ses doubles foyers, clignant des yeux comme s'il imaginait un site bien particulier. « Deuxio, il faut repérer les lieux – vous ne pouvez pas débouler comme ça. Il faut bien analyser l'endroit, le connaître aussi bien que si c'était chez vous.

« Dans le temps, les braqueurs étaient comme des cow-boys, a-t-il continué. Ils entraient juste en tirant, en beuglant à tout le monde de se coucher à terre. Mais pour moi la violence reste la marque de l'amateur. » À son avis, les meilleurs auteurs de hold-up étaient comme les acteurs de théâtre, capables de tenir une salle en haleine grâce à la seule force de leur personnalité. Certains se maquillaient même et répétaient leur rôle, pour mieux entrer dans la peau de leur personnage. « Si on fait ça comme il faut, le cambriolage de banque devient tout un art. » Lui qui, à une époque, cultivait une image flamboyante, a-t-il ajouté, il s'était créé par la suite un style plus subtil, plus « naturel ».

« OK, alors, les outils », a-t-il poursuivi. Idéalement, il fallait du vernis à ongles et de la supercolle pour s'en recouvrir les bouts des doigts (« Vous pouvez porter des gants, mais si vous œuvrez sous un climat chaud, cela ne peut qu'attirer l'attention »), un diamant de vitrier, un holster, un sac en toile (« assez grand pour fourrer le pognon ») et un pistolet (« un .38 ou un semi-automatique, ou le calibre sur lequel vous pourrez mettre la main »). Il précisait que le pistolet n'était qu'un « accessoire », mais essentiel, dans toute opération.

Il y avait une autre chose, a-t-il repris, après un silence. C'était la clef de la réussite du Gang des Fossiles et de ce qu'il appelait encore « la marque de fabrique de Forrest Tucker » : le sonotone. En réalité, c'était un scanner des fréquences de la police, m'a-t-il révélé, qu'il connectait sous sa chemise ; de la sorte, s'ils avaient déclenché des alarmes silencieuses, il en serait informé.

Il a sorti une serviette de sa poche et s'est essuyé la sueur de son front. « Une fois que vous avez garé votre voiture “froide” pas trop loin, que vous avez votre scanner radio, les mains gantées ou recouvertes de supercolle, vous entrez. Vous allez tout droit vers le directeur de l’agence. Vous lui ordonnez : « Asseyez-vous. » Vous ne sortez jamais votre arme – vous la lui signalez, c’est tout. Vous lui expliquez posément que vous êtes là pour cambrioler la banque et qu’il vaut mieux que ça se passe sans accroc. Vous ne sortez pas de l’agence en courant, à moins qu’on ne vous tire dessus, parce qu’en courant vous risquez de vendre la mèche, d’attirer l’attention sur ce qui se passe. Vous marchez jusqu’à la voiture “chaude”, vous restez très calme, ensuite vous mettez le contact, vous roulez jusqu’à la voiture “froide’. Vous vous mettez au volant, vous démarrez, et vous voilà parti. »

Après avoir terminé son exposé, il semblait satisfait. « Je viens de vous fournir un manuel sur la manière de cambrioler une banque », a-t-il conclu. Il a réfléchi un moment, avant d’ajouter un mot : « Personne ne peut vous enseigner le métier. Vous ne finirez par apprendre qu’avec de la pratique. »

Sergent des forces de police d’Austin, au Texas, âgé de quarante ans, John Hunt se vit confier l’enquête sur les mystérieux hold-up du Gang des Fossiles. « Depuis toutes ces années dans la police, c’étaient les cambrioleurs les plus professionnels, les plus efficaces que j’aie jamais croisés, m’a confié Hunt, désormais retraité après trente années de carrière. Ils avaient davantage d’expérience du cambriolage que nous de la chasse aux criminels. »

À l’époque, Hunt, la moustache tombante et un début de bedaine, fumait comme un pompier et passait de longues journées à tenter d’arrêter ce gang. Avec l’avènement des moyens de sécurité high-tech, il y avait de moins en moins de braqueurs traditionnels ; la plupart étaient des toxicomanes acculés qui repartaient avec quelques milliers de dollars avant de se faire pincer. Les membres du Gang des Fossiles donnaient non seulement l'impression de lancer un défi à leur âge, mais aussi à leur époque. « Tous les matins, ils se levaient pour se mettre au boulot, se souvenait le policier. Tout comme un soudeur qui devient bon en soudure, ou un auteur qui s'améliore après des années passées à écrire, ces types tiraient les leçons de leurs erreurs. »

En l'espace d'une seule année, le Gang des Fossiles fut soupçonné d'avoir effectué au moins soixante attaques de banques en Oklahoma et au Texas – une vingtaine dans la seule région de Dallas-Fort Worth. Le gang était aussi responsable, croyait-on, de hold-up au Nouveau-Mexique, en Arizona et en Louisiane. « LES SENIORS FRAPPENT ENCORE », tonnait un gros titre. « LES BANDITS QUINQUA ÉGARENT LES ENQUÊTEURS », annonçait un autre.

En décembre 1980, Hunt et quarante autres officiers des forces de l'ordre d'au moins trois États se réunirent en conférence à Dallas pour réfléchir à un moyen de les appréhender. « Vous ne pouvez vous imaginer combien de vies ils bouleversaient en pointant un pistolet sous le nez des gens », m'a soufflé un agent du FBI.

Tucker paraissait incapable de s'arrêter, malgré toutes les sommes d'argent qu'il avait déjà amassées. Même en l'absence d'attribution officielle, puisqu'il usait de toute une panoplie d'identités d'emprunt, en se faisant par exemple appeler tour à tour Robert Tuck MacDougall, Bob Stone, Russell Johns, Ralph Pruitt, Forrest Brown, J. C. Tucker et Ricky Tucker, il aurait, croit-on, au cours de sa carrière, dérobé des millions de dollars, toute une flotte de voitures de sport, un sac de yens, et un jeton en bois de la défunte chaîne de restaurants Sambo. Au printemps 1983, il se lança dans son casse le plus audacieux : dévaliser une agence hautement sécurisée dans le Massachusetts, en plein jour, en se faisant passer, lui et ses hommes, pour des convoyeurs de fonds venus effectuer un enlèvement de routine en fourgon blindé. Il considérait que leur plan constituait « une innovation totale dans l'art » du braquage. Le 7 mars, quelques instants avant l'horaire d'arrivée prévu du fourgon, ils se maquillèrent et se collèrent des moustaches postiches ; sa perruque avait rétréci suite à une récente tempête de neige, mais au lieu de reporter l'opération il décida de s'en passer.

Le caissier déverrouilla la porte avec son bouton de commande à distance. À l'instant où ils entraient dans la salle fortifiée, d'après un rapport de police, le directeur s'aperçut que « la moustache sombre d'un homme et la moustache blanche de l'autre n'étaient pas réelles ». L'un des « convoyeurs » tapota la crosse de son pistolet et s'écria : « C'est un hold-up ! »

Tucker enferma le directeur et deux caissiers dans le coffre, et ils ressortirent avec plus de quatre cent trente mille dollars. Mais pour la première fois, quand la police montra une série de photos d'identité judiciaire aux caissiers, ceux-ci identifièrent le chef du Gang des Fossiles, reconnaissant l'homme qui s'était échappé de San Quentin dans un kayak artisanal, trois ans plus tôt.

Alors que le FBI, la police locale et les shérifs du comté essayaient tous de remonter sa trace, Tucker se cachait en Floride, et rendait tous les jours visite à Teddy Green, son vieux confident d'Alcatraz. Un matin de juin, il se rangea dans le garage de mécanique et de carrosserie de Green et attendit son ami, qui se dirigeait vers sa voiture. « Je l'ai regardé s'approcher, se rappelle-t-il, et je me suis dit : “Mince, ça, c'est un costume, quelle coupe !” »

Un homme bondit devant le véhicule de Tucker et s'écria : « FBI, pas un geste ! Vous êtes en état d'arrestation. »

Il y avait des agents partout, surgis de leurs voitures ou de buissons alentour. Tucker lança un regard noir à Green, convaincu que son ami l'avait « balancé ». Il a beau insister sur le fait qu'il n'avait pas de pistolet – et on n'en a jamais trouvé aucun –, plusieurs agents affirmèrent en avoir vu un dans sa main. « Il a une arme ! » beugla l'un d'eux, en plongeant à terre. Le vacarme des coups de feu retentit dans tout le garage. Des balles fracassèrent le pare-brise et le radiateur du véhicule de Tucker. Touché aux deux bras et à la jambe, il se baissa sous la planche de bord, écrasa la pédale de l'accélérateur, et alla s'emboutir à l'extérieur du garage. Il ouvrit la portière, marcha dans la rue en titubant, les mains et le visage couverts de sang. Une femme avec deux enfants roulait dans sa direction. « Je me rapprochais de lui, témoigna plus tard la femme, et je me suis aperçue petit à petit qu'il était en sang – il avait du sang partout – et j'ai pensé : "Ce pauvre homme a été heurté par une voiture." »

Elle lui proposa de le ramener, et il monta côté passager. Ensuite, dans son rétroviseur, elle entrevit un homme armé d'un fusil, et son petit garçon de six ans s'exclama : « Gangster ! » Elle hésita, Tucker empoigna le volant et ordonna d'un ton sec : « J'ai un pistolet… alors, tu roules ! » L'enfant éclata en sanglots. Au bout de huit cents mètres de course-poursuite, ils virèrent dans une impasse. Il marmonna « OK », la femme descendit précipitamment et entraîna ses enfants à l'écart, en sécurité. Ensuite, Tucker sortit de la voiture et s'évanouit.

Un chroniqueur du *Miami Herald* résuma en ces termes la capture d'un évadé de prison en cavale de longue date et chef du Gang des Fossiles :

> Tucker a quelque chose de vaguement séduisant. […] D'ordinaire, les vieillards ne sont guère associés à la grande criminalité. […] Tucker mérite aussi l'admiration,

> de manière un peu tordue, je l'admets, pour avoir réussi cette incroyable évasion de la prison de San Quentin, à San Francisco. [...] Il aurait pu gagner une fortune en vendant sa longue histoire d'évasion à Hollywood et en se terrant quelque part. Au lieu de cela, il a choisi de renouer avec la profession à laquelle il s'est dédié. [...] Ce Robin des Bois vieillissant ne prenait qu'aux riches, qui étaient sans doute bardés de polices d'assurance.

L'histoire de Tucker avait au moins acquis le prestige de la mythologie de l'*outlaw*. Il avait fait don du Rub-a-Dub-Dub, son kayak cabossé, au Marin Yacht Club, l'embarcation fut plus tard exposée dans un musée de la prison, et le centre médical de l'hôpital pour enfants d'Oakland demanda que Tucker soit autorisé à prendre la tête de la parade de la Bathtub Regatta à venir, une course de baignoires montées sur des sortes de jet-skis. Au milieu des protestations, le FBI se présenta dans un quartier chic pour retraités à Lauderhill, en Floride, où devait habiter Tucker, pensait-on. Une femme élégante, la cinquantaine, leur ouvrit sa porte. Quand ils l'interrogèrent au sujet de Forrest Tucker, elle leur répondit n'avoir jamais entendu parler de cet homme. Elle était mariée à Bob Callahan, un courtier en Bourse aux affaires florissantes qu'elle avait rencontré peu après le décès de son premier mari. Quand les agents lui apprirent qu'en réalité Bob Callahan s'appelait Forrest Tucker, un homme qui s'était évadé de prison quatre ans plus tôt, elle les regarda, en larmes. « Je leur ai dit : “Je ne crois pas un mot de ce que vous racontez”, se souvenait-elle, près de vingt plus tard. Mais ils le tenaient. Ils lui avaient tiré dessus trois fois. »

Héritière de la modeste fortune d'une société de transport routier, elle ressemblait, dans sa jeunesse, à Marilyn Monroe, et se rappelle avoir fait la connaissance de

Tucker au Whale and Porpoise, un club privé sur Oakland Park Boulevard. Elle n'avait jamais rencontré personne d'aussi prévenant et d'aussi galant. « Il est venu vers moi et m'a invitée à danser, et voilà », m'a-t-elle confié.

Elle se souvient d'être allée lui rendre visite en prison (« J'étais encore médusée »), pas sûre de savoir quoi dire ou quoi faire. Quand elle le vit allongé, pâle et couvert de sang, elle se sentit submergée d'amour pour cet homme qui, avait-elle appris, avait eu les fers aux pieds dès seize ans. Il la supplia de lui pardonner, m'a-t-elle confessé, et « tout ce que je voulais, c'était le serrer dans mes bras ».

Au début, en attendant que s'ouvre son procès, à Miami, Tucker tenta de s'évader de prison, en retirant un barreau de sa cellule avec une scie à métaux et en grimpant sur le toit avec un grappin de sa fabrication. Mais après que sa femme lui eut promis – semant la consternation dans sa famille et chez ses amis – de rester avec lui s'il s'amendait, il jura de se réinsérer. « Je lui ai promis qu'à compter de ce jour je ne ferais plus que réfléchir, et rien d'autre, à des moyens de m'évader, dit-il. Il n'y en a pas deux comme elle sur un million », ajoute-t-il.

Il rentra à San Quentin, où on le surnommait « le Capitaine », et où, pour la première fois, sa constitution apparemment à toute épreuve commençait à accuser son âge. En 1986, il subit un quadruple pontage. Malgré les gardiens en faction près de la porte, au cas où il tenterait de s'échapper, il se considérait désormais strictement comme un contorsionniste du juridique. Des années plus tôt, à Alcatraz, il avait rédigé une requête en appel qui était remontée jusqu'à la Cour suprême et dans laquelle il avançait, non sans fondement, qu'un juge ne pouvait pas, en rendant sa sentence, tenir compte de condamnations antérieures dont avait écopé l'accusé alors que ce dernier était privé d'avocat. (« Face à un dossier de ce type, il est temps de faire simplement preuve d'un peu de réalisme », nota le juge Harry A. Blackmun, ulcéré, dans un avis divergent de la Cour.) À présent, avec sa santé déclinante, Tucker lança une nouvelle salve de procédures en appel, obtenant de faire réduire sa sentence de moitié. « Je tenais à vous remercier, écrivit-il à un magistrat. C'est le premier coup de chance que j'ai dans la vie. Avec ça, je suis comblé. »

Ensuite, il consacra toute son énergie à ce qu'il percevait comme l'apogée de sa vie de hors-la-loi : un film hollywoodien. Il avait vu toutes sortes de films qui avaient certaines résonances par rapport à sa propre existence, et notamment *Je suis un évadé*, avec Paul Muni, *L'Évadé d'Alcatraz*, avec Clint Eastwood, et *Bonnie and Clyde*, avec Faye Dunaway et Warren Beatty, et il n'avait qu'une envie, c'était de voir, enfin, son histoire inscrite dans l'imaginaire américain. Il entreprit de coucher ses exploits sur le papier, à raison de cinq pages par jour. « Personne n'aurait pu raconter de l'intérieur cette histoire du rocher d'Alcatraz et de ce qui s'est réellement passé là-bas, à moins de l'avoir vécue personnellement », écrivit-il. Il consacra deux cent soixante et une pages à *Alcatraz : l'histoire vraie*, tout en travaillant à un deuxième récit plus ambitieux, qu'il intitula *L'Ouvre-Boîte*. Il s'y dépeignait comme une réminiscence « de cette espèce de criminel très intelligent, non violent, de la trempe d'un Willie Sutton » et, plus pompeusement, comme une sorte d'opprimé héroïque, en butte à un système répressif tentaculaire. « Chez Tucker, l'obsession de la liberté et de la fuite s'est transformée en art de la manœuvre, écrivait-il encore. C'est sa manière à lui de garder la raison, après une vie où il a été pourchassé. Chaque nouvel "épisode" est un jeu, un jeu destiné à semer les autorités. »

En 1993, âgé de soixante-treize ans, il fut libéré, et s'installa dans la maison couleur pêche de Pompano

Beach, que sa femme avait achetée pour eux deux. Il révisa son manuscrit et installa une salle de musique dans son antre, où il donnait des cours de saxophone et de clarinette pour vingt-cinq dollars de l'heure. « Nous avions une vie merveilleuse », m'a expliqué son épouse. Et Tucker de confirmer : « Nous sortions régulièrement danser. Elle s'habillait d'une très jolie tenue, et j'étais fier de la montrer à tout le monde. » Il lui composa de la musique. « Il possède tant de talents qui ont été gâchés pendant toutes ces années », m'a-t-elle confié. De temps à autre, il jouait dans des clubs de jazz locaux. « Je me suis habitué à vivre libre », jure-t-il. Mais son manuscrit ne captiva pas les lecteurs autant qu'il l'aurait espéré – « j'ai téléphoné au secrétaire de Clint Eastwood, mais il m'a répondu : "Si vous n'avez pas d'agent, il ne le lira pas." » L'auteur de *L'Ouvre-Boîte* devenait de plus en plus un vieillard ordinaire, semblait de plus en plus un homme pris au piège.

Ensuite, il y eut ce jour de 1999 où, à l'âge de soixante-dix-huit ans, il se vernit les ongles, se masqua le visage d'un foulard blanc et fit irruption dans l'agence de la Republic Security Bank armé de son pistolet. « Il ne l'a pas fait pour l'argent, soulignait sa femme. Nous avions une nouvelle voiture, une jolie maison entièrement payée, de belles tenues. Il avait tout. »

« Je pense qu'il voulait devenir une légende vivante », comme Bonnie et Clyde, considère le capitaine Chinn, qui l'appréhenda après ce qu'il croyait être le quatrième braquage qu'il avait récemment commis dans cette région de Floride. Un psychologue judiciaire qui examina l'intéressé remarqua : « J'ai croisé beaucoup d'individus qui se vantent, et qui aimeraient laisser leur marque dans l'histoire [...] mais je dois l'admettre, je n'en ai jamais entendu aucun déclarer, sauf au cinéma, qu'il voulait connaître l'apothéose en attaquant une banque. Cela dépasse le domaine de la prédiction psychologique. »

Après l'arrestation de Tucker, la police le plaça en demi-isolement, redoutant que même à soixante-dix-huit ans il ne réussisse encore à leur échapper. Malgré les arguties de son avocat, qui craignait que son client ne risque de mourir dans de telles conditions de détention, sa demande de mise en liberté sous caution lui fut refusée. « D'ordinaire, je n'aurais pas considéré un homme de soixante-dix-huit ans comme présentant un risque d'évasion ou un danger pour la collectivité, répondit le magistrat, mais M. Tucker a prouvé sa remarquable agilité. » Le 20 octobre 2000, juste avant qu'une date de comparution devant le tribunal ne soit assignée à son dossier, et sous les yeux de sa femme, il plaida coupable. Il fut condamné à treize ans de prison.

Un jour, j'ai trouvé un rapport de l'administration pénitentiaire, le Department of Corrections, où était détaillée la vie de Tucker. Après des pages et des pages reprenant la liste de ses hold-up et de ses évasions audacieuses, le rapport se concluait sur un résumé d'un autre ordre :

> Le prévenu ne sait pas où se trouve [sa] fille. Il a déclaré n'avoir pris aucune part active à l'éducation de cet enfant. [...] Le prévenu ignore où se trouve son fils. Le prévenu n'a pas du tout élevé cet enfant.

« Je croyais qu'il s'était tué dans un accident de voiture, m'a expliqué son fils, Rick Bellew, au téléphone, après que j'eus retrouvé sa trace dans le Nevada, où il vivait et exerçait le métier d'imprimeur. C'est ce que m'a raconté ma mère pour me protéger. » Il ne savait rien de la vérité, a-t-il soutenu, jusqu'à ses vingt ans, alors que Tucker était sur le point d'obtenir sa remise en liberté conditionnelle. « Ma mère redoutait qu'il ne m'aborde dans la rue et qu'il ne me fasse peur. »

Il a précisé qu'après l'incarcération de son père les forces de l'ordre avaient confisqué tout son mobilier et tous ses biens, payés avec de l'argent volé. Ils avaient dû s'installer chez ses grands-parents, et sa mère travaillait en usine, pour subvenir à leurs besoins. « Il nous a laissés sans rien. Il a complètement fait basculer tout notre univers. »

Après avoir lu un article sur la dernière arrestation de son père, il lui écrivit une lettre, pour la première fois. « J'avais besoin de savoir pourquoi il avait fait ça. Pourquoi il avait tout sacrifié. »

Bien que son père ne lui eût jamais fourni de réponse satisfaisante, ils entamèrent une correspondance et, dans l'une de ses lettres, Tucker lui apprit une chose qu'il n'aurait jamais imaginée : Rick Bellew avait une demi-sœur plus âgée que lui, elle s'appelait Gaile Tucker, elle était infirmière, elle habitait en Floride. « Je l'ai appelée et je lui ai dit : "Tu es assise ? C'est ton frère, celui qui avait disparu. » Elle s'est exclamée : « Oh, mon Dieu ! » Plus tard, ils se sont rencontrés, se scrutant le visage pour y déceler des ressemblances, tentant de reconstituer le portrait d'un homme qu'ils avaient à peine connu.

« Je n'éprouve aucun ressentiment, m'a confié sa fille. Je n'éprouve aucun sentiment du tout. »

À un moment, Rick Bellew m'a lu une partie d'une lettre que Tucker lui avait récemment envoyée : « Je suis désolé que les choses se soient passées comme ça. [...] Je ne t'ai jamais emmené pêcher, ou voir des matchs de base-ball, je ne t'ai pas vu grandir. [...] Je ne te demande pas de me pardonner, car il y a trop de choses qui se sont perdues, mais juste, comme ça, tu sais que je te souhaite le meilleur. Toujours. Ton papa, Forrest. »

Rick m'a avoué qu'il ne savait pas s'il allait poursuivre cette correspondance, non pas à cause de ce que Tucker lui avait fait subir, mais à cause de ce qu'il avait infligé à sa mère. « Il a fait voler en éclats tout le monde de ma mère. Elle ne s'est jamais remariée. Il y avait une chanson qu'elle me chantait tout le temps, “Me and My Shadow”, où il n'est question que de solitude et de tristesse. Et quand elle a eu un cancer, alors qu'il ne lui restait plus longtemps à vivre, j'ai craqué, elle m'a chanté cette chanson, et j'ai réalisé à quel point c'était une musique douce-amère. C'était sa vie. »

Quand j'ai rendu visite à la troisième épouse de Tucker, au printemps 2002, à Pompano Beach, elle ne semblait toujours pas s'en être remise. Cette femme menue et délicate, qui avait désormais soixante-dix ans passés, avait subi plusieurs opérations et vivait seule dans leur maison. « Forrest parti, il n'y a personne pour réparer les choses », m'a-t-elle soufflé. Elle s'est tue un instant, en balayant du regard le coin du salon où il avait installé ses instruments de musique. « Le silence est insupportable. » Elle m'a montré une photo de tous les deux côte à côte, prise peu après leur rencontre. Ils sont debout, leurs bras se touchent. Il porte une chemise et une cravate rouges, et ses cheveux ondulés sont coiffés avec une raie bien dessinée. « Mon Dieu, ce qu'il était bel homme. Quand je l'ai rencontré, ce qu'il était chou ! »

Elle a retourné cette photo de lui plusieurs fois dans ses mains. « J'ai attendu toutes ces années, a-t-elle continué en me raccompagnant à sa porte et en s'essuyant les yeux. J'avais cru que nous passerions le reste de notre vie ensemble. Qu'est-ce que je suis censée faire, maintenant ? »

L'une des dernières fois que j'ai revu Tucker en prison, il m'a semblé si frêle, c'était inquiétant. Les muscles de son visage paraissaient affaissés, et ses mains tremblaient. Depuis son incarcération, il avait fait plusieurs attaques cérébrales, et un cardiologue en avait conclu que des caillots de sang privaient peu à peu son cerveau d'oxygène. « Il mourra en prison », m'a dit sa fille, sans ménagement.

« Tout le monde prétend que je suis intelligent, m'a rappelé Tucker. Mais je n'ai pas l'intelligence de la vie, sinon je n'aurais pas fait tout ce que j'ai fait. » Après un bref regain d'attention consécutif à son arrestation, il avait fini par sombrer plus ou moins dans l'oubli. « À ma mort, personne ne se souviendra de moi, m'a-t-il soufflé, presque dans un chuchotement. J'aurais préféré exercer une vraie profession, quelque chose dans le milieu de la musique. Je regrette de n'avoir pas été capable de me choisir un travail stable et de subvenir aux besoins de ma famille. J'ai d'autres regrets, aussi, mais il y a des limites à ce qu'un homme peut supporter. Tard dans la nuit, vous êtes couché sur votre grabat, en prison, et vous pensez à tout ce que vous avez perdu, à ce que vous avez été, à ce que vous auriez pu être, et vous regrettez. »

Il m'a confié que sa femme songeait à vendre leur maison et à s'installer dans un quartier où elle pourrait fréquenter davantage de gens. Bien qu'ils se parlent régulièrement, me disait-il, elle était trop faible pour lui rendre visite.

« Ce qui fait le plus mal… c'est que je sais à quel point j'ai déçu ma femme, a-t-il continué. C'est ça qui fait le plus mal, plus que tout le reste. »

En se levant pour quitter la pièce, il a sorti un bout de papier de sa poche arrière. « J'ai écrit ça, hier soir, pour vous. »

Il avait inscrit dessus la liste de toutes ses évasions, soigneusement consignée en capitales. Tout en bas, il y avait un numéro 19 – un de plus que le total de celles qu'il avait réellement réussies – et une mention vierge. Quand le gardien est allé lui chercher son fauteuil roulant, il l'a renvoyé d'un signe de la main. « Je n'ai pas besoin de mon char », a-t-il fait. Ensuite, lentement, le dos voûté, il s'est redressé contre le mur et, avec le gardien debout derrière lui, s'est dirigé à pas comptés vers le couloir.

Le voleur de temps

Pourquoi Rickey Henderson ne retournera plus au marbre

Par une soirée d'été, il n'y a pas si longtemps de cela, Rickey Henderson, le plus grand voleur de buts, le plus grand premier frappeur de l'histoire du base-ball, posté dans l'abri des joueurs, a pincé son maillot entre le pouce et l'index pour se l'écarter de la poitrine – ce que certains joueurs appellent « faire le paon ». Il se livrait aux mêmes rituels d'avant-match que lorsqu'il était *outfielder*, joueur de champ extérieur, avec l'équipe des Oakland A's, en 1979. Il a fouillé dans les battes de sa panoplie, en s'écriant : « Alors, laquelle de ces petites putes va me sortir mon meilleur coup ? » S'arrêtant sur celle qui avait un manche en résine, il a armé son bras, dans l'attente d'un lancer de balle imaginaire et s'est adressé à lui-même à la troisième personne, les mots se bousculant dans sa bouche, si vite qu'ils en devenaient presque inintelligibles : « Chauffe-Rickey-allez-chauffe. »

Henderson a l'habitude non seulement de battre ses adversaires, mais aussi de les prendre un peu de haut, en étalant ses facultés hors du commun. Élu dix fois au rang d'All Star pour les Oakland A's, les New York Yankees et sept autres équipes, il avait volé plus de mille quatre cents buts – un record jugé imbattable, comme la série de cinquante-six matches avec un coup sûr ou davantage dont Joe DiMaggio reste le détenteur à ce jour. Il avait marqué plus de points que Ty Cobb, Babe Ruth ou Hank Aaron. Bill James, l'oracle des statistiques du base-ball, a écrit de lui : « Sans exagérer d'un iota, on pourrait citer cinquante joueurs du Temple de la Renommée du base-ball qui, pris tous ensemble, ne détiennent pas autant de records. » Ou, pour reprendre la formule de l'intéressé : « Je suis un record sur pattes. »

Il est entré sur le terrain, puis s'est arrêté brusquement. Une odeur pestilentielle montait du sol, sous l'abri des joueurs. « D'où ça vient ? » a demandé l'un de ses équipiers. Plusieurs joueurs se sont baissés, tentant de repérer l'origine de l'odeur ; précédemment, l'entraîneur avait déjà trouvé un rat mort dans le stade.

« Je pense que ça vient d'ici, a fait un joueur. Tu vois ce trou ? »

Henderson avait surtout envie d'ignorer toute cette agitation et de reprendre son rituel. Il s'est dirigé vers le rectangle du frappeur, d'un pas nonchalant, comme s'il sortait faire sa promenade du soir. L'un de ses adversaires avait un jour remarqué qu'il lui fallait plus de temps pour rejoindre la boîte du frappeur que pour effectuer le trajet jusqu'au stade en voiture. Henderson a déjà expliqué que cette lenteur d'approche était un moyen de troubler le mental du lanceur : ses adversaires, eux, expliquaient que c'était juste pour lui un moyen comme un autre de faire en sorte que le monde prenne acte de sa présence. Quand il est arrivé dans son rectangle, informant le monde de ce que Rickey allait infliger à la balle, il a eu de nouveau l'air un peu déconcerté, et s'est tourné vers la foule : il n'y avait à peu près que six cents fans dans le stade, et, pour cette Eighties Night, une soirée promotionnelle, beaucoup de femmes s'étaient habillées élégamment, en robes à paillettes et bas en dentelle, façon Madonna dans sa période « Like a Virgin ».

Un peu plus tôt, Henderson s'était confié à moi : « Hier soir, je suis tombé à genoux et j'ai demandé à Dieu : “Pourquoi tu fais subir ça à Rickey ? Pourquoi tu m'as collé ici ?” »

Le système de sonorisation du stade crachotait. Un présentateur l'a annoncé : « Et maintenant, notre premier frappeur de la série, pour les San Diego Surf Dawgs… RICKEY HENDERSON. »

À quarante-six ans, l'homme qui avait proclamé « Je suis le plus grand joueur de tous les temps ! » jouait en Golden Baseball League. On était loin des ligues majeures. La Golden Baseball League ne faisait même pas partie du vivier des ligues mineures. C'était une ligue indépendante, principalement composée de joueurs qui n'avaient jamais accédé aux ligues mineures, ou qui en avaient été recalés. Créée par deux diplômés en MBA de Stanford, cette ligue, qui vit le jour en 2005, avec huit équipes en Arizona et en Californie, est généralement considérée comme la lie de la lie. Pourtant, c'est le maillot de cette équipe qu'a finalement endossé Henderson, contre trois mille dollars par mois, moins que ce qu'il pourrait gagner en revendant l'un de ses colifichets de l'époque où il évoluait en Ligue majeure.

« Allez, hot *dawwwg*, montre un peu ce que tu sais faire ! » a beuglé un fan.

Henderson a frappé ses crampons pour en faire tomber la terre et s'est campé en position baissée, en fixant le lanceur du regard, un droitier de vingt-quatre ans de l'équipe des Mesa Miners. Plusieurs soirées auparavant, Henderson avait réussi un coup simple et un vol de base, en atterrissant dans un nuage de poussière, à plat ventre, la tête la première, au grand ravissement de ses fans, mais cette fois-ci il a frappé un coup en flèche assez faiblard vers le joueur de deuxième base, qui s'est conclu sur un retrait facile. Alors qu'il se dirigeait vers l'abri des joueurs, un perturbateur dans la foule a hurlé : « Hé, Rickey, tu l'as rangé où, ton fauteuil roulant, bordel ? »

D'autres grands du base-ball ont insisté pour continuer de jouer, alors qu'ils étaient sur la pente descendante : à quarante ans, Babe Ruth, lors de sa dernière saison en Ligue majeure, frappait avec une moyenne à la batte de .181 pour les Boston Braves. Mais la décision de Henderson d'aller jusqu'à rejoindre les Surf Dawgs, qu'on prenait souvent pour une équipe de base-ball féminine, admettait l'ancien directeur de la communication de l'équipe, n'avait pas laissé d'étonner. Sa dernière série dans les majeures remontait à 2003, quand il avait joué une partie de la saison pour les Los Angeles Dodgers. Il frappait alors une maigre moyenne à la batte de .208, pour trois bases volées. (Sa dernière saison réellement féconde remontait à 1999.) La direction des Dodgers en avait conclu que le temps avait finalement eu raison de « l'homme d'acier », comme on l'appelait souvent, et l'avait congédié sans cérémonie. Il avait joué trois mille quatre-vingt-un matchs, ce qui le plaçait en quatrième position du classement des joueurs de tous les temps. Il avait quarante-quatre ans, et une majorité de ses fans pensaient raisonnablement qu'il allait se retirer et attendre patiemment d'être intronisé au Temple de la Renommée. Au lieu de quoi, il joua la saison 2004 avec les Newark Bears, en Atlantic League, une ligue indépendante, avant de passer en Golden Baseball League. Manny Ramirez, le frappeur des Boston Red Sox, qui joua aux côtés de Henderson en 2002, dit de lui qu'il devait être « dingue » et un journaliste sportif déclara qu'il faudrait « une équipe entière de psychiatres » pour lire en lui. Même l'une de ses trois filles, Alexis, lui posa la question : « Papa, pourquoi tu fais ça ? »

Quelques heures avant le match contre les Miners, j'ai trouvé Henderson assis sur une chaise métallique du vestiaire des Surf Dawgs, sans sa chemise, torse nu. Il affirmait ne pas être différent de tous les autres membres de la ligue : il voulait simplement accéder aux majeures. Mais il paraissait aussi tétanisé de l'impasse où il se trouvait, et par l'énigme de l'âge. Il le formulait en ces termes : « Il y a des pièces de ce puzzle que Rickey essaie encore de comprendre. »

Il s'est levé pour enfiler son uniforme. Il mesure un mètre soixante-dix-huit, et comme les danseuses des Rockettes, la compagnie de danse new-yorkaise, qui savent lever très haut les cuisses, ce sont ses jambes qui paraissent lui donner toute sa stature. Il les appelle « l'essence de mon jeu » ; elles éclipsent le torse et semblent toujours le pousser vers l'avant, comme un coureur qui jaillit d'un portillon de départ. Ses yeux laissent transparaître de fréquents changements d'humeur – ils se plissent de contrariété, puis s'agrandissent de ravissement – et, pendant les matchs, il les dissimule souvent derrière des lunettes de soleil aux verres enveloppants. Il a passé son maillot, qui était blanc, avec des manches bleu poudre, avant d'enfiler son pantalon, remonté au-dessus des hanches ; quand il a coiffé sa casquette, seules les rides au front et autour de la bouche confirmaient qu'il avait l'âge des pères de bon nombre de ses équipiers. Tendant les bras, il m'a dit : « Regardez-moi. Je n'ai pas de blessures. Je n'ai aucun problème de vue. Mes genoux sont encore bons. Le seul problème que j'ai, c'est une petite douleur à la hanche, et une poche de glace suffit à tout arranger. »

Henderson savait qu'il n'avait plus que quelques mois pour prouver à un chasseur de talents qu'il était en mesure de jouer au plus haut niveau – la saison de ligue majeure s'achevait en octobre. Il m'a confié que peu après avoir commencé à jouer pour les Newark Bears il avait appelé Billy Beane, l'entraîneur de l'équipe d'Oakland. La plupart des grands succès de Henderson, notamment sa première bague de champion des World Series, en 1989, étaient liés à cette période passée au sein de l'équipe des A's, et il avait expliqué à Beane qu'il avait envie de réintégrer cette équipe plus qu'aucune autre. « Ensuite je pourrais faire ma sortie, là où j'avais fait mon entrée », lui avait-il dit. Beane lui avait répondu que l'équipe d'Oakland, qui se démenait à ce moment-là pour accéder aux séries éliminatoires, n'avait pas de place pour lui. Malgré cela, Henderson lui avait répliqué : « Je ne perds pas espoir. Je sais que si les gens prenaient juste la peine de venir me voir jouer ils se rendraient compte que Rickey est encore Rickey. »

Il est arrivé quatre heures avant le match, et fouettait les balles que tirait une machine à lancer, à cent trente kilomètres-heure, avec la chanson fétiche adoptée par les Surf Dawgs qui braillait dans les haut-parleurs : « Qui va lâcher les chiens ? Woof ! Woof ! Woof ! Woof ! » Certains matins, on pouvait l'apercevoir courant d'un bout à l'autre des gradins. Jose Canseco, qui jouait avec Henderson au sein des Oakland A's, et qui contribua à alimenter l'explosion des substances améliorant les performances dans les ligues majeures, a dit un jour de Henderson : « C'est l'un des rares types qui ne sont pas sous stéroïdes ! »

« Ils m'ont pas mis dans le secret de ces merdes, a précisé l'intéressé. J'aurais préféré qu'ils m'en touchent un mot. Bon Dieu, vous imaginez Rickey sous stéroïdes ? Ouh là là, bébé, planque-toi ! » Et il a éclaté de rire, de bon cœur. « Peut-être que si les autres joueurs étaient pas chargés à bloc, j'aurais encore ma place dans un club. Les gens me demandent tout le temps pourquoi j'ai encore cette envie de jouer, mais moi, j'ai surtout envie de comprendre pourquoi personne veut plus me donner ma chance. C'est comme s'ils me cataloguaient : "Il est bon pour le Temple de la Renommée. Terminé. C'est tout." C'est franchement une honte. »

Alors qu'il me parlait, l'un de ses coéquipiers, les cheveux ébouriffés et l'air d'avoir à peu près dix-huit ans, s'est approché. Il tenait en main une balle et un stylo.

« Je me sens idiot de te demander ça, a-t-il fait, mais tu pourrais me la signer ? »

Henderson a souri et il lui a signé sa balle.

« Merci, Rickey », a fait le jeune joueur, en tenant la balle par les coutures, pour éviter de faire baver l'encre.

Henderson s'est tourné vers moi.

« Je vais te dire la vérité. Je donnerais tout… tous mes records, le Temple de la Renommée, la totale… pour avoir juste encore une fois ma chance. »

Les voleurs de base sont souvent considérés comme une espèce à part : indisciplinés, égocentriques, parfois même un peu chiens fous. Ron LeFlore, qui a volé quatre-vingt-dix-sept bases avec les Montreal Expos, avait été condamné pour vol à main armée ; Ty Cobb, que son biographe officiel qualifiait de « psychotique », effectuait ses glissades les crampons en l'air, sa méthode pour tenter d'éliminer le joueur de deuxième base ; même Lou

Brock, certes plus gentleman, était convaincu que son arrogance sans bornes constituait son plus grand atout. À tous égards, Henderson était un voleur de base né. Lloyd Moseby, l'un de ses amis d'enfance, qui jouait pour les Toronto Blue Jays, déclara un jour à *Sports Illustrated* : « Depuis qu'il est gosse, Rickey n'a pas changé. Il savait frimer avant de savoir marcher, et il a toujours vécu pour les projecteurs. »

Enfant, Henderson ne possédait pas grand-chose, en dehors du base-ball : il avait deux ans quand son père s'évanouit dans la nature, en abandonnant sa famille, et après le déménagement de sa mère, partie chercher du travail en Californie, ses quatre frères et lui restèrent quelques années à Pine Bluff, dans l'Arkansas, gardés par une grand-mère. En 1976, il a dix-sept ans, Oakland l'engage au quatrième tour de repêchage et il est affecté à l'une de leurs équipes de Ligue mineure, à Boise, dans l'Idaho. D'emblée, il se montre passionné, lunatique et flamboyant. S'il frappait ce qui semblait être un retrait sur roulant assez facile, il refusait parfois de courir jusqu'au bout, à la consternation du coach. Mais quand il estimait avoir une chance, sa vitesse de course était sans égale. Un soir de 1977, à Fresno, en Californie, il a réussi à voler sept bases, égalant le record en un match. Deux ans plus tard, en milieu de saison, Oakland le faisait monter en Ligue majeure.

Grâce à l'argent qu'il gagnait désormais, il engagea une agence de détectives privés pour retrouver la trace de son père. « Je me moquais de savoir si c'était un type bien ou un sale mec, m'a-t-il confié. Je voulais juste le connaître. » Les privés firent leur rapport à sa mère, qui à son tour l'informa : « Ton père est mort. Il est mort il y a quelques années, dans un accident de voiture. » Pourtant, en 1980, il put trouver une figure paternelle inattendue en la personne de Billy Martin, le nouveau coach des A's. Martin était un gros buveur au caractère batailleur qui, en une occasion au moins, dérouilla l'un de ses joueurs. Mais Henderson et lui partageaient une approche brute du jeu – l'entraîneur avait affiché dans son bureau un poster proclamant : « Il ne peut pas y avoir d'arc-en-ciel sans nuages et sans orage » – et, ensemble, ils mirent au point un style de jeu survolté, le Billy Ball, qui se révélait à la fois terrifiant et exaltant. Henderson décrivait leur relation en ces termes : « Billy était l'éditeur du Billy Ball, et moi, j'étais l'auteur. »

Ne disposant pas d'une grande force de frappe, les A's ne pouvaient miser sur trois coups de circuit et de grosses manches basées sur des coups sûrs ; ils étaient obligés d'élaborer les coups, de se les créer à partir de la moindre occasion. En qualité de premier batteur, Henderson était le grand catalyseur, ou, selon la formule qu'il affectionne, « le créateur de chaos ». Il était d'une force remarquable (à deux reprises, il acheva la saison avec un pourcentage à la batte plus élevé que celui d'un Mark McGwire, le premier joueur ayant frappé soixante-dix coups de circuit en une saison), mais son rôle principal consistait à jouer les fauteurs de troubles, un véritable fléau – à « atteindre la base, par tous les moyens possibles », et à faire des ravages dans la défense adverse.

Dans le cadre de sa stratégie, il avait mis au point l'une des positions de frappe les plus singulières et les plus exaspérantes qu'on ait jamais vues. Chaque frappeur dispose d'une plage d'axe de frappe qui s'étend à peu près de la poitrine aux genoux. En relâchant les épaules, qu'il abaisse jusqu'à hauteur des genoux (cassant pratiquement le buste en deux), il réduisait singulièrement cette plage de frappe ; un commentateur sportif eut cette formule piquante : « aussi minuscule que le cœur d'Adolf Hitler ». Offrant ainsi au lanceur une cible aussi réduite, Henderson inscrivait fréquemment des buts sur balles. (En 2001, il battit le record total de buts sur balles que détenait Babe Ruth, et il se classe désormais deuxième derrière Barry Bonds, le recordman des coups de circuit en Ligue majeure.) Ou alors il explosait la balle – il est l'un des vingt-cinq joueurs de l'histoire totalisant plus de trois mille frappes gagnantes. Dès qu'il avait atteint la première base, c'était le début du chaos : il volait souvent la deuxième, puis la troisième, et il réussit à voler quatre fois le marbre. Au cours de sa première année pleine, il battit le record de Ty Cobb en American League de quatre-vingt-seize bases volées en une saison, alors inviolé depuis 1915 ; deux saisons plus tard, il doublait Lou Brock et le seuil des cent dix-huit vols de base en Ligue majeure. Thomas Boswell, du *Washington Post*, écrivit : « Depuis l'année où Babe Ruth a frappé cinquante-quatre home-runs, en 1920 – trente de plus que n'en avait frappé n'importe lequel de ses rivaux en une saison –, jamais l'un des secteurs fondamentaux du jeu offensif n'aura été en passe de connaître une redéfinition aussi capitale. […] Pour la première fois peut-être, grâce à son seul talent, un joueur défie tout simplement les dimensions mêmes du diamant. »

Sa seule présence sur les lignes du losange exerçait un pouvoir de déstabilisation psychologique. Perturbés, les joueurs de champ intérieur commettaient des erreurs, et les lanceurs, incapables de se concentrer, concédaient des coups faciles aux frappeurs suivants. Ancien capitaine des Yankees, Don Mattingly admettait : « Au fond, il terrorise une équipe à lui tout seul. » Henderson avait une manière de marquer qui rendait ses exploits quasi invisibles : il lui arrivait souvent d'obtenir un but sur balle, puis il volait la deuxième base, attaquait la troisième sur une balle au sol et, enfin, revenait au marbre sur une chandelle de pure routine vers le champ extérieur. En d'autres termes, il marquait régulièrement, même quand ni lui ni son équipe n'engrangeaient un seul coup sûr.

Mais il y avait aussi quelque chose chez Henderson qui échappait à tout contrôle. Un voleur de base tient le sort de son équipe entre ses mains ; s'il décide de courir et essuie un retrait, il risque de ruiner les chances d'une équipe de réussir une grosse manche. En 1982, Henderson ne se contenta pas d'établir un record de bases volées ; il établit aussi celui du record de retraits sur tentatives de vol de base (quarante-deux). Les caractéristiques qui lui valaient tant d'éloges – bravoure, habileté, audace – lui attiraient aussi l'opprobre. Toujours en 1982, lors d'un match contre les Detroit Tigers, il ne lui fallait plus qu'un vol de base pour égaler le record de Brock, il frappa un *single*, un coup simple, mais n'avait aucune chance de voler une base, parce qu'en seconde base il avait un coureur trop lent. Allant à l'encontre de toutes les normes du jeu, Billy Martin ordonna au joueur de deuxième de se poster loin de la base, au risque de se faire retirer. Pour Henderson, la voie était libre, il partit comme une flèche, sûr d'atteindre la deuxième base, mais l'arbitre l'arrêta, et aurait marmonné : « Ces trucs-là, ça se mérite. »

Il existe dans le base-ball tout un code tacite relatif aux matches trop déséquilibrés, et l'habitude de Henderson de chercher le vol de base quand son équipe taillait déjà l'adversaire en pièces était généralement jugée très peu sportive. En 2001, alors qu'il livrait avec les San Diego Padres un match contre les Milwaukee Brewers, dans la septième manche, il décolla, partit à fond de train, alors que son équipe menait déjà de sept points. Le coach des Brewers, Davey Lopes, qui avait été en son temps l'un des voleurs de base les plus agressifs du circuit, était si furieux qu'il entra sur le terrain en trombe, en beuglant que la prochaine fois que Henderson se pointerait pour frapper le lanceur « lui en ferait voir ». La menace était manifestement sérieuse, et Henderson se retrouva sur le banc. « Nous, on est de la vieille école », déclara plus tard Lopes.

Et ce n'était pas seulement la manière qu'avait Henderson de voler les bases qui agaçait les traditionnalistes. En 1985, il venait d'être racheté par les Yankees, on lui demanda l'effet que cela lui ferait de jouer sur un terrain qui avait jadis accueilli Joe DiMaggio et Mickey Mantle, et il répliqua : « Eux, je m'en moque… Là, c'est l'heure de Rickey. » Quand il frappait un coup de circuit, il s'arrêtait et regardait la balle franchir la clôture, puis il contournait la première base, en faisant son petit numéro, un coude replié, écarté du corps, comme une aile de volatile. Au lieu de simplement attraper la balle, il appuyait son geste, en faisant mine d'arracher le projectile au ciel. « Dans mon stade, ce genre de numéro pour bouffeur de hot-dog, ça me plaît pas trop », commenta l'ancien receveur des Orioles, qu'un arbitre avait dû empêcher d'en venir aux mains avec Henderson.

Ce dernier s'était acquis la réputation de faire aussi du chambard hors du terrain. Il tenait les entraîneurs en otage, avec ses exigences contractuelles. « Il faut que ma paie soit garantie », martelait-il. Ou, avec une de ses tautologies à la Yogi-Berra : « Moi, tout ce que je demande, c'est ce que je veux. » Un soir, incapable de retrouver sa limousine au moment de quitter le stade, on l'entendit maugréer : « Quand Rickey n'arrive pas à retrouver la limousine de Rickey, Rickey n'aime pas ça. » En 1989, les A's signèrent avec lui un contrat de quatre ans pour un montant de douze millions de dollars, ce qui faisait de lui le joueur le mieux payé de tout ce sport ; mais moins de deux ans plus tard, plusieurs joueurs ayant dépassé cette somme, il exigea de signer un nouveau contrat. Le lanceur Goose Gossage, qui jouait avec Henderson au sein des A's, dit un jour : « Henderson a créé une nouvelle référence en matière d'égoïsme. Il ferait passer Jose Canseco pour un travailleur social. » À la fin de sa carrière en Ligue majeure, il était reconnu comme l'un des meilleurs joueurs de tous les temps, mais, de l'avis de nombreux joueurs et journalistes sportifs, il était aussi « rapace », « égocentrique », « Rickey la tempête tropicale », « l'archétype du mercenaire du base-ball » et « le roi du Moi-Je ». En d'autres termes, il était le dernier joueur qu'on aurait imaginé voir atterrir en Golden Baseball League.

« Je ne peux pas être en retard », m'a dit Henderson.

Il était à l'aéroport de Los Angeles, au mois de juillet, il attendait un vol matinal pour Yuma, Arizona, où, pour un match estival contre les Scorpions, la Golden Baseball League organisait la Rickey Henderson Night. (Les mille premiers fans arrivés au stade recevraient des figurines à tête branlante Rickey Henderson.) La ligue, se rendant bien compte qu'il contribuait à lui donner une légitimité, lui avait offert divers avantages contractuels et, à l'inverse du reste des joueurs, il n'avait pas à endurer de longs trajets en autocar pour les matchs à l'extérieur – il prenait des vols commerciaux. Et ainsi, alors que l'équipe passait cinq heures dans un bus pour Yuma, Henderson, lui, bouclait ses bagages et embarquait dans un avion. Il portait une élégante chemise couleur fauve, un pantalon assorti, une Rolex en or sertie de diamants au poignet. Au cours de sa carrière, il avait gagné plus de quarante millions de dollars, rien qu'en salaires. Il possède des dizaines de biens locatifs, ainsi qu'un ranch de soixante et un hectares, près du parc national de Yosemite, où il passait du temps, à l'intersaison, avec son épouse et leurs filles. Il possède aussi une Porsche, une Rolls-Royce, une Bentley, une BMW, une Mercedes, une Cadillac, un pick-up GM, une Ford Thunderbird et une Ferrari. « Je leur ai dit, aux clubs de Ligue majeure : “Ne vous bilez pas pour votre compte en banque : je jouerai gratos”, m’a-t-il confié. Je fais pas ça pour me garnir le portefeuille. »

En attendant que l’avion roule vers la piste d’envol, il a consulté son téléphone portable pour vérifier si son agent avait appelé, s’il avait des nouvelles des équipes de Ligue majeure. « Rien », a-t-il fait. Après avoir si longtemps exercé le pouvoir sur les managers des équipes, maintenant que c’était eux qui détenaient un pouvoir sur lui, il semblait désemparé. Il avait même envisagé de débarquer au beau milieu des séances d’entraînement des joueurs de l’équipe lycéenne et universitaire des Colorado Rockies. Il savait que sa réputation avait sans doute nui à ses chances d’être coopté dans une équipe, fût-ce sur le banc, en qualité d’ancienne sommité du sport et de joueur de réserve. « Chez ces gens-là, il y a toujours cette inquiétude : Rickey voudra-t-il bien attendre son tour ? m’a-t-il expliqué. Un peu, que je veux. Si vous me permettez de prendre ma retraite dans un uniforme de Ligue majeure, vous m’entendrez jamais dire un mot plus haut que l’autre. » Il épluchait régulièrement les articles de presse, à l’affût des blessures et des changements d’effectif dans les équipes majeures, pour voir s’il n’y aurait pas une ouverture quelque part.

« C’est qui, ce nouveau type qu’ils ont pris comme joueur de champ centre chez les Yankees ? m’a-t-il demandé.

– Tony Womack, ai-je fait.

– Womack, hein ? Bon Dieu, a-t-il sifflé, exaspéré, tu veux dire que je suis pas meilleur que lui ? »

Il a passé un coup de fil depuis son mobile, et s'est mis à discuter, la voix à moitié couverte par le ronronnement du réacteur. L'hôtesse, qui paraissait plus remontée que la normale, l'a un peu vivement prié de l'éteindre. Il lui a rétorqué qu'il allait l'éteindre, mais en lui enjoignant de le lui demander poliment. Quelques instants après, des officiers de sécurité montaient à bord pour l'expulser de l'avion.

« Qu'est-ce qui se passe, bon sang ? s'est-il écrié.

– C'est Rickey Henderson ? s'est enquis un passager.

– Regardez comme il est taillé, a commenté un autre. J'ai entendu dire qu'il soulevait jamais d'haltères… il fait juste des pompes et des redressements assis.

– Vous allez devoir nous accompagner », lui a annoncé un agent de sécurité.

Je me suis levé pour descendre avec lui, et l'agent a voulu savoir qui j'étais.

« C'est mon biographe et mon avocat », a rétorqué Henderson.

Les passagers se sont mis à protester : « Vous ne pouvez pas débarquer Rickey ! » Mais l'hôtesse refusait de céder, bien qu'il ait expliqué que s'il s'était mal conduit il s'excuserait volontiers. L'avion a décollé sans nous.

« Tu vois, mec, m'a-t-il lancé. Même quand j'ai rien fait du tout, je provoque des controverses. Ça s'est toujours passé comme ça. »

Apparemment embarrassée de son éviction, la compagnie aérienne a tenté de nous trouver un autre vol, mais le suivant pour Yuma ne décollait pas avant le soir.

« Faut que je sois là pour jouer mon match ! s'est-il écrié. C'est la Rickey Henderson Night. »

En fin de compte, la compagnie nous a déniché un vol pour Imperial, en Californie, à peu près à une heure de route de Yuma : de là, nous a-t-on précisé, on nous fournirait une voiture qui nous conduirait au stade. À notre arrivée à l'aéroport d'Imperial, un homme entre deux âges qui attendait devant le carrousel des bagages est venu l'aborder.

« Rickey, qu'est-ce qui t'amène à Imperial ?

– J'ai un match ce soir à Yuma.

– À Yuma ?

– Je joue dans une nouvelle ligue indépendante là-bas.

– Tu essaies de revenir dans le circuit ?

– C'est le plan.

– Bon, je te souhaite vraiment qu'ils te donnent ta chance. On n'est jamais très bien traités, nous, les vieux. »

Nous avons roulé en plein désert dans un van en direction de Yuma, ville surtout connue pour un pénitencier qui accueillait jadis les hors-la-loi du Far West. Nous sommes arrivés au Desert Sun Stadium, et Henderson a eu l'air interloqué : ce n'était guère qu'un champ bordé de gradins, dominé par un château d'eau.

« C'est pas vraiment le Yankee Stadium, hein ? » a-t-il ironisé.

Il faisait quarante-deux degrés et on avait du mal à respirer. Il a signé quelques autographes et posé pour des photos avec des fans – « Je suis genre le Babe Ruth des ligues indépendantes », a-t-il glissé –, puis il est entré dans le club-house pour se mettre en tenue. L'autocar du reste de l'équipe était déjà arrivé, et les joueurs tuaient le temps, affalés, en sous-vêtements ; certains mâchaient des graines de tournesol et discutaient d'une rumeur à propos d'un chasseur de talents d'une agence de Ligue majeure qui s'était récemment pointé à un match.

À ce stade de la saison, Henderson connaissait les parcours de quasiment tous ses équipiers. Il y avait Nick Guerra, ancienne star de football universitaire qui travaillait tous les matins pour une entreprise de construction afin de subvenir aux besoins de sa famille. Il y avait Scott Goodman, un frappeur puissant, plus large des hanches que des épaules, qui avait frappé jadis dix-huit coups de circuit pour une équipe de Ligue mineure affiliée aux Florida Marlins, mais qu'on avait quand même remercié. Et il y avait Adam Johnson, peut-être le joueur le plus prometteur de la troupe, un lanceur partant de vingt-six ans qui n'avait perdu qu'un seul match de toute la saison. Leur coach, Terry Kennedy, avait joué quatorze ans dans les ligues majeures au poste de receveur, et son père avait également joué dans les majeures. Il m'a dit ceci : « J'appelle parfois ça la Discovery League. Ici, tout le monde découvre quelque chose de soi-même, s'ils doivent continuer à poursuivre leur rêve ou s'il est finalement temps de lâcher la rampe. »

Henderson et Goodman sont sortis du vestiaire ensemble, pour rejoindre la cage de frappe. Goodman, qui comptait parmi les premiers de Ligue, au nombre de coups de circuit et de points produits[1], était un peu à la peine avec sa frappe depuis ses derniers matchs.

« Comment tu te sens ? lui a demandé Henderson.

– Hier soir, j'arrivais pas à placer correctement ma batte.

– Je parle pas d'hier soir. J'ai pas de souci pour hier soir. Comment tu te sens, là, maintenant ?

– Je sais pas, s'est plaint Goodman. C'est comme si j'arrivais pas à mettre de poids dans mes coups. »

Il est entré dans la boîte et il a frappé quelques lancers.

« Tu vois ton pied ? lui a fait Henderson. T'as le pied trop en dedans, au lieu d'être tourné vers le lanceur. »

Goodman a examiné la motte de gazon, dans la terre, là où son pied d'appel avait atterri.

« T'as raison. J'avais jamais remarqué. »

1. Un point produit (ou RBI, *run batted in*) est un moyen de mesurer la puissance d'un batteur.

Kennedy m'a avoué qu'initialement il avait craint que Henderson ne s'intègre pas dans l'équipe, surtout considérant les avantages particuliers dont il jouissait. « J'ai jamais apprécié les faiseurs d'histoires. » Mais il a eu la surprise de voir Henderson se mettre en quatre pour guider les autres joueurs. « J'ai pas trop envie de savoir ce qu'il a dans le crâne, a ajouté Kennedy. Mais clairement il se passe quelque chose, là. À mon avis, il essaie peut-être de montrer aux clubs qu'il a envie de se conduire différemment, en tant que joueur. »

Au bout d'un moment, Goodman et Henderson sont revenus au club-house. Ils ont enfilé leurs uniformes des matchs en extérieur, qui étaient gris et bleu marine, et ont pénétré sur le terrain, leurs crampons laissant des marques dans l'herbe collante. Malgré la chaleur, plus de quatre mille personnes étaient venues pour la Rickey Henderson Night ; il n'y avait pas eu autant de spectateurs à Yuma depuis le match d'ouverture de la saison. Pendant que Rickey prenait position en champ central, une Volkswagen Coccinelle jaune, ornée d'une paire d'oreilles de rongeur fixées au toit et d'une queue tire-bouchonnée pointant de son coffre, décrivait des cercles sur la pelouse. « Il est temps d'exterminer l'adversaire, a scandé le présentateur de la pub. Truly Nolen Élimination des nuisibles – nous vous débarrassons des insectes. » Après la première manche, Henderson s'est assis sur le banc, son uniforme déjà trempé de sueur, et des pom-pom girls dansaient au-dessus de sa tête, sur le toit de l'abri des joueurs. Le présentateur a repris ses annonces : « Voyons un peu si vous êtes capables de répondre au quiz de ce soir ! Voici la question : en quelle année Rickey Henderson a-t-il été engagé pour la première fois par les Oakland A's ?

– Mille neuf cent soixante-seize, a répondu l'un de ses équipiers.

– À l'époque, j'étais même pas né », a commenté un autre.

À un moment du match, Henderson jouant au poste de joueur de champ centre, une balle a été frappée au-dessus de sa tête et il s'est mis à courir, offrant une réminiscence de sa vitesse de course passée. Il a regardé par-dessus son épaule, tenté de repérer la balle, et réussi un bel attrapé. « C'est par ici que ça se passe, Rickey ! » lui ont crié ses équipiers quand il a regagné l'abri des joueurs.

Même s'il avait bien joué, avec deux coups simples et un but sur balles, les Surf Dawgs ont perdu, 5-0. Son épouse, qui était venue le voir jouer ce week-end-là avec deux de leurs filles, a dit à l'entraîneur : « Pourquoi il ne raccroche pas et il ne rentre pas à la maison, tout simplement ? » Au moment où il quittait le terrain, les fusées de feux d'artifice ont éclaté dans le ciel au-dessus de lui : le grand final de la Rickey Henderson Night.

Un après-midi, avant un match à domicile, au stade, Kennedy l'a approché et lui a demandé s'il voulait bien enseigner aux autres joueurs l'art du vol. Le coach savait que le vol de base, ces dernières années, dans les ligues majeures, était un art à peu près oublié. Convaincus que c'étaient les coups de circuit qui attiraient les spectateurs vers ce sport, les propriétaires d'équipes avaient construit des stades de plus en plus petits, et, simultanément, les joueurs se gonflaient de plus en plus les muscles à coups de stéroïdes. Depuis 1982, l'année où Henderson avait battu le record de vols en une saison, le total des coups de circuit avait augmenté de 61 %, alors que le nombre de bases volées avait chuté de près de 20 %. Mais Kennedy était bien placé pour savoir combien le vol pouvait semer la déroute chez l'adversaire : il jouait avec les San Francisco Giants lors des World Series 1989, quand Henderson et les A's avaient balayé les Giants en quatre matchs, et Henderson avait inscrit un record en séries éliminatoires, avec onze bases volées.

Il a accepté de procéder à une démonstration, et alors que Goodman, Johnson et les autres joueurs se regroupaient autour de la première base, il y avait un peu d'électricité dans l'air. Henderson est sorti de la base, s'est posté jambes écartées, et s'est penché en avant, en se déliant les doigts. « La chose la plus importante, pour être un bon voleur de base, c'est de ne pas avoir peur, a-t-il commencé. Tu sais qu'ils sont tous venus que pour toi ; dans le stade, tout le monde sait que tout le monde est venu que pour toi. Et il faut te dire : “J'en ai rien à foutre. Je lâche le paquet.” » Il a souligné que chez tout lanceur il y a un signe, un indice, comme au poker, un truc qui signale au coureur quand il va lancer. Avant qu'un coureur n'atteigne une base, il doit identifier ce signe, pour en tirer avantage. « Parfois, le lanceur lève le talon, il remue une épaule, ou alors il pointe le coude, ou il relève sa casquette », a continué Henderson, tout en mimant ces tics de l'adversaire, avec des gestes vifs.

Une fois que vous étiez sur base, a-t-il poursuivi, l'étape suivante, c'était le choix de l'écart par rapport à la base. La plupart des joueurs, expliquait-il, s'imaginent que tu vas avoir besoin de beaucoup d'écart. « Eh bien, c'est l'une des théories de Rickey : Rickey s'écarte de la base, oui, mais de pas plus de trois pas, a-t-il souligné. Si tu prends un gros écart, tu auras un gros stress sur le terrain. Et là, tout le monde sait que tu vas foncer. Tout comme tu as su déchiffrer le lanceur, le lanceur et le receveur vont savoir lire en toi. »

Il a de nouveau écarté les jambes et fait mine de fixer le lanceur du regard. « OK, tu as choisi ton écart ; maintenant, tu es prêt à repérer cette partie du corps du lanceur qui, tu le sais, te signale qu'il est prêt à lancer. À la seconde où tu vois ce signe, là, boum, tu démarres. » Levant haut les genoux, comme des bielles, il a foncé vers la deuxième base. Après s'être arrêté, il a repris son explication : « Je vais vous révéler une autre théorie de Rickey. » La quasi-totalité des voleurs de base, a-t-il poursuivi, entament leur course en faisant pivoter le corps vers la deuxième base, et en croisant le pied gauche devant le pied droit. C'était aussi une erreur. « Si tu croises un pied devant l'autre, ça te force à rester le buste bien droit pour développer ta foulée. En tant que coureur, c'est la pire des décisions. Il faut partir en position baissée et ensuite, tu exploses. »

Il n'avait pas achevé sa démonstration quand les membres de l'équipe adverse sont arrivés et sont venus jeter un œil. Il a terminé en leur rappelant que la touche finale, c'était la glissade. Avant Henderson, en règle générale, les grands voleurs de base se lançaient dans cette glissade les pieds en avant. Henderson, lui, avait compris qu'il serait plus rapide – et que son geste serait encore plus audacieux, encore plus stylé – s'il y allait la tête la première, comme le faisait parfois Pete Rose, qui pourtant n'avait jamais été un voleur de base de premier plan. Or, chaque fois que Henderson essayait sa glissade la tête la première, il tapait violemment au sol, en rebondissant, et son corps encaissait un choc brutal. Et puis, un jour, il prend l'avion pour aller jouer un match, et il constate que le pilote a posé son appareil au milieu des turbulences sans le moindre soubresaut. Il se rappelait l'épisode : « J'ai questionné le pilote, je lui ai dit : “Mais enfin, comment vous avez réussi ça ?” Et le pilote m'a répondu que la clef, au lieu de descendre d'un coup, c'était d'arriver bas sur le seuil de piste. Et moi, genre : “Voilà. J'y suis !” » Après ça, expliquait-il, il se positionnait peu à peu, très bas au-dessus du sol, avant de plonger, comme un avion.

Henderson a conclu en affirmant que si le coureur étudiait le lanceur, s'il exécutait un bon plongeon et réussissait sa glissade, il pouvait battre la balle de vitesse à peu près à tous les coups, avant qu'elle n'arrive au joueur de première base. Et, si pour une raison ou une autre il se faisait surprendre, au moment où il revenait sur base, il devait réessayer de la voler. Il a résumé l'affaire en ces termes : « Pour voler une base, il faut se croire invincible. »

« Surveille la position de ta tête, a conseillé l'instructeur des frappeurs des Surf Dawgs à Henderson, un après-midi de juillet. Tu la laisses tout le temps retomber.

– Je sais », a-t-il rétorqué, en reculant dans la cage de frappe. Il a enchaîné quelques frappes, mais rien ne semblait fonctionner. « Allez, Rickey, tu peux mieux faire ! » s'est-il invectivé lui-même.

Ce mois-là, sa moyenne à la batte avait chuté de .311 à .247, l'une des plus faibles de l'équipe. En mai, il n'avait frappé qu'un seul coup de circuit, et en juin, aucun. « Il sait encore très bien lire la balle, nuançait Kennedy, qui était adossé contre la cage, en parlant de Henderson. Mais il n'a plus la vitesse de batte pour la cueillir. »

Après une série noire contre les Samurai Bears, une équipe à l'effectif entièrement nippon qui affichait les pires résultats de toute la Ligue, Henderson s'est mis à fixer le sol du regard, dans le champ extérieur. Kennedy s'est tourné vers ses coachs et leur a dit : « Je crois qu'il est largué. »

Kennedy, s'imaginant Henderson prêt à raccrocher, l'avait ensuite convoqué dans son bureau. « Je comprendrais que tu en aies marre », lui avait-il fait.

– Non, mec, c'est pas ça. C'est juste ma putain de frappe. J'arrive pas à la jouer correctement. »

Au fil des semaines, il devenait de plus en plus clair qu'à bien des égards l'état d'esprit provocateur qui avait fait de lui un grand voleur de base se transformait en piège, en Golden Baseball League. Il était à jamais convaincu d'être capable de réaliser l'impossible. « Quand je suis allé jouer avec les Newark Bears, j'étais sûr de ne pas y rester plus de quelques semaines… qu'une équipe de Ligue majeure ferait appel à moi, m'a-t-il avoué. Mais la première semaine s'est changée en deux, et maintenant ça fait deux ans et je l'attends encore, ce coup de fil. »

Tentant d'améliorer sa moyenne à la batte, il s'est mis à expérimenter à partir de cette position baissée qui était sa marque de fabrique ; il se tenait plus droit sur le marbre, au point que sa silhouette en devenait méconnaissable. « Je me souviens, à la fin de ma carrière, moi aussi, j'ai fini par douter de mes aptitudes, m'a expliqué Kennedy. Je savais très bien ce que je voulais faire, mais c'était mon corps qui refusait d'obéir. Et j'ai appelé mon père, je lui ai posé la question : "Papa, est-ce qu'un jour tu as fini par te dire que tu n'avais plus le niveau ?" Et il m'a répondu : "Oui, et une fois que tu as franchi ce cap, il n'y a plus moyen de revenir en arrière." »

Pendant le match contre les Scorpions, fin juillet, après avoir frappé un *single*, Henderson était arrivé à la première base, et il avait adopté sa position d'écart, de trois pas. J'avais régulièrement voyagé avec l'équipe tout au long de la saison, dans l'espoir de le voir voler une base. La foule le suppliait de courir et, à plusieurs reprises, le lanceur avait lancé sur première base pour le fixer. « Le voilà qui démarre ! a hurlé un fan. Attention ! » Mais quand le lanceur a amorcé son geste, Henderson n'a pas bougé. Il est resté là, figé. « Qu'est-ce qui va pas, Rickey ? a beuglé un autre fan. Tu peux plus voler ? »

Sur le lancer suivant, il a repris sa position d'écart, et on l'a vu se délier les doigts. Le lanceur était sur le point de lancer, et il a fait mine de baisser l'épaule – c'était l'indice censé le trahir –, mais, là encore, Henderson n'a pas bougé. Après plusieurs autres lancers, le frappeur a tapé une balle au sol pour un arrêt-court et, en deuxième base, Henderson s'est fait trop facilement retirer. Il a regagné l'abri des joueurs, et on l'a entendu pester : « J'avais ce putain de soleil à la con dans les yeux. Je pouvais rien voir, bordel de merde, j'étais niqué. » Il s'est assis sur le banc, la tête basse, et, pour la première fois depuis que je le voyais jouer, il n'a plus prononcé un mot.

Deux semaines plus tard, à la mi-août, alors que la saison des Surf Dawgs touchait à sa fin, la nouvelle a couru au club-house qu'Oakland venait de téléphoner pour s'enquérir d'un joueur. Kennedy est sorti annoncer la bonne nouvelle à l'équipe : un Surf Dawg avait été appelé à rejoindre le club-école triple A d'Oakland. C'était Adam Johnson, le lanceur. Après quoi, Henderson m'a confié : « Je suis content de voir un de nos garçons sortir de cette ligue, avoir une chance d'évoluer. » Il paraissait sincèrement heureux pour lui, sans du tout mentionner sa propre situation. Un autre soir, sur le terrain, en revanche, il m'a désigné le logo des Surf Dawgs sur son maillot et m'a fait : « Je n'ai jamais pensé que je risquerais de mettre un point final à ma carrière sous cet uniforme. » Je lui ai demandé s'il allait se retirer à la fin de la saison. « Je ne sais pas si je suis capable de continuer comme ça, m'a-t-il confié. Je suis fatigué, tu sais. » Il a ramassé son gant, il a regardé fixement le terrain un moment. Ensuite, il a confessé ceci : « Seulement, ce que je ne sais pas, c'est si Rickey est capable de s'arrêter. »

Après la saison 2005, Henderson a quitté la Golden Baseball League, mais il n'a jamais cessé d'espérer recevoir ce coup de téléphone, pour aller rejouer en ligues majeures. En 2009, à cinquante ans, il a été intronisé au Temple de la Renommée. Et ce jour-là, il a encore affirmé : « Je suis capable de revenir, et de jouer. »

TROISIÈME PARTIE

« Un nuage noir et épais se mit à tourner devant mes yeux, et mon esprit me souffla que dans ce nuage était tapi, jusqu'à présent invisible, mais prêt à sauter sur mes sens épouvantés, tout ce qui était horrible, monstrueux et incroyablement méchant dans l'univers. »

Docteur Watson,
dans *L'Aventure du pied du diable*

The Brand

L'ascension du gang le plus dangereux de toutes les prisons d'Amérique

Par une froide matinée de décembre 2002, après des semaines de planification secrète, les marshals des États-Unis lancèrent l'un de leurs coups de filet les plus insolites, en deux cent quinze ans d'histoire de l'organisation. Le brouillard se levait sur une petite langue de terre de la pointe septentrionale de Californie, une région faiblement peuplée surtout réputée pour ses séquoias monumentaux, et ce furent près d'une dizaine d'agents, accoutrés de tenues noires et de gilets pare-balles, armés de fusils d'assaut, équipés de talkies-walkies, qui montèrent à bord d'une flottille de voitures. La colonne traversa à toute vitesse une petite bourgade avec un simple bureau de poste et une épicerie familiale, et s'enfonça dans la forêt avant d'arriver à l'entrée d'un imposant complexe, un dédale de bâtiments entourés de rouleaux de feuillard et d'une clôture électrifiée qu'il suffisait de toucher pour mourir. Un portail s'ouvrit, le convoi s'avança et pénétra dans l'enceinte sous les yeux de gardes armés de fusils perchés au sommet de miradors. Les agents sautèrent de leurs véhicules.

Après être entrés dans l'un des bâtiments et avoir emprunté un long couloir hérissé de caméras de surveillance, les officiers atteignirent leur destination : un bloc cellulaire fortifié au cœur de Pelican Bay, la prison la plus connue de Californie. Ils pouvaient entendre des détenus bouger dans leurs cellules de trois mètres par trois mètres soixante, sans fenêtre, au sol en ciment. Plus de mille prisonniers étaient enfermés dans Pelican Bay, des condamnés jugés trop violents pour être détenus dans une autre prison d'État et qui, dans le sabir des gardiens de prison, « s'étaient gagné leur ticket d'entrée ». Mais les hommes de ce bloc cellulaire, autrement dénommé le Trou, étaient considérés comme tellement dangereux qu'ils avaient été placés en isolement total, à l'écart d'une population elle-même coupée du reste du monde carcéral.

Quatre prisonniers reçurent l'ordre de retirer leur combinaison couleur or et de la glisser dans une trappe. Pendant que certains agents fouillaient leurs effets, d'autres, au moyen de lampes torches, scrutaient par des judas pratiqués dans les portes en acier pour examiner les oreilles, les narines et les cavités anales des détenus. Pour s'assurer que les détenus n'aient pas d'armes « fourrées » dans leurs entrailles, les gardes leur ordonnèrent de se pencher en avant, à trois reprises : s'ils refusaient, les gardes sauraient qu'ils craignaient de se perforer les intestins avec un surin. Une fois cette fouille terminée, les détenus furent enchaînés et conduits sous escorte vers une piste d'atterrissage voisine, où on les fit embarquer à bord d'un appareil dénué de signes distinctifs.

D'un bout à l'autre du pays, des agents se déployèrent dans toute une série d'établissements pénitentiaires. Ils s'emparèrent d'un cinquième détenu dans une prison de sécurité maximale à Concord, New Hampshire. Ils en sortirent un autre d'un établissement de Sacramento, en Californie. Puis ils se rendirent à l'Administrative Maximum Prison, à Florence, dans le Colorado, un « supermax » encerclé de ravins enneigés et qui s'était acquis une telle réputation qu'on l'avait surnommé « l'Alcatraz des Rocheuses ». Ce fut là, dans le pénitencier fédéral le plus sécurisé du pays, un site où étaient enfermés Ted Kaczynski, alias Unabomber, et Ramzi Yousef, l'homme qui, en 1993, avait orchestré l'attentat à la bombe contre le World Trade Center, que les agents appréhendèrent quatre autres détenus censément responsables de plus d'une dizaine de meurtres commis en prison.

En un court laps de temps, les marshals regroupèrent un total de vingt-neuf détenus, qui tous figuraient parmi les individus les plus redoutés du système carcéral américain. L'un d'eux avait étranglé un codétenu à mains nus ; un autre avait empoisonné l'un de ses homologues. Et un autre, surnommé la Bête, aurait ordonné, croyait-on, l'exécution d'un détenu qui l'avait bousculé pendant un match de basket ; suite à cela, la cible en question avait été poignardée de soixante et onze coups de couteau et énucléée d'un œil.

Et puis il y avait parmi eux Barry Mills, plus connu sous son pseudonyme : le Baron. L'un des procureurs qui avaient prononcé un réquisitoire contre lui avait décrit en ces termes cet individu à la voix douce, plein d'autorité, le crâne chauve et luisant : « un tueur rusé, calculateur ». Dans sa cellule, il aimait faire du crochet et, selon les autorités, dresser des listes d'ennemis à éliminer. Au cours d'un procès, dans sa déposition, il avait affirmé :

« Nous vivons [...] dans une société différente de la vôtre. Dans notre société, il règne une violence justifiée. Je suis ici pour vous le signifier. Je suis ici pour vous signifier tout cela. » Il n'était pas, concédait-il, « un homme paisible », et « si vous me manquez de respect, à moi ou à l'un de mes amis, je vous combattrai sans limite, au mieux de mes aptitudes. Je suis là pour ça ». Un jour, dans une prison de sécurité maximale, en Géorgie, Barry Mills fut reconnu coupable d'avoir attiré un détenu dans un box de W-C et de l'avoir quasiment décapité au couteau.

En plus du Baron et des autres prisonniers, cinq femmes, qui n'étaient pas incarcérées, ainsi que trois anciens condamnés et un ancien gardien de prison furent aussi arrêtés. La quasi-totalité des individus appréhendés (une quarantaine au total) furent transférés à bord d'un Boeing 727, les bras et les jambes enchaînés à leur siège, des gardes patrouillant dans l'allée centrale, leurs fusils enfermés à clef dans des compartiments à bagages, hors d'atteinte. Quelques jours plus tard, les prisonniers comparurent dans une salle d'audience d'un tribunal de Los Angeles, où ils furent accusés de faire partie d'un complot criminel sophistiqué orchestré par la Fraternité aryenne (l'Aryan Brotherhood, ou The Brand). Les autorités avaient précédemment considéré l'Aryan Brotherhood comme un gang suprématiste blanc marginal ; elles étaient désormais arrivées à la conclusion que ce que des prisonniers avaient affirmé depuis des décennies était vrai, en l'occurrence, que la centaine de membres du gang, tous des criminels condamnés, avait progressivement pris le contrôle de quartiers entiers de prisons de sécurité maximale, imposant leur loi à des milliers de détenus et se transformant en une puissante organisation criminelle.

Le Brand, ajoutaient les autorités, avait mis en place des réseaux de trafic de drogue, de prostitution, de racket et d'extorsion dans des établissements pénitentiaires d'un bout à l'autre des États-Unis. Ses chefs, qui opéraient souvent depuis des cellules entièrement nues, en isolement total, auraient ordonné des dizaines d'assassinats au couteau et de meurtres divers. Ils tuaient des membres rivaux ; ils tuaient des Noirs, des homosexuels, des auteurs d'abus sexuels sur mineurs ; ils tuaient des mouchards ; ils tuaient ceux qui leur dérobaient de la drogue, ou qui leur devaient quelques centaines de dollars ; ils tuaient des gardiens de prison ; ils tuaient pour de l'argent ou à titre gratuit ; ils tuaient surtout pour imposer une culture de la terreur qui renforcerait leur pouvoir. Et, l'Aryan Brotherhood étant bien plus fermée que d'autres gangs, elle était mesure d'opérer dans une impunité presque totale depuis des dizaines d'années, en restant quasi invisible du monde extérieur. « C'est une véritable société secrète », m'a expliqué Mark Hamm, un sociologue du milieu carcéral.

Pour la première fois, le 28 août 2002, ce monde fut percé à jour. Après plus d'une dizaine d'années consacrées à essayer d'infiltrer les opérations du Brand, un procureur fédéral adjoint de Californie, relativement inconnu, Gregory Jessner, avait inculpé la quasi-totalité des chefs supposés du gang. Il avait enquêté sur des centaines de crimes liés à cette organisation, dont certains étaient des affaires classées qui remontaient à près de quarante ans. Dans l'acte d'accusation, long de cent dix pages, Jessner accusait les dirigeants du Brand d'avoir ordonné des meurtres par poignardage, strangulation, empoisonnement, des « contrats », des complots en vue de commettre des meurtres, des manœuvres d'extorsion, des cambriolages et de s'être livrés au trafic de stupéfiants. L'affaire, dont le procès était censé s'ouvrir en 2005, pouvait aboutir à un total de vingt-trois condamnations à la peine de mort, plus qu'aucune autre dans toute l'histoire de l'Amérique.

Un matin de 2003, je me suis rendu au bureau du procureur fédéral, dans le centre de Los Angeles, où le ministère public s'apprêtait à organiser la comparution des quarante derniers accusés. J'ai patienté à l'accueil, et j'ai vu arriver un jeune homme mince en costume gris. Il avait les cheveux châtains, coupés court, et, l'air d'un assistant juridique, il portait un dossier sous le bras. À l'inverse des autres procureurs du bureau, il s'exprimait à voix basse, presque avec réserve. Il s'est présenté : Gregory Jessner.

« J'ai quarante-deux ans, m'a-t-il annoncé, comme s'il suscitait toujours le même étonnement. Croyez-le ou non, je faisais beaucoup plus jeune, avant. »

Il a plongé la main dans sa poche, en a ressorti une vieille carte d'identité. Je lui aurais donné dix-sept ans.

Il m'a précédé dans son bureau, où il n'y avait presque rien au mur, et qui ne semblait comporter pour seul ameublement que des cartons de dossiers de l'affaire, empilés les uns sur les autres. Il avait sur sa table de travail plusieurs photographies noir et blanc, notamment celle d'un détenu qui avait été étranglé par le gang.

« Un membre de la Fraternité aryenne est entré dans sa cellule et lui a serré un garrot autour du cou », m'a expliqué Jessner. Il a mimé le geste de ses mains aux doigts fuselés, pour me montrer de quelle manière ce membre de l'Aryan Brotherhood avait déchiré un drap et tressé des lanières de tissu pour en faire un nœud coulant. « C'est une organisation homicide. C'est leur raison d'être. Tuer des gens. »

Il avait l'habitude de ces affaires de meurtre, a-t-il poursuivi, mais la brutalité de ce gang ne le laissait pas moins sous le choc. « Selon moi, ils tuent davantage de monde que la mafia. Ils tuent davantage que n'importe quel trafiquant de drogue. Il se commet beaucoup de meurtres liés à des gangs, dans les rues, mais en règle générale, ce sont des actes plus désorganisés, plus improvisés. » Il a observé un temps de silence, comme s'il effectuait quelques calculs mentalement. « À mon avis, il pourrait s'agir de l'organisation criminelle la plus dangereuse des États-Unis. »

En Amérique, il existe des dizaines de gangs : les Crips, les Bloods, les Latin Dragons, la Dark Side Nation, la Lynch Mob. Mais l'Aryan Brotherhood est l'un des rares à avoir vu le jour en prison. En 1964, alors que l'agitation ethnique se propageait dans les pénitenciers, un groupe fermé de détenus blancs, à la prison de San Quentin, dans le comté de Marin, en Californie, avait commencé à se former dans la cour, lors des promenades. Ces hommes étaient principalement d'anciens motards aux cheveux longs et aux moustaches en croc ; il y avait aussi parmi eux quelques néonazis tatoués de svastikas. Ensemble, ils décidèrent de s'attaquer aux détenus noirs, eux-mêmes alors occupés à former leur propre groupe d'action, la Black Guerrilla Family, sous l'influence d'un chef devenu fameux, George Jackson. Initialement, les Blancs se firent appeler le Diamond Tooth Gang, et, quand ils rôdaient dans la cour, ils étaient reconnaissables entre tous : ils s'étaient serti des éclats de verre dans les dents, qui scintillaient au soleil.

Assez vite, ils avaient fusionné avec d'autres groupes de détenus blancs de San Quentin, pour créer un seul gang : l'Aryan Brotherhood. S'il avait toujours existé de telles sociétés secrètes en prison, qu'on appelait les *tips*, ces hommes se regroupaient désormais sur la base de leur couleur de peau et recouraient à une forme de violence qui était encore du jamais vu à San Quentin, un lieu que les prisonniers comparaient à une « école de gladiateurs ». Toutes les factions, y compris les gangs latinos de la Nuestra Familia et de la Mexican Mafia, s'agressaient les unes les autres à coups de couteau artisanaux confectionnés avec des appareils d'éclairage et des pièces de radios, et dissimulés dans des matelas, des bouches d'aération et des conduites d'évacuation. « Chez eux, tout était perçu à travers le prisme déformant de la "race'… tout », m'a expliqué Edward Bunker, qui était détenu là-bas à l'époque. (Il était ensuite devenu romancier, et avait fait une apparition dans le film *Reservoir Dogs*, dans le rôle de Mr. Blue.)

La plupart des gangs des prisons s'efforçaient de recruter du « poisson », les nouveaux détenus, qui étaient aussi les plus vulnérables. Mais si l'on en croit des entretiens avec d'anciens membres de gangs, ainsi que des milliers de pages de rapports du FBI, de dossiers internes des prisons et de pièces des tribunaux, l'Aryan Brotherhood optait pour une approche radicalement différente, en n'enrôlant que les plus compétents et les plus violents. Ceux-ci devaient prêter serment :

Un frère aryen ne connaît pas la peur,
Il va où n'osent entrer les faibles et les sans-cœur,
Et si par malheur il tombe et perd la main,
Ses frères seront là, pour l'aider à parvenir à ses fins,
Un frère digne de ce nom ne sera jamais sous le joug de la nécessité,
Il lui suffit de demander, son vœu sera exaucé.
Au frère aryen, la mort n'inspire aucune alarme,
La vengeance sera toujours sienne, grâce à ses frères d'armes.

En 1975, le gang s'était étendu à presque toutes les prisons d'État de Californie et se lançait dans ce que les autorités pénitentiaires qualifiaient de guerre raciale ouverte. Des dizaines de détenus avaient déjà été mis à mort quand, cette même année, un « poisson », un certain

Michael Thompson, fit son entrée dans le système. Âgé de vingt-trois ans, ce jeune Blanc était une ancienne star du football lycéen, condamné pour avoir contribué au meurtre de deux dealers de drogue et aidé à enfouir leurs cadavres au fond d'une fosse de chaux vive, dans un jardin. Avec son mètre quatre-vingt-dix et ses presque cent trente kilos, il était assez fort pour briser n'importe quelle entrave de modèle courant. Il avait des cheveux bruns, la raie au milieu, et des yeux d'un bleu hypnotique. Malgré la violence extrême du crime qu'il avait commis, il n'avait pas écopé d'autres condamnations et, comme il avait une chance d'obtenir une mise en liberté conditionnelle dans moins de dix ans, il s'était d'abord tenu à l'écart, sans bien prendre conscience des forces à l'œuvre autour de lui. « Face à ce bordel, moi, j'étais un poisson, les ouïes grandes ouvertes », déclarerait-il plus tard.

N'étant inféodé à aucun de ces gangs naissants, il devenait une proie évidente pour les groupes de Latinos et de Blacks qui sévissaient derrière les barreaux, et plusieurs d'entre eux l'agressèrent dans la cour d'une prison de Tracy, en Californie ; plus tard, on le transféra à Folsom, où, comme à San Quentin, la guerre des gangs faisait rage. Au cours de sa première journée là-bas, dit-il, personne ne lui adressa la parole, jusqu'à ce qu'un chef de la Black Guerrilla Family, un personnage au physique affûté, le visage anguleux, en short et T-shirt, ne vienne le provoquer, en lui conseillant de se tenir « prêt » s'il revenait dans la cour le lendemain. Ce soir-là, dans sa cellule, se rappelait Thompson, il chercha désespérément une arme ; il arracha une ferrure de la porte et en lima les bords. L'arme mesurait vingt-cinq bons centimètres et il en aiguisa les deux tranchants. Il savait qu'il lui fallait cacher l'arme avant que ne s'ouvrent les portes des cellules et que les gardiens ne le fouillent. Il retira ses vêtements et tenta de se l'insérer dans le rectum. « Je n'ai pas pu. J'avais trop honte. » Il essaya, dut s'y reprendre à plusieurs fois, avant de finalement réussir.

Le lendemain matin, dans la cour, il aperçut les gardiens, la pointe de leurs fusils luisant au soleil. Le chef de la Black Guerrilla Family s'approcha en lui tournant autour, sortit une lame en acier, et Thompson se baissa, pour tenter de s'extraire son arme du rectum. Il finit par y arriver et se jeta sur son adversaire avec la dernière violence ; un autre membre du gang se dirigea vers lui et Thompson le poignarda aussi. Lorsque les gardiens s'interposèrent, Thompson était couvert de sang, et l'un des membres de la Black Guerrilla Family gisait à terre, mourant.

Peu après cet incident, plusieurs condamnés blancs l'approchèrent, toujours dans la cour. « Ils voulaient que j'intègre le Brand. » Au début, il hésita, en partie à cause du caractère raciste de ce gang, mais il savait que ce groupement lui offrait davantage qu'une protection. « C'était comme d'entrer dans un sanctuaire. Instantanément, tu devenais un mec, un boss. »

D'après Thompson et d'autres membres du gang, pour se faire accepter, chaque recrue devait « se faire les crocs », ce qui, souvent, supposait de tuer un autre prisonnier. (Une recrue de la Fraternité déclara sous serment aux autorités pénitentiaires que ce rite visait à « créer un lien durable avec l'AB [Aryan Brotherhood] et aussi à prouver que la recrue en avait dans les tripes ».) Thompson prêta aussi un autre serment, où il était question d'« entrer par le sang, de sortir par le sang » : il jurait non seulement de verser le sang d'un autre pour entrer dans le gang, mais aussi de ne jamais en sortir, si ce n'est en versant le sien. Alors que beaucoup d'autres membres se voyaient imposer une période probatoire, qui souvent durait jusqu'à un an, en raison de sa force physique et de sa dextérité au couteau, Thompson fut presque immédiatement coopté. Il fut « marqué » au moyen d'un pistolet à tatouage de fortune (que les détenus avaient fabriqué avec une tondeuse à barbe vendue à l'économat, une corde de guitare, un stylo et une aiguille volée à l'infirmerie). Parfois, des membres se faisaient tatouer les lettres « AB » ou les chiffres 666, symbolisant la Bête, une manifestation du mal dans la Révélation selon saint Jean. À sa main gauche, juste au-dessus des phalanges, Thompson avait reçu le plus reconnaissable des symboles : un trèfle vert. « Il me suffisait de montrer ce trèfle et j'étais le patron. »

Il était transféré d'une prison d'État à l'autre, souvent pour motifs disciplinaires, mais ces transferts n'avaient pour effet que de l'aider à gagner davantage d'influence, et il gravit peu à peu les échelons les moins accessibles de la Fraternité. Il rencontra Barry Mills, alias le Baron, initialement incarcéré pour vol de voiture, qui, devenu membre, avait été porté à la tête de la Fraternité, consacrant apparemment toute son énergie non pas à retourner vers le monde extérieur mais à rester dans ce monde intérieur, où il était, selon les propres termes de Thompson, « le bestiau le plus couillu ». Et il fit la connaissance de T. D. Bingham, un cambrioleur de banques charismatique presque aussi large que haut et capable de soulever deux cent vingt-six kilos au développé-couché. Surnommé tour à tour Hulk et Super Honkey, il s'exprimait dans un langage rustique et bon enfant qui dissimulait une vive intelligence, selon ses amis. Sur des photographies de l'époque, il arborait une moustache noire de morse et un bonnet de ski enfoncé au ras des sourcils. À moitié juif, il portait une étoile de David tatouée à un bras et, sans aucune ironie apparente, un svastika à l'autre. Témoignant au nom d'un autre détenu, membre de l'Aryan Brotherhood, il déclara au jury : « Dans chaque segment de la société, il y a un code. […] Bon, nous, nous avons une forme de code moral et éthique différente. » Plus tard, il ajouta : « C'est beaucoup plus primordial. » L'un de ses amis, en évoquant sa propension à la violence, m'a dit : « Parfois, il avait cette pulsion, vous voyez ce que je veux dire ? Il avait cette pulsion. »

Thompson ne tarda pas à découvrir le saint des saints de la Fraternité. Il y avait là Thomas Silverstein, un artiste de talent aux longs cheveux ondulés qui, nota un psychologue dans son dossier carcéral, « semble se laisser facilement influencer par ces hommes et être désireux de leur faire plaisir ». Souvent, après avoir versé le sang d'un adversaire avec un couteau fabriqué de sa main, il se retirait dans sa cellule et dessinait des portraits minutieux. Un croquis à l'encre montrait un homme dans une cellule et une serre qui, d'en haut, tentait de se saisir de lui. Thompson rencontra aussi Dallas Scott, un toxicomane qui avait un jour déclaré à Pete Earley, un journaliste, propos cités dans le livre de ce dernier, paru en 1992, *The Hot House: Life Inside Leavenworth Prison* [la serre chaude : la vie dans la prison de Leavenworth) : « Dans votre société, je suis peut-être personne, mais ici, je suis quelqu'un » ; et Clifford Smith, qui avait perdu un œil après avoir été mordu par une araignée, une veuve noire, à San Quentin, et qui, quand on lui avait demandé d'exécuter son premier contrat, avait répliqué : « Ouais, mon frère, je vais la crever, cette enflure. »

Thompson, qui avait interrompu ses études au lycée, était taillé pour diriger. On lui avait mis beaucoup de livres entre les mains, un programme de lecture qui lui avait permis de se former une sorte de vision du monde. Il avait lu Sun Tzu, *L'Art de la guerre*, et *Le Prince* de Machiavel. Il avait lu Nietzsche, dont il avait mémorisé les aphorismes. (« Mourir fièrement lorsqu'il n'est plus possible de vivre fièrement. ») Et il lisait les romans de gare de Louis Lamour, où des tueurs à gages romantiques dédiés à leur besogne opéraient dans le respect de « la marque » (*the brand*), cette même marque au fer rouge qui avait inspiré son nom au gang. « C'était comme si j'allais à l'école, m'a confié Thompson. Tu détestes déjà le système, tu détestes les pouvoirs établis, parce que tu es en prison, tu es enterré, et tu finis par te prendre pour un noble guerrier, c'est comme ça qu'on s'appelait entre nous, des guerriers. C'était comme si j'étais un soldat qui montait au combat. »

Il m'a dit que, comme d'autres nouveaux membres, il avait été formé à tuer sans broncher, sans arrière-pensée. Un manuel d'instruction de l'AB, saisi par les autorités, stipulait : « L'odeur du sang humain encore frais peut être insoutenable, mais tuer, c'est comme le sexe. La première fois, ce n'est pas si satisfaisant, mais avec la pratique, ça finit par être de mieux en mieux, surtout quand on se souvient que c'est une cause sacrée. » Lors d'une réunion confidentielle avec des responsables de la prison, un frère de l'Aryan Brotherhood révéla que ses membres étudiaient des traités d'anatomie, pour que, « quand ils poignardaient quelqu'un, le coup soit mortel ».

En 1981, selon des dossiers carcéraux, Thompson s'approcha d'un des ennemis du gang « par-derrière et se mit à le poignarder », puis il « continua » de frapper sa victime qui « gisait au sol ». Thompson écrivit alors dans une lettre : « Le combat au couteau, au plus haut niveau, c'est une danse. Dans des conditions idéales, l'objectif consiste à saigner l'adversaire – en lui tailladant les mains, le poignet et les bras, la perte de sang l'affaiblit, et à lui infliger d'autres blessures au visage (les yeux) et au torse. »

Des détenus s'entretuaient fréquemment en raison non d'un quelconque affront mais de la couleur de leur peau. Lors d'un de ces incidents, Silverstein et un membre de l'AB, Clayton Fountain, qui, selon un ami, était impatient de « se faire les crocs », poignardèrent un chef du gang rival, les DC Blacks, à soixante-sept reprises, sous la douche, puis traînèrent son cadavre ensanglanté à travers l'étage, sous les injures racistes que scandaient les détenus blancs. Inculpé pour avoir assassiné un autre détenu, Silverstein se vanta devant le tribunal : « J'ai marché sur des corps morts. Dans la guerre des races, je me suis barbouillé la poitrine avec des entrailles. »

Pour tenter de mettre le Brand au pas, des responsables carcéraux acculés en disséminèrent les membres dans le système pénitentiaire. (Aucun détenu n'admettrait publiquement qu'il était membre du gang, et, quand ils étaient interrogés sous serment, ils répondaient invariablement : « Monsieur, je ne répondrai pas à ce genre de questions. ») Ces mesures de dispersion n'eurent cependant pour effet que d'étendre l'influence du Brand à des pénitenciers du Texas, de l'Illinois et du Kansas, et plus à l'est, en Pennsylvanie et en Géorgie. Un rapport de 1982, demeuré classifié à l'époque, avertissait de ce que les chefs « recrutaient pour l'AB, sauf qu'à présent ils pouvaient choisir leurs hommes dans le pays tout entier ». Une lettre d'un membre du gang, qu'avaient pu se procurer des psychologues d'une prison texane, révélait : « Tous les membres qui ont été transférés d'ici la semaine dernière nous ont écrit et il semble que la famille soit en train de s'élargir. » Un autre déclarait : « Nous croissons comme un cancer. »

Dès leur entrée dans une nouvelle prison, les membres du Brand procédaient souvent à un meurtre ou à une exécution à coups de lame, en guise de « démonstration », destinée à terroriser la population carcérale. Le Baron aurait ordonné qu'un ennemi soit « éliminé devant tout le monde, pour que ces enculés comprennent qu'on plaisantait pas ». En fait, au lieu de dissimuler ses meurtres, le gang les étalait devant les gardiens, comme pour mieux leur démontrer que l'organisation n'avait pas peur des répercussions, que les siens se fassent abattre ou condamner à perpétuité sans possibilité de remise de peine. « Nous voulions que les gens croient que nous étions un peu cinglés, m'a confié Thompson. C'était une façon de plier la prison et la réalité à notre volonté. »

Un samedi matin, à l'automne 1983, à la prison fédérale de Marion, dans le sud de l'Illinois, Thomas Silverstein attendait que les gardiens l'emmènent prendre sa douche rituelle. Le pénitencier de Marion, situé à cent soixante kilomètres au sud-est de Saint Louis, avait ouvert en 1963, l'année de la fermeture d'Alcatraz, et avait été conçu pour traiter l'afflux de membres de gangs violents – en particulier, des hommes comme Silverstein, qui, à l'époque, avait été condamné pour le meurtre de trois détenus et s'était acquis le surnom de Terrible Tom (dont il signait souvent ses lettres, avec des barres de T ornées de boucles).

Avant de conduire l'intéressé à la douche, les gardiens le fouillèrent au corps, pour s'assurer qu'il n'avait pas confectionné d'armes. (Il avait souvent des stylos et d'autres instruments de dessin, dont il se servait dans ses travaux artistiques.) Ils lui menottèrent aussi les poignets. Trois gardiens l'entourèrent, et l'un des trois, un professionnel coriace, endurci par dix-neuf années de métier, le cheveu gris, la coupe militaire, s'appelait Merle Clutts. Clutts, qui devait prendre sa retraite neuf mois plus tard, était peut-être le seul gardien de l'unité à ne pas craindre Silverstein. Il lui aurait répliqué un jour : « Hé, c'est moi qui dirige ce merdier. C'est pas toi. »

Alors que les matons escortaient Silverstein dans les couloirs de la prison, il s'arrêta devant la cellule d'un autre membre du gang qui, comme convenu à l'avance, passa très vite la main entre les barreaux et, avec une clef confectionnée de ses mains, libéra Silverstein de ses menottes. Ce dernier sortit un couteau de près de trente centimètres de long de la ceinture de son complice. « Maintenant, c'est toi ou moi, Clutts ! » beugla Silverstein en se ruant sur lui.

L'un des autres gardiens s'écria : « Il a un surin ! » Mais Clutts était déjà acculé, et sans arme. Il leva les mains devant lui, mais Silverstein le poignarda au ventre. « Il frappait l'officier Clutts avec ce couteau, se rappela plus tard un autre gardien. Il frappait, et il frappait, et il frappait. » Quand le meurtrier lâcha son arme – « Ce type m'a manqué de respect, déclara-t-il aux gardiens. Il fallait que je me le fasse » –, Clutts avait été frappé de quarante coups de couteau. Il mourut peu de temps après.

Quelques heures plus tard, Clayton Fountain, un proche de Silverstein, traversait la prison sous escorte et s'arrêta devant la cellule d'un autre détenu. En une fraction de seconde, il était libre, lui aussi. « Bande d'enfoirés, vous en voulez aussi ? » hurla-t-il, en brandissant une lame. Il poignarda trois autres gardiens. L'un d'eux mourut dans les bras de son fils, qui travaillait aussi à la prison. Fountain aurait déclaré ne pas avoir envie que Silverstein puisse détenir un record de cadavres supérieur au sien.

C'était la première fois dans l'histoire des prisons fédérales américaines que deux gardiens étaient tués le même jour. « Il faut comprendre, m'a dit Thompson. Ces types étaient enchaînés, enfermés au Trou de la plus sécurisée des prisons, et se révélaient encore capables de s'en prendre aux gardiens. Leur message était simple : on peut vous choper n'importe où, n'importe quand. »

À mesure que la réputation de brutalité du gang se renforçait, ses rangs grossissaient. Si le Brand continuait de n'accorder qu'à quelques individus le statut de membres « élus » de l'organisation, il comptait des milliers de soutiens, les « petits Blancs », qui convoitaient les avantages allant de pair : une protection permanente, des denrées de contrebande sans rien payer, de meilleurs boulots dans les ateliers de la prison (souvent attribués par des détenus de confiance qui faisaient tout ce que le gang exigeait). Ainsi que Thompson l'expliquait, « les gardiens contrôlaient le périmètre de la prison et nous contrôlions ce qui se passait à l'intérieur ». Mais alors que le nombre de membres, de soutiens et de parasites allait croissant, diriger l'organisation devenait de plus en plus compliqué.

Quand la Fraternité était encore dans les limbes, chaque membre possédait une voix à part égale sur les sujets essentiels ; au début des années 1980, cette politique ne générait plus que désordre. Lors d'une réunion secrète précédemment tenue avec la direction, Clifford Smith avait déclaré aux fonctionnaires carcéraux : « Avant, c'était un homme, une voix, et ça concernait à peu près tout. Je veux dire, presque tout. Un nouvel arrivant, un type qui se faisait buter… Il fallait que pratiquement toute la maison soit d'accord. […] Il fallait envoyer des papillons [des notes], des messagers, des avocats et puis ci et puis ça. Ça te revenait chaque fois avec ce message : "Ouais, ce mec-là, tu le crèves", mais ça fuitait toujours. […] Alors tu pouvais pas avoir un type dans la cour que tu voulais buter et le laisser encore cavaler deux ou trois semaines. » Selon Smith, les membres du gang devenaient « comme douze chevaux attelés au même chariot, et ils tiraient tous dans une direction différente ». À l'époque, un rapport interne de l'administration pénitentiaire de Californie alla jusqu'à prédire : « Dans le futur, l'AB ne fera pas peser de grave menace sur les forces de l'ordre et de la justice, à moins qu'elle ne se dote d'une chaîne de commandement claire et efficace. »

Thompson se mit justement à pousser en ce sens. « Je voulais éliminer l'irrationalité et la transformer en une vraie famille du crime organisé, m'a-t-il révélé. Tuer des Noirs, ça m'intéressait pas. Une seule chose m'intéressait : le pouvoir. »

Avec d'autres chefs, il échafauda un plan impliquant des membres du gang incarcérés dans une prison de Chino, en Californie du Sud. Ces hommes, qui attendaient que s'ouvre leur procès pour les agressions ou les meurtres commis contre des codétenus, furent encouragés à se représenter eux-mêmes, comme des avocats, ce qui leur permettait de citer à comparaître leurs congénères de tout le pays, en qualité de témoins. Chaque fois qu'un membre du Brand envoyait une « citation », un autre membre devait être transféré à Chino. Pendant plusieurs jours, en se servant de ce qu'un membre appelait « un pouvoir de convocation sans limites », et en exploitant ce même système judiciaire qui tentait de les empêcher de nuire, presque tous les membres du Brand furent en mesure de se voir plusieurs heures d'affilée dans la cour, et de tenir ainsi l'équivalent d'un congrès à huis clos.

Smith s'en souvenait : « Un jour, on s'est tous regroupés dans un coin de la cour et on s'est dit : "Merde, mec, regarde un peu, on a tout le pouvoir, ici. Faut aller encore plus loin." » Les dirigeants du Brand de Californie décidèrent d'établir une chaîne de commandement librement façonnée sur le modèle de la structure de la mafia italienne. Un conseil d'une dizaine de membres gérerait les opérations du gang dans tout le système pénitentiaire des États. Chaque membre de ce conseil serait élu à la majorité absolue. Il serait responsable de la mise en œuvre de toutes les grandes politiques du Brand, qui seraient désormais codifiées ; il pourrait aussi autoriser une exécution à tout moment, tant qu'un tel contrat ne visait pas un membre de l'AB. Les actes du conseil seraient supervisés par une commission de trois hommes. Les autorités estiment que Thompson et Smith siégeaient au conseil de Californie. Dans le système pénitentiaire fédéral, où le gang mit en place une hiérarchie similaire dans à peu près une dizaine de prisons de sécurité maximale, le Baron et T. D. Bingham en seraient devenus les hauts commissaires.

La nouvelle structure de l'AB renforçait son emprise, mais il subsistait un obstacle de taille : les mouchards, les « rats ». Si d'autres familles du crime devaient souvent craindre que des membres ne se fassent « retourner », en prison tout le monde avait un motif pour « balancer », et il suffisait à un détenu de glisser quelques infos à l'oreille d'un gardien. Au début des années 1980, un ancien membre d'un gang, Steven Barnes, avait témoigné à propos du meurtre d'un des nouveaux directeurs et il avait été mis à l'abri, en détention protégée, où personne ne risquerait de s'en prendre à lui. En réaction, l'Aryan Brotherhood adopta une nouvelle politique : si elle ne pouvait vous atteindre, elle s'en prendrait à votre famille. « Ce que nous voulions, c'était frapper… la femme de Barney, m'a expliqué Smith. Si nous ne pouvions l'atteindre, elle, alors on passerait à son frère… ou à sa sœur, et on continuerait jusqu'en bas de la liste. […] C'était une politique que nous avions établie, et à partir de là on l'appliquerait. »

Pour mettre cette nouvelle politique à exécution, les dirigeants du Brand avaient besoin de trouver un exécuteur, quelqu'un qui serait capable, selon la formule même du gang, de « hausser le niveau ». Et ils se seraient donc tournés vers Curtis Price, un membre à part entière de l'AB, âgé de quarante et un ans, détenu à la prison de Chino mais sur le point d'être remis en liberté conditionnelle, et qui, selon un ancien membre du gang, « tuerait sur instructions du conseil de l'AB ». Décrit par son contrôleur judiciaire comme « l'un des prisonniers les plus dangereux de la prison d'État auxquels j'aie eu affaire en vingt-deux ans » d'exercice, Price mesurait un mètre quatre-vingts, il avait les cheveux courts et bruns, des yeux bleus et vides. Sur les photographies, son visage pâle a des os saillants, ce qui lui donne un air vaguement fantomatique. Price, qui avait jadis exprimé l'espoir d'entrer dans les forces de l'ordre, avait, ces dernières années, poignardé un autre détenu et pris deux gardiens en otages, en menaçant l'un des deux : « Je fais sauter la tête de ton collègue. »

Des dossiers judiciaires et pénitentiaires révèlent qu'après sa remise en liberté, le 14 septembre 1982, Price croisa la route d'une mère de deux enfants, âgée de vingt-deux ans, Elizabeth Hickey, et vola plusieurs armes au domicile du beau-père de la jeune femme, notamment un fusil calibre douze et un Mauser automatique. Price reprit ensuite la route, se dirigea vers la maison du père de Steven Barnes, Richard, à Temple City, en Californie, et l'abattit de trois balles dans la tête, dans le style propre aux exécutions. Les voisins de Barnes le trouvèrent gisant sur son lit, à plat ventre, son chapeau de cow-boy posé à proximité.

Après quoi, Price retourna chez Elizabeth Hickey et la frappa à mort, à la tête, provoquant cinq enfoncements crâniens, apparemment dans l'intention d'éliminer un témoin potentiel. Ensuite, il acheta un billet de cinéma pour voir le film *Gandhi*. Le gang reçut assez vite une carte postale, envoyée à la prison. Avec ce message : « Votre affaire a été traitée. »

À un certain moment, j'ai tenté de contacter Michael Thompson. On m'avait informé qu'il avait mystérieusement abandonné l'Aryan Brotherhood, peu après le meurtre de Barnes, et qu'il avait témoigné contre Price, qui, en 1986, avait été condamné pour ces deux crimes de sang. Thompson devint le défecteur le plus élevé en grade de toute l'histoire du gang. (« Il est fort, il est coriace, il est mauvais, il a tué, et ensuite tout d'un coup il s'en va, et, comme ça, il se retourne », remarquait un soutien de l'AB, incrédule.) On pensait que Thompson était visé par davantage de menaces de mort que n'importe quel autre prisonnier ; sa famille avait été déplacée, et il émargeait à la version carcérale du programme de protection des témoins. Il était transféré d'une prison à l'autre, dans l'anonymat, souvent détenu dans des unités de détention protégée, séparé de la plupart des autres prisonniers.

Après des semaines de recherches, j'ai appelé la prison où j'avais entendu dire qu'il était incarcéré. L'administration m'affirma qu'il n'y avait personne là-bas de ce nom-là. Quelques instants plus tard, j'ai reçu un appel d'une responsable des services de sécurité qui savait que je tentais de contacter Thompson. « Ils croient que vous allez essayer de le tuer, m'a-t-elle révélé. En ce moment même, ils le déplacent de cette prison. »

Après avoir expliqué aux responsables pourquoi je voulais lui parler, j'ai été en mesure de lui transmettre une lettre et, avec son accord, je me suis dirigé vers l'établissement de sécurité maximale où il était détenu sous l'appellation « Occupant ». Pour entrer dans cet établissement, je devais soumettre ma voiture à une fouille, et on m'a remis une chemise à carreaux pour remplacer la mienne, bleu Oxford, qui se trouvait être assortie aux uniformes de certains prisonniers et qui, pour cette raison, était interdite. Il y avait plusieurs enfants avec leurs mères qui faisaient la queue derrière moi ; ils portaient des chemises blanches ou des pantalons au pli impeccable, comme s'ils se rendaient à l'église.

Nous avons franchi plusieurs portes en acier, chaque battant claquant bruyamment derrière nous, avant d'atteindre une salle baignant dans une lumière crue, remplie de chaises et de tables en bois. Tandis que les autres visiteurs étaient autorisés à librement choisir à quelle place s'asseoir avec les détenus, on m'a conduit vers le fond de la salle, où une vitre de quatre-vingt-dix centimètres de côté, à l'épreuve des balles, était découpée dans le mur. Un siège était placé devant, je me suis assis et j'ai scruté à travers le Plexiglas griffé. J'ai pu entrevoir une petite cellule aux murs en ciment, avec un téléphone et une chaise. La pièce était hermétiquement close, excepté une porte en acier à l'autre extrémité. Un instant plus tard, cette porte s'est ouverte avec un déclic et Thompson, un géant, est apparu dans une combinaison blanche de prisonnier, les mains entravées dans le dos. Un gardien lui a retiré ses menottes, Thompson s'est penché en avant, et j'ai pu découvrir son visage. Il était mangé par une barbe d'ermite. Ses cheveux étaient longs jusqu'aux épaules et séparés par une raie au milieu, le style qui était à la mode dans les années 1970, la première fois qu'il avait été condamné pour meurtre. Quand il s'est approché de la vitre, j'ai pu discerner, sous d'épaisses masses de cheveux gris, ses yeux bleu clair. Il s'est assis, il a pris le combiné, et j'ai décroché le mien.

« Comment s'est passé votre voyage ? » m'a-t-il demandé.

Il parlait d'une voix feutrée, sur un ton affable. Je lui ai demandé pourquoi il avait lâché le Brand, et il m'a répondu qu'il avait pris sa décision après le débat sur le choix de tuer le père de Steven Barnes et d'autres membres de cette famille. « J'ai discuté avec eux des jours. Je n'arrêtais pas de répéter : "Nous sommes des guerriers, non ? Nous ne tuons pas d'enfants. Nous ne tuons pas de mères et de pères." Mais j'ai perdu. Et ils l'ont tué, sur le mode exécution, et ensuite ils ont tué Hickey, une femme innocente, juste parce qu'elle savait où Price s'était procuré le pistolet. Et c'est à ce moment-là que je suis parti. C'est là que j'ai dit : "Cette histoire échappe à tout contrôle." » Il s'est penché vers la vitre, son souffle embuait le Plexiglas. « Je suis encore prêt à affronter quelqu'un là-dedans, la tête haute, si j'y suis obligé. C'est la culture où je vis. Mais je n'étais pas pour tuer des gens à l'extérieur, des gens de votre monde. »

Quand je lui ai demandé ce qu'il avait initialement trouvé de si attirant dans ce gang, il a gardé le silence un long moment. « C'est une très bonne question », m'a-t-il enfin répondu. Il y avait l'aspect protection, m'a-t-il laissé entendre, en énumérant ses raisons, l'une après l'autre. Il y avait un sentiment d'appartenance. Mais en réalité, ce n'était pas ça. Pour lui, du moins, me disait-il, c'était l'adrénaline du pouvoir. « J'étais naïf, parce que j'avais de nous l'image de nobles guerriers », a-t-il continué. Dans les années 1980, a-t-il ajouté, il avait essayé de changer la nature du gang. « Je pensais qu'en nous organisant nous pourrions rendre la Fraternité moins sanglante. Je pensais que nous pourrions nous débarrasser de ces tueries irrationnelles. Mais j'étais bien sot, parce qu'à un certain niveau vous ne pouviez jamais en finir avec ça. Et cette structuration a simplement permis au gang de devenir encore plus meurtrier. »

Au cours de notre conversation, il a cité divers philosophes, notamment Nietzsche, dont « le gang, m'a-t-il plus tard écrit dans une lettre, interprète souvent mal le vrai génie ». Il était difficile de faire cadrer ce personnage cérébral avec un homme ayant affirmé un jour avoir aidé à poignarder seize hommes en une seule journée. Mais quand je l'ai interrogé sur sa formation, il a tendu la main vers moi et s'est mis, de manière presque clinique, à me montrer comment assassiner quelqu'un. « Vous pouvez procéder ici, vers le côté droit du cœur, à l'aorte, ou ici, dans le cou, ou dans le dos, la colonne vertébrale, ce qui paralysera la personne, m'a-t-il expliqué, avec des va-et-vient de la main, comme s'il découpait quelque chose. Cela fait trente ans que je suis en prison, maintenant, et je sais que je n'en sortirai sans doute jamais. Je suis un individu dangereux. Je n'aime pas la violence, mais je sais y faire. »

Il avait essayé, disait-il, de s'isoler des autres prisonniers. « Je ne sors pas tellement dans la cour. Ce n'est pas sûr. » Il ajoutait que les seules personnes avec lesquelles il entretenait des relations, c'étaient les gardiens, par crainte d'être reconnu. « Ici, je suis en bas de l'échelle, plus bas que les tueurs et les violeurs d'enfants. Parce que j'ai lâché l'AB, je suis tout en bas. »

Le gang avait plusieurs fois essayé de s'en prendre à lui ; après son placement dans l'unité de détention protectrice, disait-il, le Brand avait envoyé un « dormant », un collaborateur secret, qui avait tenté de le poignarder. « Il faut comprendre une chose, a-t-il insisté. L'Aryan Brotherhood ne vise pas la suprématie blanche. Son but, c'est la suprématie tout court. Et elle fera tout pour y parvenir. N'importe quoi. »

Un gardien a cogné à la porte.

« Je dois y aller, maintenant. »

Il s'est levé, il a appuyé la main contre la vitre, et j'ai pu voir une forme de couleur verte sur sa main gauche. J'ai observé plus attentivement : c'était le contour à demi effacé d'un trèfle. Armé de ce tatouage, m'a encore dit Thompson, un homme pouvait s'emparer d'un pénitencier des États-Unis tout entier.

À l'automne 1994, un bus rempli de prisonniers arriva à Leavenworth, au Kansas, une prison fédérale de sécurité maximale construite presque un siècle plus tôt. Un homme musclé, de haute taille, avec une moustache noire, en descendit. Il avait les bras couverts de tatouages, et il fit assez vite son apparition dans la cour torse nu, révélant un grand trèfle au milieu de la poitrine. Il fut immédiatement entouré d'un groupe de détenus blancs. Nombre d'entre eux allèrent à l'économat et payèrent pour se faire prendre en photo avec lui, un cliché dont ils ne se séparaient jamais, comme un passeport. « Si vous pouviez montrer cette photo, c'était comme de se trouver à côté de sa pop star préférée », m'a glissé un prisonnier.

L'homme s'appelait Michael McElhiney, mais tout le monde l'appelait Mac. Membre réputé de l'AB, il venait d'arriver de Marion, où il avait été détenu avec Barry Mills, le célèbre Baron. Mills, qui fit plus tard une déposition devant un tribunal en faveur de McElhiney, révéla : « Je le considère comme un fils. »

McElhiney, dealer condamné pour trafic de méthamphétamine, qui avait conspiré pour mettre à mort un témoin, était si charismatique que, selon les autorités judiciaires, une jurée était tombée amoureuse de lui. Toutefois, dans des lettres intimes, plus tard confisquées par l'administration de la prison, Mac parlait ouvertement de « la bête » en lui et se présentait fièrement comme un « méchant enfoiré ». Un agent du FBI, à Leavenworth, le qualifiait de « psychopathe » présumé, alors qu'un de ses amis le décrivait en ces termes : « Il a envie que tout le monde sache qu'il est Dieu. »

L'Aryan Brotherhood existe de longue date à Leavenworth, qu'on appelait « la serre chaude », en raison de ses cellules aussi étouffantes que des catacombes. Mais McElhiney était déterminé à élargir l'emprise du gang.

Bien que le Brand entretienne des reliquats d'idéologie raciste, Mac a de plus en plus cherché, selon un rapport déclassifié du FBI, « à lancer une initiative concertée de mort et de peur contre le personnel et d'autres détenus [...] afin de s'assurer la maîtrise du système ». Le Brand visait, avertissait le FBI, à contrôler tout, du trafic de drogue à la vente des « punks » – ces détenus contraints de se prostituer –, jusqu'à l'extorsion et aux contrats exécutés derrière les barreaux. En résumé, la Fraternité cherchait à se muer en entreprise de racket. Clifford Smith, membre du conseil, avait déclaré aux autorités pénitentiaires que le gang n'avait plus « pour intention première de viser l'anéantissement des Noirs, des Juifs et des minorités du monde, la suprématie blanche et toutes ces conneries. C'est surtout et avant toute chose une organisation criminelle ».

En se servant d'une kyrielle de soutiens blancs, qui soit convoitaient de devenir membres, soit avaient besoin de protection, Mac entreprit d'asseoir sa domination sur l'économie souterraine de Leavenworth. Ses hommes allaient d'étage en étage, exigeant une taxe sur la vente de « pruno » – le vin de la prison, qui pouvait être fermenté à partir de presque n'importe quel fruit de la cafétéria (pommes, fraises, même du Ketchup). À l'époque, un dénommé Keith Segien gérait une table de poker entre amis dans le quartier B de l'établissement. Un soir, en rentrant dans sa cellule, expliqua-t-il plus tard dans sa déposition devant le tribunal, Mac l'attendait. Il le pria de s'asseoir.

Segien hésita.

« De quoi s'agit-il ? demanda-t-il.

– Si je voulais te faire tuer, répondit l'autre, se rappelait Segien, à l'heure qu'il est, tu serais déjà mort. Quelqu'un m'a informé, ajouta ensuite Mac, que tu ne voulais pas que… je gère ta table de poker, et moi, je suis ici pour gagner de l'argent. »

Il lui demanda si cela lui posait un problème.

« J'ai dit non, précisa Segien dans sa déposition. C'était le dernier jour où j'ai géré le poker. »

Mac ne tarda pas à exploiter son racket sur le jeu dans presque chaque quartier, presque à chaque étage. Comme pour la vente du pruno, soulignent des détenus, les gardiens fermaient souvent les yeux, peut-être pour amadouer une population carcérale toujours prête à s'enflammer. Certains gardiens, à ce qu'il semblait, avaient fini par juger la présence de l'Aryan Brotherhood inévitable, et s'appuyaient même sur ses chefs comme s'il s'agissait en quelque sorte d'éminences grises. En une occasion, un gardien de Leavenworth était venu voir McElhiney pour obtenir son aval, avant de laisser un prisonnier accéder à la cour. Un membre de longue date de l'AB comparait les opérations illicites dans les prisons de sécurité maximale à la contrebande d'alcool pendant la Prohibition et aux tables de flambeurs à Las Vegas.

En prison, l'argent n'est pas autorisé et, en règle générale, les détenus s'acquittent de leurs petites dettes à la Fraternité en offrant en échange de la contrebande ou des articles de l'économat : cigarettes, friandises, timbres, livres. Aux tables des gros joueurs de Leavenworth, où les barons de la drogue incarcérés pouvaient miser plusieurs milliers de dollars, les participants avaient le droit de jouer un mois à crédit. Le responsable de la table tenait le décompte des gains et des pertes. À la fin du mois, d'après des détenus, les hommes de Mac ramassaient les pertes ; d'ordinaire, les joueurs remboursaient grâce à un parent ou à un ami qui envoyait un virement intraçable à un membre désigné de l'AB, à l'extérieur. Si un détenu ayant contracté une dette ne faisait pas envoyer l'argent à temps, ainsi qu'en attestent les dossiers de la prison, il était généralement « plombé » – frappé à coups de barre en métal. McElhiney admit plus tard qu'il acheminait la recette vers son mentor, Mills, et d'autres chefs réputés de l'Aryan Brotherhood, avec lesquels il avait conclu « un pacte » pour se charger du « business du jeu ».

McElhiney, qui trônait dans la cour en portant des lunettes de soleil, les ongles souvent jaunis d'avoir chiqué du tabac, décida alors de se concentrer sur le trafic de drogue. Par le passé, le Brand avait sollicité à peu près tous ceux qui étaient capables de lui fournir de la marchandise. Dans un cas précis, m'ont expliqué plusieurs détenus impliqués dans l'une de ces machinations, le gang offrit de protéger Charles Manson, l'assassin de Sharon Tate, et prit même part à une conspiration manquée pour l'aider à s'évader ; en échange, la secte de femmes de Manson, à l'extérieur, les aida à introduire clandestinement de la dope dans la prison.

Selon les autorités et les dossiers judiciaires, Mac se mit alors à passer au crible la population carcérale, afin de repérer les détenus les plus vulnérables, ceux qui étaient toxicomanes, endettés vis-à-vis du gang ou simplement terrorisés, et qui, de ce fait, pouvaient être contraints à servir de « mules ». Walter Moles était de ceux-là : consommateur de drogue, le gang le terrifiait. Son père, atteint d'un emphysème en phase terminale, envisageait de faire le voyage jusqu'à Leavenworth, afin d'aller fêter l'anniversaire de son fils. Selon la déposition ultérieure de Moles, Mac lui donna l'ordre de faire envoyer au père, par son contact extérieur, qui lui fournissait sa drogue, six petits ballons remplis d'héroïne. En se servant d'un langage codé, il persuada ensuite son père, qu'il appela sur l'un des téléphones payants, placés sur écoute et réservés aux détenus, de transporter le colis.

Quelques semaines plus tard, son père vint donc sur place, et s'assit à côté de Moles en salle des visites, sous la surveillance des gardiens. Il transportait le paquet dans son slip. Moles signifia à son père d'aller aux toilettes, de placer deux des ballons dans sa bouche, de revenir et de les recracher dans la tasse de café de son fils. Son père lui répondit qu'il ne pouvait pas faire ça. L'héroïne n'était pas dans six ballons.

« C'est un seul gros.

– Gros comment ? demanda Moles.

– Une balle de ping-pong. »

Par la suite, le père réussit à lâcher la balle dans la tasse de café. Moles tenta de l'avaler, mais elle resta coincée au fond de sa gorge.

Son père se mit à paniquer.

« Fils, rends-la-moi, c'est tout, le supplia-t-il. Je renverrai le colis d'où il est venu.

– Non, papa, je peux pas », fit-il. Il lui expliqua que l'héroïne ne lui était pas destinée. « Ces types pour qui j'introduis la poudre, ils veulent leur came. »

Son père n'eut pas l'air de comprendre : qui étaient ces gens ?

Moles s'aperçut qu'ils avaient attiré l'attention d'un gardien, et l'avertit qu'il n'avait plus qu'à lui dire au revoir.

« C'est la fin de la visite ? s'enquit Moles père.

– Si je veux y arriver, c'est ma seule chance », lui répliqua Moles.

Pendant que son père distrayait l'attention du gardien, le fils sortit sa chemise de son pantalon et se fourra la drogue dans le rectum. Après être passé devant les gardiens, dit-il, il remit « la came » à l'un des hommes de main de Mac.

Le lendemain matin, il alla attendre derrière les gradins dans la cour, pour récupérer sa part. Subitement, il sentit un coup à la nuque, et s'effondra au sol. « J'ai essayé de me relever, témoigna-t-il plus tard, mais ils continuaient de me cogner. »

Les hommes de Mac lui ordonnèrent de rester à terre.

« Qu'est-ce que j'ai fait de mal ? demanda-t-il. Qu'est-ce que j'ai fait de mal ? »

Après coup, un membre de l'AB demanda à Mac pourquoi il s'était attaqué à Moles en le privant de sa part de la dope. McElhiney aurait répondu : « Qu'il aille se faire foutre, cette pute. »

À présent, l'héroïne inondait Leavenworth. Selon l'administration, au cours de l'année 1995, lors d'examens médicaux, les détenus furent déclarés positifs à l'héroïne plus de mille deux cents fois. Un prisonnier estimait que 40 % de la population se shootait. « L'héroïne anesthésie tout, expliquait un détenu. Avec le speed, mec, t'es azimuté et tu fais encore plus de taule que t'en ferais normalement puisque tu dors plus la nuit. [...] Mais l'héroïne, ouais... là, tu sens plus la douleur. »

En raison de la rareté de l'offre et de la demande excessivement élevée en milieu carcéral, précisait l'administration, un gramme d'héroïne acheté dans la rue pour soixante-cinq dollars se vendait entre les murs de Leavenworth jusqu'à mille dollars. Un ancien membre du conseil m'a expliqué que le gang encaissait dans une seule prison entre un demi-million et un million de dollars par an. Un agent du FBI résumait la question en ces termes : « Il suffit de faire l'addition. »

À la tête d'un empire qui grandissait tous les jours, Mac semblait de plus en plus « incontrôlable », selon l'un de ses anciens alliés. Bien que les dirigeants de l'AB aient interdiction, en application des règles du gang, de consommer eux-mêmes de l'héroïne, ses associés affirment qu'il s'enfermait dans sa cellule avec une « pompe » – une seringue artisanale fabriquée avec une aiguille volée à l'infirmerie et le corps d'un stylo-bille. Là, dans ce que les détenus appelaient le brouillard provoqué par l'héroïne, il siégeait avec ses hommes de main de l'AB et rendait sa forme de justice, incluant parfois le meurtre.

McElhiney finit par se laisser convaincre qu'un rat, un mouchard, fouinait pour recueillir des preuves contre lui. Ensuite, affirment certains acolytes, Mac informa ses hommes qu'il avait démasqué ce rat : Bubba Leger, un associé de confiance qui se chargeait des tatouages pour l'AB et qui, à peine quelques mois plus tôt, posait fièrement avec Mac pour une photographie. Un jour, dans la cour des promenades, selon des témoins, l'un des hommes liges de Mac, surnommé Ziggy, qui aurait apparemment eu très envie de « se faire les crocs », sortit un couteau et poignarda Bubba. « Pourquoi tu fais ça ? » gémit ce dernier. Du sang lui dégoulinant de la poitrine, il tituba jusqu'à la porte en acier de la cour grillagée et tapa dessus, tâchant d'attirer l'attention des gardiens. Sous les yeux de ces derniers, Ziggy poignarda Bubba encore au moins cinq fois. Il mourut quelques instants plus tard.

Ce fut alors, racontent des témoins, qu'ils virent un autre homme de Mac brandir une autre arme, une brosse à dents taillée en pointe, pour la déposer près du mort, afin de faire croire qu'il avait été le premier agresseur. Après coup, McElhiney aurait appliqué une politique établie de longue date de l'Aryan Brotherhood, qui imposait à tous les témoins de se parjurer. « Je vais te donner le choix, aurait-il déclaré à un membre, selon le témoignage de ce dernier, sur ce coup, tu mens ou tu meurs. » Dans une note, McElhiney, qui se rasa la tête après ce meurtre, ordonna à Ziggy de l'imiter : « Ta seule défense, c'est l'autodéfense. Tiens bon, mec, continua-t-il. Dès que tu te seras trouvé un avocat, tu me l'envoies, sans souci… Pigé ? Tu insistes pour lui faire comprendre qu'avant de lui accorder ta confiance il doit venir me voir. Notre mot de passe, ce sera Mary Mary Quite Contrary. »

Ziggy écopa d'une sentence de vingt-sept ans de prison et refit plus tard son apparition avec un tatouage de trèfle sur la jambe, mais la justice ne fut jamais en position de prouver que McElhiney avait ordonné ce meurtre (bien qu'elle l'ait plus tard fait condamner pour avoir clandestinement introduit de la drogue en prison).

Lors de l'enquête, un fait inattendu se présenta : en fin de compte, Bubba n'avait jamais été un mouchard.

« Cela ne figure pas dans le profil du poste », a ironisé Gregory Jessner. Le procureur fédéral adjoint se trouvait sur un quai de chargement, devant le tribunal fédéral de Los Angeles, en train d'empiler des cartons de procès-verbaux sur un vieux chariot en bois, tous liés à sa procédure contre l'Aryan Brotherhood. Il y en avait treize au total. Il s'affairait et j'ai vu une petite auréole de transpiration se dessiner sur sa chemise blanche empesée. Fils d'un mathématicien, il avait l'air un peu cérébral. « Je n'ai pas vraiment un tempérament de bouledogue, a-t-il admis. Je ne suis pas comme Marcia Clark, le procureur dans l'affaire O.J. Simpson. » Il n'avait jamais lu de roman de John Grisham et, entre deux procès, il était réputé préférer les ouvrages de Cervantes et de David Foster Wallace.

Après avoir roulé ses cartons à l'étage, en se cognant régulièrement contre des murs et des portes, il les a disposés sur une longue table de réunion en bois, et a repris son souffle.

« Ces dossiers ne traitent qu'un seul des meurtres de l'acte d'accusation, m'a-t-il annoncé. Ce n'est encore rien. »

Jessner avait entamé ses premières enquêtes sur le gang en 1992. Un détenu condamné avait été retrouvé étranglé dans sa cellule d'une prison fédérale, à Lompoc, en Californie, et Jessner avait été affecté au dossier. Les responsables judiciaires rejetaient souvent de tels crimes, en les classant dans la catégorie des NHI (« sans implication humaine »), les victimes étant jugées aussi peu fréquentables que les criminels. S'efforçant de démêler un écheveau de faux témoignages, le jeune procureur repéra plusieurs témoins qui affirmaient que l'AB avait exécuté un de ses membres pour être, entre autres crimes, tombé amoureux d'un prisonnier gay. Bien que la Fraternité ait de longs antécédents liés à ces trafics de « punks », et que certains de ses membres aient été connus pour recevoir des faveurs sexuelles en échange de leur protection, le gang considérait l'homosexualité déclarée comme un signe de faiblesse, une violation du code de conduite de l'AB. « Le membre a commis l'erreur d'embrasser l'autre dans l'escalier », m'a précisé Jessner.

Il avait été en mesure de prouver qu'une recrue de la Fraternité était entrée dans la cellule de son associé, lui avait noué un drap autour du cou et l'avait étranglé pendant qu'un complice lui maintenait les jambes. Pourtant, le procureur adjoint se rendait bien compte qu'il n'avait pas pu faire grand-chose pour empêcher le gang de sévir ; comme dans le cadre de dossiers d'accusation précédents, des procédures isolées, il n'avait peut-être fait que le renforcer. La recrue aurait plus tard accroché une photographie de sa cible au mur de sa cellule, comme une sorte de plaque honorifique, et aurait fêté l'anniversaire du meurtre avec du pruno.

Pendant que le jeune procureur creusait plus en profondeur dans cette sous-culture de la violence, il apprit qu'il n'existait pas de statistiques fiables des crimes de l'AB, parce que les poursuites étaient rares, et beaucoup de membres d'autres gangs, notamment les Dirty White Boys et la Mexican Mafia, se chargeaient d'exécuter les ordres de la Fraternité. Des statistiques plus générales concernant les violences entre détenus fournissaient un aperçu de ce qu'un sociologue avait décrit un jour comme « la prolifération des groupes prédateurs et meurtriers » à l'intérieur des prisons américaines. Selon le recensement le plus récent du département de la Justice, depuis 2000, cinquante et un détenus ont été assassinés en prison. En outre, on a enregistré plus de trente-quatre mille agressions de détenus contre d'autres détenus, et près de dix-huit mille contre le personnel. Le viol est fréquent ; une étude menée dans les prisons de quatre États estimait qu'au moins un prisonnier sur cinq avait subi une agression sexuelle.

Jessner finit par étudier des centaines de crimes de sang liés à l'Aryan Brotherhood. Travaillant avec un officier du Bureau des alcools, des tabacs et des armes à feu, Mike Halualani, un agent moitié japonais, moitié hawaiien, aussi brut de décoffrage que Jessner pouvait être distingué, il tenta de mettre au point une stratégie afin de briser l'étau du gang. Mais plus il enquêtait, plus il lui semblait que cette organisation défiait toute notion de procédure conventionnelle. Jessner m'a avoué qu'il se posait sans cesse cette question : « Comment arrêter des gens qui considèrent le meurtre comme une distinction honorifique ? Comment arrêter des gens que la justice a déjà arrêtés et condamnés à l'emprisonnement à perpétuité ? »

Dans les années 1990, en espérant créer au moins un obstacle qui soit assez dissuasif, et protéger les autres prisonniers, l'administration avait transféré la plupart des principaux dirigeants de l'Aryan Brotherhood, y compris le Baron, dans des établissements pénitentiaires de nouvelle génération, les « supermax ». Ces prisonniers étaient enfermés dans des cellules individuelles, en isolement la quasi-totalité de la journée, « sans voir la terre, une plante ou la lumière du soleil autrement que filtrée », ainsi que l'expliquait l'un d'eux ; ils faisaient de l'exercice seuls, dans une cage intérieure, on leur distribuait leurs repas en les passant par une trappe, et ils avaient peu ou pas de contacts humains.

Dans le cas de Silverstein, qui purgeait déjà plusieurs peines d'emprisonnement à vie après avoir tué le gardien Clutts, en 1983, le Bureau des prisons avait installé une unité d'isolement rien que pour lui, à Leavenworth, où il était enfermé dans une cage digne de Hannibal Lecter. Il avait beau ne pas avoir renoncé au dessin, depuis des années, il n'était plus autorisé à avoir un peigne ou une brosse à cheveux, et quand le journaliste Pete Earley lui avait rendu visite, à la fin des années 1980, il avait une longue barbe et de longs cheveux. « Ils veulent me rendre fou, déclara-t-il à son visiteur. Ils veulent me montrer du doigt pour dire : "Regardez, regardez, on vous l'avait dit que c'était un cinglé." […] Quand je suis arrivé ici, j'étais pas un tueur, mais là-dedans, vous apprenez la haine. La démence, ici, elle est cultivée par les gardiens. Ils nourrissent la bête qui est tapie en chacun de nous. […] Chaque fois qu'ils me refusent un coup de téléphone, une visite, ou qu'ils laissent la lumière allumée, je repense au jour où j'ai tué Clutts, et ça me fait sourire. J'ai de plus en plus de mal à me repentir et à demander pardon, parce que tout au fond de moi je sens se renforcer la haine et la colère. »

« Dans la mythologie du gang, m'a confirmé Jessner, Silverstein est devenu une figure christique. »

Même dans ces conditions de détention, que certains groupements de défense des droits civiques considéraient comme une atteinte aux droits de l'homme, l'Aryan Brotherhood continuait de prospérer. Ses membres mettaient au point des méthodes de communication sophistiquées. Ils déposaient des messages dans les tuyauteries reliées aux cellules voisines ; ils tapotaient du code Morse sur les barreaux ; ils forçaient les infirmiers à passer des « papillons » ; ils chuchotaient dans les bouches d'aération en *carnie*, un langage codé alambiqué, hérité des forains (un « bouchon de bouteille » désignait un « flicard »). Qui plus est, les chefs s'étaient créé à l'extérieur tout un entourage de femmes dévouées à leur cause, tombées amoureuses d'eux à la faveur de visites ou d'une correspondance, et qui pouvaient servir de coursières, transmettant des messages entre membres, dans les deux sens. L'une de ces femmes qui coopéraient aux agissements illégaux du gang invoqua plus tard le syndrome de Stockholm.

Avec l'aide de l'administration de la prison, Jessner se mit à intercepter une série de messages clandestins. Des parties de pages de lettres semblaient rester vierges, comme si leur auteur avait été interrompu. Des analystes les avaient alors exposées à la chaleur, avec un fer à repasser, ou avaient placé le papier sous rayonnement ultraviolet, et des lettres apparaissaient, révélant « un message secret », ainsi que le relevait le FBI dans un rapport interne. Des cryptographes analysèrent l'« encre » d'une de ces missives, et découvrirent que le texte était écrit avec de l'urine. Le message proprement dit avait de quoi déconcerter ; il avait été brouillé, codé. « Ils ont certains mots qui signifient certaines choses, m'a expliqué un ancien membre. S'ils vous disent que "quelqu'un va se construire une maison à la campagne", le mot important… c'est "campagne", parce que… ça signifie "meurtre". »

Le procureur adjoint et son équipe consacrèrent des heures à démembrer des phrases et à les reconstituer. Petit à petit, ils purent discerner des schémas récurrents dans ces messages : « *baby boy* » voulait dire « oui », et « *baby girl* » « non ». Un jour, les services de la prison interceptèrent un mot envoyé par T. D. Bingham, le commissaire de l'AB, au Baron. Ce message disait : « Bon, je suis grand-père, l'épouse de mon garçon a enfin accouché d'un *baby boy* de huit livres et sept onces. » Jessner craignait que l'allusion au poids du bébé ne soit une formule codée pour le chiffre 187, la loi de l'État de Californie relative au meurtre ; le fait que le *baby* soit un *boy* laissait entendre qu'un contrat sur la tête de quelqu'un venait d'être approuvé. Ensuite, les analystes remarquèrent que plusieurs lettres présentaient des boucles, comme des queues. Les mots « huit livres », par exemple, étaient augmentés de fioritures sur les lettres « h », « i », « v » et « e ». Cela ressemblait à un code à l'intérieur d'un code.

Après avoir examiné ces lettres de près, les autorités furent en mesure de déterminer que le mot était en fait écrit dans un chiffrement bilitère, une méthode inventée par Sir Francis Bacon, le philosophe du XVIIe siècle. Ce chiffrement supposait l'emploi de deux alphabets distincts, selon la manière dont la lettre était tracée. Un « c » sans ornement renvoyait à l'alphabet A, alors qu'un « c » avec fioriture représentait l'alphabet B. Les enquêteurs épluchèrent le mot, en classant chaque lettre dans son alphabet jusqu'à obtenir une série de lettres qui semblaient toutes évoquer un jeu sur les initiales de l'Aryan Brotherhood :

> bbbaaaaabbabaaabababbabaaababaaabaaabbbababbaab-baaabbaabbabbbaabb…

Cela n'avait toujours aucun sens. Mais après avoir décomposé cette série de lettres en groupes de cinq, m'a expliqué Jessner, ils ont commencé à comprendre que chaque groupe représentait une lettre individuelle. Ainsi, « ababb », c'était un « A », « abbab » un « B », et ainsi de suite. Ils avaient enfin percé le code ; ensuite, ils se penchèrent de nouveau sur le contenu de la lettre. Elle disait ceci :

> Confirme message de Chris d'agir sur DC.

Les analystes savaient que « DC » désignait les DC Blacks, un gang de prison auquel l'Aryan Brotherhood avait récemment déclaré la guerre. Mais, lorsqu'ils eurent enfin décodé la missive, deux détenus noirs avaient été retrouvés morts dans leurs cellules, à Lewisburg, en Pennsylvanie : l'un avait été poignardé trente-quatre fois, l'autre trente-cinq.

La Fraternité mit alors au point des méthodes d'assassinat susceptibles d'être couronnées de succès même dans des environnements de sécurité maximale. Ses membres entreprirent de nouer des liens d'amitié avec des ennemis, afin de pouvoir un jour mieux « les bercer et les endormir ». À Pelican Bay, où les amis avaient le droit de déposer des demandes pour être logés en cellules ensemble, ils cherchèrent à faire chambre commune avec les hommes qu'ils comptaient tuer. « « La tromperie, c'était la clef », reconnaissait un membre qui avait étranglé son compagnon de cellule. Entre 1996 et 1998, des membres de l'AB à Pelican Bay assassinèrent trois détenus, et furent suspectés dans au moins trois meurtres supplémentaires.

Dans bien des cas, les fonctionnaires du système carcéral paraissaient impuissants, incapables d'empêcher le gang d'agir. À la prison de Folsom, après que des dirigeants de l'AB eurent été isolés du reste de la population carcérale, des associés du gang protestèrent en poignardant de manière indiscriminée des violeurs et des pédophiles, jusqu'à la libération des chefs. En réalité, quelques fonctionnaires facilitèrent les activités de la Fraternité. À la prison supermax du Colorado, un gardien fut accusé d'être devenu un disciple de l'Aryan Brotherhood ; à Pelican Bay, on découvrit que deux gardiens encourageaient le passage à tabac de pédophiles et de délinquants sexuels par des membres du gang.

Au milieu des années 1990, ajoute Jessner, le gang avait tant évolué qu'il dut nommer des membres pour diriger ses différentes branches opérationnelles, comme le « département de la Sécurité » ou le « département des Narcotiques ». Bien que les profits de l'Aryan

Brotherhood n'aient jamais pu rivaliser avec ceux de la mafia italienne ou de barons de la drogue du monde extérieur, sa réputation de violence était comparable. Le gang comptait dans ses rangs certains des tueurs les mieux entraînés et les plus impitoyables du pays. Et, à l'intérieur du système carcéral, le Baron avait acquis une telle stature qu'il finit même par éclipser John Gotti, l'un des parrains de la mafia, alors sous les verrous. Selon les autorités, en juillet 1996, après qu'un détenu noir eut agressé ce dernier à la prison de Marion, le faisant saigner au visage, le chef de la mafia, mal préparé à cette explosion de violence en captivité, alla solliciter le soutien du Baron pour l'aider à tuer son agresseur. La Fraternité parut accueillir l'idée favorablement – le Baron se servait, disait-on, d'un langage des signes pour communiquer le montant du contrat à un associé –, mais Gotti mourut avant que le contrat puisse être exécuté.

Ce fut vers cette époque que Jessner décida que le seul moyen de démanteler le gang serait le même que celui auquel la justice avait eu recours pour abattre la mafia italienne : en appliquant la loi dite RICO[1], qui permettait au pouvoir fédéral de s'attaquer à l'entière structure d'une organisation criminelle au lieu de simplement viser un ou deux de ses membres. L'objectif, pour Halualani, c'était de « trancher la tête, pas juste le corps ».

Prenant une initiative audacieuse, le procureur adjoint décida de requérir la peine de mort pour presque tous les hauts dirigeants du gang. « C'est la seule flèche qui nous reste dans notre carquois, m'a-t-il avoué. Je pense que même un tas de gens qui, de manière générale, sont hostiles à la peine de mort admettraient que dans ce cas précis, où des individus commettent des meurtres à

1. La loi RICO (Racketeer Influenced and Corrupt Organizations Act) a été promulguée par Richard Nixon en 1970.

répétition, derrière les barreaux, il n'existe guère d'autre choix. »

Pendant qu'il s'efforçait de laborieusement, patiemment élaborer son dossier, en retournant méthodiquement des témoins, en décodant des messages, en réunissant des preuves matérielles validées par les analystes de la police scientifique, il devait se garder des « dormants », ces membres du gang qui faisaient mine de coopérer avec l'administration pour infiltrer le travail d'investigation. Durant une précédente enquête du FBI, des agents signalèrent leur crainte qu'un mouchard ait « participé en fait à un stratagème de l'AB pour infiltrer le programme WITSEC (le programme de protection des témoins) afin de repérer où tous les témoins de l'accusation étaient logés ».

Plus la Fraternité se renforçait, plus elle déployait des ambitions qui s'étendaient au-delà des murs de la prison. Bien que nombre de ses chefs purgent des peines de perpétuité sans possibilité de libération conditionnelle, certains membres étaient tout de même libérés sous condition – une issue que les autorités redoutaient de longue date. « La plupart des condamnés de l'AB seront libérés sous condition ou relâchés dans le futur et, considérant l'engagement à vie de chaque membre, il serait naïf de croire qu'il ne resterait pas en contact avec ses frères, en concluait un rapport déclassifié du FBI. Dans la pratique, une fois sorti, ce membre doit veiller sur le sort de ses frères restés à l'intérieur. En cas de non-respect de cette règle, le châtiment, pour le membre en question, c'est la mort dès son retour en prison. » Sachant la capacité du gang à opérer derrière les barreaux, le rapport du FBI mettait en garde contre « ce que les membres de ces gangs sont capables de faire s'ils sont peu ou pas surveillés ». Silverstein lui-même l'a dit : « Un jour, la majorité d'entre nous finissent par sortir de cet enfer et même le chien le plus raisonnable, après avoir pris des coups des années de suite, attaquera dès que sa cage s'ouvrira enfin. »

Le 24 mars 1995, la porte de Pelican Bay s'ouvrit enfin pour Robert Scully, un membre réputé de l'AB, un auteur de vols à main armée qui, à l'exception de quelques mois, avait passé les treize dernières années sous les verrous, dont un bon nombre au Trou. Pour un frère aryen, il était petit : à peine un mètre soixante, pour soixante-cinq kilos. Mais cet individu de trente-six ans était réputé s'activer de manière obsessionnelle, dans sa cellule, en se pliant à un programme sans fin de ce que le gang appelait des *burpees*, ou « sauts de grenouille » : à partir de la position debout, se laisser tomber au sol pour exécuter des pompes, puis se relever d'un bond.

Brenda Moore, une mère célibataire et solitaire âgée de trente-huit ans, qui avait longtemps correspondu avec des détenus de Pelican Bay et qui, dans ce cadre, était devenue l'une des disciples féminines du gang, était venue chercher Scully au portail de la prison, dans son pick-up. Scully portait un pantalon de survêtement gris-bleu, un sweat-shirt et un bonnet de marin. Il avait deux cents dollars en poche. Il avait auparavant envoyé à Brenda une série de lettres destinées à la séduire. Dans l'une d'elles, écrite sur papier rose, il lui déclarait : « Quand nous nous relions, c'est toute la subversion extérieure qui se manifeste. » Dans une autre, il écrivait : « Je serai toujours avec toi car maintenant tu fais partie de moi. Notre synergie est infinie. »

Après avoir quitté la prison, le couple roula jusqu'à la plage, où Scully marcha le long de la grève, en ramassant des coquillages. En revanche, le lendemain, il se procura un fusil à canon scié, et Brenda Moore et lui se dirigèrent vers Santa Rosa, en prenant la Highway 101. Six jours après sa libération, ils se garèrent non loin d'un saloon, au milieu de la nuit. Une voiture de police s'arrêta derrière leur pick-up. Un shérif adjoint âgé de cinquante-huit ans s'approcha avec sa lampe torche, Scully bondit du véhicule en braquant sur lui son canon scié. Le shérif adjoint leva les mains en l'air, mais Scully l'abattit d'une balle entre les deux yeux.

L'Aryan Brotherhood tuait désormais à l'extérieur, avec très peu de scrupules, tout comme elle le faisait à l'intérieur. Dans le même ordre d'idées, le gang étendait son activité de racket à la rue. En 1999, dans des lettres adressées à un détenu récemment libéré sous conditionnelle, le Baron expliquait : « Nous avons tout particulièrement besoin que certains fassent des efforts », et, se référant au symbole du gang, le trèfle, il insistait : « Astiquez un peu le trèfle, de votre côté !!! » Le gang aurait enrôlé des membres et des associés de l'AB libérés de fraîche date pour qu'ils deviennent dealers de drogue, passeurs d'armes à feu, braqueurs et tueurs à gages. Certains détenus de Pelican Bay furent démasqués, pris sur le fait en plein repérage d'établissements à braquer.

Cette même année, un membre réputé du Brand, qui opérait dans la rue, à Palm Springs, pénétra au domicile d'un dealer qui ne redistribuait pas une part suffisante de ses profits au gang. Des témoins déclarèrent à la police que le membre de l'AB avait sorti son .38 et tiré cinq balles dans la poitrine et la tête de l'homme, en avertissant tout le monde dans la pièce que c'était pour « les camarades » – la Fraternité aryenne » – du Nord, à Pelican Bay, et en les prévenant que de nouveaux frères étaient libérés tous les jours.

Un an plus tard, dans une lettre déguisée en courrier judiciaire recommandé, le gang évoquait ses projets d'« acheter un entrepôt avec des bureaux sur un vaste terrain ». L'auteur de la lettre, un membre sur le point d'être libéré, ajoutait : « Je l'équiperai d'une bibliothèque juridique bien garnie, d'un ordinateur de bureau pour les recherches informatiques, d'un photocopieur, d'une salle de musculation, d'une table de billard, d'une télé grand écran, d'un garage à voiture et à moto avec des outils, de terrains de handball, etc. Ce sera le Brand Ranch. [...] Ce sera notre base pour nous tous, dehors. »

Vers la même période, un membre de longue date de l'AB, un personnage réputé, révéla aux autorités judiciaires qu'il avait été approché par le gang au supermax du Colorado, qui lui avait réclamé son aide technique pour la confection de bombes. Le gang, avait-il été informé, planifiait des attentats terroristes contre des bâtiments fédéraux, un peu partout sur le sol américain. « Cela devient irrationnel, déclara-t-il aux autorités après avoir refusé son aide au gang. On parle de voitures piégées, de camions piégés, et de lettres piégées, là. »

Juste au moment où la Fraternité semblait prête à effectuer ce virage particulièrement violent, Jessner lâchait la meute de ses marshals. Près de quarante ans après sa naissance, le gang se retrouvait en état de siège.

Le tribunal où se déroulerait l'un des premiers procès contre le Brand se situait au milieu d'une zone forestière verdoyante, à Benton, dans l'Illinois, à environ quarante-cinq kilomètres de la prison de Marion. Il avait été construit en bordure d'une clairière en rotonde, et se dressait non loin d'une dizaine de magasins en briques désaffectés. Certains de ces magasins avaient été fermés ; d'autres affichaient des pancartes annonçant des déstockages, comme s'ils étaient destinés à connaître bientôt le même sort.

Un seul meurtrier présumé de l'AB, qui était mentionné dans le volumineux acte d'accusation dressé par Jessner, tombait aussi sous la juridiction du procureur fédéral du district sud de l'Illinois. Le procès, qui débuta en septembre 2003, était centré autour de la personne de

David Sahakian, l'acolyte le plus redouté de McElhiney, l'homme qui était réputé avoir fait poignarder un détenu parce qu'il l'avait bousculé pendant un match de basket. Il était accusé d'avoir commandité à deux associés présumés le meurtre d'un braqueur de banques de trente-sept ans, un certain Terry Walker, au cours d'une guerre raciale à la maison d'arrêt de Marion. Sahakian, ainsi que ses deux hommes liges, risquait la peine de mort. Le procès offrit un aperçu de ce qui se produirait à Los Angeles, où Jessner projetait l'inculpation de quarante autres individus, dont McElhiney et le Baron.

Alors que le procès de Benton n'impliquait qu'un membre de l'AB et deux de ses associés, les marshals barricadèrent le bâtiment entier. Pour la première fois de l'histoire de ce tribunal, des barrières en ciment avaient été disposées tout autour de son enceinte. Pour accéder à l'intérieur, j'ai dû franchir deux portiques de détecteurs de métaux.

Près d'une dizaine de marshals, vêtus de costumes noirs, chaussés de noir, ont conduit les accusés, aux poignets et aux chevilles entravés, dans la salle d'audience. Sahakian portait un pantalon gris et une chemise grise à manches courtes. Chez lui, tout était imposant : ses mains, son ventre, son front haut et fuyant. Alors que, sur des photographies plus anciennes, il montrait une barbe broussailleuse – qui avait apparemment inspiré son surnom, la Bête –, il arborait maintenant un simple bouc, qui lui faisait un visage encore plus large.

Son épouse était dans l'auditoire et, en s'asseyant, il lui a adressé un clin d'œil. Elle m'a appris qu'ils s'étaient rencontrés vingt-cinq ans plus tôt, et qu'il en avait passé vingt-trois derrière les barreaux. Menue, blonde, en minijupe bleue qui révélait des jambes sveltes et musclées, l'odeur de son parfum était prégnante. Assise juste derrière lui, elle prit des notes pendant tout le procès. À un moment, elle m'a murmuré : « Ils répètent sans arrêt que c'est un boss de l'Aryan Brotherhood, et qu'il donnait des ordres à tout le monde. Mais moi, je n'y crois pas. Il n'est pas même capable de me donner des ordres, à moi. »

Un pathologiste est venu à la barre, l'accusation a fait projeter sur un grand écran une photographie du corps de Walker. Le cadavre était couché sur une table métallique. Il avait des taches de sang sur la poitrine, les yeux étaient grands ouverts, et la bouche semblait s'être figée au milieu d'une phrase. Le pathologiste décrivit chaque blessure à l'arme blanche. Ensuite, il a placé la flèche de son pointeur sur un trou dans la région du cœur – c'était cette blessure qui l'avait tué, affirmait-il.

Aucun des accusés n'a levé les yeux vers l'écran et, à part les marshals et la femme de Sahakian, les bancs du public étaient déserts. Pas un membre de la famille de la victime n'était présent. Jessner m'avait averti que la plupart de ces victimes avaient déjà été exclues de la société et, quand elles se faisaient tuer, peu ou pas de gens se souciaient de leur sort. « J'éprouve une certaine obligation de défendre ceux qui n'ont personne pour les défendre », m'avait-il signifié.

Après une interruption de séance, l'accusé qui était présumé avoir maintenu la victime pendant l'agression a refusé de sortir de la salle de détention. Le juge a ordonné aux marshals de l'amener de force. Sahakian s'est levé d'un bond en déclarant que ce n'était pas nécessaire. « Si je retourne là-bas, s'est-il écrié sur un ton impérieux, il sortira de là ! » Enfin, un marshal est passé dans la salle de détention et il a escorté le prévenu en salle d'audience. Ce dernier est entré avec une lenteur étudiée et il a fixé le procureur du regard. « Qu'est-ce que tu mates, toi, bordel ! » a-t-il vociféré.

Six marshals l'entourèrent aussitôt. Il s'est assis, en flanquant sa chaise dans l'entrejambe d'un des agents.

Ensuite, l'ordre rétabli, un détenu qui avait aidé à poignarder plusieurs prisonniers noirs est venu à la barre en qualité de témoin de l'accusation. Nous avons vu Sahakian caresser les accoudoirs de sa chaise du bout des doigts. Chaque fois que le témoin formulait des allégations contre lui, il semblait s'accrocher encore plus fermement à sa chaise. Ses phalanges blanchissaient. Finalement, il a lancé un coup d'œil vers le parterre, vers moi, et m'a jeté : « Ne croyez pas un mot de ce qu'il raconte. C'est qu'un rat de pissotière.

– N'emploie pas ce langage, chéri, l'a repris sa femme.

– Métaphoriquement parlant », a-t-il corrigé.

Plusieurs détenus qui avaient déclaré aux autorités être prêts à se présenter en tant que témoins avaient aussi précisé que cela les effrayait. L'un d'eux a insisté : depuis qu'il s'était retourné contre l'AB, sa famille avait reçu des menaces. Un autre, qui avait fourni des éléments de preuve, restait dans sa cellule, et se raccrochait à son chapelet. Il disait : « Je réciterai mes prières, histoire de pas finir avec soixante-quinze trous dans la peau. »

Jessner était assis à son bureau de procureur adjoint, dans un bâtiment fédéral de Los Angeles, occupé à préparer ses requêtes préalables. Dans l'attente du verdict dans le procès de Benton, il lui fallait se tenir prêt non seulement pour un procès, mais potentiellement pour cinq ou six, car il était impossible de regrouper en toute sécurité la totalité des quarante prévenus en salle d'audience. Ce même impératif de sécurité constituait en effet déjà un défi en soi ; la plupart des détenus, y compris McElhiney et le Baron, étaient enfermés dans des cellules individuelles au West Valley Detention Center, à l'extérieur de Los Angeles. On avait trouvé de la drogue et des lames de rasoir cachés sur certains accusés.

Redoutant que le gang tente de se retourner contre les siens, le procureur adjoint avait placé quelques membres de l'AB dans d'autres prisons. Dans une lettre, le Baron avait écrit ceci à un autre membre du gang : « Il est sans doute nécessaire que nous fassions l'effort de procéder à une évaluation détaillée du caractère, de la personnalité et du degré d'engagement de chaque frère, car nous recelons actuellement parmi nous une grave pourriture qui est en fait un véritable cancer potentiel ! » Il précisait que cela devrait constituer « une priorité absolue de les rayer de la surface de la terre ! ».

Jessner disait savoir que le gang s'efforçait de sauvegarder ses activités, mais il n'en restait pas moins optimiste quant aux procès à venir. « Je ne peux pas affirmer avec certitude qu'un autre gang risque ou non de prendre la place de la Fraternité, ou si de nouveaux chefs remplaceront les anciens, a-t-il admis. Mais je sais que si nous réussissons, cela enverra un message clair : l'Aryan Brotherhood ne peut plus tuer en toute impunité. »

Il s'est levé et s'est dirigé vers la salle du tribunal, pour assister à une audience préliminaire. Il portait un costume anthracite qui semblait trop ample pour sa mince carrure. Je lui ai demandé si, comme certains le craignaient, on avait « mis son nom dans le chapeau » – si on l'avait ciblé pour l'assassiner.

Il a blêmi.

« Je n'en sais rien, a-t-il reconnu. Le chapeau est grand, il contient sous doute pas mal de noms », a-t-il ensuite ajouté.

Le procureur fédéral avait mis en place une sécurité renforcée, notamment en lui attribuant une place dans un parking sécurisé à proximité. L'un de ses collègues avait refusé de travailler sur l'affaire, parce que sa femme s'y était opposée.

« J'ai des craintes, a lâché le jeune procureur adjoint. Vous ne pouvez pas vous empêcher d'avoir des craintes. »

Il a marqué un temps de silence et m'a regardé. S'il s'arrêtait, il aurait des remords. « Je ne crois pas que vous deviez être passible de la peine de mort parce que vous avez braqué une épicerie de quartier. Je ne crois pas que nos prisons doivent se partager entre les prédateurs et leurs proies. » En se dirigeant vers la salle d'audience, il a achevé sur ces mots : « Je ne crois pas que ce soit ce que notre système entend par justice. »

Le procès contre l'Aryan Brotherhood déboucha sur près de trente condamnations. Les deux chefs les plus redoutés et les plus puissants du gang, Barry Mills et T. D. Bingham, furent déclarés coupables de meurtre, de conspiration et de racket. Le jury était toutefois indécis sur une condamnation à la peine de mort, et ils furent condamnés à la détention à perpétuité sans possibilité de remise en liberté conditionnelle. David Sahakian, dont le premier procès à Benton aboutit à un jury sans majorité sur le chef d'inculpation relatif au meurtre de Terry Walker qu'il aurait commandité, fut plus tard de nouveau jugé et déclaré coupable. Il fut condamné à vingt années de réclusion. Après avoir échoué à obtenir la peine de mort contre les chefs du gang, le ministère public abandonna les charges contre Michael McElhiney ; il ne devrait pas sortir de prison avant 2035, il sera alors âgé de soixante-quinze ans.

Crimetown, USA

La province du crime

Les meurtres commis à Youngstown, dans l'Ohio, avaient un côté ordonné. Ils se produisaient généralement tard dans la nuit, à une heure où il n'y avait pas de témoins, où seules brûlaient encore les lueurs des hauts-fourneaux dans les aciéries. Tout le monde croyait savoir qui étaient les tueurs – ils habitaient dans le quartier, souvent un peu plus loin dans la rue –, mais personne n'avait jamais rien pu prouver. Leurs méthodes étaient quelquefois simples : une balle dans la nuque ou une bombe attachée sous le capot d'une voiture. Ou alors, d'autres fois, comme le jour où ils avaient eu John Magda, ils optaient pour davantage de mise en scène, neutralisant leur victime avec un pistolet paralysant et lui entourant la tête de ruban adhésif jusqu'à ce qu'elle ne puisse plus respirer.

Ensuite, il y avait ceux qui disparaissaient, tout simplement. La police retrouvait leur voiture sur le bord de la route, inoccupée, ou des assiettes encore chaudes à la table où ils avaient dîné. Les victimes avaient été supprimées, au sens propre du terme. Une touche artistique, c'était le seul signe des meurtriers : une douzaine de roses blanches à longue tige que les victimes recevaient systématiquement avant de disparaître.

Ainsi, en 1996, par une soirée d'été, quand Lenny Strollo ordonna un contrat, il n'y avait aucune raison de penser que les choses se dérouleraient autrement. Strollo était le *don*, le parrain de la mafia du comté de Mahoning – une portion de territoire située dans une vallée du nord-est de l'Ohio, qui englobe Youngstown et d'autres villes plus petites comme Canfield et Campbell, et où vivent plus de deux cent cinquante mille habitants. De sa ferme de Canfield, où il entretenait ses jardins, Strollo dirigeait un réseau criminel où se pratiquaient le racket et l'extorsion de fonds, le jeu clandestin et le blanchiment d'argent. Il avait aussi la haute main sur nombre de meurtres commis dans la région. À peine quelques semaines plus tôt, il avait fait abattre son principal rival de la pègre de plusieurs balles de pistolet, en plein jour. Cette fois, le choix de sa cible était encore plus téméraire : il s'agissait de Paul Gains, le nouveau procureur du comté, récemment élu.

D'ordinaire, la mafia ne « liquidait » pas de hauts responsables à des postes électifs, mais ce procureur, âgé de quarante-cinq ans, avait résisté à toutes les enveloppes et à toutes les offres de contribution à ses campagnes électorales. Qui plus est, Strollo avait appris que Gains comptait engager pour principal chargé d'investigations la bête noire de la mafia, un agent du FBI, Bob Kroner, l'homme qui, depuis une vingtaine d'années, traquait le crime organisé dans la région.

Comme à son habitude, Strollo avait multiplié les niveaux de décision, afin que rien ne puisse remonter jusqu'à lui. Tout d'abord, il avait donné l'ordre initial à Bernie le Juif, sur l'autorité musclée duquel il comptait. Ensuite, Bernie avait engagé Jeffrey Riddle, un trafiquant de drogue noir devenu tueur à gages qui se vantait de devenir sans doute « le premier nègre à être accueilli un jour dans la famille ». Ce dernier enrôla ensuite sa propre équipe, un tandem : Mark Batcho, un criminel méticuleux qui dirigeait l'un des gangs de cambrioleurs les plus habiles du pays, et Antwan Harris (alias Mo Man la Pédale), dealer de crack et tueur qui, vivait encore chez sa mère.

Quelques mois plus tard, le soir du réveillon de Noël, ainsi que l'expliquèrent plus tard Batcho et Harris, les trois hommes rassemblèrent tout leur nécessaire dans des sacs : talkies-walkies, cagoules, gants, scanner des fréquences de la police, revolver .38 et un sachet de cocaïne à placer sur la scène du crime, de manière à faire croire à un meurtre lié à la drogue. Après le coucher du soleil, le trio partit en voiture en direction de la maison du procureur, dans une banlieue de Youngstown. Gains n'était pas encore rentré chez lui – à l'intérieur de son domicile, tout était éteint – et Batcho sortit de la voiture, pour aller attendre derrière un lampadaire, près du garage. Il équipa son revolver d'un chargeur rapide, lui permettant de tirer plus vite. Ensuite, il testa le talkie-walkie à activation vocale, mais ne reçut aucune réponse. Il réessaya – rien. Sidéré, il retourna à la voiture en courant, pour signaler aux deux autres qu'il ne pourrait tuer personne s'il y avait « zéro communication ».

Les trois comparses allèrent se garer sur un parking non loin de là, où ils programmèrent leurs téléphones portables afin de pouvoir s'appeler d'une simple pression sur une touche.

Quand ils retournèrent au domicile de Gains, qu'ils longèrent au pas, ils remarquèrent un véhicule dans l'allée du garage, et les lumières allumées à l'intérieur de la maison. « OK, fit Riddle. Tu sors et tu me termines le boulot. »

Batcho descendit de voiture, avec l'arme et le sachet de cocaïne. Il s'approcha de la maison, le buste cassé en deux, le cœur battant. La porte du garage était ouverte. « Hé, monsieur ! » lança-t-il, mais personne ne répondit, et il continua d'avancer. Une porte menant à l'intérieur était elle aussi entrouverte, et il décida d'entrer. En progressant dans un couloir, il entendit Gains parler au téléphone dans la cuisine, juste à quelques pas devant lui. Il se précipita, fit irruption dans la pièce, le canon de son arme braqué sur l'abdomen du procureur. Il pressa sur la détente, puis ouvrit une seconde fois le feu. Paul Gains s'effondra, une mare de sang s'écoulant de son avant-bras et sous son flanc. Batcho s'approcha encore un peu plus, et la victime leva les mains pour parer le coup. Le tueur visa la région du cœur et pressa la détente, il y eut bien recul de la culasse, mais l'arme s'enraya.

Il ressortit de la maison en courant, trébucha dans l'obscurité. Il tomba et, en se relevant, appuya sur la touche du portable, s'écria : « C'est fait ! Venez me chercher ! » Il vit la voiture s'avancer du bout de la rue et se rua dans sa direction. Elle ralentit, il s'engouffra à l'arrière, s'accroupit au sol.

« Tu l'as tué ? s'enquit Riddle.

– Je crois, fit le tueur, pas sûr de lui.

– Tu n'en sais rien ? insista Riddle.

– Le flingue s'est enrayé. »

Harris le considéra froidement.

« Pourquoi t'as pas ouvert un tiroir et attrapé un couteau à viande pour le finir à coups de lame ? » s'étonna-t-il.

Riddle décréta qu'ils devaient retourner sur place terminer la besogne, mais à cet instant le scanner des fréquences de la police crépita, transmettant l'information sur les coups de feu. Riddle écrasa la pédale de l'accélérateur et fonça, empruntant des rues peu fréquentées. Redoutant de tomber sur une patrouille de police qui les obligerait à s'arrêter, Harris jeta l'arme par la fenêtre. Les hommes se rendirent compte que le chargeur rapide manquait, et se mirent à échanger des invectives. Là-dessus, le scanner diffusa la nouvelle : Gains était encore vivant.

Ce fut l'une des tentatives de meurtre les moins habilement menées de toute l'histoire du comté. La police retrouva le chargeur rapide devant la maison du procureur, ainsi qu'une empreinte de chaussure bien nette. En quelques jours, le journal local, le *Vindicator*, publiait un portrait-robot du tireur. Pourtant, la scène de crime trahissait une telle désorganisation que les enquêteurs en conclurent que les hommes de Strollo ne pouvaient être derrière cette agression. Gains expliqua à des amis que si la mafia s'en était chargée il serait mort. Batcho, qui avait décidé de se grimer et de porter des déguisements, cessa peu à peu de se cacher. Une fois encore, tout portait à croire que les meurtriers demeureraient impunis.

Ensuite, plusieurs mois après, au printemps 1997, le procureur reçut un coup de fil à son domicile.

« Vous êtes bien Paul Gains ? lui demanda une femme.

– Oui, fit-il. Qui est à l'appareil ?

– Je sais qui vous a tiré dessus », lui répondit-elle.

Quand cette femme révéla sur cet acte criminel des informations détaillées que peu de gens auraient pu connaître, Gains convoqua Kroner et les autres agents du FBI, tous en plein milieu d'une opération qu'ils montaient depuis trois ans contre le crime organisé dans la vallée de Mahoning. Le lendemain, Kroner et ses hommes rendirent visite à l'auteur de cet appel : c'était une ex-petite amie d'un comparse des exécuteurs du contrat. « Je sais tout, leur dit-elle. Je connais d'autres victimes auxquelles ils se sont attaqués. »

Ses informations conduiraient les autorités jusqu'aux trois assassins et, pour la première fois dans l'histoire du comté, les aideraient à percer à jour un contrat de la mafia. Simultanément, Kroner et le FBI découvraient une entreprise criminelle qui semblait inconcevable à l'époque moderne. Les forces de l'ordre avaient commencé à voir clair dans ce qui était alors considéré comme le comté le plus corrompu d'Amérique – un endroit où la mafia avait régné depuis près d'un siècle et où elle contrôlait pratiquement toutes les composantes de la société locale. L'influence de *don* Strollo s'étendait à un chef de la police, au procureur sortant, au shérif, à l'ingénieur des travaux publics du comté, à des policiers, à un directeur des services juridiques municipaux, à des avocats, à des politiciens, à des juges et à un ancien procureur général adjoint des services fédéraux. En juillet 2000, l'enquête du FBI s'était soldée par plus de soixante-dix condamnations. À présent, Kroner et ses collègues resserraient l'étau sur le personnage politique le plus puissant de la région, un homme qu'ils avaient pu enregistrer près de vingt ans plus tôt montant ses combines avec la mafia, mais qui leur avait toujours échappé depuis lors : James Traficant, un élu du Congrès des États-Unis.

La vallée de Mahoning est aujourd'hui l'une des régions les plus sinistrées d'Amérique, mais bien avant cela, ce fut un boom économique qui favorisa l'ascension de la pègre locale. Au cours de la première moitié du XXe siècle, la vallée était l'épicentre d'une industrie de l'acier en pleine expansion. Les aciéries tournaient nuit et jour, leurs cheminées noircissant le ciel. Des milliers d'immigrés – Polonais et Grecs, Italiens et

Slovènes – investissaient la région, s'imaginant avoir trouvé la Ruhr américaine. Dans le même temps, les racketteurs croyaient avoir découvert leur petit Chicago. Les rues étaient pleines de bars où les métallos venaient boire des coups en jouant au *barbut*, un jeu de dés d'origine turc, et où des *capi*, coiffés de feutres blancs et armés de stylets, ramassaient les mises, ou les « jetons », comme les appelaient les locaux. Comme Chicago, Buffalo et Detroit, Youngstown avait tout ce qu'il fallait à la mafia pour prospérer : une population immigrée pléthorique, accoutumée à l'arbitraire et à un pouvoir usant de la violence, une économie florissante, des responsables politiques et une police malléables.

Pourtant, Youngstown était trop petite pour que la mafia y crée sa propre famille et, dès 1950, le racket se développant au point de devenir un secteur pesant plusieurs millions de dollars, les familles mafieuses de Pittsburgh et Cleveland commencèrent à s'affronter pour le contrôle de la région. Des voitures et des magasins furent les cibles d'attentats à la bombe – autant d'avertissements pour quiconque concluait la mauvaise alliance. Une station de radio locale diffusait des messages publicitaires payés par le service public où l'on entendait un *bang* assourdissant suivi de ce slogan : « Assez de bombes ! » En 1963, le *Saturday Evening Post* signalait : « De hauts responsables [locaux] frayent ouvertement avec des criminels. Les arrestations de racketteurs sont rares, les condamnations encore plus rares et les sentences lourdes quasi inexistantes. » Le journal surnommait la région « Crimetown, USA » – la province du crime.

En 1977, la guerre des familles se fit encore plus violente. Elle opposait la faction de Joey Naples et Lenny Strollo, contrôlée par la mafia de Pittsburgh, aux frères Carabbia – surnommés Charlie le Crabe et Orlie le Crabe –, qui s'étaient ralliés à celle de Cleveland. « Tous les matins ou presque, on se levait, on montait dans sa voiture et on avait l'impression d'apprendre un nouveau meurtre », m'a confié Bob Kroner, l'agent du FBI.

Spider et Peeps, deux petits truands, se firent l'un et l'autre descendre à quelques semaines d'intervalle. Ensuite, le chauffeur de Joey Naples fut abattu alors qu'il changeait un pneu dans son allée de garage et, après cela, un acolyte de Peeps fut fauché de plusieurs balles devant son appartement. Ensuite, on découvrit John Magda dans une décharge, la tête enveloppée de ruban adhésif, et un bookmaker qui avait déjà survécu à un attentat à la bombe fut mortellement blessé alors qu'il regardait la télévision avec sa femme. Ensuite, ce fut le tour de Joey DeRose Senior, pris par erreur pour son fils, Joey DeRose Junior, un tueur à gages de la famille Carabbia, et, quelques mois plus tard, le même Joey Junior se faisait liquider à son tour. « Oh, non, mon Dieu, ils ont eu Joey ! » hurla son amie quand la police lui annonça qu'on avait retrouvé la voiture qu'il conduisait, en flammes sur une route de campagne entre Cleveland et Akron, dans l'Ohio.

En 1976, Kroner arriva à Youngstown et s'immergea dans ce monde meurtrier de la pègre. Ancien prof de maths dans le secondaire, il avait troqué les manuels scolaires contre un insigne en 1971, et on l'apercevait en ville, avec son costume et sa cravate impeccablement repassés, filant des tueurs de sombre réputation et frappant aux portes de l'All-American Club et autres repaires de la mafia. Bien qu'issu d'une famille de flics, parmi lesquels son propre père, Kroner n'en avait pas du tout l'allure : trop grand et trop mince, presque frêle, il n'avait pas le côté affranchi de ses collègues qui jouaient aux dés à l'ombre du palais de justice. Dans une ville où beaucoup de types circulaient en bottes, il était chaussé de mocassins et s'exprimait dans un langage un peu châtié.

Selon le rapport interne et plusieurs informateurs du Bureau, son prédécesseur du FBI se serait acoquiné avec des gangsters avant d'être plus tard nommé chef de la police de Youngstown, à la demande de la mafia. Pour sa part, Kroner manifestait son hostilité aux parrains locaux. Ombrageux et timide, il passait des heures seul dans son bureau exigu, fumant cigarette sur cigarette en écoutant des conversations interceptées entre les différentes factions mafieuses. Tel un cartographe comblant les vides sur une carte, il dressait de petits diagrammes pour chaque famille mafieuse, auxquels il ajoutait de nouveaux éléments chaque fois qu'il recevait un tuyau d'un informateur. Il faisait tout son possible pour démanteler les entreprises de la mafia : il mettait les téléphones sous écoute, prenait en filature leurs Cadillac immaculées, citaient leurs amis à comparaître. Strollo et ses acolytes ne tardèrent pas à lui accoler cette épithète sans équivoque : « l'enculé ».

En décembre 1980, Charlie le Crabe, chef de la faction de Cleveland, disparut sans laisser de traces et, peu après, Kroner perquisitionnait l'appartement du personnage, l'un des tueurs les plus notoires de la ville. Le logement était envahi de toutes sortes de bibelots et autres babioles, et l'officier de police et son équipier passèrent chaque pièce au peigne fin. Dans un placard, l'agent du FBI remarqua une boîte à pain et l'ouvrit. À l'intérieur, calée entre des morceaux de pain rassis, il y avait une cassette audio. Il l'écouta, et entendit des voix masculines s'exprimer en ces termes : « C'est un trouillard et un enculé », et « Sois tu joues le jeu avec nous, soit on te fout dans une boîte en sapin ». Deux de ces voix, il en était sûr, appartenaient à Charlie et à son frère, Orlie le Crabe. Il y en avait aussi une troisième, qu'il crut reconnaître pour l'avoir entendue à la télévision et à la radio. Puis tout à coup, cela lui revint : c'était James Traficant, une ancienne star du football universitaire américain, récemment élu shérif de Youngstown.

Plus tard, agissant sur la base d'un renseignement, Kroner et son équipier firent percer le coffre-fort de la sœur des Carabbia, et y trouvèrent une cassette similaire accompagnée d'un mot rédigé à la main. « Si je meurs, ces cassettes doivent aller au FBI à Washington, était-il écrit. Je sens que de plus en plus de gens en ont après moi, à cause de ces cassettes et [...] je prie et j'implore Dieu d'être mon guide et de protéger ma famille. »

De retour au siège du FBI, Kroner et ses collègues écoutèrent cette seconde bande, où plusieurs voix entremêlées discutaient de tels ou tels responsables publics qui, selon eux, se faisaient acheter par la famille rivale de Pittsburgh.

« Tu crois qu'ils les tiennent tous, ces enfoirés ? demandait Orlie.

– Je sais que lui, ils le tiennent, répondait Traficant, en se référant à un politicien de premier plan.

– Ah oui, lui, c'est sûr qu'ils le tiennent », renchérissait Charlie.

Traficant marquait un temps de silence, comme s'il réfléchissait à d'autres noms qu'il avait en tête.

« Je ne les connais pas tous, finissait-il par admettre. Mais je sais qu'il y en a un bon paquet, putain. »

Face à sa rivale de Pittsburgh contrôlant autant de politiciens de la vallée, la faction de Cleveland avait compris qu'il lui fallait aussi s'attacher les services de quelques élus puissants. Et ces cassettes, apparemment enregistrées par Charlie le Crabe lors de deux réunions, au cours de la campagne électorale du shérif, en 1980, permettaient de les entendre, selon toute vraisemblance, occupés à acheter Traficant. « Je suis une enflure, mais une enflure loyale, expliquait ce dernier aux frères Carabbia, ma loyauté vous est acquise, et maintenant il faut qu'on monte le même genre d'affaire que les autres gèrent depuis toutes ces années, bordel, que vous puissiez récupérer toute cette activité, parce que c'est ce qui vous intéresse. C'est pour ça que vous m'avez financé ma campagne, et je l'ai bien compris. »

Ils semblaient avoir conclu un accord à l'ancienne : Traficant reconnaissait avoir touché plus de cent mille dollars de la faction de Cleveland pour sa campagne ; en échange, il promettait de s'appuyer sur les services du bureau du shérif pour protéger les opérations de racket des Carabbia tout en mettant des bâtons dans les roues à leurs rivaux.

Charlie répondait ensuite à Traficant : « Ton oncle Tony était mon *goomba* [...] et on te considère comme notre frère. On veut pas que tu fasses d'erreurs, putain. » Traficant assurait à ses bienfaiteurs qu'il était fiable, et que si l'un de ses adjoints les trahissait, « il finira par aller barboter au fond de [la] Mahoning ».

Pourtant, d'après le contenu des bandes, ce n'était pas ses adjoints qui inquiétaient le plus Traficant, mais la mafia de Pittsburgh. Charlie n'ignorait pas que le nouveau shérif avait aussi accepté de l'argent de Pittsburgh – environ soixante mille dollars. (Le premier versement était accompagné de ce message : « Je veux que tu sois mon ami. ») Et le jeune candidat au poste de shérif allait maintenant doubler la famille de Pittsburgh : il venait de reverser au moins une partie de l'argent de celle-ci à Charlie le Crabe afin de prouver sa loyauté, et, il le savait, quand la famille de Pittsburgh l'apprendrait, elle se vengerait. « Écoute, Charlie, j'ai pas envie de claquer dans six mois », lui répliquait à son tour Traficant.

Kroner et ses collègues purent l'entendre échafauder un plan pour se protéger de la mafia de Pittsburgh et des hauts responsables qu'elle contrôlait. « Je suggère de voir les choses comme ça, OK ? continuait-il. Ils peuvent toujours aller voir les juges et obtenir qu'ils leur donnent ce qu'il leur faut. [...] Ce qu'ils n'ont pas, c'est le shérif, et là, [...] moi, j'ai une longueur d'avance. » Le jour de sa prestation de serment et de sa prise de fonctions, Traficant promettait donc d'utiliser une partie de l'argent que lui avait remis la famille de Pittsburgh comme une pièce à conviction, afin d'arrêter ses membres pour tentative de corruption. Qui plus est, il préparait déjà ce que les deux frères et lui-même déclareraient si les autorités devaient découvrir leurs accords secrets : « J'en avais tellement ras-le-bol de ce pouvoir local corrompu que je suis venu vous voir, vous deux, les mecs, pour vous demander si vous voudriez bien m'aider à leur casser les reins, et vous m'avez répondu : "Et merde [...] et oui, on va t'aider." OK ? C'est ça que vous déclarerez au tribunal.

– Et Orlie, lui aussi ? fit Charlie. Il a le cœur malade...

– Écoutez [...] c'est pas des paroles en l'air, merde, reprenait Traficant. S'ils jouent aux cons avec moi, je les serre. »

Il était manifestement impressionné de l'audace de son propre plan. « Non mais, si vous réfléchissez, songeait-il tout haut, si je faisais ça, putain...

– Tu pourrais te présenter, te faire élire gouverneur », achevait Charlie.

Et ils éclataient tous de rire.

Après que Kroner et ses supérieurs eurent examiné le contenu de ces cassettes, ils convoquèrent l'intéressé au siège du FBI. L'agent n'avait encore jamais rencontré le shérif. Lorsque celui-ci s'installa dans le fauteuil face à lui, il l'observa. L'homme, qui avait quarante et un ans et avait travaillé autrefois dans les aciéries, était un personnage imposant, large d'épaules, aux épais cheveux châtains ondulés. (Des années plus tard, on révélerait que sa mèche crantée était un postiche.) Kroner commença par lui confier qu'il l'avait vu jouer au poste de quarterback dans l'équipe universitaire de Pittsburgh. Un recruteur de talents de la NFL avait un jour dit de lui qu'« au moment critique du match », il préférait « garder la balle et courir avec », en culbutant tous ceux qui se mettaient en travers de son chemin.

Ce qui se produisit ensuite lors de cette entrevue avec Traficant reste controversé. Selon une déposition sous serment devant la cour de Bob Kroner et d'autres agents présents, il aurait demandé au shérif s'il menait une enquête sur le crime organisé dans la vallée. Traficant lui aurait répondu par la négative. L'homme du FBI lui aurait ensuite demandé s'il connaissait Charlie le Crabe et son frère Orlie. L'autre prétendit avoir seulement entendu parler d'eux.

« Vous ne les avez jamais rencontrés ? s'enquit Kroner.

– Non, affirma Traficant.

– Vous n'avez jamais touché d'argent de leur part ?

– Non », répéta-t-il.

Ensuite, Kroner sortit la cassette :

TRAFICANT : « Ils m'ont filé soixante mille dollars. »
ORLIE LE CRABE : « Ils ont filé soixante. Et nous, on verserait combien ? »
TRAFICANT : « OK, disons cent trente. »

Au bout de quelques secondes, Traficant se tassa dans son siège.

« J'ai plus envie d'écouter ça, déclara-t-il selon Kroner. J'en ai assez entendu. »

Dans la version des événements qu'en livra le FBI, le shérif admettait avoir touché cette somme, et il acceptait de coopérer en échange de son immunité. Devant deux témoins, il signait des aveux formulés en ces termes : « Pendant la période où j'ai mené campagne pour le poste de shérif du comté de Mahoning, dans l'Ohio, j'ai accepté de l'argent […] et il était convenu que certaines activités illégales seraient tolérées dans le comté de Mahoning après mon élection et que, dans ma fonction de shérif, je ne ferais rien pour empêcher ces activités. » Mais plusieurs semaines après, affirme le FBI, Traficant ayant compris qu'il allait devoir démissionner de son poste de shérif et que la raison de sa démission serait rendue publique, il se rétracta. « Occupez-vous de vos affaires, déclara-t-il à Kroner, et je m'occupe des miennes. » Ou, d'après ce qu'il déclara plus tard à un journaliste d'une chaîne de télévision locale : « Tous ces gens qui essaient de me mettre en prison n'ont qu'à aller se faire foutre. »

Kroner et le FBI l'avaient arrêté parce qu'il aurait prétendument accepté cent soixante-trois mille dollars de pots-de-vin de la mafia. L'acte d'accusation stipulait qu'il avait « sciemment et volontairement agi pour s'associer, conspirer, se liguer et s'entendre » avec des racketteurs en vue de commettre des actes criminels enfreignant les lois des États-Unis. Il encourait une peine maximale de vingt-trois ans de prison. À la stupéfaction générale, il décida d'assurer lui-même sa défense devant la cour, alors même qu'il n'était pas avocat et que le juge l'avait averti qu'« à peu près aucun individu sain d'esprit » ne tenterait une chose pareille.

Le jour du procès, au printemps 1983, Traficant plaida sa cause en arpentant la salle d'audience, simplement vêtu d'un pantalon et d'une chemise à manches courtes. Il déclara au jury très exactement ce qu'il s'était promis de dire, sur les cassettes des Carabbia : il menait « l'opération la moins orthodoxe qui soit de toute l'histoire du monde politique de l'Ohio ». Jouant un rôle qui, affirmait-il, méritait « un Oscar », il soutint devant le jury et le public médusés qu'il agissait depuis le début en tant qu'agent infiltré, tâchant de convaincre les frères Carabbia qu'il était de leur côté, afin de pouvoir ensuite se servir d'eux pour démanteler l'autre faction plus puissante, celle de Pittsburgh. « Ce que j'ai décidé, et que j'ai très soigneusement mis au point, insista-t-il, consistait à élaborer un plan qui me permettrait de désorganiser et d'anéantir l'influence politique et la mainmise de la mafia sur le comté de Mahoning. »

Il admit avoir touché de l'argent de la pègre, mais soutint qu'il l'avait fait uniquement parce qu'il voulait empêcher son adversaire dans cette campagne d'encaisser ces sommes à sa place. S'il admettait avoir signé « une déposition » devant le FBI, il affirmait qu'elle différait « des aveux » qui avaient été présentés à titre de preuve. Il avait menti aux agents du Bureau à propos de ce montage, insistait-il, car il ne pouvait se fier à eux, et sans l'intervention de Kroner et du FBI il aurait nettoyé le comté le plus corrompu du pays. « Le point essentiel que je veux mettre en avant, c'est celui-ci, acheva-t-il. Je me suis infiltré dans la mafia. J'ai baisé la mafia. »

Quand Bob Kroner vint faire sa déposition, il déclara sous serment qu'il avait vu Traficant signer ces aveux, et le shérif se leva d'un bond en hurlant : « C'est un mensonge total ! » Durant le contre-interrogatoire, sarcastique, il se moqua ouvertement de son adversaire du Bureau fédéral d'investigation : « Oh, je vois », ou « Ah, non, Bob ». En se dédoublant, Traficant se désignait lui-même par cette formule – « mon client » –, et il demandait aux journalistes de l'assistance : « Alors, comment j'me débrouille ? » Dans une région gangrenée par la corruption et méfiante envers les autorités fédérales, il se transforma en héros populaire. On organisait des soirées en son honneur, et des gens du comté portaient des T-shirts à la gloire de son combat judiciaire. Peu importait que l'IRS (le fisc) ait plus tard établi, dans le cadre d'une procédure civile où il invoquerait le cinquième amendement, qu'il était coupable d'avoir touché des pots-de-vin et pratiqué l'évasion fiscale[1]. Ou que la somme qu'il aurait prétendument acceptée comme une preuve de ce montage n'ait jamais été restituée. Ou que l'un de ses adjoints ait déclaré à la barre que l'accusé lui avait plusieurs fois demandé de lui tirer dessus pour laisser croire à une tentative de meurtre de la mafia, un moyen de retarder le procès. (« Il voulait que je le blesse, pas que je l'estropie », s'empressa de préciser cet adjoint du shérif.)

Traficant comprenait la société locale mieux que quiconque. Il ne fallut que quatre jours au jury pour décider de l'acquitter de toutes les charges pesant contre lui. Charlie le Crabe se trompait sur un point : Traficant ne deviendrait pas gouverneur – il finirait par se faire élire au Congrès des États-Unis.

Quand il s'installerait à Washington, en 1985, le tissu économique de la vallée de Mahoning était déjà en pleine décomposition. La demande mondiale d'acier chutait, plongeant la région dans une récession quasi permanente. Des aciéries fermaient, les façades des grands magasins étaient condamnées par des panneaux de contreplaqué. À la fin de la décennie, la population de Youngstown avait perdu plus de vingt-huit mille habitants, tandis que le ciel, chargé de plomb pour un demi-siècle, virait presque au bleu.

Traficant, qui serait plusieurs fois réélu au Congrès à des majorités écrasantes, tempêtait contre ces fermetures. À la fin des années 1980, quand l'une des dernières aciéries de la région déposa son bilan, il s'exprimait comme Charlie le Crabe. « Je pense qu'on n'en est plus au stade

1. Le cinquième amendement interdit de condamner deux fois un accusé pour le même crime, lui octroie le droit de refuser de témoigner contre lui-même, et par conséquent de s'incriminer lui-même.

des palabres », prévint-il, arguant que si le propriétaire des lieux dépouillait une entreprise industrielle locale, alors il faudrait que quelqu'un « le prenne à la gorge, histoire de lui allonger le cou de quelques centimètres ».

Si la prospérité avait jadis attiré la pègre dans la vallée, la dépression cimenta son pouvoir. À Youngstown, ces mêmes classes socioprofessionnelles qui avaient tant fait pour briser la culture de la mafia à Chicago, Buffalo et New York dans les années 1970 et 1980 avaient pratiquement cessé d'exister.

La majorité des habitants des classes moyennes de la vallée étaient partis, ou avaient tout simplement cessé d'appartenir à ces classes moyennes. Et ce fut ainsi que Youngstown connut une variante d'un phénomène que les sociologues ont pu décrire ailleurs, dans d'autres centres-villes américains. La ville perdit les piliers de sa société civile – ses médecins, ses avocats et ses experts-comptables. Les rares personnalités respectables qui subsistaient au sein de la société locale finirent marginalisées ou muselées. Toutes les hiérarchies inhérentes au statut social, à la réussite et aux valeurs morales en furent inversées. Cela engendra une génération de Batcho, qui idolâtraient les caïds comme d'autres enfants vénéraient les stars du base-ball, les Mickey Mantle ou les Joe DiMaggio. (Batcho lui-même, qui arborait un tatouage d'un parrain de la mafia au bras gauche, racontait fièrement qu'il avait « pris une balle pour lui ».)

Entre-temps, Lenny Strollo et ses associés, en quête de joueurs pour leurs casinos à court de liquidités, se mirent à ratisser du côté des dealers de drogue et des petits criminels locaux, seuls individus ayant encore du cash à dépenser. La mafia, qui, en son temps, avait pu concurrencer la société civile locale, était désormais sur le point de la supplanter. Jusqu'en 1997, dans la petite ville de Campbell, *don* Strollo contrôlait au moins 90 %

des affectations au sein des services de police. Il arrangea le concours d'entrée des fonctionnaires afin de pouvoir se réserver la nomination du chef de la police et de la quasi-totalité de ses agents. Le directeur des affaires juridiques de la ville venait à son domicile lui soumettre la liste des candidats à d'éventuelles promotions, que le parrain étudiait de près, effectuant ses choix. Un avocat habitué de cette ville m'a expliqué que Strollo était en mesure de « décider quels meurtriers finissaient en prison et lesquels circulaient librement ».

En 1996, trois tueurs à gages de la mafia, dont Mo Man Harris, s'apprêtaient à aller abattre une nouvelle cible quand, d'après le témoignage de certains occupants du véhicule, la police de Campbell les arrêta pour excès de vitesse. Les flics trouvèrent à bord un fusil AK-47, un revolver Magnum .357 et un pistolet neuf millimètres. L'un des tueurs se servit de son téléphone portable pour appeler Jeff Riddle, qui se précipita sur les lieux et soutint aux policiers que ces hommes se chargeaient d'une commission pour Bernie le Juif. Les flics les laissèrent filer.

Lors des rares cas où la police arrêta un mafieux d'envergure, Strollo et ses comparses graissèrent la patte des juges. Un jour, un magistrat refusa tout arrangement dans une affaire d'agression, et Strollo envoya Batcho muni d'un talkie-walkie et d'une arme équipée d'un silencieux se charger de l'avocat de la défense, Gary Van Brocklin, afin de provoquer l'annulation du procès. Plus tard, Batcho se remémora l'épisode en ces termes : « Je lui dis : “C'est toi l'avocat, Gary Van Brocklin ?” Il me fait : “Oui, c'est moi…” Et je lui tire une balle dans le genou. » Andy Arena, qui était le supérieur de Kroner au FBI, m'a rapporté ceci : « Je ne vois pas comment un avocat de la défense pourrait gagner honnêtement sa vie dans cette ville. »

L'influence de Strollo s'étendait aussi à l'élu du Congrès dans la vallée. L'homme lige de Traficant dans le district, Charles O'Nesti, faisait office de « porteur de valises » entre Strollo et les fonctionnaires corrompus de la ville, ainsi que le principal intéressé l'admettrait lui-même plus tard. (Traficant avait engagé O'Nesti en 1984, et ce malgré les propos qu'il tenait sur les fameuses cassettes, quand il évoquait O'Nesti en petit gars de la pègre qu'il se ferait un plaisir d'arrêter, dans le cadre de sa soi-disant opération mains propres visant à nettoyer la vallée.) Quand il travaillait pour Traficant, O'Nesti rencontrait Strollo à la ferme du parrain ou manigançait avec lui au téléphone. Les deux hommes traficotèrent même pour dérober une portion de dallage que les services de la ville étaient en train de poser.

L'opération du FBI qui démantèlerait peu à peu ce réseau de corruption débuta en 1994. À ce stade, Kroner avait deux filles adultes et, depuis qu'il avait cessé de fumer en recourant à l'hypnose, sa silhouette élancée avait épaissi de plusieurs kilos. Un matin, alors qu'il retrouvait d'autres agents dans leurs bureaux de la ville assez exigus, il se sentait démoralisé. Il avait récemment assisté à l'enlisement d'une de ses rares réussites triomphales : quatorze mois après avoir obtenu une condamnation contre Strollo pour jeu illégal, il avait vu son ennemi juré ressortir de prison et réaffirmer son pouvoir. Même quand nous les coffrons, en conclut Kroner, ils refont surface.

Avec ses collègues, il opta donc pour une nouvelle méthode. Au lieu de s'attaquer à la pègre par le sommet, comme ils l'avaient fait dans le passé, ils allaient commencer par le bas, avec les collecteurs de fonds des loteries clandestines et les petits croupiers manieurs de râteau des tables de *barbut*. L'enquête reposait sur la théorie des fourmis chez les charpentiers – si vous ne les éliminez pas toutes, elles se remettent simplement à proliférer. Kroner m'a expliqué ceci : « D'emblée, nous avons clairement établi que nous ne nous arrêterions qu'après avoir atteint le noyau, et si cela supposait de conclure des marchés avec des gens contre lesquels nous détenions pourtant quantité de preuves, nous n'hésiterions pas. »

L'un des premiers interlocuteurs qu'ils convainquirent de coopérer était un bookmaker local, un certain Michael Sabella, dont les vêtements sentaient toujours le poisson. Après avoir été interrogé par les policiers fédéraux dans une affaire distincte, il accepta de porter un micro lors de ses tournées dans les salles de jeux du comté. Par la suite, il fournit assez de pièces à conviction aux enquêteurs pour qu'ils puissent placer sur écoute plusieurs protagonistes du bas de l'échelle de l'entreprise de Strollo, aux ramifications tentaculaires, ce qui leur permit de récolter assez de preuves pour écouter d'autres téléphones, et ainsi de suite. Kroner et ses équipiers, John Stoll et Gordon Klau, consacraient leurs journées et leurs nuits à passer au crible ces transcriptions d'écoutes. « Nous avons vraiment soumis notre vie familiale à de fortes tensions, confiait un jour Kroner à un journaliste. C'était une période difficile. »

Pourtant, après plus d'une année de ce régime, ils n'avaient toujours pas pénétré le cercle rapproché de Strollo. Espérant « secouer le cocotier », selon la formule du jeune agent du Bureau, ils effectuèrent plusieurs descentes dans des salles de jeux clandestines. Après quoi, ils avaient établi suffisamment de liens avec Strollo pour qu'un juge leur accorde l'autorisation d'installer des dispositifs de surveillance dans la cuisine du parrain et de placer ses lignes téléphoniques sur écoute. Le responsable du FBI et ses collègues ne tardèrent pas à recueillir des fragments de conversations compromettantes. Ils surprirent notamment des propos relatifs à ce qui ressemblait à un complot pour racketter un prêtre et des allusions à ce qu'« un enfoiré avait fait avant [...] qu'on lui démonte la tête ».

À un certain stade, Kroner reçut un tuyau de la part d'un informateur : Strollo projetait de tuer l'un de ses rivaux, Ernie Biondillo. Se sentant une obligation morale d'avertir la cible, il décrocha son téléphone et l'appela.

« C'est Bob Kroner, ici, lui dit-il. Vous savez qui je suis ?

– Ouais, je sais qui vous êtes.

– Bien, j'ai besoin de vous voir seul à seul. »

Ils se rencontrèrent ce soir-là sur un parking plongé dans l'obscurité. Biondillo était au volant de sa Cadillac, et s'immobilisa à la hauteur de la voiture de l'agent. Les deux hommes se parlèrent, vitres baissées. L'homme du FBI espérait que sa mise en garde encouragerait Ernie Biondillo à coopérer avec les enquêteurs. Mais l'autre ne cessait de répéter : « Qui c'est qui veut me buter, bordel ? »

À la fin, Kroner le regarda avec lassitude.

« Je ne peux pas vous le dire. Je ne suis pas venu ici pour déclencher une guerre. »

Incapable d'obtenir une réponse, le rival de Strollo redémarra, au volant de sa Cadillac. Quelques mois plus tard, il roulait dans sa voiture et s'engageait dans une rue déserte quand deux véhicules le bloquèrent. Deux hommes aux visages dissimulés par des masques en caoutchouc, pistolet au poing, ouvrirent le feu et le tuèrent.

Bien que Kroner eût la certitude que c'était Strollo qui avait ordonné de liquider Biondillo, le FBI ne disposait toujours d'aucune preuve permettant de l'arrêter. Mais à l'été 1996, les forces de l'ordre resserraient l'étau et Strollo, qui le sentait, devenait de plus en plus paranoïaque. Au téléphone, il s'exprimait presque exclusivement en langage codé. Un jour, il eut le pressentiment qu'un de ses confidents de longue date portait un micro, alors que ce n'était pas le cas. Une autre fois, il s'était convaincu qu'un avion passant dans le ciel surveillait un de ses bookmakers. Quand quelqu'un tenta de le calmer, il rétorqua sèchement : « C'est de ma vie que tu parles, là. [...] Moi, je dois me battre pour ma survie. »

Peu à peu, il se laissait dévorer par son ennemi juré, l'agent Bob Kroner. Au téléphone, il lui arrivait de s'exclamer : « Bob, est-ce que tu m'entends ? Est-ce que tu m'entends ? » Il envoya l'un de ses hommes vérifier si le père de l'agent du FBI ne pourrait pas se laisser acheter, ce qui serait un moyen d'avoir la mainmise sur son renégat de fils, mais il revint avec l'information que le père était tout aussi incorruptible. Sachant ses téléphones sur écoute, Strollo tenta de disséminer de fausses pièces à conviction afin de laisser entendre que Kroner en croquait, lui aussi. Il raconta à certains de ses acolytes que l'homme du FBI avait reçu des enveloppes de Little Joey et qu'il participait au trafic de drogue dans la vallée.

Un jour, il se montra menaçant envers Kroner et les agents du FBI. « Je sais pas ce que je vais devoir leur faire, à ces types », lâcha-t-il. Peu de temps après, à l'insu du Bureau, il ordonnait l'assassinat de Gains. L'opération bâclée – et le coup de téléphone de « la femme humiliée », ainsi que la désignait Kroner quand il parlait de l'ancienne petite amie du membre de la mafia qui avait téléphoné à Gains – relança l'enquête du FBI. En 1997, Bernie le Juif, Riddle et Harris furent tous les trois accusés de tentatives de meurtre. Batcho marchait près de sa maison quand une voiture banalisée s'arrêta derrière lui et deux hommes en sortirent d'un bond.

« Vous êtes Mark Batcho ? lui lança l'un d'eux.

– Non, je suis pas Mark Batcho. Je le connais pas. »

Malgré ses dénégations, on le plaça en détention provisoire, et il devint ce qu'il appelait lui-même « la plus minable des formes de vie » – une balance de la mafia. Kroner et ses hommes avaient fini par infiltrer le « noyau ». Par une froide matinée, peu de temps après Noël 1997, des agents du Bureau ratissèrent la vallée, arrêtant plus de vingt-huit membres de la mafia. Kroner en personne se présenta à la porte de Strollo avec un mandat d'arrêt. Alors qu'on le menottait, le parrain l'interpella : « Tu es content, maintenant, Bob ? »

En fin de compte, presque tous les sous-fifres de Strollo plaidèrent coupables, multipliant les dépositions les uns contre les autres, sauf Bernie le Juif et Riddle, les deux hommes qui avaient adopté le code sicilien de l'honneur, alors même qu'ils n'avaient jamais réussi à se faire coopter au sein de la mafia. « Les seuls qui avaient un peu de couilles, c'était un bamboula et un youpin », remarqua l'un des avocats concernés par le dossier.

Juste avant le début de son procès, Bernie affirma que jamais Strollo ne se retournerait contre eux et ne romprait son serment de silence. Mais au moment même où Bernie tenait ces propos, Strollo concluait un marché avec l'accusation. Et le parrain admit devant Kroner : « Tu as gagné. »

« Je vais sans doute être inculpé au cours des prochains mois », déclara James Traficant sur la chaîne C-SPAN, les yeux rivés à la caméra. C'était en mars 2000, presque vingt ans après sa première arrestation par Kroner et le FBI. L'élu du Congrès, qui menait alors campagne pour son neuvième mandat à la Chambre des représentants, portait costume et cravate noirs, sa mèche crantée rebiquait plus que d'habitude et ses longues côtelettes lui donnaient des airs de motard vieillissant. Au cours de ses seize années au Congrès, il avait acquis une réputation de populiste excentrique. Il montait souvent à la tribune de la Chambre, dans ses costumes en polyester, évoquant les difficultés de la classe ouvrière et se répandant en propos peu amènes contre le fisc. Il achevait tous ses discours par cette formule qui était devenue sa marque de fabrique : « Téléportez-moi, monsieur le président[1] ». Dans une ville politisée et sans mémoire, il s'était tout simplement fait connaître comme « l'honorable député de l'Ohio ».

Cette fois-là, il avait l'air de n'avoir pas dormi depuis plusieurs jours. « Les faucons rôdent, les busards rôdent, les requins rôdent [...] ils essaient tous de couler l'élection de Traficant », balbutiait-il. Il s'interrompait, les joues rouges. « Laissez-moi vous dire une chose : il y a vingt ans – pas tout à fait vingt ans –, j'étais le seul Américain de l'histoire des États-Unis à gagner contre le département de la Justice. [...] Depuis ce jour, ils n'ont pas arrêté de me prendre pour cible. » Pointant le doigt vers l'objectif, il continuait : « Cette fois, c'est moi qui les prends pour cible. Ils n'ont pas intérêt à commettre d'erreur. [...] Je suis en rage et [...] je vais me battre comme un chien perdu sur une décharge en plein milieu d'un ouragan, et [...] si je finis par gagner, vous avez devant vous à cet instant l'un des hommes les plus riches d'Amérique, parce que je vais les traîner en justice et je vais les dépouiller de tous ce qu'ils possèdent. »

Plus étranges encore que ses mises en garde au département de la Justice et au FBI – et que l'avertissement qu'il abattrait toute personne qui se présenterait de nuit devant chez lui –, il y eut ces menaces de Traficant contre son propre parti. Il avertissait que si les dirigeants démocrates ne le soutenaient pas il changerait de parti. Et, à titre de compensation supplémentaire pour sa loyauté, il réclamait pour son district toute une série d'avantages :

1. Formule inspirée de la célèbre réplique de *Star Trek* : « Téléportation, Scotty. »

« Je veux obtenir une zone franche de la part du président des États-Unis – et je compte dessus dès cette année – et je veux des crédits budgétaires supplémentaires. » En somme, tout cela évoquait fortement des manœuvres d'extorsion, auxquelles il se livrait sur une chaîne de télévision nationale, non seulement contre les élus du Congrès, mais aussi contre le président des États-Unis.

Ses menaces survenaient après que les autorités avaient déjà inculpé plusieurs individus liés à lui. Il y avait parmi eux O'Nesti, son principal adjoint et le porteur de valises de Strollo ; un avocat radié du barreau qui l'avait autrefois conseillé et qui était impliqué dans les projets d'assassinat du procureur Paul Gains ; et un ancien adjoint qui avait officié au sein du bureau du shérif et qui avait récemment plaidé coupable d'avoir accepté des pots-de-vin de la mafia. D'après des rapports évoqués en détail et pour la première fois dans le *Vindicator* et le *Plain Dealer* de Cleveland, les enquêteurs cherchaient à savoir si, entre autres délits, l'élu du Congrès ne profitait pas d'avantages indus – notamment la mise à disposition d'une Chevrolet Corvette – de la part de certains de ses acolytes dans la vallée. Les autorités avaient ciblé deux frères, Robert T. et Anthony R. Bucci, qui possédaient une entreprise de revêtements de sols située dans le district de Traficant et qui aurait livré des matériaux et effectué des travaux de construction dans la ferme de vingt-sept hectares du parlementaire. Les deux frères paraissaient mêlés aux réseaux de corruption de la ville. Sur l'une des écoutes du FBI, on pouvait entendre O'Nesti s'entendre avec Strollo pour faciliter la signature d'un contrat d'un million de dollars au bénéfice de l'entreprise des frères Bucci. Depuis lors, Robert Bucci avait fui les États-Unis après avoir apparemment transféré des millions de dollars vers un compte offshore dans les îles Caïmans.

Tout au long de l'enquête, Traficant avait fermement proclamé son innocence, et la vallée s'apprêtait à vivre un second procès épique. « Et maintenant, je vais vous dire ceci, insistait-il sur la chaîne C-SPAN, et je m'adresse au département de la Justice. [...] Si vous avez l'intention de m'inculper, inculpez-moi en juin pour que je puisse être traduit en justice pendant les vacances parlementaires du mois d'août. Je ne veux pas qu'une seule voix me manque. »

Alors que le FBI paraissait sur le point d'appréhender Traficant, j'ai fait le voyage à Youngstown, espérant en apprendre davantage sur le dossier à charge contre ce parlementaire et sur l'emprise de la mafia dans cette région. J'eus beau arriver en milieu de journée, le centre-ville était étrangement désert, comme si les habitants, appelés quelque part hors de la ville pour aller faire une course de dernière minute, n'étaient jamais revenus. Des rangées de vitrines étaient condamnées par des feuilles de contreplaqué, et les façades ornementées des immeubles menaçaient ruine. Enfin, j'ai vu de la lumière dans un magasin de vêtements, où un vieil homme pliait des costumes italiens. Je suis entré et je l'ai interrogé au sujet du parlementaire. Il m'a répondu : « Personne arrivera à se débarrasser de Traficant. Il est trop malin. » Il se rappelait non sans bienveillance ses « hommes de main », y compris Strollo, qui lui achetaient des costumes sur mesure. « Eux, ils ne portaient pas de costumes rouges ou roses comme ceux de maintenant », m'a-t-il dit. Quand j'ai insisté sur la corruption locale, il a haussé les épaules. « Et après ? Si vous travaillez, si vous gagnez votre vie, et si personne vous embête, pourquoi il faudrait se mêler de tout ça ? »

Ce soir-là, dans un restaurant, plusieurs natifs de Youngstown qui avaient entre soixante-dix et quatre-vingts ans étaient assis autour d'une table et discutaient de l'élu du Congrès.

« Traficant, il rapporte, a remarqué l'un de ces hommes. C'est ce qui compte.

– C'est sacrément vrai ! » s'est exclamé un autre.

Un convive d'allure frêle, aux cheveux blancs, m'a confié : « Quand j'avais huit ans, je livrais des journaux dans le centre, et je passais tout le temps devant ce bar clandestin, le dimanche après-midi. Eh bien, un jour, le propriétaire me dit : "Je voudrais te présenter quelqu'un." Alors je suis entré et c'était Al Capone. » Il a marqué un temps de silence, avant de répéter : « Al Capone. »

Un autre monsieur à cette table, qui était demeuré silencieux, s'est écrié subitement : « Vous voyez ? Ça, c'est typique de Youngstown. Voilà un homme instruit, un avocat, Traficant est un de ses dieux, et il s'extasie encore d'avoir rencontré Al Capone. »

Par la suite, Mark Shutes, anthropologue de l'université d'État (dont le campus se situait à Youngstown), et qui avait étudié la région, m'a exposé ce qui suit : « Tout notre rapport à la société, tant pour nous que pour notre descendance, s'est fondé sur l'idée que le monde est ainsi fait. […] Au sein de cette société locale, personne ne considère que les gangsters seraient des individus qui auraient imposé leur volonté à la collectivité. Leurs valeurs sont les nôtres. »

Lors d'une récente campagne de la primaire démocrate, en vue de l'élection du représentant de la région au Congrès, Traficant s'est trouvé confronté à deux adversaires qui s'en sont pris à ses liens supposés avec la pègre, en soulignant qu'il serait bientôt mis en accusation. Pourtant, l'intéressé a remporté cette primaire avec davantage de voix que ses deux principaux concurrents réunis. Il semblait invulnérable. Certains parlementaires républicains avaient même commencé à prendre sa défense, apparemment dans l'espoir qu'il mette à exécution ses menaces de changer de camp. « Jimmy Traficant n'est pas correctement traité, a ainsi déclaré Steve LaTourette, représentant républicain de l'Ohio, au *Plain Dealer*, le quotidien de Cleveland. C'est vraiment un homme incomparable, un parlementaire incomparable, un être humain incomparable. »

Enhardi par ces soutiens et déterminé une fois encore à se rallier ses concitoyens, sur une note de défi, Traficant a présenté O'Nesti comme un « bon ami », et estimé qu'un shérif local convaincu de racket devrait être transféré dans une prison moins éloignée de Youngstown pour être plus près de sa mère malade. Et il a évoqué les agents du FBI en ces termes : « Ces fils de diplômés ne m'intimideront pas, et ils vont arrêter de me casser les pieds. »

Tout en refusant de nous adresser la parole, à mes collègues journalistes et à moi (« Je ne ferai de déclaration officielle que lorsqu'ils m'auront tué pour de bon », a-t-il lancé), son équipe de campagne et lui ont diffusé un véritable torrent de communiqués attaquant tous ceux qui s'en prenaient à lui : « UNE PROPOSITION DE LOI TRAFICANT CRÉERAIT UNE NOUVELLE AGENCE POUR ENQUÊTER SUR LE DÉPARTEMENT DE LA JUSTICE », annonçait un de ces communiqués. Un autre signalait : « TRAFICANT VEUT QUE LE PRÉSIDENT LANCE UNE ENQUÊTE SUR LES AGENTS FÉDÉRAUX À YOUNGSTOWN ». À la tribune de la Chambre des représentants, où ses déclarations jouissaient d'une immunité contre toute procédure en diffamation, il se montrait encore plus audacieux. « Monsieur le président de la Chambre, j'ai la preuve que certains agents du FBI de Youngstown, Ohio, ont violé la loi RICO et [...] dérobé des sommes importantes en liquide, affirmait-il. Et, ce qui est pire encore, ils ont "suggéré" à l'un de leurs informateurs sur le terrain de commettre un meurtre. Un *meurtre*, monsieur le président. »

Avant mon départ de Youngstown, j'ai fait un saut au siège local du FBI et j'ai rencontré Arena et Kroner. Ce dernier était en costume et mocassins, bien coiffé, la raie sur le côté. Il s'est gardé de tout commentaire au sujet de l'enquête imminente visant le parlementaire, mais il était clair qu'il se sentait cerné de toute part. Le fait d'avoir réussi l'une des opérations les plus ambitieuses de l'histoire du FBI ne l'avait pas pour autant transformé en héros local, à l'image de son père. Au contraire, dans les émissions de débats radiophoniques, les soutiens de Traficant dénonçaient un « voleur », un « arnaqueur » et un « trafiquant de drogue ».

Kroner s'est épanché : « Ce qui m'a le plus déprimé, c'est quand [...] ils ont remis en cause mon intégrité. » Il a croisé les bras, et j'ai pu voir la chevalière en or qu'il portait à une main, sur laquelle était montée le médaillon de sa vingtième année de service au sein du FBI. À propos de ces attaques personnelles, « il me suffit de faire la sourde oreille », a-t-il soupiré.

« Par ici, c'est le monde à l'envers », a renchéri Andy Arena.

Après quoi, Kroner m'a proposé de me montrer la vallée. Dans le soleil couchant, nous avons roulé dans sa voiture, nous sommes passés devant les anciennes aciéries, devant la Greek Coffee House, le café grec, la Doll House et d'autres tripots, devant l'endroit où Bernie le Juif réunissait son équipe et ses hommes de main et où Strollo avait ordonné le meurtre d'Ernie Biondillo. « Nous faisons partie de cette communauté de vie, comme tout le monde, a souligné Bob Kroner. Dès lors que nous vivons dans une ville corrompue, nous aussi, nous souffrons des mêmes problèmes. » Il s'est tu un moment, peut-être parce qu'il ne voyait pas quoi ajouter, ou peut-être parce qu'il se rendait compte qu'après toute une vie consacrée à combattre la mafia il ne pouvait pas faire grand-chose de plus. Finalement, il a eu encore un mot : « Tant qu'ils choisiront d'élire des gens corrompus, rien ne changera jamais. »

En novembre 2000, Traficant fut élu pour un neuvième mandat au Congrès. Six mois plus tard, il était reconnu coupable de dix chefs d'accusation, corruption, racket, évasion fiscale et entrave à l'exercice de la justice. Parmi les charges retenues contre lui figuraient les faveurs politiques consenties aux frères Bucci en échange de travaux exécutés à titre gracieux dans l'enceinte de sa ferme, et des aides offertes à d'autres contre des milliers de dollars de bakchich. Traficant était aussi accusé d'avoir prié l'un de ses adjoints de mentir devant un grand jury fédéral et d'éliminer des preuves compromettantes. (Cet adjoint déclara aux autorités que Traficant l'avait regardé faire quand il avait approché la flamme du chalumeau d'enveloppes qui avaient un jour contenu des sommes en espèces destinées au parlementaire.)

Le procès débuta devant un tribunal de district fédéral à Cleveland en février 2002, et, comme il l'avait fait presque vingt ans plus tôt, le prévenu décida d'assurer sa défense tout seul. Il accusa le ministère public d'avoir « des testicules de fourmi » et au cours des débats, furibond, sortit de la salle d'audience. Pourtant, cette fois-là, un jury le déclara coupable de toutes les charges retenues contre lui.

Déclarant « que cet individu n'est que tromperie, corruption et rapacité », la juge condamna le prévenu à huit années de prison. En outre, elle lui ordonna de payer plus de cent cinquante mille dollars d'amendes, de s'acquitter de près de vingt mille dollars d'arriérés d'impôts, et de restituer quatre-vingt-seize mille dollars de revenus illégaux. Traficant, qui, proclamait-il, ne « se repentait d'absolument rien », hurla à la magistrate : « Dans la langue de la rue, vous m'avez bien niqué ! »

Sous les yeux de Kroner, on menotta Traficant et on le conduisit hors de la salle d'audience. Peu de temps après, l'agent du FBI prit sa retraite. Le 24 juillet 2002, la Chambre des représentants votait la révocation de Traficant par quatre cent vingt voix contre une seule – faisant de lui le deuxième parlementaire depuis la guerre de Sécession révoqué de cette institution. Durant son séjour en prison, on l'avait placé en régime d'isolement cellulaire pour avoir tenté de fomenter une émeute. En septembre 2009, après avoir purgé sept années de détention, il était remis en liberté conditionnelle. Il fut accueilli à Youngstown par l'ovation d'un millier de ses partisans, dont un bon nombre portait des T-shirts « Welcome Home Jimbo ». Il annonça qu'il y avait « 50 % de chances » pour qu'il se présente à nouveau au Congrès.

Un crime parfait

Un polar postmoderne

Dans un coin reculé au sud-ouest de la Pologne, loin de toute agglomération, le fleuve de l'Oder fait un brusque méandre pour former une petite crique. Les berges, voilées par les pins et les chênes qui les dominent, sont recouvertes d'herbes folles. Seuls des pêcheurs arpentent régulièrement les lieux : la baie regorge de perches, de brochets et de carassins. Par une froide journée de décembre 2000, trois amis lançaient leurs lignes, quand l'un d'eux remarqua quelque chose qui flottait près de la rive. Il pensa d'abord que c'était une bûche mais en s'approchant il crut voir des cheveux. Le pêcheur héla l'un de ses amis, qui poussa l'objet du bout de sa canne. C'était un cadavre.

Les pêcheurs appelèrent la police, qui sortit avec précaution de l'eau le corps d'un homme. Il avait un nœud coulant autour du cou et les mains liées derrière le dos. Une partie de la corde, qui semblait avoir été sectionnée au couteau, devait à un moment donné avoir relié les poignets à la nuque, retenant ainsi l'homme en trapèze arrière – une position insoutenable : le moindre mouvement aurait aussitôt resserré le garrot. Il ne faisait aucun doute que l'homme avait été assassiné. Son corps, vêtu d'un simple sweat-shirt et de sous-vêtements, portait des traces de torture. Un médecin légiste détermina que la victime n'avait quasiment aucun aliment dans les intestins, ce qui indiquait qu'il avait été affamé pendant plusieurs jours avant d'être tué. La police pensa d'abord qu'il avait été étranglé puis balancé dans le fleuve, mais un examen des fluides dans les bronches révéla des signes de noyade, ce qui voulait dire qu'il était probablement encore en vie lorsqu'il fut jeté à l'eau.

La victime – grand, brun, les cheveux longs et les yeux bleus – semblait correspondre à la description d'un homme d'affaires de trente-cinq ans du nom de Dariusz Janiszewski, qui vivait à Wroclaw, une ville à cent kilomètres de là, et avait été porté disparu par sa femme près de quatre semaines auparavant ; on l'avait vu pour la dernière fois le 13 novembre alors qu'il quittait la petite agence de publicité dont il était propriétaire dans le centre-ville. Quand la police convoqua la femme de Janiszewski pour identifier le corps, elle était trop bouleversée pour regarder, aussi la mère de Janiszewski le fit-elle à sa place. Elle reconnut immédiatement la chevelure abondante de son fils et sa tache de naissance sur la poitrine.

La police lança une enquête approfondie. Des plongeurs inspectèrent le fleuve glacé à la recherche de preuves. Des experts légistes passèrent la forêt au peigne fin. Des douzaines de collaborateurs furent interrogés, les comptes de l'entreprise de Janiszewski furent examinés. On ne trouva rien d'intéressant à signaler. Bien que Janiszewski et sa femme, qui étaient mariés depuis huit ans, aient eu des problèmes de couple à un moment donné, ils s'étaient réconciliés et s'apprêtaient à adopter un enfant. Il n'avait apparemment ni dettes ni ennemis, ni casier judiciaire. Les témoins le décrivaient comme un homme doux, un amateur de guitare qui composait de la musique pour son groupe de rock. « Il n'était pas le genre à chercher la bagarre, dit sa femme. Il n'aurait fait de mal à personne. »

Au bout de six mois, l'enquête fut abandonnée en raison d'une « incapacité à trouver le ou les responsables », pour citer le rapport du procureur. La famille de Janiszewski accrocha une croix sur un chêne près de l'endroit où le corps avait été trouvé – un des rares souvenirs de ce que la presse polonaise appela « le crime parfait ».

Un après-midi de l'automne 2003, Jacek Wroblewski, un détective de la police de Wroclaw de trente-huit ans, déverrouilla le coffre dans lequel il rangeait ses fichiers dans son bureau et en sortit un classeur marqué « Janiszewski ». Il se faisait tard, la plupart des membres du service rentreraient bientôt chez eux, et les lourdes portes en bois claqueraient, les unes après les autres, le long du grand couloir en pierre de l'immeuble – une véritable forteresse que les Allemands avaient construite au début du XXe siècle, du temps où Wroclaw faisait encore partie de l'Allemagne. (L'immeuble a des tunnels souterrains qui mènent à la prison et au palais de justice, de l'autre côté de la rue.)

Wroblewski, qui préférait travailler jusque tard dans la nuit, gardait près de sa table une cafetière et un petit réfrigérateur ; c'était à peu près tout ce qu'il aurait pu caser dans cette pièce, une espèce de cachot aux murs décorés de cartes de la Pologne et de calendriers de femmes légèrement vêtues, qu'il prenait soin de décrocher lors de visites officielles.

L'affaire Janiszewski datait de trois ans et avait été confiée à l'unité de Wroblewski par la police locale qui avait mené l'enquête initiale. Cette affaire de meurtre irrésolue, classée et plus que classée, attirait Wroblewski. C'était un grand flandrin au visage rose et joufflu, avec un début de bedaine. Il portait, pour travailler, une chemise et un pantalon ordinaires au lieu d'endosser l'uniforme, et son apparence était à la simplicité, ce qu'il tournait à son avantage : les gens lui faisaient confiance parce qu'ils pensaient qu'ils n'avaient pas de raison de le craindre. Même ses supérieurs plaisantaient sur le fait que ses dossiers devaient se résoudre tout seuls. « Jacek » donne « Jack » en anglais, et *wróbel* veut dire « moineau » ou *sparrow* et, de fait, ses collègues l'appelaient Jack Sparrow, du nom du personnage de Johnny Depp dans *Pirates des Caraïbes*. Wroblewski se plaisait à répondre : « Je tiens plus de l'aigle. »

Après avoir obtenu son diplôme de fin d'études, en 1984, Wroblewski se mit en quête de son « but dans la vie », comme il disait, et il occupa divers postes tels qu'employé municipal, serrurier, soldat, mécanicien aéronautique et, par révolte contre le gouvernement communiste, organisateur syndical avec le comité Solidarité. En 1994, cinq ans après la chute du régime communiste, il entra dans la police, remaniée depuis peu. Les salaires des officiers de police en Pologne étaient à l'époque, et restent encore aujourd'hui, ridicules – un bleu touche à peine quelque mille dollars par an – et Wroblewski avait une femme et deux enfants à charge. Néanmoins, il avait trouvé un poste qui lui convenait. Homme à la vision strictement catholique du bien et du mal, il prenait plaisir à traquer les criminels et, après avoir épinglé son premier meurtrier, il accrocha des cornes de bouc au mur de son bureau, en symbole de sa prise.

Pendant ses rares heures de liberté, il étudiait la psychologie à l'université locale : il voulait comprendre l'esprit criminel. Wroblewski avait entendu parler du meurtre de Janiszewski, mais il n'en connaissait pas les détails, et il s'installa à son bureau pour examiner le dossier. Il savait que, dans les affaires classées, la clef pour résoudre le crime est souvent un indice négligé dans la première enquête. Il étudia le rapport du médecin légiste et les photos de la scène du crime. Un tel degré de violence, pensa Wroblewski, suggérait que le ou les responsables aient nourri un profond grief contre Janiszewski. En outre, l'absence quasi totale de vêtements sur le corps meurtri de la victime indiquait qu'on l'avait forcé à se déshabiller pour l'humilier. (Il n'y avait pas de trace d'agression sexuelle.) Selon la femme de Janiszewski, son mari avait toujours des cartes de crédit sur lui, mais elles n'avaient pas été utilisées après le meurtre – autre indice tendant à prouver qu'il ne s'agissait pas d'un simple vol.

Wroblewski lut les diverses dépositions qui figuraient au dossier de la police locale. La plus révélatrice était celle de la mère de Janiszewski, qui avait travaillé comme comptable dans l'agence de publicité de son fils. Le jour de sa disparition, elle disait qu'un homme avait appelé le bureau vers 9 h 30. Il cherchait à le joindre pour une commande urgente : « Est-ce que vous pourriez me faire trois pancartes, assez grandes, et la troisième grande comme un panneau d'affichage ? » dit-il. Quand elle demanda des précisions, la personne répondit : « Je ne veux pas en parler avec vous » et insista à nouveau pour parler directement à son fils. Elle lui expliqua qu'il n'était pas au bureau, mais lui donna son numéro de téléphone portable. L'homme raccrocha. Il ne s'était pas présenté, et la mère de Janiszewski n'avait pas reconnu sa voix, mais elle lui avait trouvé l'air « professionnel ». Pendant la conversation, elle avait entendu un bruit de fond, comme un grondement sourd. Plus tard, quand son fils arriva au bureau, elle lui demanda si le client l'avait rappelé, et Janiszewski lui dit qu'ils avaient pris rendez-vous dans l'après-midi. D'après la réceptionniste de l'immeuble, la dernière personne identifiée à avoir vu Janiszewski vivant, il quitta le bureau vers 16 heures Il laissa sa voiture, une Peugeot, au parking, ce que sa famille avait déclaré trouver très inhabituel : s'il lui arrivait souvent de rencontrer des clients à l'extérieur, en général il prenait sa voiture.

Après vérification des relevés téléphoniques, les enquêteurs découvrirent que l'appel reçu au bureau de Janiszewski avait été passé d'une cabine au coin de la rue – ce qui expliquait le bruit de fond, pensa Wroblewski. Les relevés indiquaient également qu'à peine une minute après le premier appel quelqu'un avait composé le numéro de portable de Janiszewski depuis la même cabine. Bien que les appels soient suspects, Wroblewski ne pouvait en déduire avec certitude que le correspondant était le coupable, de même qu'il ne pouvait déterminer combien d'agresseurs étaient impliqués dans le meurtre. Janiszewski mesurait plus d'un mètre quatre-vingts et pesait aux alentours de quatre-vingt-dix kilos, et on pouvait supposer qu'il avait fallu des complices pour le ligoter et se débarrasser du corps. La réceptionniste rapporta que, quand Janiszewski avait quitté le bureau, elle avait vu deux hommes le suivre, mais elle n'avait pas pu les décrire en détail. Quiconque était derrière l'enlèvement, pensait Wroblewski, avait dû être extrêmement organisé et malin. Le cerveau du crime – Wroblewski supposait que c'était un homme, à cause de la voix du correspondant – devait avoir étudié les habitudes professionnelles de Janiszewski et savoir comment le convaincre de quitter le bureau et, éventuellement, de monter dans sa voiture.

Wroblewski éplucha les documents dans l'espoir de trouver autre chose, mais il était coincé. Quelques heures plus tard, il remit le dossier dans le coffre. Cependant, les jours et les nuits qui suivirent, il ne put s'empêcher de le ressortir à plusieurs reprises. À un moment donné, il s'aperçut que le portable de Janiszewski n'avait jamais été retrouvé. Wroblewski décida de voir si le portable pouvait être pisté – une éventualité improbable. La Pologne était très en retard sur les autres pays européens en matière d'avancées technologiques, et les forces de police, étranglées financièrement, commençaient à peine à adopter des méthodes plus sophistiquées pour traquer les communications sur portable et ordinateur. Néanmoins Wroblewski s'intéressait de près à ces nouvelles techniques, et il commença une recherche minutieuse, avec l'aide du tout nouveau spécialiste en télécommunications du service. Bien que le portable de Janiszewski n'ait pas été utilisé depuis sa disparition, Wroblewski savait que les téléphones portables portent souvent un numéro de série, et son équipe contacta la femme de Janiszewski, qui leur fournit un reçu avec les informations nécessaires. À la stupéfaction de Wroblewski, lui et son collègue trouvèrent très vite une piste compatible : un téléphone portable avec le même numéro de série avait été vendu sur Allegro, un site d'enchères sur Internet, quatre jours après la disparition de Janiszewski. Le vendeur s'était enregistré sous le pseudo ChrisB[7], Krystian Bala de son vrai nom, apprirent les enquêteurs, un intellectuel polonais de trente ans.

Il semblait inconcevable qu'un meurtrier qui avait réalisé un crime aussi bien planifié ait vendu le téléphone portable de la victime sur Internet. Wroblewski se rendit compte que Bala avait très bien pu l'obtenir de quelqu'un d'autre, l'acheter dans un dépôt-vente, ou même le trouver dans la rue. Bala, qui depuis était parti vivre à l'étranger, n'était pas facile à joindre mais, comme Wroblewski enquêtait sur son passé, il apprit qu'il avait récemment publié un roman intitulé *Amok*. Wroblewski s'en procura un exemplaire ; l'illustration sur la couverture représentait un bouc dans un style surréaliste – un symbole ancien du diable. À l'instar des romans de Michel Houellebecq, le livre est sadique, pornographique et morbide. Le personnage principal, par ailleurs le narrateur du récit, est un intellectuel polonais qui s'ennuie et qui, quand il ne s'épanche pas en divagations philosophiques, boit et couche avec des femmes.

Wroblewski, qui lisait surtout des livres d'histoire, fut choqué par le contenu du roman, qui n'était pas seulement décadent mais violemment anticlérical. Il prit note du fait que le narrateur assassine l'une de ses maîtresses sans motif (« Qu'est-ce qui m'a pris ? Putain, qu'est-ce que j'ai fait ? ») et dissimule si bien son crime qu'il n'est jamais découvert.

Wroblewski fut particulièrement frappé par la méthode du meurtrier : « Je serrai le nœud coulant que je lui avais passé autour du cou. » Wroblewski remarqua ensuite autre chose : le meurtrier s'appelait Chris, une version anglaise du nom de l'auteur. C'était également le nom qu'avait utilisé Krystian Bala sur le site d'enchères sur Internet. Wroblewski commença à relire le livre plus attentivement – un flic endurci transformé en détective littéraire.

Quatre ans plus tôt, au printemps 1999, Krystian Bala s'asseyait dans un café de Wroclaw, vêtu d'un costume trois-pièces. Il s'apprêtait à être filmé pour un documentaire intitulé « Jeune Argent », sur la nouvelle génération d'hommes d'affaires arrivée en même temps que le système capitaliste prenait d'assaut la Pologne. Bala, qui avait alors vingt-six ans, avait été choisi pour le documentaire parce qu'il avait lancé une entreprise de nettoyage industriel qui utilisait des technologies de pointe venues des États-Unis. Il s'était habillé pour l'occasion, et pourtant, Bala ressemblait davantage à un poète maudit qu'à un homme d'affaires. Il avait le regard sombre, ténébreux, et d'épaisses boucles brunes lui encadraient le visage. Élancé, l'air sensible, il était tellement séduisant que ses amis l'avaient surnommé Amour. Il fumait cigarette sur cigarette et parlait comme un professeur de philosophie, ce pour quoi il avait été formé et ce qu'il comptait toujours devenir. « Je ne me sens pas homme d'affaires », confia plus tard Bala au documentariste, avant d'ajouter qu'il avait toujours « rêvé d'une carrière universitaire ».

Il avait obtenu l'équivalent des félicitations du jury au bac et, pendant ses premières années à l'université de Wroclaw, où il était inscrit de 1992 à 1997, il était considéré comme un des plus brillants étudiants en philosophie. La veille d'un examen, pendant que les autres bachotaient, lui passait souvent la nuit dehors à courir les bars et se saouler, pour finalement arriver le lendemain matin, avec les cheveux en pétard et la gueule de bois, et décrocher les meilleures notes. « Une fois je suis sorti avec lui et j'ai cru mourir en passant l'examen », se souvient son ami et ancien camarade de classe Lotar Rasinski, qui enseigne aujourd'hui la philosophie dans une autre université de Wroclaw. Beata Sierocka, un ancien professeur de philosophie de Bala, raconte qu'il avait un appétit dévorant pour la connaissance et un « esprit inquisiteur et rebelle ».

Bala, qui séjournait souvent chez ses parents à Chojnów, une ville de province aux alentours de Wroclaw, commença à rapporter des piles de livres de philosophie, jusqu'à en tapisser les couloirs et en remplir la cave. Les départements de philosophie en Pologne avaient longtemps été dominés par le marxisme, qui, comme le libéralisme, est imprégné des notions des Lumières – la raison et la recherche des vérités universelles. Bala cependant s'intéressait davantage au radicalisme de Ludwig Wittgenstein, qui soutenait que le langage, comme un jeu d'échecs, est essentiellement une activité sociale. Bala faisait souvent référence à Wittgenstein, qu'il appelait « mon maître ». Il reprenait aussi à son compte les fameuses propositions de Nietzsche : « Il n'y a pas de faits, il n'y a que des interprétations » et « Les vérités sont des illusions dont on a oublié qu'elles le sont ».

Pour Bala, ces idées subversives prenaient tout leur sens après la chute de l'empire soviétique, où le langage et les faits avaient été inexorablement manipulés pour falsifier l'histoire. « La fin du communisme a marqué la mort d'un des grands métarécits », me dit plus tard Bala, paraphrasant le penseur postmoderne Jean-François Lyotard. Bala écrivit un jour dans un e-mail à un ami : « Lis Wittgenstein et Nietzsche ! Vingt fois par jour ! » Le père de Bala, Stanislaw, qui travaillait sur des chantiers de construction et comme chauffeur de taxi (« Je suis un homme simple, sans éducation », dit-il), était fier de la réussite universitaire de son fils. Néanmoins, il lui arrivait aussi de vouloir jeter les livres de Krystian et l'obliger « à venir jardiner avec [lui] ». Stanislaw partait parfois travailler en France, et Krystian l'accompagnait régulièrement pendant l'été pour se faire un peu d'argent de poche afin de financer ses études. « Il apportait des valises pleines de livres », se souvient Stanislaw. « Il travaillait toute la journée et il étudiait la nuit. Je le taquinais en lui disant qu'il en savait plus sur la France par les livres qu'en y étant. » À cette époque, Bala se prit de passion pour la pensée française postmoderne, entre autres Jacques Derrida et Michel Foucault. Il s'intéressait particulièrement à la théorie de Derrida selon laquelle non seulement le langage est trop instable pour établir une quelconque vérité absolue, mais l'identité humaine elle-même, en tant que produit du langage, est aussi malléable. Bala écrivit une thèse sur le philosophe américain Richard Rorty, connu pour avoir déclaré : « L'art de duper ses pairs est le visage même de la vérité. »

Bala interprétait ces penseurs à sa manière, en tirant des fils ici et là, les tordant, les tournant, les déformant au besoin, jusqu'à ce qu'il en ait tressé sa propre philosophie contestataire. Pour s'amuser, il commença à se construire des mythes personnels – une aventure à Paris, une liaison avec une étudiante – et tenta de convaincre ses amis qu'ils étaient vrais. « Il racontait ces fausses histoires sur sa vie, dit Rasinski. S'il en parlait à une personne, et que cette personne en parlait à quelqu'un d'autre, qui en parlait à quelqu'un d'autre, ça devenait vrai. Ça existait dans le langage. » Rasinski ajoute : « Krystian avait même un terme pour ça. Il appelait ça la "mytho-créativité'. » Rapidement, ses amis eurent du mal à distinguer la personne réelle du personnage qu'il s'était inventé. Dans un e-mail à un ami, Bala dit : « Si un jour j'écris une autobiographie, elle sera pleine de mythes ! »

Bala se projetait en enfant terrible, qui cherchait ce que Foucault avait appelé « l'expérience-limite » : il voulait repousser les barrières du langage et de l'expérience humaine, s'affranchir de ce qu'il considérait comme les « vérités » hypocrites et oppressantes de la société occidentale, y compris les tabous sur le sexe et la drogue.

Foucault lui-même avait été attiré par le sadomasochisme homosexuel. Bala dévorait l'œuvre de Georges Bataille, qui avait fait le serment de « s'opposer comme une brute à tout système » et avait évoqué une fois l'idée de se livrer à des sacrifices humains ; de William Burroughs, qui promettait de se servir du langage pour « effacer le mot » ; et du marquis de Sade, qui tempêtait : « Ô homme ! Est-ce bien à toi de t'ériger en juge du bien et du mal ? » Bala se vantait de ses virées alcoolisées au bordel, et de céder aux tentations de la chair. Il disait à ses amis qu'il haïssait les « conventions », qu'il était « capable de tout », et insistait : « Je ne vivrai pas vieux mais je vivrai furieusement ! »

Certains trouvaient ces déclarations puériles, voire ridicules ; les autres étaient subjugués.

« Des légendes couraient comme quoi aucune femme ne pouvait lui résister », se rappelait un copain. Ses plus proches amis voyaient ses histoires comme de simples affabulations, des plaisanteries.

Sierocka, son ancien professeur, dit que Bala était en réalité toujours « gentil, énergique, travailleur et plein de principes ». Son ami Rasinski dit : « Krystian aimait penser qu'il était ce surhomme nietzschéen, mais tous les gens qui le connaissaient bien savaient que, comme ses jeux de langage, c'étaient juste des blagues. »

En 1995, Bala, désavouant son libertinage, épousa son amour de jeunesse, Stanislawa – ou Stasia, comme il l'appelait. Stasia, qui avait abandonné le lycée en cours de route et travaillait en tant que secrétaire, s'intéressait peu aux jeux de langage ou à la philosophie. La mère de Bala s'opposa au mariage, car elle jugeait que Stasia ne convenait pas à son fils. « Je pensais qu'il pouvait au moins attendre d'avoir fini ses études », dit-elle. Mais Bala voulait prendre soin de Stasia, qui l'avait toujours aimé, et en 1997 naquit leur fils Kacper. Cette année-là, Bala obtint son diplôme universitaire avec les meilleures notes possibles, et s'inscrivit en doctorat de philosophie. Bien qu'il reçût une bourse complète, il luttait pour subvenir aux besoins de sa famille, et bientôt, il quitta la fac pour ouvrir son entreprise de nettoyage. Dans le documentaire sur la nouvelle génération d'hommes d'affaires en Pologne, Bala dit : « La réalité est arrivée et m'a mis un coup de pied au cul. » D'un air résigné, il enchaîne : « Avant je peignais des graffitis sur les murs. Aujourd'hui, j'essaie de les lessiver. »

Il n'était pas doué pour les affaires. Dès qu'il avait des rentrées d'argent, racontent ses collègues, il dépensait tout, au lieu d'investir dans sa société. Dès 2000, il avait fait faillite. Son mariage aussi s'effondra. « Le problème de fond c'était les filles, confia plus tard sa femme. Je savais qu'il me trompait. » Après la rupture avec Stasia, il semblait abattu et il quitta la Pologne pour voyager aux États-Unis, puis en Asie, où il enseigna l'anglais et la plongée sous-marine.

Il commença à travailler d'arrache-pied sur *Amok*, qui reprenait toutes ses obsessions philosophiques. L'histoire fait écho à *Crime et Châtiment*, dans lequel Raskolnikov, convaincu de sa supériorité, décide de faire justice lui-même et tue une immonde usurière. « Crois-tu que le crime, ce tout petit crime insignifiant, ne serait pas compensé par des milliers de bonnes actions ? » demande Raskolnikov. Si Raskolnikov est, à l'image de Frankenstein, un monstre de la modernité, alors Chris, le protagoniste d'*Amok*, est un monstre de la postmodernité. Selon lui, non seulement le sacré n'existe pas (« Dieu, si seulement tu existais, tu verrais à quoi ressemble le sperme sur le sang »), mais il n'y a pas non plus de vérité (« La vérité est supplantée par le récit »). Un personnage admet qu'il ne sait pas laquelle des personnalités qu'il s'est fabriquées est vraie, tandis que Chris avoue : « Je suis un bon menteur parce que je crois à mes propres mensonges. »

Délivré de quelque sens de la vérité qui soit – moral, scientifique, historique, biographique, légal –, Chris entre dans une transe ravageuse. Après que sa femme l'a pris en flagrant délit d'adultère avec sa meilleure amie et quitté (Chris dit qu'au moins il lui a permis de « se débarrasser de ses illusions »), il couche avec une femme après l'autre, dans des rapports allant de passifs à sadomasochistes. Prenant le revers des conventions, il s'intéresse davantage aux femmes laides, qu'il trouve « plus vraies, plus accessibles, plus vivantes ». Il boit trop. Il éructe des insanités, déterminé, comme le dit un personnage, à pulvériser le langage, à « le baiser comme personne ne l'a encore jamais baisé ». Il ironise sur la philosophie traditionnelle, et blasphème contre l'Église catholique. Dans une scène du roman, il se saoule avec un ami et vole une statue de saint Antoine à l'église – le saint égyptien qui vivait reclus dans le désert, aux prises avec les tentations du diable, et qui fascinait Foucault. (Foucault, quand il décrit comment saint Antoine s'était tourné vers la Bible pour tenir le diable en respect, et n'y avait trouvé que la description sanglante de Juifs massacrant leurs ennemis, écrit que « le mal ne s'incarne pas dans l'individu » mais « s'inscrit dans les mots », et que même le livre du salut est capable d'ouvrir « les portes de l'enfer ».)

Pour finir, Chris bafoue ce qui tient lieu d'ultime vérité morale et tue sa petite amie Mary. « Je serrai le nœud coulant que je lui avais passé autour du cou, d'une main je la tenais en place, dit-il. Et de l'autre, je plantai un couteau sous son sein gauche. [...] Tout était couvert de sang. » Puis il éjacule sur elle. En un écho pervers à la théorie de Wittgenstein selon laquelle certaines actions défient le langage, Chris dit du meurtre : « Il n'y eut pas un bruit, pas un mot, pas un geste. Silence absolu. »

Dans *Crime et Châtiment*, Raskolnikov confesse son crime et il est puni en même temps que rédimé par l'amour d'une femme, Sonia, qui l'aide à retrouver la voie vers un ordre chrétien prémoderne. Mais Chris n'enlève jamais ce qu'il appelle ses « gants blancs de silence » et il n'est jamais puni. (« Le meurtre ne tache pas », déclare-t-il.) Et sa femme, qui, comme par hasard, s'appelle aussi Sonia, ne lui revient jamais.

Le style et la structure d'*Amok*, un dérivé de beaucoup de romans postmodernes, renforcent l'idée que la vérité est illusoire – qu'est-ce qu'un roman, après tout, si ce n'est un mensonge, une mytho-création ? Le narrateur de Bala s'adresse souvent au lecteur pour lui rappeler qu'il se laisse séduire par une œuvre de fiction. « Je commence mon récit, dit Chris. Je dois essayer de ne pas t'ennuyer. » Dans une autre fioriture typique, Chris révèle qu'il est lui-même en train de lire un livre sur la rébellion violente d'un jeune auteur à la « conscience troublée » – autrement dit, une histoire identique à celle d'*Amok*.

Tout au long du livre, Bala joue sur les mots pour souligner leur caractère insaisissable. Le titre d'un des chapitres, « *Screwdriver*[1] », fait simultanément référence à l'objet, au cocktail[2] et, métaphoriquement, à son comportement sexuel[3]. Même lorsque Chris assassine Mary, la scène ressemble à un jeu de langage. « Je sortis le couteau et la corde de sous le lit, comme si on était sur le point d'entamer un conte pour enfants, dit Chris. Je commençai à dérouler cette fable de corde et, pour la rendre plus intéressante, je me mis à y faire un nœud coulant. Tout ça me prit deux millions d'années. »

Bala acheva le livre vers la fin 2002. Il avait donné à Chris une biographie proche de la sienne, et brouillé la frontière entre auteur et narrateur. Il publia même quelques extraits du livre en ligne, sur un blog intitulé « Amok », et pendant les discussions avec les lecteurs il signait ses commentaires Chris, comme s'il était lui-même le personnage. Après la parution du livre, en 2003, un

1. « Tournevis » en français.
2. Un screwdriver est un mélange de Vodka et de jus d'orange.
3. *To screw* en anglais se traduit par « baiser ».

journaliste lui demanda lors d'un entretien : « Certains auteurs écrivent pour libérer leur… Mr. Hyde, la part d'ombre de leur psychisme – qu'est-ce que vous en pensez ? » Bala répondit en plaisantant : « Je sais où vous voulez en venir mais je ne vais pas commenter. Il se pourrait que Krystian Bala soit la création de Chris, et non l'inverse. »

Peu de libraires distribuèrent *Amok* en Pologne, en partie à cause du contenu sulfureux du roman, et ceux qui le vendirent le placèrent tout en haut des rayonnages, hors de portée des enfants. (Le livre n'est pas traduit en anglais[1].) Sur Internet, *Amok* reçut deux bonnes critiques. « Nous n'avons jamais eu un livre pareil en littérature polonaise », commenta la première, ajoutant qu'il était « paralysant de réalisme, totalement vulgaire, plein d'images paranoïaques et délirantes ». La deuxième l'appela « un chef-d'œuvre d'illusion ». Cependant, la plupart des lecteurs considérèrent le livre, comme l'affirma un des grands quotidiens polonais, « dénué de mérite littéraire ». Même un ami de Bala le rejeta comme étant « n'importe quoi ». Quand Sierocka, le professeur de philosophie, l'ouvrit, elle fut sidérée par la crudité du langage, qui était l'antithèse du style sûr et intelligent des dissertations que Bala avait écrites à l'université. « Franchement, j'ai trouvé le livre difficile à lire », dit-elle. Une ancienne petite amie de Bala avoua plus tard : « Le livre m'a choquée parce qu'il n'utilisait jamais ces mots-là. Il n'a jamais été obscène ou vulgaire avec moi. On avait une sexualité normale. »

De nombreux amis de Bala pensèrent qu'il avait voulu faire à travers la fiction ce qu'il n'avait jamais fait dans la vie : briser tous les tabous. Dans l'entretien que Bala donna après la parution du livre, il dit : « J'ai écrit le

1. Ni en français.

livre sans me soucier des conventions. [...] Un lecteur simpliste ne s'intéressera qu'à quelques scènes de violence avec des descriptions sexuelles particulièrement explicites. Mais pour qui y regarde de plus près, il verra que ces scènes sont faites pour réveiller le lecteur et [...] lui montrer à quel point ce monde est pourri, misérable et hypocrite. »

Selon l'estimation de Bala lui-même, *Amok* ne se vendit qu'à quelque deux mille exemplaires. Mais il était sûr qu'il finirait par trouver sa place dans la grande littérature. « Je suis vraiment convaincu qu'un jour mon livre sera apprécié, dit-il. L'histoire nous apprend qu'il faut parfois attendre un siècle pour que certaines œuvres d'art soient reconnues. »

Au moins sous un certain angle, le livre fut un succès. Chris était un pervers tellement authentique qu'il eût été difficile de ne pas croire qu'il était effectivement le fruit d'un esprit vraiment dérangé, et que lui et l'auteur étaient bel et bien indifférenciables.

Sur le site de Bala, des lecteurs les qualifièrent, lui comme son livre, de « grotesques », « sexistes » et « psychopathes ». Lors d'une discussion sur Internet, en juin 2003, une amie dit à Bala que son livre ne donnait pas une bonne image de lui au lecteur. Quand Bala l'assura que le livre était une fiction, elle avança que les divagations de Chris devaient bien être « [ses] pensées ». Bala s'énerva. Seul un imbécile, dit-il, croirait ça.

Le commissaire Wroblewski souligna plusieurs passages pendant qu'il étudiait *Amok*. À première vue, peu de détails du meurtre de Mary ressemblaient à l'assassinat de Janiszewski, l'élément le plus flagrant étant que la victime du roman était une femme, et une amie de longue date du meurtrier. En outre, bien que Mary ait une corde autour du cou, elle est poignardée, avec un couteau japonais, ce qui n'était pas le cas de Janiszewski. Un détail du livre, néanmoins, lui fit froid dans le dos. Après le meurtre, Chris dit : « Je vends le couteau sur un site d'enchères sur Internet. » Le rapprochement avec la vente du téléphone portable de Janiszewski sur Internet – un détail que la police n'avait jamais fait paraître au dossier – semblait trop extraordinaire pour qu'il s'agisse d'une coïncidence.

À un moment donné dans *Amok*, Chris insinue qu'il a également tué un homme. Quand l'une de ses petites amies se méfie de ses éternelles mytho-créations, il lui répond : « À quelle histoire tu ne crois pas – au fait que ma station de radio ait fait faillite ou que j'aie tué un homme qui m'a manqué de respect il y a dix ans ? » Il ajoute, à propos du meurtre : « Tout le monde prend ça pour une fable. C'est peut-être mieux au fond. Putain. Y a des moments où moi-même je ne le crois pas. »

Wroblewski n'avait jamais rien lu du postmodernisme ou des jeux de langage. Pour lui, les faits étaient aussi indissolubles que les balles. Soit tu as tué quelqu'un, soit tu ne l'as pas tué. Son boulot était d'assembler un enchaînement logique de preuves qui révélerait la vérité irréfutable. Wroblewski croyait également que, pour attraper un criminel, il fallait comprendre les forces sociales et psychologiques qui l'avaient formé. Aussi, à supposer que Bala ait tué Janiszewski ou participé au meurtre – comme Wroblewski le suspectait alors sérieusement –, il allait falloir que Wroblewski, l'empiriste, devienne postmoderniste.

À la stupéfaction de tous les membres de son service, Wroblewski fit des photocopies du roman qu'il distribua autour de lui. À chacun fut confié un chapitre à « interpréter » : pour essayer de trouver des indices, des messages codés, des parallèles avec la réalité. Comme Bala vivait à l'étranger, Wroblewski prévint ses collègues de ne rien faire pour alarmer l'auteur. Wroblewski savait que si Bala ne rentrait pas de son plein gré pour aller voir sa famille, comme il le faisait périodiquement, il serait virtuellement impossible pour la police polonaise de l'appréhender. Au moins pour l'instant, la police devait se retenir d'interroger la famille ou les amis de Bala. Au lieu de ça, Wroblewski et son équipe passèrent les rapports publics au peigne fin et interrogèrent les collègues de Bala plus lointains, pour construire un profil du suspect qu'ils comparèrent ensuite avec celui de Chris dans le roman. Wroblewski tenait officieusement une fiche de points avec leurs similitudes : Bala et sa création littéraire étaient tous les deux férus de philosophie, avaient été quittés par leurs femmes, avaient coulé leur entreprise, avaient fait le tour du monde, et buvaient trop. Wroblewski découvrit que Bala avait été détenu par la police une fois, et quand il obtint le rapport officiel, c'était comme s'il l'avait déjà lu. Pawel, l'ami de Bala qui avait été détenu avec lui, témoigna plus tard devant la cour : « Krystian est venu me voir dans la soirée et il avait une bouteille sur lui. On a commencé à boire. En fait, on a bu jusqu'à l'aube. » Pawel poursuivit : « On n'avait plus d'alcool, alors on est allés au magasin acheter une autre bouteille. Quand on est rentrés de la boutique, on est passés devant une église, et c'est là qu'on a eu une idée vraiment stupide. »

– Quelle était cette idée ? demanda le juge.

– On est rentrés dans l'église et on a vu la statue de saint Antoine, et on l'a prise.

– Pour en faire quoi ? s'enquit le juge.

– Ben, on voulait une troisième personne avec qui trinquer. Après, Krystian a dit qu'on était fous. »

Dans le roman, quand la police attrape Chris et son ami en train de boire à côté de la statue de saint Antoine, Chris dit : « Ils menaçaient de nous mettre en prison !

J'étais sidéré. [...] Je n'avais pas l'impression d'être un criminel, mais je le devenais. J'avais fait des choses bien pires dans ma vie, et je n'avais jamais souffert des conséquences. »

Wroblewski commença à décrire *Amok* comme la « feuille de route » du crime, mais certains de ses supérieurs objectèrent qu'il orientait l'enquête dans une direction plus que suspecte. La police demanda à une criminologue d'analyser le personnage de Chris, afin de mieux comprendre Bala. La psychologue écrivit dans son rapport : « Le personnage de Chris est un homme égocentrique avec de grandes ambitions intellectuelles. Il se perçoit comme un intellectuel à la philosophie unique, en raison de son éducation et de son QI élevé. Son mode de fonctionnement manifeste les caractéristiques d'un comportement psychopathe. Il teste les limites pour voir s'il peut aller jusqu'au bout de ses [...] fantasmes sadiques. Il traite les gens avec mépris, les considère comme intellectuellement inférieurs, manipule les autres pour arriver à ses fins, et est déterminé à satisfaire ses désirs sexuels en hédoniste. Si un tel personnage était réel – s'il existait pour de vrai – sa personnalité aurait pu être modelée par un sens très irréaliste de sa propre valeur. Elle pourrait aussi être [...] le résultat de graves sévices psychologiques ou d'un manque d'assurance quant à sa virilité, [...] d'un rapport pathologique à ses parents, ou de tendances homosexuelles refoulées. » La psychologue reconnut les liens entre Bala et Chris, comme le divorce ou leur intérêt pour la philosophie, mais elle prévint que de telles confusions étaient « communes chez les romanciers ». Et elle avertit : « Fonder une analyse de l'auteur sur son personnage fictif serait une grave violation. »

Wroblewski savait que les détails du roman ne pouvaient servir de preuves – il eût fallu qu'elles soient corroborées indépendamment. Or jusque-là, une seule preuve concrète liait Bala à la victime : le téléphone portable. En février 2002, le programme télévisé polonais « 997 », qui, comme la série américaine « America's Most Wanted », sollicite l'aide du public pour résoudre des crimes (997 est le numéro des urgences en Pologne), consacra une partie de l'émission au meurtre de Janiszewski.

Après l'émission, le site internet de la station diffusa les derniers renseignements sur les progrès de l'enquête, et demanda conseil au public. Wroblewski et ses hommes analysèrent les réponses avec attention. Au fil des années, des centaines de personnes avaient visité le site, de lieux aussi lointains que le Japon, la Corée du Sud et les États-Unis. Néanmoins, la police n'en retira pas la moindre piste viable.

Lorsque Wroblewski et l'expert des télécoms vérifièrent si Bala avait acheté ou vendu autre chose sur Internet sous le nom d'utilisateur ChrisB[7], ils firent une étrange découverte. Le 17 octobre 2000, un mois avant l'enlèvement de Janiszewski, Bala avait cliqué sur un manuel de police intitulé *Pendaison accidentelle, suicidaire ou criminelle* sur le site d'enchères Allegro. « Pendre une personne adulte, consciente et en bonne condition physique est très difficile, même à plusieurs », expliquait le manuel, avant de décrire différentes techniques pour attacher un nœud coulant. Bala n'acheta pas le livre sur Allegro, et il n'y avait pas moyen de savoir s'il l'avait acheté ailleurs, mais le fait qu'il ait recherché ce type d'information semblait, du moins à Wroblewski, un signe de préméditation. Toutefois, Wroblewski avait conscience que, s'il voulait inculper Bala pour meurtre, il lui faudrait davantage que les preuves circonstancielles qu'il avait réunies : il lui faudrait un aveu.

Bala resta à l'étranger, où il gagnait sa vie en publiant des articles dans des magazines de voyage et en enseignant l'anglais et la plongée sous-marine. En janvier

2005, lors d'un séjour en Micronésie, il envoya un e-mail à un ami dans lequel il disait : « Je t'écris cette lettre du paradis. »

Finalement, à l'automne, Wroblewski apprit que Bala s'apprêtait à rentrer.

« Aux alentours de 14 h 30, en sortant d'une pharmacie rue Legnicka, à Chojnów, je me suis fait attaquer par trois hommes, écrivit Bala dans une déclaration qui décrivait ce qui lui était arrivé le 5 septembre 2005, peu de temps après son retour dans son village natal. L'un d'eux me tordit les bras derrière le dos ; un autre me serra la gorge pour m'empêcher de parler, et presque de respirer. Pendant ce temps-là, le troisième me passa les menottes. »

Bala raconta que les hommes qui l'attaquèrent étaient grands, musclés, et que leurs cheveux coupés très court les faisaient ressembler à des skinheads. Ils ne lui dirent ni qui ils étaient ni ce qu'ils lui voulaient, l'obligèrent à monter dans une voiture vert foncé et lui recouvrirent la tête d'un sac en plastique noir. « Je ne voyais rien du tout, dit Bala. Ils m'ordonnèrent de me coucher face contre le sol. »

D'après Bala, ses assaillants continuèrent à le frapper en hurlant : « Sale petit con ! Fils de pute ! » Il les supplia de le laisser tranquille et de ne pas lui faire de mal. Puis il entendit un des hommes dire dans son téléphone portable : « Salut, patron ! On a la tête de nœud ! Oui, il est vivant. Qu'est-ce qu'on fait maintenant ? Au point de rendez-vous ? » L'homme continua : « Et pour l'argent ? On l'aura aujourd'hui ? »

Bala dit qu'il pensa que, parce qu'il vivait à l'étranger et était connu pour être écrivain, ces hommes devaient s'imaginer qu'il était riche et cherchaient à obtenir une rançon. « J'essayai de leur expliquer que je n'avais pas d'argent », déclara Bala. Mais plus il parlait, plus ils faisaient preuve de brutalité envers lui.

La voiture finit par s'arrêter, dans ce qui semblait être une forêt. « On peut creuser un trou pour cette merde et l'enterrer là », dit l'un des hommes. Bala peinait à respirer à travers le sac en plastique. « Je me dis que je vivais les derniers instants de mon existence, mais tout à coup ils remontèrent en voiture et repartirent », raconta-t-il.

Après un long moment, la voiture s'arrêta à nouveau, et les hommes le poussèrent hors de la voiture et le firent entrer dans un immeuble. « Je n'entendis pas de porte s'ouvrir, mais comme il n'y eut plus ni vent ni soleil, je me dis que nous étions à l'intérieur », dit Bala. Les hommes menacèrent de le tuer s'il refusait de coopérer, puis ils le menèrent en haut d'un escalier dans une petite pièce, où ils le déshabillèrent, le privèrent de nourriture, le frappèrent et commencèrent à l'interroger. Ce fut seulement à ce moment-là, dit Bala, qu'il comprit qu'il était en garde à vue, et qu'il avait été emmené pour un interrogatoire par un homme du nom de Jack Sparrow.

« Rien de tout ce qu'il raconte n'est arrivé, me dit plus tard Wroblewski. On a utilisé la procédure habituelle, et suivi la loi à la lettre. »

Selon Wroblewski et les autres officiers, ils avaient appréhendé Bala sans violence près de la pharmacie et l'avaient conduit au commissariat de police de Wroclaw. Wroblewski et Bala étaient assis face à face dans le bureau étriqué du détective ; l'ampoule du plafonnier diffusait un halo pâle, et Bala pouvait voir, accrochées au mur, les cornes de bouc qui ressemblaient étrangement à l'image sur la couverture de son livre. Bala paraissait doux, le profil parfait de l'universitaire, mais Wroblewski se souvint que, dans *Amok*, Chris dit : « C'est plus facile pour les gens d'imaginer le Christ transformer l'urine en bière que de penser quelqu'un comme moi capable d'envoyer un connard en enfer, broyé et réduit à un paquet de viande hachée. »

Au début Wroblewski évita le sujet du meurtre, en essayant de lui soutirer des informations sur son entreprise et ses relations, cachant ce que la police savait déjà du crime – l'avantage majeur de l'enquêteur. Quand Wroblewski le confronta à l'assassinat, Bala parut médusé. « Je n'ai jamais connu Dariusz Janiszewski, dit-il. Je ne sais rien du meurtre. »

Wroblewski le pressa, en insistant sur les détails qui apparaissaient dans *Amok*. Bala me dit plus tard : « C'était dingue. Il traitait le livre comme si c'était littéralement mon autobiographie. Il avait dû le lire une centaine de fois. Il le connaissait par cœur. » Quand Wroblewski évoqua plusieurs « faits » dans le roman, comme le vol de la statue de saint Antoine, Bala admit qu'il avait tiré certains éléments de sa vie. Tel que Bala me le présenta : « Oui d'accord, je suis coupable de ça. Montrez-moi un seul auteur qui ne fait pas ça. »

Là, Wroblewski sortit son joker : le téléphone portable. Comment Bala se l'était-il procuré ? Bala dit qu'il ne se souvenait plus – ça faisait cinq ans. Puis il dit qu'il avait dû acheter le téléphone dans un dépôt-vente, comme ça lui était arrivé plusieurs fois par le passé. Et il accepta de passer au détecteur de mensonges.

Wroblewski aida à préparer les questions pour l'examinateur, qui demanda :

> Juste avant que Janiszewski perde la vie, saviez-vous ce qui allait se passer ?
> Est-ce que vous l'avez tué ?
> Est-ce que vous savez qui l'a tué ?
> Est-ce que vous connaissiez Janiszewski ?

Étiez-vous à l'endroit où Janiszewski était retenu comme otage ?

Bala répondit non à chacune des questions. Par intermittence, il semblait ralentir sa respiration, comme un plongeur. L'examinateur se demanda s'il essayait de manipuler le test. Sur certaines questions, il soupçonna Bala de mentir mais, somme toute, les résultats étaient discutables.

En Pologne, après qu'un suspect a été détenu pendant quarante-huit heures, le procureur chargé du dossier est forcé de présenter ses preuves à un juge et d'inculper l'accusé ; autrement, la police est contrainte de le relâcher. Le dossier contre Bala restait faible. Wroblewski et son équipe n'avaient que le téléphone portable, que Bala aurait pu obtenir, comme il l'affirmait, en seconde main ; les résultats douteux du détecteur de mensonges, un test notoirement peu fiable ; un livre sur la pendaison que Bala n'avait peut-être même pas acheté ; et d'éventuels indices cachés dans un roman. Wroblewski n'avait ni mobile ni aveu. En définitive, les autorités ne condamnèrent Bala que pour recel d'objet volé – le téléphone de Janiszewski – et pour avoir versé un pot-de-vin dans une affaire sans rapport, que Wroblewski avait découverte au fil de son enquête. Wroblewski savait qu'aucun des chefs d'accusation n'était passible de prison, et bien que Bala soit forcé de rester dans le pays et de livrer son passeport aux autorités, globalement, c'était un homme libre. « J'avais passé deux ans à monter un dossier, et je le voyais s'effondrer sous mes yeux », se rappela Wroblewski.

Plus tard, alors qu'il feuilletait le passeport de Bala, Wroblewski remarqua les tampons du Japon, de Corée du Sud et des États-Unis. Il se souvint que le site internet de l'émission de télévision « 997 » avait enregistré que sa page avait été consultée depuis tous ces pays, ce qui avait profondément déconcerté les enquêteurs. Pourquoi quelqu'un à l'autre bout du monde s'intéresserait à un fait divers polonais ? Wroblewski compara les dates des séjours de Bala dans ces pays avec celles des visites sur le site. Elles concordaient.

Bala, pendant ce temps, était en train de devenir une cause célèbre. Alors que Wroblewski continuait à le poursuivre pour meurtre, Bala porta plainte auprès des autorités, pour enlèvement et torture. Quand Bala raconta à son ami Rasinski qu'il se faisait persécuter pour son art, Rasinski n'y crut pas. « Je me suis dit qu'il devait encore mettre au point une de ses idées tordues pour son prochain roman », se rappela-t-il. Peu de temps après, Wroblewski interrogea Rasinski sur son ami. « C'est là que je me suis aperçu que Krystian disait la vérité », dit Rasinski.

Rasinski n'en revenait pas quand Wroblewski commença à le cuisiner sur *Amok*. « Je lui ai dit que je reconnaissais certains détails de sa vie, mais que, pour moi, le livre était une fiction, dit Rasinski. C'était dingue. On ne peut pas engager une procédure contre un homme à partir du roman qu'il a écrit. » Beata Sierocka, l'ancien professeur de Bala, qui avait été convoquée pour répondre à quelques questions, dit qu'elle avait l'impression de se faire interroger par des « critiques littéraires ».

Cependant que l'affaire tournait au scandale, une ancienne petite amie de Bala, Denise Rinehart, créa un comité pour sa défense. Rinehart, une Américaine qui travaillait comme metteur en scène de théâtre, avait rencontré Bala en Pologne, en 2001, lors d'un échange universitaire à la suite duquel ils avaient voyagé ensemble aux États-Unis et en Corée du Sud. Rinehart fit passer un message sur Internet dans lequel elle écrivit : « Krystian est l'auteur d'un livre de fiction philosophique intitulé *Amok*. Une grande part du langage et du contenu est osée et de nombreuses métaphores peuvent paraître aller à l'encontre de l'Église catholique et de la tradition polonaise. Pendant qu'on le brutalisait lors de son interrogatoire, il fut maintes fois question de son livre, cité comme preuve de sa culpabilité. » Appelant le dossier la Sprawa Absurd – l'Affaire absurde – le comité contacta les associations des droits de l'homme et PEN International. Le ministère polonais de la justice croula bientôt sous les lettres de soutien à Bala venues du monde entier. L'une d'elles disait : « M. Bala mérite le respect de ses droits en vertu de l'article 19 de la Déclaration des droits de l'homme de l'ONU qui garantit la liberté d'expression. [...] Nous vous conseillons vivement de vous assurer qu'une enquête exhaustive sur les circonstances de son enlèvement et de son emprisonnement soit menée immédiatement, et que les responsables soient renvoyés devant la justice. »

Bala, dans un anglais approximatif, envoya des billets frénétiques à son comité de soutien, qui les publia dans une lettre d'information. Dans un message daté du 13 septembre 2005, Bala annonça qu'il était « espionné » et déclara : « Je veux que vous sachiez que je me battrai jusqu'au bout. » Le lendemain, il dit de Wroblewski et de la police : « Ils ont détruit ma vie de famille. On ne parlera plus jamais fort à la maison. On ne se servira plus jamais d'Internet librement. On ne téléphonera plus jamais sans se demander qui nous écoute. Ma mère prend des cachets pour rester calme. Autrement elle deviendrait folle à cause de cette accusation absurde. Mon vieux père fume cinquante clopes par jour, et moi je fume trois paquets. On dort tous trois quatre heures par nuit et on a peur de quitter la maison. Le moindre aboiement de notre petit chien nous panique et on ne sait pas à qui ou à quoi s'attendre. C'est une terreur ! Une terreur sourde ! »

Entre-temps, les autorités polonaises avaient lancé une enquête interne sur les accusations de Bala pour mauvais traitement. Début 2006, après des mois d'investigation, les enquêteurs déclarèrent qu'ils n'avaient trouvé aucune preuve dans ce sens. Dans ce cas précis, insistèrent-ils, le récit de Bala était bien une mytho-création.

« Je t'ai infecté. » Chris avertit ainsi le lecteur au début d'*Amok*. « Tu ne pourras pas te libérer de moi. » Wroblewski continuait d'être hanté par une énigme dans le roman, dont il était convaincu qu'elle était cruciale pour résoudre le crime. Un personnage demande à Chris : « Qui est le borgne parmi les aveugles ? » L'expression est dérivée d'Érasme (1469-1536), humaniste et théologien hollandais, qui dit : « Au royaume des aveugles, le borgne est roi. » Qui dans *Amok*, se demandait Wroblewski, était le borgne ? Et qui étaient les aveugles ? Dans la dernière ligne du roman, Chris prétend soudain avoir résolu l'énigme alors qu'il explique : « C'était celui qui avait été tué par jalousie aveugle. » Mais la phrase, étrangement hors contexte, ne voulait pas dire grand-chose.

Une hypothèse, tirée d'*Amok*, était que Bala avait assassiné Janiszewski après avoir commencé une liaison homosexuelle avec lui. Dans le roman, lorsque le plus proche ami de Chris lui avoue qu'il est gay, Chris dit qu'une part de lui voulait « l'étrangler avec une corde » et « creuser un trou dans un fleuve gelé et le balancer dedans ». Néanmoins, cette théorie restait douteuse. Wroblewski avait fouillé au plus profond du passé de Janiszewski et n'y avait trouvé aucun indice de son homosexualité.

Une autre théorie était que le meurtre marquait l'apogée de la philosophie détraquée de Bala – qu'il était la version postmoderne de Nathan Leopold et Richard Loeb, les deux brillants étudiants de Chicago qui, dans les années 1920, étaient tellement épris des idées de Nietzsche qu'ils avaient tué un garçon de quatorze ans pour voir s'ils pouvaient réaliser le crime parfait et devenir des surhommes. Pendant leur procès, lors duquel ils furent tous les deux condamnés à perpétuité, Clarence Darrow, le légendaire avocat qui les défendait, dit de Leopold : « Voilà un garçon de seize ou dix-sept ans qui devient obsédé par ces doctrines. Pour lui, ce n'était pas simplement un petit bout de philosophie ; c'était sa vie. » Darrow, dans l'espoir de faire échapper les garçons à la peine de mort, conclut : « Est-ce que quelqu'un mérite le blâme parce qu'il a pris la philosophie de Nietzsche au pied de la lettre, parce qu'il en a fait un modèle de vie ? […] Comment ne serait-ce pas foncièrement injuste de pendre un garçon de dix-neuf ans pour la philosophie qui lui a été enseignée à l'université ? » Dans *Amok*, si Chris parle de sa « volonté de puissance » et insiste sur le fait que toute personne qui n'est « pas capable de tuer ne mérite pas de vivre », c'est qu'il aspire clairement à devenir un *Übermensch* postmoderne. Cependant, ces sentiments n'expliquaient pas complètement le meurtre de l'inconnu dans le roman, celui dont Chris dit qu'il lui avait « manqué de respect ». Chris, en référence à ce qui s'est passé entre eux, dit en plaisantant : « Peut-être qu'il n'a rien fait de bien grave, mais le plus vicieux des diables est dans les détails. » Quand bien même la philosophie de Bala justifiait dans son esprit sa rupture avec les contraintes morales, y compris l'interdiction de tuer, ces passages suggéraient qu'il y eût encore un autre motif, un lien personnel profond à la victime – ce que la violence du crime indiquait également. Puisque Bala n'avait pas le droit de quitter le territoire polonais, Wroblewski et son équipe se mirent à questionner les amis plus proches et la famille du suspect. La plupart des personnes interrogées voyaient Bala de manière positive

– « un homme fin et intéressant », dit de lui une de ses ex-petites amies. Bala avait récemment reçu une attestation d'un ancien employeur dans une école d'anglais en Pologne, qui le décrivait comme un garçon « intelligent », « curieux », « facile d'approche », et faisait l'éloge de son « grand sens de l'humour ». La recommandation concluait : « Sans aucune réserve, j'appuie pleinement la candidature de Krystian Bala pour tout poste concernant des enfants. »

Or, comme Wroblewski et ses hommes approfondissaient leur quête du « diable dans les détails », un tableau plus sombre de la vie de Bala se faisait jour. Les années 1999-2000, pendant lesquelles sa société et son mariage basculèrent – et où Janiszewski fut assassiné –, avaient été particulièrement troublées. Un ami se souvenait que Bala à un moment donné avait « commencé à être vulgaire, et voulait se déshabiller en public et montrer sa virilité ». La baby-sitter de la famille le décrivit comme étant de plus en plus saoul et incontrôlable. Elle dit qu'il injuriait constamment sa femme, Stasia, et lui criait qu'elle couchait à droite à gauche et qu'elle le trompait.

Selon plusieurs sources, après leur séparation en 2000, il était resté possessif envers elle. Un ami, qui qualifiait Bala comme étant du « genre autoritaire », dit de lui : « Il contrôlait Stasia sans arrêt, et il surveillait ses appels. » Au réveillon du jour de l'an, en 2000, à peine quelques semaines avant que le corps de Janiszewski ne soit trouvé, Bala pensa qu'un barman faisait des avances à sa femme et, pour reprendre les termes d'un témoin de la scène, « il est devenu fou ». Bala hurla qu'il allait se charger du barman et qu'il s'était « déjà occupé de ce genre de type ». Sur le coup, Stasia et ses amis avaient mis ça sur le compte de l'alcool. Néanmoins, il avait fallu cinq personnes pour le maîtriser ; comme l'un d'entre eux le déclara à la police : « Il était devenu Amok. »

Alors que Wroblewski et ses hommes continuaient à essayer de trouver un mobile, d'autres membres de l'unité redoublaient d'efforts pour retrouver la trace des deux appels suspects adressés au bureau de Janiszewski et sur son téléphone portable le jour de sa disparition. La cabine téléphonique depuis laquelle les deux appels avaient été émis fonctionnait par carte. Sur chaque carte était inscrit un numéro unique, que la compagnie téléphonique enregistrait à chaque utilisation. Peu de temps après que Bala fut relâché, l'expert des télécoms chargé du dossier Janiszewski réussit à dépister le numéro en question. Une fois que la police obtint cette information, les autorités pouvaient retracer tous les numéros de téléphone composés depuis cette même carte. Sur une période de trois mois, trente-deux appels avaient été émis. Ils comprenaient des appels aux parents de Bala, à sa petite amie, à ses amis, et à un de ses collaborateurs. « La vérité devenait de plus en plus claire », dit Wroblewski.

Wroblewski et son équipe découvrirent bientôt un autre lien entre la victime et le suspect. Malgorzata Drozdzal, une amie de Stasia, confia à la police que pendant l'été 2000 elle était allée dans une boîte de nuit qui s'appelait le Crazy Horse, à Wroclaw. Pendant que Drozdzal dansait, elle avait vu Stasia parler à un homme aux cheveux longs et aux yeux bleus. Elle le reconnut comme étant quelqu'un du coin. Son nom ? Dariusz Janiszewski.

Wroblewski avait une dernière personne à interroger : Stasia. Mais elle avait systématiquement refusé de coopérer. Peut-être qu'elle avait peur de son ex-mari. Peut-être qu'elle croyait Bala quand il se disait persécuté par la police. Ou peut-être qu'elle redoutait l'idée de devoir un jour avouer à son fils qu'elle avait trompé son père.

Wroblewski et ses hommes approchèrent à nouveau Stasia, cette fois en lui montrant des passages d'*Amok*, qui avait été publié après sa rupture avec Bala et qu'elle n'avait jamais lu attentivement. Selon les autorités polonaises, Stasia examina les passages concernant la femme de Chris, Sonya, et fut si perturbée par les similitudes entre elle et le personnage qu'elle accepta finalement de parler.

Elle confirma avoir rencontré Janiszewski au Crazy Horse. « J'avais commandé des frites et j'ai demandé à un homme à côté du bar si les frites étaient prêtes, se remémora Stasia. Cet homme était Dariusz. » Ils passèrent toute la nuit à parler, dit-elle, et Janiszewski lui donna son numéro de téléphone. Plus tard, ils se retrouvèrent un soir et prirent une chambre dans un motel. Mais avant que quoi que ce soit ne se passe, dit-elle, Janiszewski lui avoua qu'il était marié, et elle partit. « Parce que je sais ce que c'est d'être une femme trompée par son mari, je ne voulais pas faire ça à une autre », dit Stasia. Les problèmes de couple de Janiszewski se dissipèrent bientôt, et lui et Stasia ne se revirent jamais plus.

Plusieurs semaines après son rendez-vous avec Janiszewski, raconta Stasia, Bala débarqua chez elle comme une furie, ivre mort, et la força à avouer qu'elle avait eu une aventure avec Janiszewski. Il défonça sa porte d'entrée et la frappa. Il hurla qu'il avait engagé un détective privé et qu'il savait tout. « Il a aussi évoqué être passé au bureau de Dariusz, et il me l'a décrit, se souvint Stasia. Et puis il a dit qu'il savait à quel hôtel on était allés et dans quelle chambre on était. »

Plus tard, quand elle apprit que Janiszewski avait disparu, dit Stasia, elle demanda à Bala s'il avait quelque chose à y voir, et il répondit que non. Elle n'insista pas, persuadée que malgré son comportement tumultueux il était incapable de tuer un homme. Pour la première fois,

Wroblewski pensa comprendre la dernière ligne d'*Amok* : « C'était celui qui avait été tué par jalousie aveugle. »

La cour de justice de Wroclaw était envahie de spectateurs le 22 février 2007, premier jour du procès de Bala. Il y avait les philosophes, qui se querellaient sur les conséquences du postmodernisme ; les jeunes avocats, qui voulaient connaître les nouvelles techniques d'enquête de la police ; et les journalistes, qui ne perdaient pas une seule miette de l'affaire.

« Un meurtre ne fait plus grand effet au XXIe siècle mais, de toute évidence, un meurtre raconté dans un roman, ça fait les gros titres », annonçait celui d'*Angora*, un hebdomadaire basé à Lodz.

La juge, Lydia Hojenska, prit place à la tête de la Cour, sous le blason de l'aigle blanc polonais. Selon la législation polonaise, le juge qui préside, avec le concours d'un autre juge et de trois citoyens, constitue le jury. La défense et l'accusation étaient assises à des tables en bois toutes simples ; à côté des avocats des plaignants se trouvaient la veuve de Janiszewski et ses parents ; sa mère tenait une photo de lui. Le public était rassemblé au fond de la salle et, au dernier rang, une rousse corpulente aux cheveux courts, nerveuse, donnait l'impression que sa propre vie était en jeu. C'était la mère de Bala, Teresa ; le père était trop affecté pour venir.

Tout le monde semblait avoir les yeux rivés sur une cage, comme dans un zoo, au centre de la salle. Elle faisait près de trois mètres de haut et six de large, avec d'épais barreaux de fer. Debout au milieu, habillé d'un costume de ville, Krystian Bala scrutait calmement la salle à travers ses lunettes de vue. Il risquait vingt-cinq ans de prison.

Un procès est fondé sur le principe que la vérité peut être atteinte. Or ce principe est aussi, comme l'a noté l'écrivain Janet Malcolm, une lutte entre « deux récits qui s'affrontent », et « l'histoire qui résiste le mieux à l'entrechoc des règles de l'indice et des preuves est celle qui l'emporte ». Dans ce cas, le réquisitoire du procureur ressemblait à celui d'*Amok* : Bala, comme son alter ego Chris, était un hédoniste dépravé qui, libéré de tout scrupule moral, avait assassiné un homme dans un élan de jalousie et de rage. L'accusation ajouta au dossier les fichiers de l'ordinateur de Bala, que Wroblewski et la police avaient saisis lors d'une perquisition à la maison de ses parents. Dans l'un des fichiers, qui était verrouillé par le mot de passe « amok », Bala avait recensé dans les moindres détails ses aventures sexuelles avec plus de soixante-dix femmes. La liste comprenait sa femme, Stasia ; une cousine divorcée, « plus âgée » et « bien en chair » ; la mère d'un ami, décrite comme « une vieille peau – grave violente » ; et une « pute russe dans une vieille voiture ». L'accusation présenta également des e-mails dans lesquels Bala sonnait indéniablement comme Chris, faisant usage de la même vulgarité, des mêmes expressions codées, comme par exemple « jus de jouissance » ou « Madame Mélancolie ». Dans un élan de colère contre Stasia, Bala lui écrivit par e-mail : « La baise c'est pas tout dans la vie, chérie », phrase qui faisait écho à l'exclamation de Chris : « Baiser c'est pas la fin du monde, Mary. » Un psychologue avait confirmé que « tout auteur met une part de sa personnalité dans sa création artistique », et que Chris et l'accusé partageaient des caractéristiques « sadiques ».

Pendant tout ce temps, Bala était resté assis dans sa cage à prendre des notes sur le déroulement du procès ou à fixer bizarrement la foule. Par moments, il semblait remettre en question le postulat même que la vérité existe. La législation polonaise autorise l'accusé à interroger les témoins, ce que Bala fit avec enthousiasme, formulant ses questions sur un ton professoral de manière à ce qu'elles révèlent l'instabilité derridienne de leurs témoignages. Quand une ancienne petite amie raconta qu'un jour Bala sortit sur son balcon, ivre, et fit comme s'il s'apprêtait à se suicider, il lui demanda si ses mots ne pouvaient pas être interprétés de plusieurs façons. « Peut-on simplement dire qu'il s'agit d'une affaire de sémantique – un mauvais usage du verbe "se suicider" ? » dit-il.

Mais, à mesure que le procès avançait et que les preuves l'accablaient, le postmoderniste sonnait de plus en plus comme un empiriste, un homme qui tentait désespérément d'ouvrir des brèches dans l'enchaînement de preuves que l'accusation avait dressé contre lui. Bala fit remarquer que personne ne l'avait vu kidnapper Janiszewski, ou le tuer, ou balancer le corps. « Je voudrais dire que je n'ai jamais rencontré Dariusz, et qu'il n'y a pas un seul témoin qui puisse confirmer que ce soit le cas », dit Bala. Il se plaignit que l'accusation prît au hasard des incidents de sa vie personnelle et les rembobinât en une histoire qui ne ressemblait plus en rien à la réalité. L'accusation était en train de construire une mytho-création ou, comme l'avocat de Bala me le présenta, « la trame d'un roman ». Selon la défense, la police et les médias s'étaient laissé séduire par l'histoire la plus attirante plutôt que par la vérité. (Des comptes rendus du crime avaient paru sous des titres comme « LA RÉALITÉ DÉPASSE LA FICTION » et « MEURTRE, ÉCRIVIT-IL », un jeu de mots sur la série télévisée « Arabesque », en anglais « Murder, She Wrote ».)

Bala avait longtemps souscrit à la notion postmoderne de la « mort de l'auteur » – qu'un auteur n'a pas plus accès au sens de son œuvre littéraire que n'importe qui. Or, quand l'accusation présentait à la cour des détails d'*Amok* qui pouvaient être retenus contre lui, il s'indignait que son roman fût mal interprété. Il insista sur le fait que le meurtre de Mary était simplement un symbole de

« la destruction de la philosophie », et tenta une énième et dernière fois de revendiquer son autorité d'écrivain. Comme il me le dit plus tard : « C'est moi le putain d'auteur ! Je sais ce que j'ai voulu dire. »

Début septembre, le jury se réunit pour délibérer. Bala n'était jamais passé à la barre, mais il avait dit dans une déclaration : « Je fais confiance à la cour pour prendre la bonne décision et m'innocenter. » Wroblewski, qui avait été promu inspecteur, se rendit au tribunal pour entendre le verdict. « Même quand vous êtes sûr des faits, vous vous demandez toujours si quelqu'un d'autre les verra pareil », me dit-il.

Les juges et les jurés regagnèrent enfin leur place dans la salle. La mère de Bala attendait dans l'angoisse. Elle n'avait jamais lu *Amok*, dans lequel se trouve une scène où Chris exprime le fantasme de violer sa mère. « J'ai commencé à le lire, mais c'était trop dur, me dit-elle. Si quelqu'un d'autre avait écrit ce livre, peut-être que je l'aurais lu, mais je suis sa mère. » Le père de Bala parut au tribunal pour la première fois. Il avait lu le roman et, bien qu'il ait eu du mal à comprendre certains passages, il pensait que c'était une œuvre importante. « Vous pouvez le lire dix, vingt fois, et découvrir à chaque fois un élément qui vous avait échappé », dit-il. Sur son exemplaire, Bala avait rédigé une dédicace à ses deux parents, dans laquelle il était écrit : « Merci pour votre […] pardon de tous mes péchés. »

Pendant que la juge Hojenska lisait le verdict, Bala se tenait parfaitement droit, immobile. Puis vint le mot, unique, irréfutable : « Coupable. »

La prison de Wroclaw, un bloc de béton gris charbon, ressemble à une relique de l'ère soviétique. Après que j'eus glissé mon passe visiteur au travers d'une petite fente dans le mur, une voix désincarnée m'ordonna de me présenter devant l'immeuble, où un portail massif s'ouvrit d'un coup, et un garde émergea, ébloui par la lumière du jour. Le garde me fit signe d'entrer comme le portail se refermait en claquant derrière nous. Je fus fouillé, puis on me conduisit à travers une succession de pièces humides jusqu'à la salle des visites, une petite pièce meublée de tables et de chaises en bois minables. Les conditions de vie dans les prisons polonaises sont notoires. Du fait de la surpopulation, il peut souvent y avoir jusqu'à sept personnes dans une seule cellule. En 2004, les détenus de la prison de Wroclaw déclenchèrent une grève de la faim de trois jours pour protester contre la surpopulation, la mauvaise nourriture et le manque de soins médicaux. La violence y est aussi un problème : à peine quelques jours avant mon arrivée, me dit-on, un visiteur avait été poignardé à mort par un détenu. Dans un coin de la salle des visites se tenait un homme mince et élégant qui portait des lunettes à monture métallique et un tablier de peintre bleu marine par-dessus un T-shirt qui disait « University of Wisconsin ». Il avait un livre à la main et ressemblait à un étudiant américain à l'étranger, et il me fallut un moment pour comprendre que j'étais face à Krystian Bala. « Je suis heureux que vous ayez pu venir, dit-il en me serrant la main et en me conduisant vers une des tables. Tout ce truc est une farce, on se croirait dans Kafka. » Il parlait un anglais clair, mais avec un fort accent, si bien que ses « s » sonnaient comme des « z ».

En s'asseyant, il se pencha au-dessus de la table, et je remarquai ses joues creuses, ses yeux cernés et ses cheveux bouclés hérissés sur le devant, comme s'il y avait passé nerveusement la main. « Je suis condamné à vingt-cinq ans de prison pour avoir écrit un livre – un livre ! dit-il. C'est ridicule. C'est du foutage de gueule. Pardonnez-moi l'expression mais c'est ce que c'est. Écoutez, j'ai écrit un roman, un roman dingue, soit. Est-ce que le livre est vulgaire ? Oui. Est-ce qu'il est obscène ? Oui. Est-ce qu'il est graveleux ? Oui. Est-ce qu'il est choquant ? Oui. C'était mon intention. C'était un travail de provocation. » Il s'interrompit pour chercher à illustrer son propos puis il ajouta : « J'ai écrit, par exemple, que ce serait plus facile pour le Christ de sortir du ventre d'une femme que pour moi. » Il s'arrêta, se reprit : « Je veux dire : pour le narrateur de la baiser. Vous voyez, c'est fait pour choquer. » Il continua : « Ce qui m'arrive est comme ce qui est arrivé à Salman Rushdie. »

Pendant qu'il parlait, il posa le livre qu'il tenait à la main sur la table. C'était un exemplaire usé et tout écorné d'*Amok*. Quand j'interrogeai Bala sur les preuves réunies contre lui, comme le portable ou la carte téléphonique, il prit un ton évasif et parfois même conspirateur. « La carte téléphonique n'est pas à moi, dit-il. Quelqu'un essaie de me tendre un piège. Je ne sais pas encore qui, mais quelqu'un cherche à me détruire. » Sa main toucha la mienne. « Vous ne voyez pas ce qu'ils sont en train de faire ? Ils ont construit cette réalité et maintenant ils me forcent à y vivre. »

Il dit qu'il avait engagé une procédure en appel, qui citait des incohérences de raisonnement et de faits dans le procès. Par exemple, un médecin légiste avait dit que Janiszewski s'était noyé, tandis qu'un autre affirmait qu'il était mort étranglé. La juge elle-même avait admis qu'elle n'était pas sûre de savoir si Bala avait commis le crime seul ou avec un complice.

Quand je l'interrogeai sur *Amok*, Bala s'anima, et me donna des réponses directes et détaillées. « La thèse du livre n'est pas ma thèse personnelle, dit-il. Je ne suis pas antiféministe. Je ne suis pas chauvin. Je ne suis pas insensible. Chris, de plein de façons, est mon antihéros. » Plusieurs fois, il pointa mon carnet du doigt et me dit : « Mettez bien ça là » ou « Ça c'est important ». Tandis qu'il me regardait prendre des notes, il dit, avec une pointe d'émerveillement : « Vous voyez comme c'est fou ? Vous êtes ici en train d'écrire une histoire sur une histoire que j'ai inventée sur un meurtre qui ne s'est jamais produit. » Sur quasiment chacune des pages de son exemplaire d'*Amok*, il avait souligné des passages et griffonné des notes dans la marge. Plus tard, il me montra des bouts de papier sur lesquels il avait dessiné des schémas savants pour exposer ses influences littéraires. Il était clair qu'en prison il était devenu de plus en plus obsédé par le livre. « Parfois je lis des pages à haute voix à mes camarades de chambre », dit-il.

Une question qui n'avait jamais été posée pendant le procès continuait de planer sur le dossier : pourquoi quelqu'un commettrait-il un meurtre et l'écrirait-il ensuite dans un roman qui l'aiderait à se faire prendre ? Dans *Crime et Châtiment*, Raskolnikov avance que même le plus intelligent des criminels fait des erreurs, parce que « ce dernier était frappé, au moment du crime, d'une diminution de la volonté et de la raison ; ces qualités étaient remplacées, au contraire, par une sorte de légèreté enfantine et vraiment phénoménale, à l'instant où la prudence et la circonspection étaient le plus nécessaires ». *Amok*, cependant, avait été publié trois ans après le meurtre. Si Bala était coupable de meurtre, la cause n'était pas une « diminution de la volonté et de la raison » mais plutôt un excès des deux. Quelques observateurs se sont demandé si Bala avait voulu se faire prendre, ou, du moins, se décharger. Dans *Amok*, Chris parle de son « sentiment de culpabilité » et de son désir de retirer ses « gants blancs de silence ». Bien que Bala continuât de clamer son innocence, il était possible de lire le roman comme une forme de confession. Wroblewski et les autorités, qui pensaient que le plus vif désir de Bala était d'atteindre l'immortalité littéraire, voyaient son crime et son œuvre comme inséparables. Lors du procès, la veuve de Janiszewski supplia la presse d'arrêter de présenter Bala comme un artiste plutôt qu'un assassin. Depuis son arrestation, *Amok* avait fait sensation en Pologne et était en rupture de stock chez presque tous les libraires. « Il va y avoir une nouvelle édition avec une postface sur le procès et tout ce qui s'est passé depuis, me dit Bala, exalté. D'autres pays veulent aussi le publier. » En feuilletant les pages de son propre exemplaire, il ajouta : « On n'a jamais vu un livre comme ça. »

Pendant notre conversation, il semblait bien moins intéressé par l'idée du « crime parfait » que par celle du « récit parfait », qui, dans sa définition, repoussait les limites de l'esthétique, de la réalité et de la morale, telles que les avaient esquissées ses ancêtres littéraires. « Vous savez, je suis en train de travailler à une suite d'*Amok*, dit-il, ses yeux s'illuminant. Ça s'appelle “De Liryk'. » Il répéta les mots plusieurs fois. « C'est un jeu de mots. Ça veut dire “lyrique”, comme la poésie, ou “délire'. »

Il expliqua qu'il avait commencé son nouveau livre avant d'être arrêté, mais que la police avait saisi son ordinateur, qui contenait son seul exemplaire. (Il était en train d'essayer de récupérer les fichiers.) Les autorités me dirent qu'elles avaient trouvé des indices dans l'ordinateur qui tendraient à prouver qu'il était en train de rassembler des informations sur Harry, le nouveau petit ami de Stasia. « Célibataire, trente-quatre ans, sa mère est morte quand il avait huit ans, avait noté Bala. Apparemment, travaille à la société des chemins de fer, sans doute comme conducteur de train mais je n'en suis pas sûr. » D'après Wroblewski et les autorités, Harry était peut-être la prochaine cible de Bala. Après avoir appris qu'il s'était connecté à un chat sur Internet, Bala y publia un message sous un nom d'emprunt, qui disait :

« Désolé de vous déranger mais je cherche Harry. Est-ce que quelqu'un le connaît de Chojnów ? »

Bala me dit qu'il espérait finir son deuxième roman après le jugement de la cour d'appel. En fait, quelques semaines après notre conversation, la cour, à la stupéfaction de beaucoup, annula le verdict initial. Bien que la cour trouvât un « lien indubitable » entre Bala et le meurtre, elle conclut qu'il y avait encore des failles dans « l'enchaînement logique des preuves », qui devaient être comblées, comme le témoignage contradictoire des médecins légistes. La cour refusa de laisser Bala sortir de prison mais exigea un nouveau procès, prévu pour le printemps 2008.

Bala affirma que, quoi qu'il advienne, il finirait *De Liryk*. Il jeta un œil vers les gardes, comme s'il craignait qu'ils ne l'entendent, puis se pencha et chuchota : « Ce livre-là va être encore plus choquant. »

Un second procès se tint en décembre 2008. Bala fut de nouveau jugé coupable. Il purge actuellement une peine de vingt-cinq années de prison.

Rendre au « Diable »…

L'agent immobilier de l'escadron de la mort

Personne ne se souvient de qui le vit le premier dans le quartier, mais Emile Maceus en était presque certain, l'homme qui se tenait à cet instant sur son perron pouvait bien être Emmanuel « Toto » Constant – le personnage que tout le monde appelait « le Diable ». L'homme mesurait un mètre quatre-vingt-six, il portait un manteau et une cravate, et sa coiffure afro aux boucles drues était soigneusement lissée. Il était venu, disait-il, montrer à un client la maison de Maceus, un logement de trois chambres dans Queens Village, à New York. Il était agent immobilier, précisait-il, et il avait vu l'écriteau rose « À vendre » sur la pelouse côté rue.

Maceus le dévisagea. L'individu avait le visage plus joufflu que dans son souvenir, en Haïti, sous le régime militaire, au début des années 1990. À l'époque, il avait la peau sur les os, une silhouette fantomatique, et se montrait parfois avec un Uzi ou un .357 Magnum fourré sous sa chemise. Pour aider la junte à conserver le contrôle du pays, il avait terrorisé la population, secondé par son escadron paramilitaire, une unité tristement célèbre de civils armés qui, avec l'armée haïtienne, aurait torturé, violé et tué des milliers de gens. « On peut faire un tour ? » s'enquit l'homme.

Maceus ne savait trop que décider. Il ne s'agissait peut-être pas de Constant. Son interlocuteur était plus grand que dans son souvenir, plus affable et, avant que Maceus ait eu le temps de réagir le visiteur allait et venait dans sa maison, pointant une tête dans chaque pièce, inspectant les parquets et les toilettes, prenant note de la hauteur sous plafond dans la cuisine, et commentant en créole. Dans le salon, l'homme passa devant une affiche de Jean-Bertrand Aristide, ancien et futur président haïtien, ennemi juré des groupements paramilitaires, mais sans s'y attarder. Après tout, peut-être n'était-il qu'agent immobilier, un immigrant haïtien comme un autre qui tentait de survivre à New York.

Pourtant, alors que l'agent immobilier allait ressortir de chez lui, Maceus ne cessait de s'interroger : et si c'était Toto Constant ? Il savait qu'en 1994, après que les États-Unis eurent renversé le régime militaire, ce personnage, qui fuyait la justice haïtienne, avait été autorisé, inexplicablement, à se faufiler sur le territoire américain. Maceus avait entendu dire qu'en 1996, après l'arrestation de Constant et l'ordre d'expulsion qui avait finalement été émis à son encontre, il avait été mystérieusement libéré en application d'un accord secret avec Washington, alors même que le gouvernement haïtien avait réclamé son extradition et que les autorités américaines avaient trouvé des photos des victimes de son escouade, de leurs corps mutilés, placardées aux murs de son quartier général de Port-au-Prince comme autant de trophées. Au moment où l'homme ouvrait la porte de la maison, sur le point de repartir, Maceus céda à la curiosité :

« Quel est votre nom de famille ? » lui demanda-t-il, en créole.

L'autre hésita.

« Constant. »

C'était bien Toto Constant. Le temps d'un instant, les deux Haïtiens restèrent là, se dévisageant, face à face. Ensuite, l'agent immobilier et son client filèrent dans une voiture. Maceus rentra dans la maison et tomba nez à nez avec sa femme. Elle tremblait.

« Comment as-tu pu amener ce démon sous mon toit ? vociféra-t-elle. Comment as-tu osé ? »

La nouvelle de cette rencontre, à l'été 2000, se répandit dans la vaste communauté haïtienne de la ville, de Flatbush à Laurelton, de Cambria Heights à Brooklyn, comme elle se fût propagée en Haïti – par *teledjòl*, le téléphone arabe. Depuis que le gouvernement américain l'avait libéré, Constant s'était plusieurs fois aventuré au milieu de cette communauté, mais jamais avec une telle audace, en vendant des maisons à ses compatriotes, qu'il avait poussés à l'exil. À son arrivée dans le Queens, il ne s'était apparemment montré que très épisodiquement. On l'avait repéré, racontait quelqu'un, dans une boîte de nuit où il était venu danser vêtu de noir, le jour du Baron Samedi, le seigneur vaudou de la mort qui garde les portails des cimetières, en haut-de-forme et queue-de-pie. On l'avait aperçu chez un boucher et dans un magasin de location de cassettes vidéo de la chaîne Blockbuster. Les radios et les journaux locaux de la communauté haïtienne reprenaient ces signalements – « LE FOSSOYEUR D'HAÏTI FAIT LA FÊTE AUX USA », annonça l'un d'eux en gros titre – mais avant que quelqu'un ne le localise, il réussissait toujours à s'évaporer dans la nature. Finalement, en 1997, les rumeurs convergèrent vers une rue paisible de Laurelton, non loin du cœur de la communauté haïtienne, où depuis des années des exilés avaient espéré s'affranchir du poids de leur histoire émaillée de putschs et de contre-putschs militaires, et où l'on pouvait apercevoir Constant, assis sous la véranda de la maison en stuc blanc qu'il partageait avec sa tante et sa mère. « L'idée même de Toto Constant vivant en liberté à New York, le bastion de la diaspora haïtienne, est une insulte à tout le peuple haïtien », déclara à ses auditeurs Ricot Dupuy, le directeur de Radio Soleil d'Haïti, à Flatbush.

Il ne fallut guère attendre pour voir des habitants du quartier placarder sur les arbres et les réverbères des photos des victimes supposées de Constant, les mains et les pieds liés avec de la cordelette blanche ou les membres tranchés à la machette. Des voisins glissèrent l'une des photos les plus horribles, celle d'un jeune garçon gisant dans une mare de sang, sous la porte de Constant. Pourtant, quelques jours plus tard, il était de retour sous sa véranda. Des voisins allaient cracher dans ses arbustes en passant devant, ils jetaient des cailloux sur sa porte. Ensuite, après son apparition au domicile de Maceus, une foule en colère encercla sa maison, en hurlant « Meurtrier ! » et « Assassin ! ». Quelqu'un remarqua une silhouette plus loin dans la rue – un allié bien connu de Constant, un « espion », s'écria un manifestant – et la foule se lança à sa poursuite. L'individu disparut, mais il n'y avait toujours aucun signe de Constant, et la foule marcha donc vers l'agence immobilière, à six kilomètres de là, où elle menaça d'empêcher le propriétaire haïtien d'exercer son activité commerciale, à moins qu'il ne licencie son nouvel employé.

En novembre 2000, des Haïtiens avaient créé des Toto Watches, un réseau de veilles anti-Toto qui le pistaient dans tous ses déplacements. Vers cette période, Ray Laforest, l'un des Toto Watchers, a accepté de me montrer où l'on pouvait débusquer « le Diable ». Il m'a proposé de le retrouver non loin de l'agence immobilière, devant laquelle on avait aperçu Constant fumant une cigarette pour sa pause-déjeuner. Laforest était un homme imposant, avec une barbe et des lunettes de soleil. Il avait sur lui plusieurs affichettes, et quand je lui ai demandé ce que c'était, il en a déroulé une, révélant une vieille photographie en noir et blanc de Constant. On voyait la moustache tombante, aux coins de la bouche, de ce chef fameux de l'escadron de la mort, et plusieurs dents chevauchées qui pointaient entre ses lèvres. En lettres capitales, l'affiche proclamait : « RECHERCHÉ : EMMANUEL “TOTO” CONSTANT POUR CRIMES CONTRE LE PEUPLE HAÏTIEN ».

Laforest m'a expliqué que, depuis la manifestation devant l'agence, Constant avait disparu. « Il est reparti se cacher », m'a-t-il fait. Après qu'il eut scotché l'une de ses affiches « RECHERCHÉ » à un réverbère, nous sommes montés dans sa voiture et nous avons traversé le quartier, en passant devant d'élégantes maisons de style Tudor, jusqu'à ce que nous arrivions devant celle où Constant avait été aperçu pour la dernière fois. « Pourquoi vous arrêtez-vous ? ai-je demandé.

– Je me sens anesthésié, m'a-t-il répliqué. Si je le voyais, là, maintenant, je le ligoterais moi-même. »

Il m'a dit que les hommes de Constant et d'autres milices paramilitaires avaient traîné l'un de ses amis hors d'une église, puis l'avaient abattu en plein jour, et qu'avant cela son propre frère avait été torturé par l'armée haïtienne. Nous avons patienté de longues minutes, garés derrière un arbuste. « *Bay kou bliye, pote mak sonje*, a murmuré Laforest.

– Qu'est-ce que cela signifie ?

– C'est un vieux proverbe créole. "Ceux qui donnent les coups oublient, ceux qui portent les cicatrices n'oublient pas." »

LAISSER TOTO PARLER POUR TOTO

J'étais à la recherche de Constant depuis que j'avais appris qu'un homme accusé en Haïti pour crimes contre l'humanité vivait au milieu de ses semblables, ceux contre lesquels il aurait commis ces crimes, selon la rumeur. À l'inverse de Caïn, proscrit de sa communauté, Constant s'était mué en exilé au sein d'une communauté d'exilés, en proscrit parmi ceux qu'il avait bannis. Or, s'il avait fui la justice, il ne pouvait échapper à son passé. Il lui fallait l'affronter presque chaque jour, dans le coup d'œil furtif d'un voisin, ou sur une affiche dans la rue.

Pire encore, il était pour la première fois confronté à la perspective d'un jugement en bonne et due forme. À l'automne 2000, le gouvernement haïtien le traduisait en justice par contumace pour les meurtres d'au moins six personnes, commis en 1994, dans la ville de Raboteau. Des dizaines d'autres accusés étaient aussi visés par ce procès. C'était une procédure historique, la première tentative majeure du gouvernement haïtien de poursuivre en justice tout individu ayant pris part aux crimes commis par le régime militaire et de confronter à ses responsabilités un appareil judiciaire depuis si longtemps corrompu qu'il en était devenu pour ainsi dire inexistant. Enfin, le gouvernement des États-Unis subissait des pressions croissantes, tant sur son sol qu'à l'étranger, pour l'extrader.

Quand j'ai contacté son avocat, J. D. Larosiliere, celui-ci m'a répondu que la situation avait en effet atteint un seuil critique. Cet Américano-Haïtien au torse puissant qui s'exprime dans une combinaison d'anglais formel et d'argot de la rue, avec un faible pour les costumes élégamment coupés sur mesure, m'a appris qu'on le qualifiait souvent de « version haïtienne de Johnnie Cochran », l'avocat noir qui avait fait acquitter O. J. Simpson. Niant qu'il y ait jamais eu de massacre à Raboteau, il a ajouté que si on renvoyait Constant en Haïti il serait vraisemblablement assassiné. En raison même du caractère désespéré de la situation de son client, Larosiliere a accepté de laisser Constant me rencontrer, alors que nombre de gens le croyaient disparu.

Et c'est ainsi qu'un après-midi, quelques jours plus tard, je me suis dirigé vers le cabinet de l'avocat, à Newark, dans le New Jersey. À mon arrivée, il était en réunion, porte close, et, patientant dans le vestibule, je pouvais entendre des sonorités créoles ponctuées de quelques bouffées d'anglais. Subitement, la porte du bureau s'est ouverte et un grand type en costume croisé en est sorti précipitamment. Il m'a fallu un moment pour reconnaître Constant : par rapport aux photos que j'avais vues de lui, prises sous le régime militaire, il paraissait avoir grossi d'au moins quinze kilos. Il conservait la même moustache, mais dans ce visage épaissi elle ne semblait plus si menaçante. Il portait un col roulé sous sa veste et une boucle d'oreille en or au lobe gauche. « Hello, comment allez-vous ? » s'est-il exclamé, en s'exprimant juste avec un très léger accent.

À ma surprise, il avait l'allure d'un Américain moyen. Nous avons pris place dans une petite salle de réunion aux murs tapissés de livres. Il a observé un temps de silence, en se redressant contre le dossier de sa chaise.

« Il est temps que Toto parle au nom de Toto », m'a-t-il finalement informé.

C'était le premier d'une dizaine d'entretiens. Au cours des mois suivants, en me racontant son histoire, il m'a souvent parlé des heures d'affilée. Il me soumettait ses notes et ses papiers personnels volumineux, sa correspondance et ses journaux. Durant ce laps de temps, je me suis aussi entretenu avec ses victimes présumées, ainsi qu'avec des militants des droits de l'homme, des observateurs des Nations unies, les autorités haïtiennes et d'anciens hauts responsables américains à la Maison-Blanche, au département d'État, au Service de l'immigration et des naturalisations (l'INS), et au sein de la communauté du renseignement qui, pour nombre d'entre eux, ne s'étaient encore jamais exprimés publiquement à son sujet. J'ai aussi eu accès à des rapports du renseignement, dont certains étaient auparavant classifiés, et à des télégrammes du département d'État. Grâce à ces sources et à quantité d'autres, j'ai pu reconstituer non seulement l'histoire d'Emmanuel « Toto » Constant, mais aussi retracer l'essentiel de l'historique de l'aide secrète que lui a procurée le gouvernement américain, avant de le placer à l'abri de la justice.

PARAMILITAIRE ET VAUDOU

En octobre 1993, l'USS *Harlan County*, chargé de personnels militaires, se dirigeait à toute vapeur vers la capitale haïtienne, Port-au-Prince. Le président Bill Clinton avait envoyé ce navire et son équipage sur place, et ce serait le premier contingent important d'une mission internationale de maintien de la paix visant à réinstaller au pouvoir le premier président démocratiquement élu d'Haïti, Jean-Bertrand Aristide. Aristide était un prédicateur politique, un orateur au corps nerveux, un être passionné, les yeux à fleur de tête, qui avait accédé à la présidence fin 1990 en s'appuyant sur une mixture de socialisme et de théologie de la libération. Les opprimés d'Haïti, soit à peu près tous les habitants de l'île, l'appelaient Titid et le révéraient, l'élite de l'armée et des affaires le vilipendait, le taxant de radicalisme et d'instabilité. Il fut renversé par un coup de force militaire un an après sa prise de fonction et s'enfuit finalement aux États-Unis. Depuis lors, épaulée par des bandes paramilitaires en maraude, l'armée avait assassiné nombre d'habitants. Le bain de sang avait mobilisé la communauté internationale, et l'arrivée du navire fut saluée comme un tournant dans les efforts déployés pour restaurer un semblant d'ordre public et de sécurité, et la démocratie, dans l'île.

Le 11 octobre, alors que le *Harlan County* approchait du port, un groupe de fonctionnaires de l'ONU et des États-Unis, dirigés par la chargée d'affaires, Vicki Huddleston, et accompagnés d'une importante délégation de presse, vinrent officiellement accueillir le navire et ses troupes. Ce comité d'accueil attendait à l'entrée du port qu'un garde ouvre le portail, mais rien ne se produisit. Des images de reportage montrent la diplomate Vicki Huddleston assise à l'arrière de sa voiture avec le chef de station de la CIA. Dialoguant avec un autre fonctionnaire d'ambassade, elle argumentait, dans son talkie-walkie :

« Dites au capitaine [du port] que je suis là pour lui parler.

– Compris, madame. Nous lui avons transmis le message plusieurs fois, et nous n'aboutissons à rien.

– Bon, dites-lui que je suis ici, au portail, et que j'attends que les autorités portuaires nous ouvrent.

– Pour le moment, il n'a pas envie de causer. […] Il a fui.

– Ouvrez le portail.

– On a un souci. On est face à un personnel hostile. Peut-être une situation d'impasse. »

À ce moment, un groupe d'hommes armés, dirigés par un chef paramilitaire de trente-six ans, Toto Constant, alors peu connu, investissent la zone. Les hommes, qui avaient déjà bloqué le quai où le *Harlan County* était censé s'amarrer, encerclèrent le véhicule de Vicki Huddleston, en cognant sur le capot et en beuglant en anglais : « Tuez les Blancs ! Tuez les Blancs ! »

Ils n'étaient qu'une centaine en tout, et un bon nombre étaient ventripotents et armés de seulement quelques fourches, mais cette démonstration de force, quelques jours après que des soldats américains avaient été tués en Somalie, avait quelque chose de terrifiant. Pour les caméras des médias, Constant avait organisé une habile mise en scène : ses troupes déguenillées tapaient sur des tambourins en peau de mouton et scandaient « Somalie », comme s'il s'agissait d'un cri de guerre. Ils burent et firent grand tapage toute la nuit, en braquant les phares de leurs véhicules vers l'emplacement du bassin portuaire où le *Harlan County* restait encore au mouillage. Enfin, le président Clinton ordonna au navire de vider les lieux. Ce fut l'une des déconfitures les plus humiliantes de l'histoire de la marine américaine, un repli qui ne laissa pas de surprendre ceux-là mêmes qui venaient ainsi d'obtenir gain de cause par la force. « Mes hommes n'avaient qu'une envie, s'enfuir, raconta plus tard Constant à des journalistes. Mais moi, j'ai relevé le défi et je leur ai enjoint de rester. Et ensuite, les Américains se sont retirés ! Nous étions stupéfaits. »

Cette journée vit ainsi l'irruption sur la scène haïtienne et internationale de Constant et de son Front pour l'avancement et le progrès d'Haïti, plus connu sous l'acronyme FRAPH, qui, en créole, évoque le français « frapper ». (Son fondateur prétendait que ce nom lui était venu dans un rêve.) Constitué par lui quelques mois auparavant, le FRAPH était décrit par son chef comme une organisation politique populaire et de terrain – « un événement mystérieux » – qui, enracinée parmi les masses, grandirait et remplacerait les vestiges du mouvement populiste d'Aristide. La littérature du parti, que Constant rédigeait sur une vieille machine à écrire et distribuait à la presse, expliquait que le « FRAPH est un mouvement d'unité populaire, où toutes les couches sociales sont étroitement unies pour créer une parfaite harmonie. »

Mais pour la plupart, les milliers de soutiens du FRAPH appartenaient aux bandes qui opéraient au nom de l'armée, renforcés par d'anciens membres des désormais défunts Tontons Macoutes, la tristement célèbre organisation paramilitaire dont le nom était emprunté à celui d'un croquemitaine voleur d'enfants des contes haïtiens. Lors de leurs rassemblements, les membres du FRAPH se frappaient la paume gauche de leur poing droit, le salut de leur phalange. Et si la littérature du FRAPH parlait d'unité, Constant déclara publiquement : « Si Aristide devait revenir, il mourrait. Aristide et ses partisans sont les ennemis de ce pays. »

En dépit de telles menaces, il tenta de cultiver l'image du seul et unique gentleman au milieu de cette bande de brutes. Lors du lancement officiel du FRAPH, flanqué de ses hommes armés de fusils, il lâcha un vol de colombes. Au lieu de se coiffer de son chapeau de ranger et de chausser ses lunettes de soleil, ou d'enfiler un pantalon de camouflage, comme d'autres chefs paramilitaires, il s'affichait souvent en costume bleu électrique et en cravate, et déambulait en s'appuyant sur une canne en bambou. Élevé au sein de la minuscule aristocratie haïtienne, il avait étudié dans des universités canadiennes, avant de brièvement travailler à New York en qualité de diplomate de son pays. Il parlait l'anglais avec un très léger accent, et traduisait ses propos, pour la presse, en espagnol et en français. « N'oubliez jamais que j'appartiens à l'establishment, aimait-il répéter. Je ne suis pas monsieur tout-le-monde, moi. Je suis Constant. »

Pourtant, il avait quelque chose d'effrayant. Ses yeux, enfoncés dans leurs orbites, étaient vitreux, sans cesse en mouvement. De hauts responsables et journalistes américains affirmaient qu'il était défoncé à la cocaïne (Constant a toujours nié ce fait), et il avait la réputation de vivre des nuits très actives, roulant à tombeau ouvert dans les rues, protégé par ses gardes du corps qui se retenaient aux portières de son 4x4, armés de mitraillettes. En public, il se montrait régulièrement avec un dénommé Jojo, un ancien Macoute redoutable qui soutenait que sa femme enceinte avait été assassinée par des partisans d'Aristide, et considéré comme un tueur sans pitié. « Il n'a peur de rien », affirme encore Constant à son sujet, avec une note de respect.

Avec Jojo pour partenaire, il ouvrit une section du FRAPH dans chaque bourgade, chaque village. Les membres recevaient des pièces d'identité spéciales et des mitraillettes. Comme les anciens Macoutes, ils opéraient à la fois en patrons locaux, en espions, en extorqueurs, tenant aussi lieu de milice et de cadres politiques. Mais au fond, ils formaient un prolongement de la puissance militaire, un « démultiplicateur de force », selon la formule d'un rapport officiel américain, susceptible de fournir au régime en place la possibilité du démenti officiel, que veut se ménager tout gouvernement avisé quand il recourt au meurtre. « Les volontés du FRAPH sont des ordres, déclara-t-il peu après l'affrontement du port. Quand nous demandons quelque chose, le pays entier doit l'accepter. »

« SCALPAGE FACIAL »

Des meutes d'hommes en armes, de plus en plus nombreuses, se mirent à rôder la nuit et à pourchasser les soutiens d'Aristide. On croyait avoir affaire au FRAPH, à la police ou à l'armée, ou à une combinaison des trois, mais ils prenaient généralement la peine de se masquer sous des capuches ou de se déguiser de vêtements féminins (un signe distinctif des anciens Macoutes). Ils avaient sur eux des pieds-de-biche, des M16, des Uzi, des pistolets, des machettes, des haches et des « poudres vaudou », que tout le monde croyait mortelles. Ils forçaient les portes des maisons et capturaient leurs ennemis politiques. « Je me suis rendu compte que j'étais au beau milieu d'une horde de bêtes sauvages », déclara un partisan d'Aristide fait prisonnier par l'une de ces meutes armées à des observateurs chargés de la défense des droits de l'homme. « Au début, ils s'amusaient à me faire peur, en me braquant leurs armes sous le nez et en me promettant que j'allais mourir. Ensuite ils m'ont conduit dans une salle de torture où il y avait une petite couchette. [...] Ils se sont mis à me frapper à coups de matraque sur le derrière, à tour de rôle. À ce moment-là, j'ai cru que j'allais mourir. Je me suis évanoui. Quand je suis revenu à moi, j'étais dans une cellule, avec un autre homme. Il y avait des flots de sang sur le sol. Ce sang était en partie le mien. »

En 1994, après une vaste enquête, la Mission civile internationale de l'OEA/ONU signalait : « Le scénario est toujours fondamentalement le même. Des hommes armés, souvent des militaires ou des adhérents du FRAPH, font irruption au domicile d'un militant politique qu'ils [veulent] capturer. » Si leur cible n'était pas sur les lieux, les intrus s'attaquaient à sa femme, sa sœur ou sa fille. « Un type m'a empoigné les mains et m'a conduite devant la maison, sous la véranda, expliquait une femme à Human Rights Watch. Il m'a ordonné de me coucher par terre. Il m'a dit : "Si tu n'obéis pas, je te fends le crâne en deux." [...] Il a baissé son pantalon aux genoux, a relevé ma chemise de nuit, a tiré sur mon slip et m'a violée. »

Peu à peu, les premiers des cadavres défigurés firent leur apparition, gisant dans les rues. Les agresseurs avaient mis au point une forme d'art, ce qu'ils appelaient le « scalpage facial », un rituel sanglant où l'on pelait la peau du visage d'une oreille à l'autre, à la machette. C'était un moyen de torturer les gens jusque dans l'au-delà, car beaucoup croyaient qu'une telle mutilation empêcherait toute inhumation convenable, en reléguant l'esprit au purgatoire pour l'éternité.

Les corps s'empilaient, et Constant discourait. Il lui arrivait fréquemment de s'installer dans un fauteuil en rotin, au milieu de son jardin, derrière la maison qui avait été celle de son père, imposante demeure Art déco agrémentée d'une piscine et de fontaines, et de s'adresser à la presse. À l'inverse d'autres chefs d'unités paramilitaires, qui préféraient rester dans l'ombre, Constant aimait attirer l'attention. Il permettait aux journalistes de dormir dans son jardin. Il taillait les haies pour leur ménager plus de place et leur distribuait des T-shirts siglés au nom du FRAPH. « À un moment donné, j'étais la personne la plus interviewée de la planète, se rappelle-t-il. C'était incroyable. » Il appréciait de jouer son rôle de chef d'État. Il mit en garde les États-Unis contre toute velléité d'intervention et menaça de fermer le pays pour protester contre l'embargo que le monde avait imposé après le coup de force. Il appela à la dissolution du Parlement haïtien, reprenant ainsi une idée de Jojo, qui avait précédemment averti que si l'assemblée ne se dissolvait pas d'elle-même le FRAPH appellerait le peuple à « ligoter les députés ». Il résumait la chose en ces termes : « Un chef doit savoir manier l'armée, le pouvoir et le peuple. »

Tout en cultivant la presse, il courtisait aussi les *houngans*, ou les prêtres vaudou d'Haïti, une puissante force psychologique. Il se présentait lui-même comme l'incarnation des esprits les plus féroces. Il organisait sur les marchés ou devant des temples des cérémonies publiques où ses hommes disposaient des petits crânes. D'ordinaire, lors de ces cérémonies, il s'allongeait au sol, entouré de crânes et de feux. Ensuite, il se relevait au milieu des flammes, et la foule déclamait en créole : « Toto président ! Sans Toto, Haïti ne peut pas avoir de vie. » Il avait beau garder toujours sur lui un .357 Magnum, il affirmait ne plus en avoir besoin. « J'ai le pouvoir du vaudou avec moi », proclamait-il.

LE FILS DU GÉNÉRAL CONSTANT

En Haïti, chaque chef ou presque a une histoire secrète, une cache généralement remplie des ossements de ses ennemis. Constant avait hérité des secrets, et, dans une certaine mesure, du pouvoir de son père. Gérard Emmanuel Constant avait été chef d'état-major de l'armée sous le dictateur haïtien François « Papa Doc » Duvalier, dans les années 1960. Soldat loyal, lors d'un épisode resté fameux, il s'était levé de son lit au milieu de la nuit pour exécuter, avec d'autres officiers, plus d'une dizaine de ses amis, sur ordre du dictateur.

Le coup de force militaire de 1991, qui renversa Aristide, fut organisé par des disciples du général Constant, et d'aucuns supposèrent qu'il jouerait un rôle éminent au sein du nouveau régime. Mais peu après le putsch le général, alors âgé de soixante-douze ans, tomba dans le coma et rendit l'âme. Tous les chefs militaires et les anciens partisans de Duvalier assistèrent à ses funérailles. « C'était un véritable phénomène, raconte Constant. J'ai hérité de toute la protection, de tout le pouvoir et de tout le peuple de mon père. Ce fut un transfert symbolique. » Dans ses archives privées, il allait plus loin : « Mon importance, certains pourraient l'affirmer, relève de la destinée. [...] Être le premier fils du général Gérard Emmanuel Constant, cela constitue en soi un appel aux armes en faveur d'Emmanuel Gérard Constant, moi-même. »

Le peuple ne tarda pas à redouter le jeune Constant plus encore qu'il n'avait craint son père. À l'été 1994, des milliers d'Haïtiens avaient été massacrés ou avaient disparu, et bien que personne ne sût au juste combien d'entre eux avaient été tués par le FRAPH (la plupart des observateurs des droits de l'homme avaient déjà été chassés du pays), ce groupement était partout considéré comme la plus violente de toutes les unités paramilitaires d'extrême droite. Des témoins, dont un bon nombre furent repêchés sur des radeaux alors qu'ils tentaient de fuir vers les États-Unis, déclarèrent à des organismes internationaux que des hommes de Constant, qui cherchaient à éradiquer toute opposition, visaient à anéantir la population. « Quand ils tuent et violent des citoyens, nous [les nouveaux membres] sommes forcés de nous asseoir et de regarder », expliqua une ancienne recrue aux autorités américaines, d'après un document déclassifié. Plus tard, dans le cadre de leur initiation, complétait ce même témoin, les recrues étaient obligées de prendre part à ces attaques.

Constant eut beau continuer de nier ces allégations, en 1994 les Nations unies en avaient conclu que son organisation était « le seul mouvement politique [en Haïti] dont les membres avaient trempé dans des assassinats et des viols ». Au printemps de cette même année, un télégramme secret du bureau de l'attaché militaire américain à Port-au-Prince lançait cet avertissement : « Partout dans le pays, le FRAPH se transforme en une espèce de mafia. » Ses membres étaient des « fous armés de pistolets », stipulait un câble, prompts à « recourir à la violence contre tous ceux qui s'y opposaient ».

Selon des témoins, en décembre 1993, un membre du FRAPH fut retrouvé mort à Cité Soleil, un immense bidonville de Port-au-Prince, et, dans les heures qui suivirent, les sbires de Constant effectuèrent une descente. Armés de mitraillettes et de machettes, ils se vengèrent en incendiant une dizaine de cahutes et en tuant plus de dix habitants. Human Rights Watch/Americas-NCHR décrivit l'épisode en ces termes : « Ils sont entrés dans ce quartier, ils ont recherché des personnes bien précises et les ont tirées à vue, ont aspergé d'essence ces minuscules baraques d'une seule pièce et faites de bric et de broc, et ils y ont mis le feu. » Les pompiers furent repoussés par des hommes en armes, qui « clouèrent les portes, emprisonnant les victimes chez elles ».

Constant, dont certains témoins attestèrent la présence sur place, nia toute implication du FRAPH. « Si j'avais vraiment voulu réagir, la Cité aurait cessé d'exister », se vanta-t-il plus tard. Mais à l'automne 1994 il n'était plus seulement le chef du FRAPH : aux yeux de la majorité des Haïtiens, il était devenu l'incarnation du régime : le seigneur vaudou de la mort, Baron Samedi en personne.

UNE MYSTÉRIEUSE ÉVASION

En juillet 1992, Brian Latell, l'analyste en chef de la CIA pour l'Amérique latine, se rendit dans l'île afin d'y recueillir des renseignements – les décideurs de Washington voulaient jauger le pouvoir de l'armée. Suite à sa mission, dans un rapport que la presse finit par se procurer, il écrivait : « Je ne souhaite pas minorer le rôle que joue l'armée en intimidant et en terrorisant parfois d'authentiques opposants ou des individus réellement suspects, mais mon expérience confirme l'avis de la communauté [du renseignement] selon laquelle on ne constate pas d'actes de violence, ni systématiques ni même fréquents, visant à tuer des civils. »

Minimisant le bain de sang (Latell qualifiait le chef de la junte, le lieutenant général Raoul Cédras, de « chef militaire scrupuleux »), ce rapport contredisait les analyses des organisations de défense des droits de l'homme, des articles de presse et même du département d'État. Pourtant, confirmé par d'autres rapports ultérieurs de la CIA, il exerça un profond impact sur la politique étrangère américaine et sur la décision de lancer ou non une opération d'invasion visant à remettre Aristide au pouvoir. Alors que le président Clinton militait en faveur d'une telle initiative, beaucoup de dirigeants de la CIA et des éléments du Pentagone redoutaient qu'Aristide ne se révèle un dangereux populiste. En fait, le personnage demeurait controversé. (Il avait un jour suggéré d'enfiler au cou de ses ennemis un pneu enflammé en guise de collier.) Mais un rapport crucial de la CIA, qui circulait au Capitole juste après l'incident du *Harlan County*, dépeignait son instabilité de manière tout à fait exagérée, en soutenant qu'il était si déséquilibré au plan psychologique qu'il avait un jour dû être hospitalisé. Cette assertion se révéla erronée, mais à l'époque elle nourrit l'opposition américaine à une invasion et contribua aux atermoiements de Washington. « Il y avait à l'œuvre des factions qui ne voulaient pas être impliquées à Haïti et qui pouvaient se servir des rapports du renseignement pour renforcer leur position », souligne un ancien responsable de l'administration Clinton.

Les preuves d'« actes de violence, ni systématiques ni même fréquents, visant à tuer des civils » étaient pourtant écrasantes. Et en septembre 1994, trois ans après le putsch et presque un an après la volte-face du *Harlan County*, le président Clinton ordonna finalement une invasion à grande échelle pour mettre un terme à ce qu'il appelait

« le règne de la terreur ». « Nous savons à présent qu'il y a eu […] plus de trois mille assassinats politiques », déclara-t-il. Se préparant à livrer bataille, Constant changea l'appellation du FRAPH en Front armé révolutionnaire du peuple haïtien, et stocka un arsenal d'armes et de poudres « secrètes » qui, prévenait-il, seraient capables de « contaminer l'eau, tant et si bien que les GI's mourront ». Il prétendait que l'une de ces poudres avait été préparée avec les os écrasés de malades morts du SIDA. S'affichant en pantalon et T-shirt noirs, une mitraillette au côté, il ne se présentait plus du tout en diplomate. « Chaque homme du FRAPH, exigea-t-il, doit abattre au moins un soldat américain. »

Mais avant que la guerre n'éclate, confrontée à la puissance des États-Unis, la junte accepta de céder le pouvoir. Des milliers de soldats américains s'emparèrent facilement de l'île. Pourtant, le FRAPH fut autorisé à demeurer une force agissante. Quand on leur demandait pourquoi, les soldats américains répondaient que leurs officiers supérieurs leur avaient présenté cette milice comme un parti d'opposition légitime, comparable aux républicains et aux démocrates. Lorsque des membres du FRAPH frappèrent des civils noirs qui, s'attendant à leur libération, étaient descendus dans les rues, des GI's restèrent en spectateurs passifs, au motif qu'ils ne constituaient pas une force de police locale. Il fallut que des groupes incontrôlables de miliciens du FRAPH fauchent une foule d'Haïtiens sous le feu de leurs mitraillettes, prennent pour cible et blessent par balles un photographe américain, et l'interception d'une conversation par radio au cours de laquelle Constant et ses hommes menaçaient de « prendre les armes » et de « déclarer une guerre ouverte aux étrangers », pour que les forces américaines changent de position. Le 3 octobre, elles investirent le quartier général de l'escadron de la mort. Une foule en liesse se rassembla devant le bâtiment, et les acclama. À l'intérieur, au milieu d'un arsenal de gourdins cloutés empilés, de cocktails Molotov et d'un butin composé de photos de cadavres mutilés étalées comme des trophées, les soldats encerclèrent une grosse vingtaine de membres du FRAPH. Ils leurs lièrent les mains et les bâillonnèrent, devant la foule qui vociférait : « Qu'ils meurent ! Qu'ils meurent ! » Dès que les soldats repartirent avec leurs prisonniers, la foule se rua à l'intérieur et mit leur quartier général à sac.

Dans la demeure de son père, Constant écoutait la police sur un scanner de fréquences, s'attendant à ce que les soldats viennent l'appréhender. Son épouse et ses quatre enfants s'étaient déjà enfuis. À un moment, il interpella un journaliste : « Tout le monde annonce que la situation est mauvaise… par la grâce de Dieu, ils finiront sous terre ! » Mais alors que les autres miliciens du FRAPH étaient conduits en détention, Constant demeura libre. Le porte-parole de l'ambassade des États-Unis, Stanley Schrager, que le chef du FRAPH avait appelé à assassiner seulement deux jours auparavant, organisa même une conférence de presse pour lui, devant le palais présidentiel. Des images de reportages montrent Constant sous un soleil aveuglant, transpirant dans sa veste, en chemise et cravate. « La seule solution pour Haïti maintenant, c'est la réalité du retour d'Aristide, déclara-t-il. Lâchez vos cailloux, laissez tomber vos pneus enflammés, fini la violence. » Pendant qu'il faisait cette déclaration, des centaines d'Haïtiens en colère se pressaient contre un cordon de soldats américains, en hurlant : « Assassin ! », « Chien ! », « Meurtrier ! ».

« Bien que je me sente en désaccord avec le président Aristide, continua-t-il, la voix cassée, je jure d'œuvrer avec loyauté dans l'opposition, dans le respect de la légalité et de la démocratie. »

« Menottez-le ! hurlaient les gens dans la foule. Ligotez-le ! Coupez-lui les couilles ! »

Le cordon de troupes s'écarta, des soldats américains poussèrent très vite Constant dans une voiture, et des centaines d'Haïtiens se lancèrent à la poursuite du convoi en proférant des quolibets, en crachant et en tambourinant sur les vitres. À l'époque, les autorités américaines affirmèrent aux journalistes que ce discours de Constant visait à encourager la « réconciliation », mais un haut responsable m'avoua plus tard que cette initiative avait tourné au désastre : « Nous le protégions des Haïtiens, alors que nous étions censés protéger les Haïtiens contre lui. »

Quelques mois après, il reçut ordre de se présenter devant un magistrat haïtien qui enquêtait sur des accusations de torture et de tentatives de meurtre qui pesaient sur lui. Le jour de l'audience, des citoyens qui affirmaient compter parmi ses victimes l'attendaient devant la salle d'audience. Il ne se présenta jamais. Plus tard, il m'a raconté que la veille de Noël 1994, avec une petite valise et tout l'argent qu'il avait réussi à fourrer dans ses poches, il avait franchi à pied la frontière avec la République dominicaine, s'était dirigé vers l'aéroport, et ensuite, se servant d'un visa touristique valide qu'il avait obtenu avant le coup de force, il embarqua dans un avion pour Porto Rico. De là, il s'envola vers le territoire continental des États-Unis, sans la moindre anicroche, et aboutit quelques jours plus tard dans les rues de New York.

De là-bas, il réussit à diffuser une émission de radio à ses partisans, restés au pays. « Je m'adresse aux membres du FRAPH, dit-il, serrez les rangs, restez mobilisés. » Il poursuivit : « Peuple du FRAPH, où êtes-vous ? Le FRAPH, c'est vous, le FRAPH, c'est moi. » Le gouvernement haïtien exigea que les États-Unis agissent. Finalement, en mars 1995, le secrétaire d'État, Christopher Warren, écrivit une lettre à l'Attorney General, la ministre de la Justice, Janet Reno : « Seule l'expulsion de monsieur Constant des États-Unis peut protéger nos intérêts de politique étrangère en Haïti. »

Deux mois plus tard, annonçant que Constant avait été autorisé à entrer sur le territoire en raison d'une « erreur administrative », des agents de l'INS l'encerclèrent, dans le Queens, alors qu'il était sorti s'acheter un paquet de cigarettes. Il fut conduit au Wicomico County Detention Center, sur la rive est de la rivière Maryland. En septembre, un juge ordonna son extradition vers Haïti. Alors qu'il attendait l'issue de son recours en appel, il écrivit des lettres aux dirigeants du monde, parmi lesquels Nelson Mandela (« Je ne pourrais espérer mettre le moindre de mes pas dans les vôtres, pourtant me voici qui écris à l'un des rares hommes en ce monde qui, s'étant trouvé dans une prison de Blancs, seraient capables de comprendre ma situation. ») Il se laissa pousser la barbe, lisait Malcolm X et Che Guevara. « Je suis [...] un prisonnier politique », écrivait-il dans une lettre à Warren Christopher. À un certain moment, il fut placé sous veille antisuicide.

Ensuite, en décembre 1995, alors que l'INS s'orientait vers son extradition, Constant décida d'abattre la seule carte qui lui restait. Il menaça de divulguer des informations sur certaines opérations clandestines des États-Unis en Haïti, desquelles il avait été informé en œuvrant secrètement pour l'Agence centrale de renseignement.

LA RECRUE PARFAITE

L'histoire que dévoile Constant débute vers Noël 1991. C'était peu après le coup de force, et il était en plein travail au quartier général de l'armée en Haïti quand le colonel

Pat Collins, l'attaché militaire américain à l'ambassade, lui téléphona et l'invita à déjeuner. « Retrouvons-nous à l'Holiday Inn », proposa l'officier.

Collins, qui, m'a confirmé un porte-parole du gouvernement américain, était employé à l'époque par l'Agence de renseignement de la Défense (la DIA), n'a pas répondu à mes demandes de commentaire. Mais un de ses collègues affirme qu'il avait la réputation de souvent se présenter au quartier général de l'armée haïtienne. Constant soutient même que Collins y était le soir du coup d'État. Et Lynn Garrison, un Canadien qui tenait un rôle de stratège et de conseiller de la junte, m'a confirmé que Collins était présent au cours des journées qui suivirent, et s'entretenait avec les dirigeants du nouveau régime.

À l'Holiday Inn, ajoute Constant, Collins et lui prirent place à une table près d'une fenêtre donnant sur la piscine. Beaucoup de gens, lui confia l'Américain, impressionnés par le parcours du Haïtien, suggéraient qu'il occupe une fonction importante dans la vacance du pouvoir que laissait l'éviction d'Aristide.

Pour le recrutement du renseignement américain, Constant était un choix tentant. Il parlait un anglais impeccable, avait ses entrées dans l'armée et, en devenant l'un des principaux conseillers du nouveau régime, il occupait un bureau juste à côté de celui du chef de la junte, Raoul Cédras. Depuis le coup de force, Constant dispensait un cours traitant des dangers de la théologie de la libération d'Aristide, sur le site d'entraînement du Service du renseignement national (SIN). Selon le *New York Times*, ce service avait été créé, financé, formé et équipé par la CIA, à partir de 1986, pour combattre le trafic de drogue, mais c'était rapidement devenu un instrument de terreur (et même, d'après certains responsables américains, une source d'approvisionnement de drogue).

Constant affirme que Collins lui fit part, lors de cette première entrevue, de son souhait de lui présenter quelqu'un, à son domicile. « Je n'irai pas seul, se souvient d'avoir répondu le Haïtien, en plaisantant à moitié. Je viendrai avec un témoin. » Il explique que, cette nuit-là, l'un de ses acolytes et lui se rendirent en voiture à la résidence de Collins. Malgré les rues plongées dans un noir d'encre à cause de la pénurie de combustible, la maison de Collins était complètement illuminée. Il dit être monté à l'étage, dans une petite antichambre à côté de la chambre principale, où un homme aux cheveux noirs attendait. Il portait une chemise à manches courtes, et Constant remarqua ses muscles. « Je m'appelle Donald Terry », fit l'homme.

Il se souvient que, les trois hommes buvant des cocktails, Terry se mit à l'assaillir de questions au sujet de la stabilité du régime militaire en place, et sortit un cahier – une « liste » – contenant les noms et les curriculums d'officiers des forces armées haïtiennes. Collins et Terry demandèrent à Constant qui étaient les plus efficaces.

Quelques jours plus tard, raconte l'intéressé, Terry voulut le revoir, cette fois seul à seul, à l'hôtel Kinam.

« Pourquoi ne rejoignez-vous pas l'équipe ? lui proposa l'Américain.

– Quelle équipe ?

– Un groupe de gens qui travaillent pour le bien d'Haïti. »

Ce fut alors, explique Constant, que Terry divulgua qu'il était agent de la CIA.

En réponse à mes questions concernant Donald Terry, le gouvernement américain s'est refusé à tout commentaire, et ce dernier restait injoignable. Mais depuis des dizaines d'années, la CIA s'était profondément impliquée auprès de l'armée haïtienne et dans la politique de l'île. Constant se souvient que, dans les années 1960, son père tenait lieu de conseiller officieux à un agent qui avait pris l'habitude de passer discuter avec lui, sous leur véranda. Selon des reportages de presse, après avoir lancé le SIN, l'Agence avait projeté de financer différents candidats à l'élection présidentielle de 1987, jusqu'à ce que la Commission du renseignement du Sénat oppose son veto à ce plan.

Constant explique qu'il accepta ensuite de servir de canal de communication entre le régime militaire haïtien et le renseignement américain. Il dit avoir reçu le nom de code Gamal, inspiré de l'ancien dirigeant égyptien, Gamal Abdel Nasser, qu'il admirait, et un émetteur-récepteur radio, sur lequel il se connectait régulièrement.

Il est impossible de valider tous les détails de son récit. Un porte-parole de la CIA m'a indiqué que « nous n'avons pas pour politique » de confirmer ou de nier les relations de l'Agence avec quelque individu que ce soit. Mais il fait peu de doute que Constant était un informateur stipendié. Après qu'Allan Nairn eut une première fois mentionné ses liens avec la communauté du renseignement, dans *The Nation*, en octobre 1994, plusieurs hauts responsables ont admis la chose devant des journalistes et nombre d'entre eux me l'ont aussi confirmé. En revanche, la nature de cette relation est restée un mystère : était-il un agent important ? Les autorités américaines ont maintenu qu'il n'était rien de plus qu'un indicateur de médiocre envergure. Mais des entretiens avec plusieurs personnes liées à la communauté du renseignement, allant dans le sens de la version des événements avancée par le principal intéressé, laissaient entendre que, depuis le début, il s'était montré une source généreuse d'informations, pour plus tard devenir, selon certains du moins, un agent à part entière. Après le putsch, il avait contribué à mener une opération qui ne s'était guère ébruitée, en créant le Bureau d'information et de coordination (BIC), chargé de collecter divers types de données : le nombre de morts et d'arrestations en Haïti, le nombre d'adhérents à la théologie de la libération, et ainsi de suite. Constant soutient que cette collecte de données était destinée à favoriser le développement économique, mais elle servait manifestement un autre objectif : le renseignement militaire.

Selon lui, et d'après un non-Haïtien lié à la communauté du renseignement, Constant et un autre membre du BIC furent les premiers à entrer dans l'une des résidences privées d'Aristide, où ils découvrirent des documents secrets. Certains de ces documents finirent entre les mains d'officiers de renseignement américains qui, à leur tour, fournirent de la documentation destinée à alimenter des rapports controversés affirmant qu'Aristide était un déséquilibré mental, renforçant ainsi les voix qui s'élevaient contre lui aux États-Unis.

Un ancien officier supérieur de la CIA justifia le recours à un informateur éventuellement problématique, en ces termes : « Vous ne pouvez pas aider ces types à accomplir leur sale besogne, mais pour savoir ce qui se trame au sein de ce genre de groupements, il faut leur verser de l'argent. Et si vous avez l'intention de recruter un groupe terroriste comme le FRAPH, vous savez, d'un point de vue fonctionnel, que vous n'allez pas enrôler l'équivalent [...] d'un démocrate occidental. [...] Pour réussir à vous informer de ce qui se passe, vous finissez assez vite par vous trouver dans la même position que le FBI par rapport à la mafia : à recruter et à payer, et même à accorder la liberté, à des individus de bas étage, et même parfois à des types qui se situent pourtant tout en haut de l'échelle. »

Un autre ancien officier de renseignement de haut rang formulait la chose de manière encore plus brusque : « Écoutez, nous aurions pu aller voir les nonnes [en Haïti] et leur demander à elles [de nous livrer des informations].

Mais je suis navré... les nonnes sont des personnes délicieuses, mais elles ne connaissent rien au terrorisme. » Ce même officier observait que le chef du FRAPH faisait partie de « toute une catégorie de gens avec lesquels nous entretenons des relations, au vu et au su de l'Administration ». Il estimait, disait-il, que Constant se situait quelque part « sur le spectre, entre les individus qui s'adressaient à vous de temps à autre pour vous apprendre ce que vous vouliez savoir et les auxiliaires employés et stipendiés à part entière, qui nous fournissaient des informations même si elles desservaient leur cause ».

Constant affirme qu'à l'époque où il a officiellement créé le FRAPH, en 1993, il s'était vu assigner un autre officier traitant, John Kambourian, et ils sillonnaient ensemble les routes de montagne de Pétionville, échangeant des informations. Quand j'ai contacté Kambourian par téléphone et l'ai questionné sur Constant, il m'a conseillé de m'adresser aux Affaires publiques du département d'État, puis il a raccroché. On ne sait toujours pas dans quelle mesure les officiers de renseignement américains étaient impliqués dans la formation et la maturation du FRAPH. Un porte-parole de la CIA déclara officiellement que la « CIA n'a[vait] eu aucun rôle dans la création, le financement ou l'orientation de l'organisation FRAPH ».

Mais Lynn Garrison se souvient que lorsque Constant tentait de créer une force de police secrète, avant même l'apparition du FRAPH, Collins lui avait ouvertement dit ceci : « Laissons l'affaire se développer et voyons où ça nous mène. » Un haut responsable du gouvernement américain, en liaison avec Haïti sous la dictature militaire, va même plus loin en affirmant qu'il était de notoriété publique dans les milieux du renseignement que Collins était impliqué avec le FRAPH bien avant que cela ne devienne une organisation officielle (quand ce fut le cas, Collins avait quitté l'île). « S'il n'a pas fondé le

FRAPH, il en était du moins très, très près », m'a affirmé ce haut fonctionnaire. Tentant d'expliquer pourquoi la CIA ou la DIA avaient pu former une telle alliance, cet interlocuteur ajoutait : « Les gens cherchent toujours un contrepoids et, à ce stade, Aristide n'était pas au pouvoir. Je n'excuse rien, mais ils ignoraient ce que le FRAPH allait devenir. »

Malgré l'existence, à l'époque, de documents internes au département d'État dressant le portrait des membres de l'organisation comme des petites frappes et des assassins, Constant affirmait que ses officiers traitants ne le questionnèrent jamais au sujet des viols et des meurtres présumés perpétrés par l'escadron de la mort. Qui plus est, ajoute-t-il, la CIA et la DIA l'encourageaient à faire échouer le retour d'Aristide, et ces deux agences étaient même informées en amont de sa démonstration de force contre le *Harlan County*, qui contribua à retarder l'invasion de près d'un an. Un porte-parole de la CIA a nié devant moi que l'agence ait opéré en Haïti dans le sens de ses objectifs de politique étrangère, mais Lawrence Pezzullo, l'envoyé américain dans l'île à l'époque, ainsi que d'autres officiels américains accusèrent publiquement la CIA d'avoir exagéré à l'extrême la menace pesant sur le *Harlan County*, faisant avorter le retour d'Aristide, et, en somme, d'avoir ainsi imposé sa propre politique. Constant m'a dit : « Si je suis coupable de tout ce dont ils m'accusent, alors ils sont coupables, eux aussi. »

LA RUPTURE

La relation de Toto Constant avec le renseignement américain, tant selon l'intéressé que d'après plusieurs officiers de la CIA, se maintint sans entraves jusqu'au printemps 1994. Ce fut alors, explique-t-il, que Kambourian l'appela et lui dit qu'ils devaient se rencontrer. Il lui conseilla de rapporter son émetteur-récepteur radio. « Je suis désolé, lui expliqua l'Américain, se souvient Constant, mais nous ne pouvons plus vous voir.

– Pourquoi ? » s'étonna le Haïtien.

Kambourian lui répliqua que, suite à l'incident du *Harlan County* et à ses diatribes contre le président, Washington souhaitait couper les ponts.

Certains responsables américains affirment qu'à partir de ce moment les contacts du renseignement avec Constant furent plus ou moins coupés. La coopération entre le FRAPH et l'armée américaine fut ensuite restreinte et, en octobre 1994, les forces américaines prenaient le quartier général du FRAPH d'assaut. Craignant pour sa vie, Constant alla voir le lieutenant général Henry Shelton, qui était en charge des troupes d'occupation. Il se rappelle : « J'ai dit à Shelton, sans détour : "Je suis fils de général, et j'ai hérité de mon père son sens de l'honneur et de la dignité, et c'est pour cela que je suis ici pour vous demander quelles sont les règles d'engagement, parce que je ne les comprends pas." »

Selon un compte rendu d'histoire orale que le général Shelton enregistra pendant l'invasion, ce dernier n'avait aucune envie de rencontrer Constant. Mais le major général David Meade et lui-même décidèrent tout de même de le recevoir, afin de comprendre s'ils réussiraient à le convaincre de leur fournir une liste complète des membres du FRAPH et la localisation de leurs caches d'armes, de publiquement accepter le retour d'Aristide et de transformer le FRAPH en parti politique pacifique.

« Nous avons soumis Constant à une petite guerre psychologique, révélait Shelton dans son témoignage d'histoire orale. J'ai envoyé Meade en premier. Meade devait aller annoncer [à Constant] qu'il lui fallait s'apprêter à rencontrer le grand manitou. [...] J'ai donné à Meade entre vingt et trente minutes pour fixer les conditions, et ensuite je suis arrivé et mon officier de sécurité, un SEAL, est entré dans la pièce [...] en secouant les portes, en flanquant des coups de pied dedans pour s'assurer que les lieux étaient sûrs, avant que je ne fasse mon entrée, c'était leur façon de procéder. Mais Constant a vu tout ça, et c'était un peu comme d'assister à une réunion avec le Parrain du film, qui se serait fait piéger [...] si bien qu'à partir de cet instant il est devenu très nerveux, les yeux exorbités. » C'est alors, poursuivait Shelton, que Meade est sorti et que lui est entré. « [Constant] s'est immédiatement levé, il a souri et m'a tendu la main, et là je me suis dit : "Souviens-toi de deux choses – ils ne comprennent que la force et la mort." Alors je l'ai dévisagé et je lui ai ordonné : "Asseyez-vous !", du coup il s'est immédiatement rassis, le sourire s'est effacé de son visage [...] et je lui ai dit : "J'en déduis que vous acceptez toutes les conditions que nous vous avons fixées, si vous voulez éviter qu'on vous traque, vous et les membres de votre organisation." Il s'est exclamé : "Oh oui, oui, je n'ai aucun problème avec tout ça !" Ensuite, il a commencé : "Mais Haïti, c'est..." Et il s'est lancé dans un discours sur son rôle dans l'histoire de l'île et sur l'importance du FRAPH. Je l'ai laissé déblatérer dix secondes, puis je l'ai coupé et je lui ai répliqué, très sèchement, que ça ne m'intéressait pas d'entendre tout ça. »

Le lendemain, Constant prononçait son discours où il confirmait son acceptation du retour d'Aristide au pouvoir, et se présentait lui-même en nouveau chef de l'opposition démocratique. Selon un responsable américain haut placé, les grandes lignes de ce discours avaient été définies par le très ancien contact de Constant à la CIA, Kambourian, et transmises à l'ambassade, qui les dicta à son tour à son destinataire, lequel s'y plia apparemment sans y ajouter aucune de ses bravades habituelles. « Il aurait pu finir en prison, m'a expliqué ce haut fonctionnaire, mais nous avons jugé que tant que nous pourrions lui soutirer ce que nous attendions de lui il pourrait continuer de circuler librement. »

Le général Shelton avait beau préférer limiter sa fréquentation du personnage au strict minimum, d'autres éléments du gouvernement américain ne semblent pas s'être simplement contentés de le tenir à l'œil. Les services de l'immigration m'ont indiqué qu'il était « impossible de croire », comme me l'a dit un fonctionnaire, que l'homme ait pu pénétrer aux États-Unis à cette époque avec un visa en cours de validité sans l'aide de quelqu'un au sein du gouvernement américain, ou sans papiers falsifiés, et que c'était du « pipeau total », pour reprendre la formule d'un autre. « Tout le monde savait que c'était un tueur, souligne un ancien fonctionnaire de l'INS. Sa photo était partout. » Constant m'a dit qu'il avait en effet alerté certains responsables américains, avant de partir, et « il se peut qu'ils soient intervenus ». Sans commenter directement le cas Constant, une source haut placée dans la communauté du renseignement m'a confié ceci : « Dans la partie supérieure du spectre, le directeur de la CIA peut faire accéder cinquante à cent personnes à la catégorie des espions de haut niveau. Ce sont des gens auxquels nous sommes fortement redevables, parce qu'ils ont risqué leurs vies en accomplissant des actions de grande valeur pour notre nation, et donc, en effet, [si] vous devez sortir de quelque part, on vous fera sortir ; si vous voulez entrer, on vous aidera à entrer, on vous trouvera une maison, la totale. [...] Sans aller jusque-là, vous serez amené à faire un peu de tout, qu'il s'agisse de simplement leur simplifier la vie ou de leur fournir des visas. »

COMMENT TOTO SE FIT LA BELLE

Enfermé au Wicomico County Detention Center, sur le point d'être expulsé avec l'aval complet du département d'État et de l'INS, Constant agita la possibilité de tout révéler de ses anciens réseaux de relations pour réussir à se tirer d'affaire. Menaçant de divulguer les détails de ses relations avec la CIA, il déposa une plainte contre Warren Christopher et Janet Reno, pour emprisonnement abusif, en réclamant des dommages et intérêts à hauteur de cinquante millions de dollars. « Des agents de la CIA ont collaboré avec le plaignant », affirma son avocat dans le cadre du procès. Pour donner toute sa portée à cette mise en garde, il fut reçu sur le plateau de l'émission « 60 Minutes », en décembre 1995, dans sa combinaison orange de prisonnier. « Je me sens comme une jolie femme avec qui tout le monde a envie de coucher mais sans être obligé de se montrer avec elle dans la journée, déclara-t-il à Ed Bradley. Oui, mais moi, j'ai envie que tout le monde sache qu'on sort ensemble. »

Ce fut à ce moment que Benedict Ferro, directeur de district de l'INS à Baltimore à l'époque de l'incarcération du Haïtien, se mit à découvrir des comportements qu'il n'avait encore jamais vus, des attitudes qui, comme il le dit aujourd'hui, « dépassaient les bornes ». Ferro travaillait pour l'INS depuis plus de trente ans, et on lui confia des dossiers concernant des affaires gouvernementales sensibles. Après qu'il eut proféré ses menaces, raconte Ferro, des personnages haut placés, au gouvernement, s'en mêlèrent, alors même que l'administration avait déjà signalé, en public et en privé, que Constant serait renvoyé dans son pays.

Une page de couverture d'un mémorandum du 24 mai 1996 du département de la Justice, intitulé « Emmanuel Constant : les options », indique que les personnalités suivantes furent consultées dans cette procédure : Samuel Berger, conseiller adjoint à la Sécurité nationale ; Strobe Talbott, secrétaire d'État adjoint ; Jamie Gorelick, ministre de la Justice adjoint, et David Cohen, directeur adjoint des Opérations pour la CIA. « Écoutez, dès que [Constant] s'est mis à causer, ils sont sortis du bois », souligne Ferro.

Ce fut alors – « à la onzième heure », dans le souvenir de Ferro – que de hauts responsables du gouvernement américain reçurent des informations concernant un complot visant à assassiner Constant dès son retour en Haïti. Beaucoup de monde, à l'INS, soutenait que, même si c'était vrai, le rapport signifiait simplement que le Haïtien devrait rester dans une prison américaine jusqu'à une date ultérieure. « Nous avons des Cubains qui étaient à bord du *Mariel* et qui restent en prison, rappelle encore Ferro. Nous avons des gens du Moyen-Orient qui sont en prison et qu'on ne peut expulser. Ce n'est pas un processus inédit. » Mais selon plusieurs officiels concernés par ces délibérations, ces informations suffirent à fléchir le sommet de la hiérarchie. « Je ne voulais pas renvoyer quelqu'un chez lui, même un tueur comme Constant, et l'exposer à une exécution sommaire », m'a avoué une personne impliquée dans le dossier. Quand j'ai demandé à un autre haut fonctionnaire qui avait découvert ce complot visant à attenter à sa vie et qui avait préparé le rapport classifié, il m'a simplement répondu : « Des sources fiables du renseignement américain. »

Ferro et plusieurs de ses collègues de l'INS firent une dernière tentative pour imposer leurs vues, en insistant sur ce point : en toute conscience, ils ne pouvaient renvoyer un individu suspect de terrorisme dans un environnement où il risquait de mettre en danger des citoyens américains, et, autre hypothèse tout aussi plausible, où des citoyens américains risquaient de le mettre en danger. Mais cela importait peu. Il fallut plusieurs jours pour arrêter une décision finale, et de hauts fonctionnaires du département de la Justice, du département d'État et du Conseil national de sécurité y prirent part.

Ce fut Ferro lui-même qui annonça la bonne nouvelle au Haïtien.

« Ils m'ont téléphoné à la prison et m'ont prévenu que je pouvais rassembler mes affaires et m'en aller », se souvient-il, encore surpris.

« En somme, je me suis contenté de m'en tenir au scénario officiel, insiste Ferro. Ce type était suspecté d'avoir tué, assassiné tous ces gens, et nous le relâchions, nous le laissions circuler librement au milieu de notre propre société. C'était scandaleux. »

Une copie du règlement judiciaire fixant les conditions de la remise en liberté de Constant, que j'ai obtenue de lui, révèle certaines clauses : il devait habiter au domicile de sa mère dans le Queens et rester sur le territoire de ce *borough* new-yorkais, sauf pour se rendre au bureau de l'INS de Manhattan (il devait se présenter tous les mardis au Service de l'immigration et des naturalisations) ; et s'interdire de parler, entre autres sujets, de la politique haïtienne ou des détails de cet accord juridique. « J'aime me faire entendre, m'a-t-il avoué, alors c'était la pire des choses qu'ils pouvaient m'infliger, cette consigne de silence. » (Comme on peut le constater avec le recul, il a toujours une conception très ample des restrictions qui le frappent.) Son statut juridique officiel est le suivant : il est sous le coup d'un arrêté d'expulsion dont l'exécution a été suspendue sur avis du département d'État.

Quand j'ai interrogé Christopher Warren au sujet de cet accord avec le Haïtien, il m'a dit n'avoir aucun souvenir des détails de ce qui était arrivé, et il a ajouté qu'il essaierait de me rappeler. Plus tard, son assistante m'a en effet rappelé et m'a répété qu'il ne conservait pas de « souvenirs suffisamment précis de l'affaire dont vous aviez discuté pour commenter ». L'avocat de Constant, J. D. Larosiliere, qui continuait de mentionner la menace pesant sur la vie de son client, m'a dit : « Je savais qu'il ne serait pas expulsé, mais il me fallait une prise sur le système judiciaire afin de leur permettre de se ménager une porte de sortie. Le démenti plausible. C'est tout l'enjeu, dans cette affaire. Le démenti plausible. »

UNE « AUTOBIOGRAPHIE QUI DIT TOUT »

Un jour, après notre toute première rencontre au cabinet de Larosiliere, Constant m'a invité dans sa maison de Laurelton, où il vivait, prétendait-il, « comme un otage ». Prise dans une longue rangée de maisons de style Tudor presque identiques, la sienne était délabrée : la façade, jadis blanche, était marquée par les intempéries, les marches auraient eu besoin d'un coup de peinture, et la contre-fenêtre donnant sur la véranda était brisée. Des Haïtiens m'avaient affirmé, entre autres choses, que Constant conservait les ossements de ses victimes dans sa chambre, pratiquait des rituels vaudou tard le soir, stockait des armes de la CIA dans le sous-sol, et tirait à vue sur les intrus.

J'ai hésité un instant sur le perron, la porte d'entrée s'est subitement ouverte et il est apparu, une cigarette à la main. « Entrez donc », a-t-il proposé. Je l'ai suivi dans le salon, faiblement éclairé, et qui sentait le renfermé. Les murs étaient couverts d'art haïtien, et les canapés et les fauteuils houssés de plastique. Il s'est assis en face de moi dans un rocking-chair, et s'est balancé en fumant. Lors de notre rencontre initiale, je l'avais poussé dans ses retranchements au sujet des meurtres et des viols du FRAPH. Il m'avait répondu qu'aucun élément de preuve ne l'impliquait personnellement et qu'il ne pouvait être tenu pour responsable de chaque membre d'une aussi vaste organisation. « Si quelqu'un, le jour d'une élection, tue un autre individu dans une rue de New York, et s'ils découvrent qu'il votait démocrate, ils ne vont pas rendre Clinton responsable », a-t-il ajouté. Il avait insisté : « J'ai la conscience tranquille. »

Cette fois, quand j'ai commencé à l'interroger, il a sorti un enregistreur à cassettes de sa poche et m'a dit qu'il travaillait à un livre sur sa vie. « J'ai suivi un cours sur l'autoédition, et une chose que le type m'a expliquée, c'est que si vous parlez de votre passé, alors il vaux mieux s'enregistrer », m'a-t-il confié. J'ai pensé qu'il tenait à ce que je le cite fidèlement, mais un instant plus tard il m'a tendu un projet de livre : « Ce projet propose un nouvel exposé “brûlant” qui “dit tout” sur Emmanuel “TOTO” Constant, nom de code “GAMAL”, et le FRAPH. [...] L'étude de marché suggère qu'avec au moins deux millions d'Haïtiens en Haïti [...] ce livre pourrait facilement se vendre à un million d'exemplaires. » Le livre était provisoirement intitulé *Échos du silence*. Il avait rédigé une maquette de texte pour la jaquette, en ces termes :

> Emmanuel « TOTO » Constant, chef notoire du FRAPH [...] et présumé meurtrier, violeur et brute terroriste, rompt le joug du silence. S'exprimant du fond de son cœur, il révèle l'homme, le vrai, derrière ces visions infâmes. Intéressant, provocant, instructif et sensible, *Échos du silence* dresse le portrait sincère des complexités de la vie en Haïti, où rien n'est simple. Cela pourrait mener à cette conclusion : la frénésie politique d'Haïti, aussi addictive et dangereuse

qu'un narcotique, alors même qu'elle tue, maintient les masses en vie, mentalement et émotionnellement.

C'était sa toute dernière tentative de gagner sa vie. Depuis sa libération de prison, il avait essayé toutes sortes de moyens de subvenir à ses besoins. Il avait suivi des cours d'informatique. Il avait vendu des voitures d'occasion. Mais chaque fois qu'il avait trouvé un emploi, les autres immigrés de la communauté s'étaient insurgés et l'avaient fait chasser de son poste. « Le pire moment, c'était quand ils sont venus devant l'agence immobilière [...] parce que j'avais vraiment une bonne situation, là-bas », s'est-il plaint.

Depuis ce jour, il était devenu ce qu'il appelait « conseil en investissement », appellation qui semblait désigner la vente et la location de biens immobiliers, de la manière la plus discrète possible. Chaque fois que j'étais en sa compagnie, son téléphone portable sonnait, c'était l'appel d'un client potentiel. Un jour, je l'ai écouté s'exprimer en haussant et en baissant le ton, à la manière d'un commissaire-priseur dans une vente par adjudication : « Allô. Oui. Oui... J'ai vu l'appartement... Ils demandaient mille cent dollars, et j'ai fait baisser à mille... Tout est compris... OK ?... C'est à Cambria Heights, un très joli quartier, très calme, très, très sûr... Je travaille très dur pour vous. »

Son épouse s'était installée au Canada avec leurs quatre enfants, par crainte pour leur sécurité. « Ma femme me quitte, m'a-t-il finalement annoncé. Nous avons des discussions au sujet des enfants. Je voulais qu'ils viennent me voir, comme ils l'ont toujours fait, et elle, elle ne veut pas. Alors nous nous disputons, mais tout ira bien. »

Un instant après, son téléphone a sonné, et je lui ai demandé si je pouvais jeter un œil sur la maison.

« Pas de problème », m'a-t-il dit.

Je suis monté au premier, en longeant des murs lézardés et des portes closes. Sa chambre était au troisième étage. Elle était petite et encombrée de vidéos et de magazines de mode pour hommes. Près de son lit, une photo encadrée de lui lors de son intervention à « 60 minutes ». Dans un coin, un petit autel. Des bougies et des figurines de saints catholiques, qui jouent souvent un rôle dans le vaudou, étaient soigneusement disposées en cercle.

Je me suis penché pour les examiner de près, et il m'a appelé par mon nom. L'une des statuettes était celle du saint patron de la justice ; sur le socle, ces mots étaient inscrits : « N'oublie jamais cette grande faveur et je ne cesserai jamais de t'honorer, toi, mon patron si singulier et si puissant. »

Il m'a de nouveau appelé par mon nom, et je suis redescendu en vitesse.

« On sort », m'a-t-il fait, en enfilant sa veste en cuir.

Nous avons marché dans Laurelton et les sonorités du *kompa*, la musique de danse haïtienne, hurlaient dans les haut-parleurs des épiceries de quartier. Nous sommes passés devant des types qui fumaient dans le froid, bavardant en créole. « Il me faut de la viande », m'a dit Constant, en se dirigeant vers la boucherie.

L'échoppe était bondée, et on pouvait à peine entrer. Un petit cercle d'Haïtiens jouait aux cartes dans le fond. Constant s'est appuyé au comptoir, et je me suis rendu compte que tout le monde le dévisageait. « Il me faut de la chèvre », a-t-il fait, en rompant soudain le silence. Il a désigné un énorme gigot pendu à un croc de boucher. Il a jeté un œil dans le fond, où plusieurs personnes semblaient s'échanger des propos à son sujet, mais cela n'a pas eu l'air de le perturber. Le boucher a découpé dans l'os et les nerfs d'une patte de chèvre. Il pesait de son bras massif, tranchant à coups de lame bien nets. « Tout le monde ici sait qui je suis, m'a-t-il soufflé en ressortant. Tout le monde. Ils ont tous lu des choses sur moi ou vu ma photo. »

Il a traversé la rue en vitesse, vers un salon de coiffure. Un écriteau « Fermé » était accroché à la porte, mais nous pouvions apercevoir le coiffeur à l'intérieur, et Constant a cogné à la vitrine, l'implorant d'accepter un client supplémentaire. « Il y a un autre coiffeur plus loin dans la rue, m'a-t-il précisé, mais si j'allais là-bas, ils me trancheraient la… » Il n'a pas achevé sa phrase, mais il a mimé, d'un geste des doigts en travers de sa gorge, et il a laissé échapper un rire étrange.

UN TRIBUNAL EN HAÏTI

Le procès se déroulait à près de deux mille kilomètres de New York. Le 29 septembre 2000, un tribunal haïtien entamait la procédure contre Constant sur la base d'accusations de meurtre et de torture, l'accusant, dans les faits, du massacre de Raboteau. Quelques semaines plus tard, je me suis rendu sur place avec J. D. Larosiliere, au moment où le procès approchait de son moment de vérité. Vingt-deux personnes, en majorité des soldats et des paramilitaires du FRAPH, faisaient l'objet de poursuites à titre individuel. Constant et les chefs de la junte étaient jugés par contumace.

Bien que l'invasion américaine ait contenu le bain de sang, le pays restait en proie au désordre. Huit habitants sur dix étaient au chômage, et les deux tiers souffraient de malnutrition. Des gangs rôdaient dans les rues. Les avions du trafic de drogue décollaient et atterrissaient en toute impunité. Le nouveau régime démocratique tant vanté était lui-même, croyait-on, en proie à la fraude. Après avoir placé son protégé au pouvoir, Aristide se portait de nouveau candidat à la présidence au milieu d'allégations l'accusant de noyauter le Parlement avec ses partisans. Les actes de violence et les assassinats politiques, cette fois perpétrés autant par la gauche que par la droite, se multipliaient à nouveau. « Maintenant tout le monde comprend que j'avais raison, m'a soutenu Constant par la suite. Tout le monde a vu ce qui se passait sous Aristide. »

Le procès proprement dit était un facteur déclencheur potentiel de cette violence. L'ambassade des États-Unis conseillait aux Américains de se tenir à l'écart de la région, par crainte « de manifestations à grande échelle, d'incendies de pneus, de jets de pierres et autres ». À l'atterrissage de notre avion, Larosiliere m'a dit qu'il avait été averti de possibles tentatives d'assassinat. « S'ils m'attaquent, cela ne fera que renforcer ma démonstration, m'a-t-il dit. Si je ne suis pas en sécurité, comment mon client le serait-il ? »

À l'aéroport, nous avons été accueillis par un personnage musclé, à l'allure militaire, masqué par des lunettes de soleil, qui servirait à Larosiliere d'« attaché ». « Vous ne pouvez pas compter sur la police pour votre sécurité, m'a expliqué ce dernier. Pour vous protéger, il faut donc vous armer. » L'attaché nous a ouvert le passage au milieu d'une foule de chauffeurs de taxi, de bagagistes, de mendiants et de pickpockets. J'ai senti des odeurs de corps, de sueur et de cuisine et, en nous précipitant vers la voiture, j'ai tenté d'écarter les bras qui se tendaient pour m'aider à porter mes affaires. « Bienvenue en Haïti ! » s'est exclamé Larosiliere.

La commune des Gonaïves, où se situait le tribunal, n'est qu'à cent dix kilomètres de Port-au-Prince, mais, comme la quasi-totalité des routes d'Haïti sont des chaussées sans revêtement, il nous a fallu une demi-journée pour y arriver. Le tribunal était au centre de la ville, entouré de remorques de camions, une barricade de fortune pour empêcher la foule de se ruer à l'intérieur. Nous sommes entrés dans un bâtiment petit et bas, où des gardes armés nous ont fouillés, pour vérifier que nous ne portions pas d'armes. L'attaché m'a dit qu'il avait laissé son pistolet dans la voiture, mais il restait tout près de Larosiliere. Nous avons traversé une salle, puis une autre ; finalement, à ma surprise, nous avons débouché dans une cour intérieure à ciel ouvert, où le procès se tenait sous une tente blanche gonflée au vent. Le juge siégeait à une table, vêtu d'une robe noire et d'une haute coiffe ornée d'un bandeau blanc. Il avait une cloche en guise de marteau. Les vingt-deux accusés étaient assis non loin, derrière un cordon de gardes armés. Larosiliere a rejoint les autres avocats de la défense, et l'attaché et moi avons pris place dans le fond avec des dizaines d'observateurs et de victimes supposées.

Je m'étais à peine assis qu'un avocat du ministère public s'est mis à invectiver Larosiliere, en pointant le doigt vers le ciel et en exigeant que ce dernier déclare à la cour qui il était et pourquoi il était là. L'attaché, qui était à côté de moi, s'est levé avant que Larosiliere ne réponde. L'assistance a été parcourue de rumeurs : « *Toto Constant ! Toto Constant !* » Les gens ont regardé autour d'eux comme si Constant pouvait se trouver sous cette tente. L'avocat s'est remis à aboyer sur Larosiliere. À présent, l'attaché se tenait tout près de lui, les bras croisés.

La plupart des victimes présumées avaient déjà témoigné que, le 22 avril 1994, des soldats et membres du FRAPH avaient effectué une descente au village de Raboteau, réputé pour son soutien farouche à Aristide. Ils avaient décrit la scène : on les avait sortis de force de leurs domiciles, poussés dans des égouts à ciel ouvert, volés et torturés. Lors d'attaques précédentes, les villageois avaient fui vers la mer, où leurs bateaux de pêche étaient amarrés. Mais cette fois-là, quand ils avaient voulu en faire autant, disaient-ils, leurs agresseurs les attendaient dans des bateaux et avaient ouvert le feu. « J'ai grimpé à bord de mon bateau, expliquait l'un des villageois, Henri-Claude Elisme, dans sa déposition sous serment. J'ai vu Claude, Jean… tomber sous les balles des soldats. » Abdel Saint Louis, un marin de trente-deux ans, déclara : « Je me suis enfui dans un bateau. […] Ensuite, j'ai vu Youfou, un membre du FRAPH, qui guidait un groupe de soldats. Ils ont tiré dans ma direction. J'ai appelé à l'aide. Ils m'ont arrêté, ils m'ont frappé, et m'ont obligé à piloter le bateau. En voyant des personnes dans un autre bateau, les soldats leur ont tiré dessus et ils ont touché deux fillettes : Rosiane et Deborah. »

À la fin de l'assaut, selon les témoins de l'accusation, des dizaines de personnes étaient blessées et au moins six étaient mortes ; l'accusation estimait que le bilan réel était bien plus élevé. La plupart des corps auraient été enterrés dans des tombes rapidement creusées le long de la mer, si peu profondes qu'ils avaient été emportés par la marée. « Quand je suis descendu sur le rivage, j'ai vu le bateau [de mon frère] couvert de sang, a témoigné Celony Séraphin. Je ne l'ai retrouvé que le 28 avril […] ligoté avec Charité Cadet ; ils avaient été tous les deux assassinés. Je n'ai pas été autorisé à récupérer le corps. […] Je demande justice pour mon frère. »

Ce témoignage provoqua de temps à autre des cris de colère dans le public, et le juge sonnait de sa cloche, tentant de ramener le silence dans la salle. Cet après-midi-là, Karen Burns, une anthropologue légiste des États-Unis, a prêté serment. Un expert canadien de l'ADN devait intervenir après elle. Ce serait la première fois que des éléments de preuve médico-légaux et génétiques étaient présentés devant un tribunal haïtien, et la salle d'audience a fait silence. Karen Burns se tenait au centre, entourée de restes de squelettes de trois défunts, exhumés au bord de la mer, à Raboteau, en 1995. Elle parlait, les spectateurs et les jurés tendaient le cou pour voir les ossements. Elle en a levé un en l'air : « Ceci, c'est le pelvis. » Elle l'a reposé pour prendre un autre os. « Ce sujet a été retrouvé une corde nouée autour du cou, et c'est la corde qui a été récupérée. » Elle a levé cette corde en l'air, et il y a eu des exclamations étouffées.

Larosiliere, qui, comme son client, maintient que ce massacre n'était que propagande fabriquée de toutes pièces pour discréditer le FRAPH et le régime militaire, demeurait imperturbable. « Je ne vis que pour entendre des dépositions de ce genre », m'a-t-il déclaré ce soir-là, en buvant un verre de rhum. Nous étions attablés avec l'attaché, au restaurant de l'hôtel. « Elle a mené une étude scientifique sur un site à l'intégrité compromise. Tout le monde est venu se promener là-bas. Allons... Vous savez que je peux accéder à n'importe quel cimetière, ramasser les squelettes de n'importe qui, pour aller les placer là-bas. »

Remplissant son verre, il m'a soutenu que s'il y avait eu la moindre implication organisée de l'armée aucune preuve n'aurait été laissée sur la plage. « Ces corps auraient été chargés sur un camion, et ils auraient été déchargés rue Nationale...

– Tu l'as dit, a ajouté l'attaché.

– ... ou sur la route...

– De nuit, a renchéri l'attaché.

– ... et balancés...

– À Source Puante, a complété l'attaché.

– Des fosses de soufre, m'a expliqué Larosiliere. Le meilleur emplacement possible, parce que le soufre ronge les corps. »

Je l'écoutais parler, et plusieurs observateurs d'ONG de défense des droits de l'homme étaient assis tout près de nous. L'un d'eux n'a pas manqué d'engager le débat avec Larosiliere et Constant. Larosiliere leur a rétorqué ceci : « Si je croyais un instant, cher monsieur, qu'Haïti pouvait tenir le procès en bonne et due forme de mon client, j'aurais été le premier à le jeter dans le premier avion. »

Plus tard, Brian Concannon, un avocat américain spécialisé dans les affaires de défense des droits de l'homme, qui avait passé les cinq années précédentes en Haïti à pousser en faveur de ce procès, m'a déclaré que cette procédure était d'une exceptionnelle équité, à tous égards. En fait, disait-il, c'était devenu en quelque sorte un modèle de référence pour le système judiciaire haïtien. Et, aspect sans doute le plus important, malgré les craintes de Constant de finir assassiné, pas un seul prévenu n'avait jusqu'à présent subi de sévices, que ce soit en prison ou dans une salle d'audience. « Les accusés ont pu jouir de tous leurs droits, en application de la loi haïtienne et des traités internationaux dont Haïti est signataire, m'a précisé Concannon. Ils ont été autorisés à présenter des témoins, à soumettre des alibis et des pièces à décharge. »

Quant à Constant, poursuivait-il, son dossier était fondé sur le même précédent juridique utilisé pour engager des poursuites contre les dirigeants nazis après la Deuxième Guerre mondiale et, plus récemment, contre les criminels de guerre de l'ex-Yougoslavie et du Rwanda. « Constant a mis sur pied une organisation qui était spécifiquement conçue pour [se livrer], et qui s'est de fait livrée, à des violations écrasantes des droits de l'homme. Il a dirigé une organisation criminelle et il est responsable des crimes de cette organisation. »

Le deuxième jour de notre visite, Larosiliere a décidé de mettre en scène une manifestation de protestation. Au beau milieu des débats, il s'est levé de sa chaise, et s'est tenu raide comme un piquet. L'audience s'est interrompue, et tout le monde l'a fixé du regard. Ensuite, il s'est dirigé d'un pas martial vers la porte, avec l'attaché sur ses talons. Il y a eu un chœur de murmures rageurs. Un avocat de l'accusation a dénoncé ce geste comme un pur stratagème, un signe que l'avocat de Constant avait eu l'intention, d'entrée de jeu, de recourir au tribunal non pour que la justice y soit rendue, mais à seule fin de jeter le discrédit sur la procédure. (« Ma conception d'une action en défense pour homicide digne de ce nom suppose que vous passiez plus de quelques heures à l'audience, m'a expliqué Concannon. Nous avons travaillé sur ce dossier à plein temps pendant quatre ans et demi. »)

Après la sortie de Larosiliere, je suis resté un moment à observer les dizaines de victimes présumées, installées sur les bancs du fond. Nombre d'entre elles s'étaient acheté un costume exprès pour ce procès. Les jeunes femmes, dont certaines avaient été blessées par balles, portaient des robes blanches qu'elles réussissaient à garder impeccables malgré la chaleur et la poussière ; elles se tenaient le dos parfaitement droit. En plusieurs occasions, ces gens avaient marché des kilomètres jusqu'à la capitale pour faire pression sur le gouvernement et obtenir justice. Ils avaient écrit des chansons sur ce qui s'était passé. Et ils étaient là, en cet instant, alors que la pluie se mettait à tomber et qu'un greffier réunissait les ossements éparpillés sur la table, et que la rumeur circulait dans le pays qu'une nouvelle tentative de coup d'État avait été déjouée dans la capitale.

Quand je me suis finalement levé pour m'en aller, un jeune homme qui m'avait vu arriver avec l'avocat de Constant m'a arrêté. Avant que j'aie pu dire quoi que ce soit, il a craché sur mes chaussures et s'est éloigné.

LE VERDICT

« Ils ont essayé de me faire sortir pour me casser la figure », m'a révélé Constant peu après mon retour. Il croquait un morceau de gâteau au chocolat dans un petit restau du Queens. Depuis le début du procès, les tensions au sein de la communauté n'avaient cessé de s'intensifier. Larosiliere lui avait fortement conseillé, quand il se produisait de telles manifestations, de quitter son domicile, d'éviter les confrontations. Mais il ne s'éloignait jamais. « Je dois protéger ma mère et ma tante, au cas où l'une ou l'autre deviendrait folle », m'a-t-il dit.

Ricot Dupuy, de Radio Soleil d'Haïti, m'a parlé sans détour : « Il y a des groupes haïtiens qui ont caressé l'idée de se faire justice de leurs propres mains, et de le tuer. »

L'intéressé soutient qu'il conserve une petite phalange de partisans qui ouvrent l'œil sur lui. « Je peux vous dire, quand ils viennent devant chez moi, 50 % des gens qui se retrouvent là sont de mon entourage. Ils passent par là au cas où il y aurait le moindre problème. »

Bien qu'il soit difficile de connaître leur nombre précis, il affirme que certains maintiennent une petite troupe de fidèles composée d'anciens membres du FRAPH, de Tontons Macoutes, de soldats et de duvaliéristes qui vivent aussi en exil. Des manifestants affirment qu'en au moins une circonstance une voiture s'est arrêtée devant chez lui pour les surveiller. « Ils sont venus prendre des photos de nous, et nous avons pris des photos d'eux », m'a expliqué Ray Laforest.

« Je n'ai pas envie de jouer à un jeu meurtrier, a dit Constant de Laforest, mais j'ai des infos sur lui et… »

Il a laissé sa phrase en suspens, sans aller au bout de sa pensée.

Un jour, j'étais assis avec lui dans sa maison, je lisais un chapitre de son livre, quand son téléphone a sonné. Il a décroché, parlé, raccroché, puis il m'a dit : « Vous êtes ici, et vous allez assister à un moment historique. Le verdict est tombé. J'ai été condamné à la réclusion et aux travaux forcés à perpétuité, et ils saisissent tous mes biens en Haïti. »

Il s'est laissé tomber dans son rocking-chair, s'est allumé une cigarette et j'ai vu son regard errer dans la pièce. Le jury avait délibéré quatre heures et déclaré coupables seize des vingt-deux prévenus en détention, dont douze d'entre eux de meurtre avec préméditation ou de complicité de meurtre. Ceux qui avaient été jugés par contumace étaient condamnés pour meurtre et avaient ordre de verser aux victimes des millions de dollars de dommages et intérêts. « Perdre mes biens au pays, cela ne me plaît pas, m'a avoué le condamné, parce qu'un jour ou l'autre ma mère devra retourner là-bas. »

Il a allumé une autre cigarette et il a tiré une longue bouffée.

« Je ferais bien d'appeler J. D. », a-t-il ajouté, une allusion à Larosiliere. Il a pris son portable, s'efforçant de se concentrer. « Ils ont rendu un verdict contre moi, a-t-il annoncé à l'avocat, en laissant un message dans sa boîte vocale : Il faut que je lui parle, OK ? Ils m'ont condamné à la perpétuité et aux travaux forcés ! »

Quelques minutes plus tard, le téléphone a sonné, et Constant s'est précipité pour décrocher. Mais c'était un journaliste qui lui demandait un commentaire. Il a réussi à prononcer quelques mots, puis a raccroché. Le téléphone a sonné de nouveau. C'était Larosiliere.

« À ton avis, qu'est-ce qui va se passer, là ? lui a-t-il demandé, très nerveux. OK… oui… OK. »

Il m'a tendu l'appareil. Je pouvais déjà entendre la voix de Larosiliere crépiter dans le combiné avant même de l'avoir collé à mon oreille.

« J'ai un mot à vous dire à propos de tout ceci : c'est des conneries. »

Il m'a précisé que le gouvernement haïtien allait maintenant tenter d'extrader son client, en excipant du fait qu'un tribunal légitime l'avait condamné avec la bénédiction des observateurs internationaux. Mais, continuait-il, il leur restait encore à démontrer que le verdict avait été rendu en toute équité et à prouver devant un tribunal américain que Constant méritait d'être renvoyé chez lui.

Ce dernier m'a appelé quelques jours plus tard. Il avait une voix agitée. « D'après la rumeur, ils sont sur le point de m'arrêter. Ils vont venir me chercher. » Il m'a informé qu'il devait se présenter à l'INS le lendemain, comme il le faisait chaque mardi, mais cette fois il redoutait que les autorités aient prévu de l'appréhender. « Vous pouvez me retrouver sur place ? »

À mon arrivée au bureau de l'INS de Manhattan, le lendemain matin, il était déjà devant l'entrée. Il faisait froid, et il s'était emmitouflé dans son trenchcoat. Il m'a expliqué que sa mère, qui se trouvait en Floride, l'avait appelé pour lui annoncer que d'autres exilés haïtiens avaient été arrêtés. J'ai vu les cernes qui lui creusaient les yeux. Arpentant le trottoir en tous sens, il m'a dit qu'il avait dormi la nuit précédente au domicile d'un ami, au cas où les autorités se présenteraient chez lui pour l'arrêter.

Je l'ai suivi dans l'ascenseur et nous sommes montés au douzième étage. Constant a voulu se présenter à l'accueil, où était punaisée une affiche de la statue de la Liberté, mais un agent de l'INS lui a signifié qu'ils n'étaient pas encore prêts à le recevoir. Il s'est assis en se demandant pourquoi on l'avait laissé si longtemps en liberté : « Un de mes amis m'a dit un jour… il travaille pour le renseignement, ici… que quelqu'un, quelque part, suivait tout à mon sujet. »

Quelques minutes plus tard, une employée l'a appelé par son nom d'une voix forte, et il s'est levé d'un bond. Il s'est approché du bureau avec son formulaire de l'INS et s'est présenté. La fonctionnaire lui a pris le document et s'est rendue dans une salle à l'arrière, où elle s'est entretenue avec quelqu'un. Ensuite, elle est revenue et c'était terminé, un Constant souriant m'a précédé en direction de l'ascenseur, a ensuite appelé sa mère pour la rassurer, tout était OK, et il s'est précipité dans la rue pour aller s'acheter un costume neuf, histoire de fêter sa liberté.

La semaine suivante, une vingtaine de Toto Watchers se réunissaient devant l'INS en brandissant des pancartes qui montraient des victimes présumées du FRAPH : un jeune garçon assassiné, un T-shirt remonté sur la tête ; deux hommes gisant dans une mare de sang. « Nous sommes ici pour exiger que Toto Constant soit renvoyé en Haïti, scandait Kim Ives, un journaliste d'*Haïti Progrès*, journal basé à Brooklyn, dans un mégaphone. Si vous vous opposez à ce que des criminels de guerre et des chefs d'escadrons de la mort vivent dans votre quartier à New York, nous vous invitons à nous rejoindre. » On avait la sensation que c'était la dernière chance de convaincre Washington de l'extrader et que s'il ne le faisait pas maintenant, après sa condamnation, il ne le ferait jamais. Un expert de l'ONU sur Haïti, Adama Dieng, qui avait tenu lieu d'observateur impartial au procès, avait déjà qualifié ce verdict de « tournant dans [la] lutte contre l'impunité ».

Devant les locaux de l'INS, plusieurs personnes dans la foule s'étaient baissées, et tentaient, courbées en deux, d'allumer des bougies dans le vent glacial. « Comment se peut-il qu'ils ne le renvoient pas là-bas ? m'a demandé un Haïtien. Il a été jugé coupable par un tribunal haïtien. Pourquoi la CIA le protège-t-elle ? » Subitement, un slogan a retenti, scandé par la foule unie : « Toto Constant, tu ne peux pas te cacher ! Nous t'accusons de génocide ! »

AU REVOIR ?

Lors d'une de nos dernières entrevues, en 2001, après les prestations de serment respectives des présidents Jean-Bertrand Aristide et George W. Bush, Constant m'a téléphoné et m'a dit qu'il lui fallait me voir. Son statut juridique demeurait inchangé. Il avait discuté avec ses « conseillers », et il avait besoin de me signaler quelque chose. Le contexte politique entre les deux pays s'était transformé, m'a-t-il indiqué. Il y avait de plus en plus de résistance contre Aristide, même dans le Queens. Des bombes avaient récemment explosé à Port-au-Prince, et le régime avait imputé ces attentats à Constant. Il niait toute implication, mais il affirmait que des Haïtiens de partout l'appelaient, attendaient qu'il agisse, qu'il s'interpose.

Au restaurant haïtien où nous nous sommes retrouvés, il m'a dit que des gens avaient « publié des articles, où ils écrivaient : “Regardez ce type qui a été condamné pour meurtres en Haïti et qui se renforce de jour de jour” ». Il a bu une gorgée de rhum. « Beaucoup de gens, dans l'île, me suivent. Ils n'ont plus eu de nouvelles de moi. Ils ne savent pas ce qui se passe, mais tout le monde a les yeux fixés sur moi, des gens m'envoient leur numéro de téléphone, des numéros en Haïti. Des gens d'ici tentent de me joindre. Des dirigeants politiques essaient de me contacter. Il y a l'idée que si… Aristide s'en va, je suis le seul à pouvoir lui succéder. Je ne dois pas laisser tout ça me monter à la tête. Je dois être très prudent, analyser et faire en sorte que ça aboutisse. »

Chaque fois que des clients entraient dans le restaurant, il regardait par-dessus son épaule pour vérifier qui c'était. Il a attendu que deux Haïtiens s'assoient, puis s'est tourné de nouveau vers moi et m'a dit qu'il devait prendre une décision spectaculaire, sinon il serait otage dans le Queens pour le restant de ses jours. « Si je prends ouvertement position, si je donne une conférence de presse, et même si je ne fais rien, mais si je me contente d'attaquer Aristide, cela renforcera l'opposition, au pays, cela renforcera l'ancienne armée, cela renforcera les anciens membres du FRAPH, cela donnera de la force à tous ceux qui n'ont pas le cœur d'agir, parce qu'ils ne voient pas qui se porterait à leur tête. »

Il avait récemment reçu une nouvelle série de menaces de mort, disait-il. Quelqu'un s'était procuré son numéro de portable et l'avait averti : « Tu auras beau faire, je t'aurai. »

Je lui ai demandé s'il craignait ce qui pourrait se produire au cas où il enfreindrait avec autant d'aplomb cette consigne de silence qui lui était imposée et convoquait une conférence de presse. Il admettait ne pas être sûr de ce qui se produirait, mais c'était son destin. « Depuis ma jeunesse, j'ai été préparé à accomplir une mission, et c'est pour cela que je suis resté en vie », rappelait-il. Il a de nouveau jeté un coup d'œil par-dessus son épaule, puis s'est penché vers moi. « Soit je serai président d'Haïti, soit je finirai par me faire tuer. »

En juillet 2006, Constant a connu un sort plus trivial et plus inattendu : il a été arrêté, à New York, pour avoir escroqué des créanciers de plus d'un million de dollars, dans le cadre d'une carambouille immobilière d'envergure. Cette fois, aucune de ses relations n'a pu le protéger de la justice. Jugé à New York, il a été déclaré coupable et condamné à une peine cumulée de trente-sept années de réclusion. Le procureur général de l'État, Andrew Cuomo, a déclaré : « Constant ne sera plus une menace pour notre société. »

Mot de l'auteur

Neuf de ces récits sont parus dans *The New Yorker*. Trois ont été publiés ailleurs : « Rendre au Diable… » dans *The Atlantic* ; « Par où s'est-il échappé ? » dans *The New York Times Magazine* ; et « Crimetown, USA » dans *The New Republic*. Certains textes ont été mis à jour et révisés.

Remerciements

Comme toujours, je suis profondément reconnaissant envers David Remnick au *New Yorker*, où neuf de ces douze textes sont parus. Sans son engagement farouche en faveur du journalisme narratif, son sens éditorial aigu, et son soutien indéfectible, ces textes n'auraient pas vu le jour. À chaque étape, j'ai bénéficié non seulement de son aide mais aussi de celle des éditeurs d'exception du magazine. Daniel Zalewski, dont l'empreinte invisible figure sur presque tous ces textes, aura infiniment amélioré mon travail, et n'aura cessé de faire progresser le journaliste que je suis. J'ai aussi de la chance d'avoir à mes côtés Dorothy Wickenden, Henry Finder, Susan Morrison, Pam McCarthy, Elizabeth Pearson-Griffiths, Ann Goldstein, Mary Norris, Carol Anderson, Virginia Cannon et Amy Davidson. Le service de vérification des faits du *New Yorker*, dirigé par Peter Canby, est véritablement la bénédiction d'un auteur.

Je veux aussi dire ici toute ma gratitude au *Times Magazine*, rédaction de New York, à *The New Republic* et à *The Atlantic*. Nombre d'éditeurs avec lesquels j'ai travaillé ont exercé sur moi une influence profonde et durable : Peter Beinart, Jonathan Chait, Jonathan Cohn, Albert Eisele, Joel Lovell, Adam Moss, Cullen Murphy, Christopher Orr, Martin Tolchin et Jason Zengerle. Et personne n'aura peut-être exercé de plus grand impact sur l'auteur que je suis que le regretté Michael Kelly, un modèle et un ami, qui me manque tous les jours.

Mes agents Kathy Robbins et David Halpern, chez Robbins Office, continuent d'être mes alliés les plus bienveillants et les plus dévoués, et réussissent toujours à me guider dans la meilleure direction. C'est tout aussi vrai de l'irremplaçable Matthew Snyder, chez CAA. Je veux aussi exprimer ma gratitude envers Katie Hut, et au reste de Robbins Office, ainsi qu'à Susan Lee, qui m'a aidé dans mes recherches et la vérification des faits.

C'est Bill Thomas, chez Knopf Doubleday, qui a été le premier à lire ces textes en ordre dispersé, et qui a pensé qu'ils fonctionneraient en un recueil. Sa vision éditoriale et son sens parfait de l'édition ont fait de ce livre une réalité. Sonny Mehta a défendu ce projet et contribué à le mener à bien. Et toute l'équipe de Knopf Doubleday a encore une fois démontré qu'elle était le meilleur atout d'un auteur. En particulier, je veux remercier Bette Alexander, Maria Carella, Janet Cooke, Melissa Danaczko, Todd Doughty, John Fontana, Suzanne Herz, Rebecca Holland, Coralie Hunter, James Kimball, Lauren Lavelle, Beth Koehler, Lynn Kovach, Beth Meister, John Pitts, Anh Schluep, Steve Shodin, Suzanne Smith et Anke Steinecke.

Je me sens surtout profondément redevable envers mes enfants, Zachary et Ella, et mon épouse, Kyra, qui n'est pas seulement l'une des meilleures journalistes du métier, mais aussi la plus lucide et la plus honnête. Aucun remerciement ne pourra jamais exprimer la gratitude et l'amour que j'éprouve à leur égard.

Table

Troisième partie

« Tout ce que l'univers peut receler
de monstrueux et d'incroyablement malfaisant. »

RÉALISATION : NORD COMPO À VILLENEUVE D'ASCQ
IMPRESSION : NORMANDIE ROTO IMPRESSION S.A.S À LONRAI
DÉPÔT LÉGAL : OCTOBRE 2020. N° 143276 (2002695)
IMPRIMÉ EN FRANCE

Éditions Points

Collection Points Policier

P234. La Nuit du solstice, *Herbert Lieberman*
P245. Un homme peut en cacher un autre, *Andreu Martín*
P248. Le Prochain sur la liste, *Dan Greenburg*
P259. Minuit passé, *David Laing Dawson*
P267. Ténèbres sur Jacksonville, *Brigitte Aubert*
P268. Blackburn, *Bradley Denton*
P269. La Glace noire, *Michael Connelly*
P272. Le Train vert, *Herbert Lieberman*
P282. Le Diable t'attend, *Lawrence Block*
P295. La Jurée, *George Dawes Green*
P321. Tony et Susan, *Austin Wright*
P341. Papillon blanc, *Walter Mosley*
P356. L'Ange traqué, *Robert Crais*
P388. La Fille aux yeux de Botticelli, *Herbert Lieberman*
P389. Tous les hommes morts, *Lawrence Block*
P390. La Blonde en béton, *Michael Connelly*
P393. Félidés, *Akif Pirinçci*
P394. Trois heures du matin à New York
Herbert Lieberman
P395. La Maison près du marais, *Herbert Lieberman*
P422. Topkapi, *Eric Ambler*
P430. Les Trafiquants d'armes, *Eric Ambler*
P432. Tuons et créons, c'est l'heure, *Lawrence Block*
P435. L'Héritage Schirmer, *Eric Ambler*
P441. Le Masque de Dimitrios, *Eric Ambler*
P442. La Croisière de l'angoisse, *Eric Ambler*
P468. Casting pour l'enfer, *Robert Crais*
P469. La Saint-Valentin de l'homme des cavernes
George Dawes Green
P483. La Dernière Manche, *Emmett Grogan*
P492. N'envoyez plus de roses, *Eric Ambler*
P513. Montana Avenue, *April Smith*
P514. Mort à La Fenice, *Donna Leon*
P530. Le Détroit de Formose, *Anthony Hyde*
P531. Frontière des ténèbres, *Eric Ambler*
P533. Le Blues du libraire, *Lawrence Block*
P534. Le Poète, *Michael Connelly*
P535. La Huitième Case, *Herbert Lieberman*
P536. Bloody Waters, *Carolina Garcia-Aguilera*

P537. Monsieur Tanaka aime les nymphéas
David Ramus
P539. Énergie du désespoir, *Eric Ambler*
P540. Épitaphe pour un espion, *Eric Ambler*
P554. Mercure rouge, *Reggie Nadelson*
P555. Même les scélérats…, *Lawrence Block*
P571. Requiem caraïbe, *Brigitte Aubert*
P572. Mort en terre étrangère, *Donna Leon*
P573. Complot à Genève, *Eric Ambler*
P606. Bloody Shame, *Carolina Garcia-Aguilera*
P618. Un Vénitien anonyme, *Donna Leon*
P626. Pavots brûlants, *Reggie Nadelson*
P627. Dogfish, *Susan Geason*
P636. La Clinique, *Jonathan Kellerman*
P639. Un regrettable accident, *Jean-Paul Nozière*
P640. Nursery Rhyme, *Joseph Bialot*
P644. La Chambre de Barbe-Bleue, *Thierry Gandillot*
P645. L'Épervier de Belsunce, *Robert Deleuse*
P646. Le Cadavre dans la Rolls, *Michael Connelly*
P647. Transfixions, *Brigitte Aubert*
P648. La Spinoza Connection, *Lawrence Block*
P649. Le Cauchemar, *Alexandra Marinina*
P650. Les Crimes de la rue Jacob, *collectif*
P651. Bloody Secrets, *Carolina Garcia-Aguilera*
P652. La Femme du dimanche
Carlo Fruttero et Franco Lucentini
P653. Le Jour de l'enfant tueur, *Pierre Pelot*
P669. Le Concierge, *Herbert Lieberman*
P670. Bogart et moi, *Jean-Paul Nozière*
P671. Une affaire pas très catholique, *Roger Martin*
P687 Tir au but, *Jean-Noël Blanc*
P693. Black Betty, *Walter Mosley*
P706. Les Allumettes de la sacristie, *Willy Deweert*
P707. Ô mort, vieux capitaine…, *Joseph Bialot*
P708. Images de chair, *Noël Simsolo*
P717. Un chien de sa chienne, *Roger Martin*
P718. L'Ombre de la louve, *Pierre Pelot*
P727. La Morsure des ténèbres, *Brigitte Aubert*
P734. Entre deux eaux, *Donna Leon*
P742. La Mort pour la mort, *Alexandra Marinina*
P754. Le Prix, *Manuel Vázquez Montalbán*
P755. La Sourde, *Jonathan Kellerman*
P756. Le Sténopé, *Joseph Bialot*
P757. Carnivore Express, *Stéphanie Benson*
P768. Au cœur de la mort, *Laurence Block*

P769. Fatal Tango, *Jean-Paul Nozière*
P770. Meurtres au seuil de l'an 2000
Éric Bouhier, Yves Dauteuille, Maurice Detry, Dominique Gacem, Patrice Verry
P771. Le Tour de France n'aura pas lieu, *Jean-Noël Blanc*
P781. Le Dernier Coyote, *Michael Connelly*
P782. Prédateurs, *Noël Simsolo*
P792. Le Guerrier solitaire, *Henning Mankell*
P793. Ils y passeront tous, *Lawrence Block*
P794. Ceux de la Vierge obscure, *Pierre Mezinski*
P803. La Mante des Grands-Carmes
Robert Deleuse
P819. London Blues, *Anthony Frewin*
P821. Palazzo maudit, *Stéphanie Benson*
P834. Billy Straight, *Jonathan Kellerman*
P835. Créance de sang, *Michael Connelly*
P847 King Suckerman, *George P. Pelecanos*
P849. Pudding mortel, *Margaret Yorke*
P850. Hémoglobine Blues, *Philippe Thirault*
P851. Exterminateurs, *Noël Simsolo*
P859. Péchés mortels, *Donna Leon*
P860. Le Quintette de Buenos Aires
Manuel Vázquez Montalbán
P861. Y'en a marre des blondes, *Lauren Anderson*
P877. La Cinquième Femme, *Henning Mankell*
P882. Trois Petites Mortes, *Jean-Paul Nozière*
P883. Le Numéro 10, *Joseph Bialot*
P888. Le Bogart de la cambriole, *Lawrence Block*
P892. L'Œil d'Ève, *Karin Fossum*
P898. Meurtres dans l'audiovisuel, *Yan Bernabot, Guy Buffet, Frédéric Karar, Dominique Mitton et Marie-Pierre Nivat-Henocque*
P899. Terminus pour les pitbulls, *Jean-Noël Blanc*
P909. L'Amour du métier, *Lawrence Block*
P910. Biblio-quête, *Stéphanie Benson*
P911. Quai des désespoirs, *Roger Martin*
P926. Sang du ciel, *Marcello Fois*
P927. Meurtres en neige, *Margaret Yorke*
P928. Heureux les imbéciles, *Philippe Thirault*
P950. Les Péchés des pères, *Lawrence Block*
P963. L'Indispensable Petite Robe noire, *Lauren Henderson*
P964. Vieilles Dames en péril, *Margaret Yorke*
P965. Jeu de main, jeu de vilain, *Michelle Spring*
P971. Les Morts de la Saint-Jean, *Henning Mankell*
P972. Ne zappez pas, c'est l'heure du crime, *Nancy Star*

P976. Éloge de la phobie, *Brigitte Aubert*
P990. Noblesse oblige, *Donna Leon*
P1001. Suave comme l'éternité, *George P. Pelecanos*
P1003. Le Monstre, *Jonathan Kellerman*
P1004. À la trappe !, *Andrew Klavan*
P1005. Urgence, *Sara Paretsky*
P1016. La Liste noire, *Alexandra Marinina*
P1017. La Longue Nuit du sans-sommeil, *Lawrence Block*
P1029. Speedway, *Philippe Thirault*
P1030. Les Os de Jupiter, *Faye Kellerman*
P1039. Nucléaire chaos, *Stéphanie Benson*
P1040. Bienheureux ceux qui ont soif…, *Anne Holt*
P1042. L'Oiseau des ténèbres, *Michael Connelly*
P1048. Les Lettres mauves, *Lawrence Block*
P1060. Mort d'une héroïne rouge, *Qiu Xiaolong*
P1061. Angle mort, *Sara Paretsky*
P1070. Trompe la mort, *Lawrence Block*
P1071. V'là aut'chose, *Nancy Star*
P1072. Jusqu'au dernier, *Deon Meyer*
P1081. La Muraille invisible, *Henning Mankell*
P1087. L'Homme de ma vie, *Manuel Vázquez Montalbán*
P1088. Wonderland Avenue, *Michael Connelly*
P1089. L'Affaire Paola, *Donna Leon*
P1090. Nous n'irons plus au bal, *Michelle Spring*
P1100. Dr la Mort, *Jonathan Kellerman*
P1101. Tatouage à la fraise, *Lauren Henderson*
P1102. La Frontière, *Patrick Bard*
P1105. Blanc comme neige, *George P. Pelecanos*
P1111. Requiem pour une ombre, *Andrew Klavan*
P1122. Meurtriers sans visage, *Henning Mankell*
P1123. Taxis noirs, *John McLaren*
P1134. Tous des rats, *Barbara Seranella*
P1135. Des morts à la criée, *Ed Dee*
P1146. Ne te retourne pas !, *Karin Fossum*
P1158. Funky Guns, *George P. Pelecanos*
P1159. Les Soldats de l'aube, *Deon Meyer*
P1162. Visa pour Shanghai, *Qiu Xiaolong*
P1174. Sale temps, *Sara Paretsky*
P1175. L'Ange du Bronx, *Ed Dee*
P1187. Les Chiens de Riga, *Henning Mankell*
P1188. Le Tueur, *Eraldo Baldini*
P1189. Un silence de fer, *Marcello Fois*
P1190. La Filière du jasmin, *Denise Hamilton*
P1197. Destins volés, *Michael Pye*
P1206. Mister Candid, *Jules Hardy*

P1207. Déchaînée, *Lauren Henderson*
P1215. Tombe la pluie, *Andrew Klavan*
P1224. Le Vagabond de Holmby Park, *Herbert Lieberman*
P1225. Des amis haut placés, *Donna Leon*
P1228. Chair et Sang, *Jonathan Kellerman*
P1230. Darling Lilly, *Michael Connelly*
P1239. Je suis mort hier, *Alexandra Marinina*
P1240. Cendrillon, mon amour, *Lawrence Block*
P1242. Berlinale Blitz, *Stéphanie Benson*
P1245. Tout se paye, *George P. Pelecanos*
P1251. Le Rameau brisé, *Jonathan Kellerman*
P1256. Cartel en tête, *John McLaren*
P1271. Lumière morte, *Michael Connelly*
P1291. Le croque-mort a la vie dure, *Tim Cockey*
P1292. Pretty Boy, *Lauren Henderson*
P1306. La Lionne blanche, *Henning Mankell*
P1307. Le Styliste, *Alexandra Marinina*
P1308. Pas d'erreur sur la personne, *Ed Dee*
P1309. Le Casseur, *Walter Mosley*
P1318. L'Attrapeur d'ombres, *Patrick Bard*
P1331. Mortes-eaux, *Donna Leon*
P1332. Déviances mortelles, *Chris Mooney*
P1344. Mon vieux, *Thierry Jonquet*
P1345. Lendemains de terreur, *Lawrence Block*
P1346. Déni de justice, *Andrew Klavan*
P1347. Brûlé, *Leonard Chang*
P1359. Los Angeles River, *Michael Connelly*
P1360. Refus de mémoire, *Sarah Paretsky*
P1361. Petite musique de meurtre, *Laura Lippman*
P1372. L'Affaire du Dahlia noir, *Steve Hodel*
P1373. Premières Armes, *Faye Kellerman*
P1374. Onze jours, *Donald Harstad*
P1375. Le croque-mort préfère la bière, *Tim Cockey*
P1393. Soul Circus, *George P. Pelecanos*
P1394. La Mort au fond du canyon, *C.J. Box*
P1395. Recherchée, *Karin Alvtegen*
P1396. Disparitions à la chaîne, *Ake Smedberg*
P1407. Qu'elle repose en paix, *Jonathan Kellerman*
P1408. Le Croque-mort à tombeau ouvert, *Tim Cockey*
P1409. La Ferme des corps, *Bill Bass*
P1414. L'Âme du chasseur, *Deon Meyer*
P1417. Ne gênez pas le bourreau, *Alexandra Marinina*
P1425. Un saut dans le vide, *Ed Dee*
P1435. L'Enfant à la luge, *Chris Mooney*
P1436. Encres de Chine, *Qiu Xiaolong*

P1437. Enquête de mor(t)alité, *Gene Riehl*
P1451. L'homme qui souriait, *Henning Mankell*
P1452. Une question d'honneur, *Donna Leon*
P1453. Little Scarlet, *Walter Mosley*
P1476. Deuil interdit, *Michael Connelly*
P1493. La Dernière Note, *Jonathan Kellerman*
P1494. La Cité des Jarres, *Arnaldur Indridason*
P1495. Électre à La Havane, *Leonardo Padura*
P1496. Le croque-mort est bon vivant, *Tim Cockey*
P1497. Le Cambrioleur en maraude, *Lawrence Block*
P1539. Avant le gel, *Henning Mankell*
P1540. Code 10, *Donald Harstad*
P1541. Le Château du lac Tchou-An, *Frédéric Lenormand*
P1542. La Nuit des juges, *Frédéric Lenormand*
P1559. Hard Revolution, *George P. Pelecanos*
P1560. La Morsure du lézard, *Kirk Mitchell*
P1561. Winterkill, *C.J. Box*
P1582. Le Sens de l'arnaque, *James Swain*
P1583. L'Automne à Cuba, *Leonardo Padura*
P1597. La Preuve par le sang, *Jonathan Kellerman*
P1598. La Femme en vert, *Arnaldur Indridason*
P1599. Le Che s'est suicidé, *Petros Markaris*
P1600. Le Palais des courtisanes, *Frédéric Lenormand*
P1601. Trahie, *Karin Alvtegen*
P1602. Les Requins de Trieste, *Veit Heinichen*
P1635. La Fille de l'arnaqueur, *Ed Dee*
P1636. En plein vol, *Jan Burke*
P1637. Retour à la Grande Ombre, *Håkan Nesser*
P1660. Milenio, *Manuel Vázquez Montalbán*
P1661. Le Meilleur de nos fils, *Donna Leon*
P1662. Adios Hemingway, *Leonardo Padura*
P1678. Le Retour du professeur de danse, *Henning Mankell*
P1679. Romanzo Criminale, *Giancarlo de Cataldo*
P1680. Ciel de sang, *Steve Hamilton*
P1690. La Défense Lincoln, *Michael Connelly*
P1691. Flic à Bangkok, *Patrick Delachaux*
P1692. L'Empreinte du renard, *Moussa Konaté*
P1693. Les fleurs meurent aussi, *Lawrence Block*
P1703. Le Très Corruptible Mandarin, *Qiu Xiaolong*
P1723. Tibet or not Tibet, *Péma Dordjé*
P1724. La Malédiction des ancêtres, *Kirk Mitchell*
P1762. Le croque-mort enfonce le clou, *Tim Cockey*
P1782. Le Club des conspirateurs, *Jonathan Kellerman*
P1783. Sanglants Trophées, *C.J. Box*
P1811. - 30°, *Donald Harstad*

P1821. Funny Money, *James Swain*
P1822. J'ai tué Kennedy ou les mémoires d'un garde du corps *Manuel Vázquez Montalbán*
P1823. Assassinat à Prado del Rey et autres histoires sordides *Manuel Vázquez Montalbán*
P1830. La Psy, *Jonathan Kellerman*
P1831. La Voix, *Arnaldur Indridason*
P1832. Petits Meurtres entre moines, *Frédéric Lenormand*
P1833. Madame Ti mène l'enquête, *Frédéric Lenormand*
P1834. La Mémoire courte, *Louis-Ferdinand Despreez*
P1835. Les Morts du Karst, *Veit Heinichen*
P1883. Dissimulation de preuves, *Donna Leon*
P1884. Une erreur judiciaire, *Anne Holt*
P1885. Honteuse, *Karin Alvtegen*
P1886. La Mort du privé, *Michael Koryta*
P1907. Drama City, *George P. Pelecanos*
P1913. Saveurs assassines, *Kalpana Swaminathan*
P1914. La Quatrième Plaie, *Patrick Bard*
P1935. Echo Park, *Michael Connelly*
P1939. De soie et de sang, *Qiu Xiaolong*
P1940. Les Thermes, *Manuel Vázquez Montalbán*
P1941. Femme qui tombe du ciel, *Kirk Mitchell*
P1942. Passé parfait, *Leonardo Padura*
P1963. Jack l'Éventreur démasqué, *Sophie Herfort*
P1964. Chicago banlieue sud, *Sara Paretsky*
P1965. L'Illusion du péché, *Alexandra Marinina*
P1988. Double Homicide, *Faye et Jonathan Kellerman*
P1989. La Couleur du deuil, *Ravi Shankar Etteth*
P1990. Le Mur du silence, *Håkan Nesser*
P2042. 5 octobre, 23 h 33, *Donald Harstad*
P2043. La Griffe du chien, *Don Wislow*
P2044. Mort d'un cuisinier chinois, *Frédéric Lenormand*
P2056. De sang et d'ébène, *Donna Leon*
P2057. Passage du Désir, *Dominique Sylvain*
P2058. L'Absence de l'ogre, *Dominique Sylvain*
P2059. Le Labyrinthe grec, *Manuel Vázquez Montalbán*
P2060. Vents de carême, *Leonardo Padura*
P2061. Cela n'arrive jamais, *Anne Holt*
P2065. Commis d'office, *Hannelore Cayre*
P2139. La Danseuse de Mao, *Qiu Xiaolong*
P2140. L'Homme délaissé, *C.J. Box*
P2141. Les Jardins de la mort, *George P. Pelecanos*
P2142. Avril rouge, *Santiago Roncagliolo*
P2157. À genoux, *Michael Connelly*
P2158. Baka !, *Dominique Sylvain*

P2169. L'Homme du lac, *Arnaldur Indridason*
P2170. Et que justice soit faite, *Michael Koryta*
P2172. Le Noir qui marche à pied, *Louis-Ferdinand Despreez*
P2181. Mort sur liste d'attente, *Veit Heinichen*
P2189. Les Oiseaux de Bangkok, *Manuel Vázquez Montalbán*
P2215. Fureur assassine, *Jonathan Kellerman*
P2216. Misterioso, *Arne Dahl*
P2229. Brandebourg, *Henry Porter*
P2254. Meurtres en bleu marine, *C. J. Box*
P2255. Le Dresseur d'insectes, *Arni Thorarinsson*
P2256. La Saison des massacres, *Giancarlo de Cataldo*
P2271. Quatre Jours avant Noël, *Donald Harstad*
P2272. Petite Bombe noire, *Christopher Brookmyre*
P2276. Homicide special, *Miles Corwin*
P2277. Mort d'un Chinois à La Havane, *Leonardo Padura*
P2288. L'Art délicat du deuil, *Frédéric Lenormand*
P2290. Lemmer, l'invisible, *Deon Meyer*
P2291. Requiem pour une cité de verre, *Donna Leon*
P2292. La Fille du samouraï, *Dominique Sylvain*
P2296. Le Livre noir des serial killers, *Stéphane Bourgoin*
P2297. Une tombe accueillante, *Michael Koryta*
P2298. Roldán, ni mort ni vif, *Manuel Vásquez Montalbán*
P2299. Le Petit Frère, *Manuel Vásquez Montalbán*
P2321. La Malédiction du lamantin, *Moussa Konaté*
P2333. Le Transfuge, *Robert Littell*
P2354. Comédies en tout genre, *Jonathan Kellerman*
P2355. L'Athlète, *Knut Faldbakken*
P2356. Le Diable de Blind River, *Steve Hamilton*
P2381. Un mort à l'Hôtel Koryo, *James Church*
P2382. Ciels de foudre, *C. J. Box*
P2397. Le Verdict du plomb, *Michael Connelly*
P2398. Heureux au jeu, *Lawrence Block*
P2399. Corbeau à Hollywood, *Joseph Wambaugh*
P2407. Hiver arctique, *Arnaldur Indridason*
P2408. Sœurs de sang, *Dominique Sylvain*
P2426. Blonde de nuit, *Thomas Perry*
P2430. Petit Bréviaire du braqueur, *Christopher Brookmyre*
P2431. Un jour en mai, *George Pelecanos*
P2434. À l'ombre de la mort, *Veit Heinichen*
P2435. Ce que savent les morts, *Laura Lippman*
P2454. Crimes d'amour et de haine, *Faye et Jonathan Kellerman*
P2455. Publicité meurtrière, *Petros Markaris*
P2456. Le Club du crime parfait, *Andrés Trapiello*
P2457. Mort d'un maître de go, *Frédéric Lenormand*
P2492. Fakirs, *Antonin Varenne*

P2493. Madame la présidente, *Anne Holt*
P2494. Zone de tir libre, *C.J. Box*
P2513. Six heures plus tard, *Donald Harstad*
P2525. Le Cantique des innocents, *Donna Leon*
P2526. Manta Corridor, *Dominique Sylvain*
P2527. Les Sœurs, *Robert Littell*
P2528. Profileuse. Une femme sur la trace des serial killers, *Stéphane Bourgoin*
P2529. Venise sur les traces de Brunetti. 12 promenades au fil des romans de Donna Leon, *Toni Sepeda*
P2530. Les Brumes du passé, *Leonardo Padura*
P2531. Les Mers du Sud, *Manuel Vázquez Montalbán*
P2532. Funestes carambolages, *Håkan Nesser*
P2579. 13 heures, *Deon Meyer*
P2589. Dix petits démons chinois, *Frédéric Lenormand*
P2607. Les Courants fourbes du lac Tai, *Qiu Xiaolong*
P2608. Le Poisson mouillé, *Volker Kutscher*
P2609. Faux et usage de faux, *Elvin Post*
P2612. Meurtre et Obsession, *Jonathan Kellerman*
P2623. L'Épouvantail, *Michael Connelly*
P2632. Hypothermie, *Arnaldur Indridason*
P2633. La Nuit de Tomahawk, *Michael Koryta*
P2634. Les Raisons du doute, *Gianrico Carofiglio*
P2655. Mère Russie, *Robert Littell*
P2658. Le Prédateur, *C.J. Box*
P2659. Keller en cavale, *Lawrence Block*
P2680. Hiver, *Mons Kallentoft*
P2681. Habillé pour tuer, *Jonathan Kellerman*
P2682. Un festin de hyènes, *Michael Stanley*
P2692. Guide de survie d'un juge en Chine, *Frédéric Lenormand*
P2706. Donne-moi tes yeux, *Torsten Pettersson*
P2717. Un nommé Peter Karras, *George P. Pelecanos*
P2718. Haine, *Anne Holt*
P2726. Le Septième Fils, *Arni Thorarinsson*
P2740. Un espion d'hier et de demain, *Robert Littell*
P2741. L'Homme inquiet, *Henning Mankell*
P2742. La Petite Fille de ses rêves, *Donna Leon*
P2744. La Nuit sauvage, *Terri Jentz*
P2747. Eva Moreno, *Håkan Nesser*
P2748. La 7e Victime, *Alexandra Marinina*
P2749. Mauvais fils, *George P. Pelecanos*
P2751. La Femme congelée, *Jon Michelet*
P2753. Brunetti passe à table. Recettes et récits *Roberta Pianaro et Donna Leon*
P2754. Les Leçons du mal, *Thomas H. Cook*

P2788. Jeux de vilains, *Jonathan Kellerman*
P2798. Les Neuf Dragons, *Michael Connelly*
P2804. Secondes noires, *Karin Fossum*
P2805. Ultimes Rituels, *Yrsa Sigurdardottir*
P2808. Frontière mouvante, *Knut Faldbakken*
P2809. Je ne porte pas mon nom, *Anna Grue*
P2810. Tueurs, *Stéphane Bourgoin*
P2811. La Nuit de Geronimo, *Dominique Sylvain*
P2823. Les Enquêtes de Brunetti, *Donna Leon*
P2825. Été, *Mons Kallentoft*
P2828. La Rivière noire, *Arnaldur Indridason*
P2841. Trois semaines pour un adieu, *C.J. Box*
P2842. Orphelins de sang, *Patrick Bard*
P2868. Automne, *Mons Kallentoft*
P2869. Du sang sur l'autel, *Thomas H. Cook*
P2870. Le Vingt et Unième Cas, *Håkan Nesser*
P2882. Tatouage, *Manuel Vázquez Montalbán*
P2897. Philby. Portrait de l'espion en jeune homme
Robert Littell
P2920. Les Anges perdus, *Jonathan Kellerman*
P2922. Les Enquêtes d'Erlendur, *Arnaldur Indridason*
P2933. Disparues, *Chris Mooney*
P2934. La Prisonnière de la tour. Et autres nouvelles
Boris Akounine
P2936. Le Chinois, *Henning Mankell*
P2937. La Femme au masque de chair, *Donna Leon*
P2938. Comme neige, *Jon Michelet*
P2939. Par amitié, *George P. Pelecanos*
P2963. La Mort muette, *Volker Kutscher*
P2990. Mes conversations avec les tueurs, *Stéphane Bourgoin*
P2991. Double meurtre à Borodi Lane, *Jonathan Kellerman*
P2992. Poussière tu seras, *Sam Millar*
P3002. Le Chapelet de jade, *Boris Akounine*
P3007. Printemps, *Mons Kallentoft*
P3015. La Peau de l'autre, *David Carkeet*
P3028. La Muraille de lave, *Arnaldur Indridason*
P3035. À la trace, *Deon Meyer*
P3043. Sur le fil du rasoir, *Oliver Harris*
P3051. L'Empreinte des morts, *C.J. Box*
P3052. Qui a tué l'ayatollah Kanuni ?, *Naïri Nahapétian*
P3053. Cyber China, *Qiu Xiaolong*
P3065. Frissons d'assises. L'instant où le procès bascule
Stéphane Durand-Souffland
P3091. Les Joyaux du paradis, *Donna Leon*
P3103. Le Dernier Lapon, *Olivier Truc*

P3115. Meurtre au Comité central, *Manuel Vázquez Montalbán*
P3123. Liquidations à la grecque, *Petros Markaris*
P3124. Baltimore, *David Simon*
P3125. Je sais qui tu es, *Yrsa Sigurdardóttir*
P3141. Le Baiser de Judas, *Anna Grue*
P3142. L'Ange du matin, *Arni Thorarinsson*
P3149. Le Roi Lézard, *Dominique Sylvain*
P3161. La Faille souterraine. Et autres enquêtes *Henning Mankell*
P3162. Les Deux Premières Enquêtes cultes de Wallander : Meurtriers sans visage & Les Chiens de Riga *Henning Mankell*
P3163. Brunetti et le mauvais augure, *Donna Leon*
P3164. La Cinquième Saison, *Mons Kallentoft*
P3165. Panique sur la Grande Muraille & Le Mystère du jardin chinois, *Frédéric Lenormand*
P3166. Rouge est le sang, *Sam Millar*
P3167. L'Énigme de Flatey, *Viktor Arnar Ingólfsson*
P3168. Goldstein, *Volker Kutscher*
P3219. Guerre sale, *Dominique Sylvain*
P3220. Arab Jazz, *Karim Miské*
P3228. Avant la fin du monde, *Boris Akounine*
P3229. Au fond de ton cœur, *Torsten Pettersson*
P3234. Une belle saloperie, *Robert Littell*
P3235. Fin de course, *C.J. Box*
P3251. Étranges Rivages, *Arnaldur Indridason*
P3267. Les Tricheurs, *Jonathan Kellerman*
P3268. Dernier refrain à Ispahan, *Naïri Nahapétian*
P3279. Kind of Blue, *Miles Corwin*
P3280. La fille qui avait de la neige dans les cheveux *Ninni Schulman*
P3295. Sept pépins de grenade, *Jane Bradley*
P3296. À qui se fier ?, *Peter Spiegelman*
P3315. Techno Bobo, *Dominique Sylvain*
P3316. Première station avant l'abattoir, *Romain Slocombe*
P3317. Bien mal acquis, *Yrsa Sigurdardottir*
P3330. Le Justicier d'Athènes, *Petros Markaris*
P3331. La Solitude du manager, *Manuel Vázquez Montalbán*
P3349. 7 jours, *Deon Meyer*
P3350. Homme sans chien, *Håkan Nesser*
P3351. Dernier verre à Manhattan, *Don Winslow*
P3374. Mon parrain de Brooklyn, *Hesh Kestin*
P3389. Piégés dans le Yellowstone, *C.J. Box*
P3390. On the Brinks, *Sam Millar*
P3399. Deux veuves pour un testament, *Donna Leon*

P4004. Terminus Belz, *Emmanuel Grand*
P4005. Les Anges aquatiques, *Mons Kallentoft*
P4006. Strad, *Dominique Sylvain*
P4007. Les Chiens de Belfast, *Sam Millar*
P4008. Marée d'équinoxe, *Cilla et Rolf Börjlind*
P4050. L'Inconnue du bar, *Jonathan Kellerman*
P4051. Une disparition inquiétante, *Dror Mishani*
P4065. Thé vert et arsenic, *Frédéric Lenormand*
P4068. Pain, éducation, liberté, *Petros Markaris*
P4088. Meurtre à Tombouctou, *Moussa Konaté*
P4089. L'Empreinte massaï, *Richard Crompton*
P4093. Le Duel, *Arnaldur Indridason*
P4101. Dark Horse, *Craig Johnson*
P4102. Dragon bleu, tigre blanc, *Qiu Xiaolong*
P4114. Le garçon qui ne pleurait plus, *Ninni Schulman*
P4115. Trottoirs du crépuscule, *Karen Campbell*
P4117. Dawa, *Julien Suaudeau*
P4127. Vent froid, *C.J. Box*
P4159. Une main encombrante, *Henning Mankell*
P4160. Un été avec Kim Novak, *Håkan Nesser*
P4171. Le Détroit du Loup, *Olivier Truc*
P4188. L'Ombre des chats, *Arni Thorarinsson*
P4189. Le Gâteau mexicain, *Antonin Varenne*
P4210. La Lionne blanche & L'homme qui souriait
Henning Mankell
P4211. Kobra, *Deon Meyer*
P4212. Point Dume, *Dan Fante*
P4224. Les Nuits de Reykjavik, *Arnaldur Indridason*
P4225. L'Inconnu du Grand Canal, *Donna Leon*
P4226. Little Bird, *Craig Johnson*
P4227. Une si jolie petite fille. Les crimes de Mary Bell
Gitta Sereny
P4228. La Madone de Notre-Dame, *Alexis Ragougneau*
P4229. Midnight Alley, *Miles Corwin*
P4230. La Ville des morts, *Sara Gran*
P4231. Un Chinois ne ment jamais & Diplomatie en kimono
Frédéric Lenormand
P4232. Le Passager d'Istanbul, *Joseph Kanon*
P4233. Retour à Watersbridge, *James Scott*
P4234. Petits meurtres à l'étouffée, *Noël Balen et Vanessa Barrot*
P4285. La Revanche du petit juge, *Mimmo Gangemi*
P4286. Les Écailles d'or, *Parker Bilal*
P4287. Les Loups blessés, *Christophe Molmy*
P4295. La Cabane des pendus, *Gordon Ferris*

P4305. Un type bien. Correspondance 1921-1960
Dashiell Hammett
P4313. Le Cannibale de Crumlin Road, *Sam Millar*
P4326. Molosses, *Craig Johnson*
P4334. Tango Parano, *Hervé Le Corre*
P4341. Un maniaque dans la ville, *Jonathan Kellerman*
P4342. Du sang sur l'arc-en-ciel, *Mike Nicol*
P4351. Au bout de la route, l'enfer, *C.J. Box*
P4352. Le garçon qui ne parlait pas, *Donna Leon*
P4353. Les Couleurs de la ville, *Liam McIlvanney*
P4363. Ombres et Soleil, *Dominique Sylvain*
P4367. La Rose d'Alexandrie, *Manuel Vázquez Montalbán*
P4393. Battues, *Antonin Varenne*
P4417. À chaque jour suffit son crime, *Stéphane Bourgoin*
P4425. Des garçons bien élevés, *Tony Parsons*
P4430. Opération Napoléon, *Arnaldur Indridason*
P4461. Épilogue meurtrier, *Petros Markaris*
P4467. En vrille, *Deon Meyer*
P4468. Le Camp des morts, *Craig Johnson*
P4476. Les Justiciers de Glasgow, *Gordon Ferris*
P4477. L'Équation du chat, *Christine Adamo*
P4482. Une contrée paisible et froide, *Clayton Lindemuth*
P4486. Brunetti entre les lignes, *Donna Leon*
P4487. Suburra, *Carlo Bonini et Giancarlo De Cataldo*
P4488. Le Pacte du petit juge, *Mimmo Gangemi*
P4516. Meurtres rituels à Imbaba, *Parker Bilal*
P4526. Snjór, *Ragnar Jónasson*
P4527. La Violence en embuscade, *Dror Mishani*
P4528. L'Archange du chaos, *Dominique Sylvain*
P4529. Évangile pour un gueux, *Alexis Ragougneau*
P4530. Baad, *Cédric Bannel*
P4531. Le Fleuve des brumes, *Valerio Varesi*
P4532. Dodgers, *Bill Beverly*
P4547. L'Innocence pervertie, *Thomas H. Cook*
P4549. Sex Beast. Sur la trace du pire tueur en série
de tous les temps, *Stéphane Bourgoin*
P4560. Des petits os si propres, *Jonathan Kellerman*
P4561. Un sale hiver, *Sam Millar*
P4562. La Peine capitale, *Santiago Roncagliolo*
P4568. La crème était presque parfaite, *Noël Balen*
et Vanessa Barrot
P4577. L.A. nocturne, *Miles Corwin*
P4578. Le Lagon noir, *Arnaldur Indridason*
P4585. Le Crime, *Arni Thorarinsson*
P4593. Là où vont les morts, *Liam McIlvanney*

P4602. L'Empoisonneuse d'Istanbul, *Petros Markaris*
P4611. Tous les démons sont ici, *Craig Johnson*
P4616. Lagos Lady, *Leye Adenle*
P4617. L'Affaire des coupeurs de têtes, *Moussa Konaté*
P4618. La Fiancée massaï, *Richard Crompton*
P4629. Sur les hauteurs du mont Crève-Cœur, *Thomas H. Cook*
P4640. L'Affaire Léon Sadorski, *Romain Slocombe*
P4644. Les Doutes d'Avraham, *Dror Mishani*
P4649. Brunetti en trois actes, *Donna Leon*
P4650. La Mésange et l'Ogresse, *Harold Cobert*
P4655. La Montagne rouge, *Olivier Truc*
P4656. Les Adeptes, *Ingar Johnsrud*
P4660. Tokyo Vice, *Jake Adelstein*
P4661. Mauvais Coûts, *Jacky Schwartzmann*
P4664. Divorce à la chinoise & Meurtres sur le fleuve Jaune
Frédéric Lenormand
P4665. Il était une fois l'inspecteur Chen, *Qiu Xiaolong*
P4701. Cartel, *Don Winslow*
P4719. Les Anges sans visage, *Tony Parsons*
P4724. Rome brûle, *Carlo Bonini et Giancarlo De Cataldo*
P4730. Dans l'ombre, *Arnaldur Indridason*
P4738. La Longue Marche du juge Ti & Médecine chinoise
à l'usage des assassins, *Frédéric Lenormand*
P4757. Mörk, *Ragnar Jónasson*
P4758. Kabukicho, *Dominique Sylvain*
P4759. L'Affaire Isobel Vine, *Tony Cavanaugh*
P4760. La Daronne, *Hannelore Cayre*
P4761. À vol d'oiseau, *Craig Johnson*
P4762. Abattez les grands arbres, *Christophe Guillaumot*
P4763. Kaboul Express, *Cédric Bannel*
P4771. La Maison des brouillards, *Eric Berg*
P4772. La Pension de la via Saffi, *Valerio Varesi*
P4781. Les Sœurs ennemies, *Jonathan Kellerman*
P4782. Des enfants tuent un enfant. L'affaire James Bulger
Gitta Sereny
P4783. La Fin de l'histoire, *Luis Sepúlveda*
P4801. Les Pièges de l'exil, *Philip Kerr*
P4807. Karst, *David Humbert*
P4808. Mise à jour, *Julien Capron*
P4817. La Femme à droite sur la photo, *Valentin Musso*
P4827. Le Polar de l'été, *Luc Chomarat*
P4830. Banditsky ! Chroniques du crime organisé
à Saint-Pétersbourg, *Andreï Constantinov*
P4848. L'Étoile jaune de l'inspecteur Sadorski
Romain Slocombe

P4851. Si belle, mais si morte, *Rosa Mogliasso*
P4853. Danser dans la poussière, *Thomas H. Cook*
P4859. Missing : New York, *Don Winslow*
P4861. Minuit sur le canal San Boldo, *Donna Leon*
P4868. Justice soit-elle, *Marie Vindy*
P4881. Vulnérables, *Richard Krawiec*
P4882. La Femme de l'ombre, *Arnaldur Indridason*
P4883. L'Année du lion, *Deon Meyer*
P4884. La Chance du perdant, *Christophe Guillaumot*
P4885. Demain c'est loin, *Jacky Schwartzmann*
P4886. Les Géants, *Benoît Minville*
P4887. L'Homme de Kaboul, *Cédric Bannel*
P4907. Le Dernier des yakuzas, *Jake Adelstein*
P4918. Les Chemins de la haine, *Eva Dolan*
P4924. La Dent du serpent, *Craig Johnson*
P4925. Quelque part entre le bien et le mal, *Christophe Molmy*
P4937. Nátt, *Ragnar Jónasson*
P4942. Offshore, *Petros Markaris*
P4958. La Griffe du chat, *Sophie Chabanel*
P4959. Les Ombres de Montelupo, *Valerio Varesi*
P4960. Le Collectionneur d'herbe, *Francisco José Viegas*
P4961. La Sirène qui fume, *Benjamin Dierstein*
P4962. La Promesse, *Tony Cavanaugh*
P4963. Tuez-les tous... mais pas ici, *Pierre Pouchairet*
P4964. Judas, *Astrid Holleeder*
P4965. Bleu de Prusse, *Philip Kerr*
P4966. Les Planificateurs, *Kim Un-Su*
P4978. Qaanaaq, *Mo Malø*
P4982. Meurtres à Pooklyn, *Mod Dunn*
P4983. Iboga, *Christian Blanchard*
P4995. Moi, serial killer. Les terrifiantes confessions de 12 tueurs en série, *Stéphane Bourgoin*
P5023. Passage des ombres, *Arnaldur Indridason*
P5024. Les Saisons inversées, *Renaud S. Lyautey*
P5025. Dernier Été pour Lisa, *Valentin Musso*
P5026. Le Jeu de la défense, *André Buffard*
P5027. Esclaves de la haute couture, *Thomas H. Cook*
P5028. Crimes de sang-froid, *Collectif*
P5029. Missing : Germany, *Don Winslow*
P5030. Killeuse, *Jonathan Kellerman*
P5031. #HELP, *Sinéad Crowley*
P5054. Sótt, *Ragnar Jónasson*
P5055. Sadorski et l'ange du péché, *Romain Slocombe*
P5067. Dégradation, *Benjamin Myers*
P5068. Les Disparus de la lagune, *Donna Leon*

P5093. Les Fils de la poussière, *Arnaldur Indridason*
P5094. Treize Jours, *Arni Thorarinsson*
P5095. Tuer Jupiter, *François Médéline*
P5096. Pension complète, *Jacky Schwartzmann*
P5097. Jacqui, *Peter Loughran*
P5098. Jours de crimes, *Stéphane Durand-Souffland et Pascale Robert-Diard*
P5099. Esclaves de la haute couture, *Thomas H. Cook*
P5100. Chine, retiens ton souffle, *Qiu Xiaolong*
P5101. Exhumation, *Jesse et Jonathan Kellerman*
P5102. Lola, *Melissa Scrivner Love*
P5123. Tout autre nom, *Craig Johnson*
P5124. Requiem, *Tony Cavanaugh*
P5125. Ce que savait la nuit, *Arnaldur Indridason*
P5126. Scalp, *Cyril Herry*
P5127. Haine pour haine, *Eva Dolan*
P5128. Trois Jours, *Petros Markaris*
P5167. Diskø, *Mo Malø*
P5168. Sombre avec moi, *Chris Brookmyre*
P5169. Les Infidèles, *Dominique Sylvain*
P5170. L'Agent du chaos, *Giancarlo De Cataldo*
P5171. Le Goût de la viande, *Gildas Guyot*
P5172. Les Effarés, *Hervé Le Corre*
P5173. J'ai vendu mon âme en bitcoins, *Jake Adelstein*
P5174. La Dame de Reykjavik, *Ragnar Jónasson*
P5175. La Mort du Khazar rouge, *Shlomo Sand*
P5176. Le Blues du chat, *Sophie Chabanel*
P5177. Les Mains vides, *Valerio Varesi*
P5213. Le Cœur et la chair, *Ambrose Parry*
P5215. Crime et délice, *Jonathan Kellerman*
P5216. Le Sang noir des hommes, *Julien Suaudeau*
P5217. À l'ombre de l'eau, *Maïko Kato*
P5218. Vik, *Ragnar Jónasson*
P5248. Il était une fois dans l'Est, *Arpád Soltész*
P5249. La Tentation du pardon, *Donna Leon*
P5250. Ah, les braves gens !, *Franz Bartelt*
P5251. Crois-le !, *Patrice Guirao*
P5252. Lyao-Ly, *Patrice Guirao*
P5253. À sang perdu, *Rae DelBianco*
P5282. L'Artiste, *Antonin Varenne*
P5283. Les Roses de la nuit, *Arnaldur Indridason*
P5284. Le Diable et Sherlock Holmes, *David Grann*
P5285. Coups de vieux, *Dominique Forma*
P5286. L'Offrande grecque, *Philip Kerr*